中国刑事治理现代化研究系列

行政犯罪治理研究

田宏杰 ○ 著

中国社会科学出版社

图书在版编目（CIP）数据

行政犯罪治理研究/田宏杰著. —北京：中国社会科学出版社，2023.9
（中国刑事治理现代化研究系列）
ISBN 978-7-5227-2252-8

Ⅰ.①行… Ⅱ.①田… Ⅲ.①刑事犯罪—研究—中国 Ⅳ.①D924.04

中国国家版本馆 CIP 数据核字（2023）第 126869 号

出 版 人	赵剑英
责任编辑	杨晓芳
责任校对	冯英爽
责任印制	王　超

出　　版	中国社会科学出版社
社　　址	北京鼓楼西大街甲 158 号
邮　　编	100720
网　　址	http://www.csspw.cn
发 行 部	010-84083685
门 市 部	010-84029450
经　　销	新华书店及其他书店

印刷装订	三河市华骏印务包装有限公司
版　　次	2023 年 9 月第 1 版
印　　次	2023 年 9 月第 1 次印刷

开　　本	710×1000　1/16
印　　张	25
插　　页	2
字　　数	387 千字
定　　价	129.00 元

凡购买中国社会科学出版社图书，如有质量问题请与本社营销中心联系调换
电话：010-84083683
版权所有　侵权必究

序

在国家治理体系和治理能力现代化战略宏伟蓝图全面绘就的历史交汇点，在刑法修正案的频频出台激起刑事立法活性化热议千层浪潮的社会转型时期，在"基因编辑""深度伪造"和因冒名顶替而"被偷走的人生"等新型案件认定引发各界激烈论战的全民共治时代，承担断罪科刑之责，事关国家总体安全、社会和谐稳定、公众切身利益的刑事治理体系，又应当如何实现现代化，以科学地组织对犯罪的反应？恰锦绣年华的中国刑事法学研究又如何不断优于过去的自己，在建构中国化、体系化、一体化的现代刑事治理体系的同时，发现、引领乃至定义刑事法学发展的国际前沿？这，是几代中国刑事法律学人的梦想，更是新时代中国特色社会主义法治建设的使命。

众所周知，"科学和知识的增长永远始于问题，终于问题——愈来愈深入的问题，愈来愈能启发新问题的问题"。随着2020年《中华人民共和国刑法修正案（十一）》（以下简称2020年《刑法修正案（十一）》）的出台，新中国第二部刑法即1997年刑法较之于1979年第一部刑法，条文数从192条剧增至505条，且无论新罪增设还是旧罪修订，基本上集中在食药、财税、金融、环境资源、网络空间治理等行政犯领域。可以说，从 1997 年开始，中国刑事立法的发展进程就是一部行政犯逐渐取代民事犯[①]，成为刑事"立法者的宠儿"的演进史。放眼全球不难发现，德、日、英、美等国的刑事立法发展亦是如此。

与刑事立法发展演进趋势呈正相关的是，司法实践中，行政犯案件亦逐渐成为刑事案件的主流。在 1999~2019 年的 20 年间，全国检察机关起诉的严重暴力犯罪从 16.2 万人下降为 6 万人，年均下降 4.8%，其中，被法院判处 3 年有期徒刑以上刑罚的占比从 45.4% 下降为 21.3%。与此同时，扰乱市场秩序犯罪增长了 19.4 倍，生产、销售伪劣商品犯罪增长了 34.6 倍，侵犯知识产权犯罪增长了 56.6 倍，[②] 金融犯罪案件更是呈井喷之势。不仅如此，除"于欢案"等涉及社会转型时期特有社会矛盾而为大众热议的少数民事犯案件外，社会关注度最高、理论争议最多、实务困惑最大的案件，也都是行政犯案件，比如，"徐翔操纵证券市场案""陆勇销售假药案""天津大妈气枪射击摊案""王力军非法经营玉米案"，等等。至于刑事司法改革的重大课题，无论行刑衔接、企业合规还是法治营商环境建设，抑或金融法院等专门法院的设立、知识产权综合检察改革的推进，无不缘于并围绕行政犯治理而展开。也正因如此，最高人民法院、最高人民检察院 2000 年以来发布的刑事司法解释和刑事指导性案例，基本上集中于行政犯案件的办理。

至于刑事法学研究，无论是象征性刑法和积极刑法观对于刑事立法演进的诠释争锋，还是形式解释论和实质解释论对于刑事法律适用

---

① 即自然犯。为名正言顺，全书统一用民事犯取代传统的自然犯之谓，具体理论考量详见本书第 2 章，容此不赘。
② 张军：《最高人民检察院工作报告——2020 年 5 月 25 日在第十三届全国人民代表大会第三次会议上》，中华人民共和国最高人民检察院官网，2020 年 6 月 1 日（链接日期），https：//www.spp.gov.cn/spp/gzbg/202006/t20200601_463798.shtml，2022 年 12 月 1 日（引用日期）。

的争道分驰，抑或行为无价值论和结果无价值论对于犯罪构成体系的理论对峙，其源头同样不是在前现代就为学界熟知的传统民事犯，而是在现代才大量涌现的新型行政犯。正如时任最高人民法院院长周强在全国第七次刑事审判工作会议上指出，新时代刑事审判工作的新形势、新特点在于：一是准确把握安全稳定面临的新情况；二是准确把握人民群众提出的新期待；三是准确把握犯罪态势发生的新变化；四是准确把握经济社会发展提出的新要求；五是准确把握科技发展带来的新挑战；六是准确把握全媒体时代遇到的新问题；七是准确把握刑事司法改革带来的新格局。[①] 不难看出，7个方面虽侧重不同，却都殊途同归地揭示了刑事治理核心领域的深刻变化——从民事犯向行政犯转移。

然自启蒙运动以降，无论是近代刑法理论体系还是刑事司法体系抑或刑事治理能力，均主要围绕民事犯的治理而建构、展开。而随着互联网等科技创新与第三方支付平台等金融创新的深度融合与快速推进，即使是传统的盗窃、诈骗等民事犯的认定，比如，偷换商家二维码从中截取货款、使用捡拾手机中绑定的信用卡消费等案件的定性，亦因刑事、民事、行政问题的交叉而日益超出传统民事犯的范畴，致使传统刑事治理体系的理论供给与现代犯罪治理的现实需要不相适应的矛盾日益凸显，刑事、民事、行政分而治之的传统思维模式与共建共治共享的社会治理需求不相协调的紧张态势日益严峻，政法队伍"追不上、打不赢、说不过、判不明"等问题日益突出。可以说，中国刑事治理体系和治理能力现代化建设面临的主要挑战，已经不是传统民事犯的惩治，而是现代行政犯的规制。

---

① 周强：《坚持以习近平新时代中国特色社会主义思想为指导 努力把新时代刑事审判工作提高到新水平》，《人民司法·应用》2019年第34期。

对于行政犯的治理研究，我国学界虽较欧美诸国起步较晚，但在中国刑事立法和司法实践的有力推动下，晚近20年来仍然取得了长足的进步，不仅研究成果丰硕，而且丰富深化了刑事治理基础理论研究。但在总体上，行政犯治理研究的中国化、体系化、一体化仍显薄弱，研究深度尤其是对刑事立法发展和刑事司法改革的问题针对性和理论指导性，仍有待于大力提升。具体而言，一是尚未形成学术研究思潮。这不仅可从行政犯研究文献较为有限可一窥端倪，而且从全国法学院校课程设置、研究生招生方向、相关主题学术会议和研究论坛的相对匮乏不难发现，行政犯基础理论研究在我国仍属非主流研究。二是尚未达成学术研究共识。在行刑衔接问题上，行政先理和刑事优先两种学术主张，不仅未能形成理论争鸣与学术交锋，而且未能在此基础上推动刑法理论共识的达成。三是尚未形成学术理论体系。研究视角主要基于刑法的关照，而不是以行政法尤其是以社会治理为源头来审视并展开行政犯本体问题研究，从而一定程度上制约了中国自主行政犯治理理论体系的建构和刑事司法改革的发展。

所以，构建更为系统、更具说服力的应对行政犯时代挑战的中国现代刑事治理理论体系，不仅是对已有行政犯理论研究的重大发展，更是开启中国犯罪治理新征程、推进刑事治理现代化的时代课题。为此，本书以本体建构和具体展开为维度，从宏观和微观两个层面，分上、下两编进行了探讨。

其中，上编"体系·话语"，立足于中国特色社会主义法律体系中的刑法本质与体系定位，提出了中国特色刑事治理体系建构的政治使命、核心话语、基本规则、程序创新的多年思考和理论建构。正是对人类社会存续发展的基本价值和核心利益的尊重和守护，宪法的价值秩序和部门法的层级结构才得以形成，进而决定了刑法与其前置部门法的规范关系，实乃宪法基本价值秩序在部门法中的层级实现和具体展开，贯穿其中的主线是法益保护原则和比例原则。故"三个统一理论"的坚持，即"前置法定性与刑事法定量相统一""刑事立法扩张与刑事司法限缩相统一""行民先理为原则与刑事先理为特殊相统一"，既是包括民事犯与行政犯在内的所有刑事犯罪的形成机理及其本质认定、刑事司法适用解释和行刑衔接程序展开所应遵循的规则，更是对刑法与其前置法在犯罪规制上的定性从属性与定量独立性关系的揭示与反映。而这，才是中国特色社会主义法律体系语境下的刑事治理教义学的真谛。因之，"尊重刑法"并"超越刑法"进而回归"更加刑法"，既是中国特色刑法教义学与域外刑法教义学和传统刑法注释学的根本区别所在，又是中国特色刑事治理话语体系和理论体系建构与刑事治理现代化建设的应然道路选择。

下编"实践·发展"，通过对违法性认识的教义学定位、空白罪状的教义学反思等研究，力倡回应行政犯治理时代的中国社会治理变革呼吁，解决刑民行交叉案件办理、刑民行衔接机制创新等现代刑事治理中的中国问题，才是建构具有鲜明实践导向的中国特色刑事治理体系的初心和使命。而只有在体系性、开放性的规范视野下，在刑民行衔接的犯罪构成体系重构、违规披露、不披露重要信息罪和虚开增值税专用发票罪等国计民生所必须直面的具体行政犯构造及其司法认定、代孕治理的规制抉择和实践检验中，中国特色刑事治理体系的建构才能在源于实践、高于实践的不断超越和完善中，为中国乃至世界刑事治理现代化提供理论指导和智力支持。

从1998年提交博士学位论文《中国刑法现代化研究》开题报告，2002年荣获教育部"全国百篇优秀博士学位论文"，2020年出版《规范关系与刑事治理现代化的道德使命》，到本书《行政犯罪治理研究》

（中国刑事治理现代化研究系列）付梓，潜心沉浸中国刑事法治现代化研究，倏忽间已 25 年有余。虽皓首穷经，终惭心性愚钝而学海无涯，更愧见囿窥管而漏谬难免。好在学术乃共同事业，恳请师友同人不吝赐教、批评，以同扬中国法治之真，共成中国学派之美。虽然没有人能够预测未来，但创新决定着未来。在中华文明伟大复兴的征程中，中国刑事治理学派不仅应当在刑事治理国际学界顶天立地，更应当在刑事治理国际学界开天辟地！这，既是中国刑事法律学人应有的胸怀和气度，更是奋进新征程的中国刑事法律学人必须肩负的使命和责任。而学科交融的研究视野拓展、实践关切的问题意识培养、刑法使命的批判思维养成，乃是中国特色刑事治理话语体系、理论体系、学科体系建构的基石和前行的方向。唯有如此，中国刑事治理现代化研究才能成为现代刑事治理体系有价值问题的发掘者、有批判思维的思考者、有创新理论的建构者；唯有如此，中国刑事治理现代化研究才能"两脚踏东西文化，一心评宇宙文章"，在科学构建中国现代刑事治理体系的同时，着力挖掘、打造融通中外的刑事治理新概念、新范畴、新表述，为全球刑事治理话语的丰富、刑事治理理论的发展和刑事治理体系的完善，奉上旷野探索的中国智慧和治理再造的中国方案！

是为序。

田宏杰
2023 年于北京

目 录

上编 体系·话语

第一章 行政犯治理与刑事现代化的历史演进 ……………… 3
 第一节 行政刑法的属性：历史发掘与教义分析 …………… 3
 第二节 行政犯罪的本质：立法边界与司法适用 …………… 12
 第三节 行刑衔接的构建：程序设计与证据转化 …………… 19
 第四节 结语：行政刑法与刑法教义学的结合 ……………… 26

第二章 行政犯治理与刑事现代化的政治使命 ……………… 28
 第一节 从民事犯到行政犯：犯罪形态的现代转型 ………… 29
 第二节 从自然自由到社会自由：刑法法益的现代跃迁 …… 36
 第三节 从管理秩序到治理秩序：刑法使命的现代演进 …… 45
 第四节 结语：认真对待行政犯 ……………………………… 53

第三章 行政犯治理与刑事现代化的谦抑立场 ……………… 56
 第一节 内涵与厘定：象征性刑法论的谦抑现实误判 ……… 57

第二节　结构与平衡：积极刑法观的谦抑理论误区 …………… 71
　　第三节　扩张与限缩：刑事现代化的谦抑路径选择 …………… 78
　　第四节　结语：超越刑法 ……………………………………… 92

第四章　行政犯治理与刑事现代化的法益原则 …………………… 93
　　第一节　刑法法益的生成机理：宪法指引与规范确认 ………… 94
　　第二节　刑事立法规制：形式理性与实质理性相统一 ………… 107
　　第三节　刑事司法规制：前置法定性与刑事法定量相统一 …… 115
　　第四节　结语 …………………………………………………… 121

第五章　行政犯治理与刑事现代化的比例原则 …………………… 123
　　第一节　比例原则的刑法定位 ………………………………… 124
　　第二节　比例原则的制度功能 ………………………………… 134
　　第三节　比例原则的适用范围 ………………………………… 143
　　第四节　结语 …………………………………………………… 148

第六章　行政犯治理与刑事现代化的体系路径 …………………… 150
　　第一节　行刑衔接：刑事治理现代化的规范体系重塑 ………… 151
　　第二节　合作诉讼：刑事治理现代化的诉讼模式再造 ………… 165
　　第三节　三审合一：刑事治理现代化的审判机制变革 ………… 172

下编　实践·发展

第七章　体系性与违法性认识的教义学定位 ……………………… 181
　　第一节　共识前提："不知法不免责"的正本清源 …………… 182
　　第二节　教义发掘：违法性认识的规范展开 …………………… 192

第三节　司法认定：违法性认识的刑事法证明 …………… 200
　　第四节　结语：走向现代刑法 ………………………………… 207

第八章　开放性与罪状分类的教义学反思 …………………… 210
　　第一节　空白罪状的误读与刑法规范的开放 ………………… 211
　　第二节　叙明罪状的尴尬与刑法规范的超越 ………………… 218
　　第三节　简单罪状的表象和刑法规范的填充 ………………… 226
　　第四节　引证罪状的不足和刑法规范的完善 ………………… 231
　　第五节　结语：罪状的开放性及其解释进路 ………………… 235

第九章　信息披露犯罪：罪质、罪状与罪量 ………………… 238
　　第一节　修法背景：信息披露犯罪的治理困境 ……………… 239
　　第二节　不法本质：信息披露制度和披露义务 ……………… 250
　　第三节　构成要素：不法披露行为、罪过和罪量 …………… 257
　　第四节　刑事责任：法定刑调整和适用 ……………………… 270

第十章　虚开增值税专用发票罪：本质、构造与认定 ……… 274
　　第一节　虚开增值税专用发票罪的不法本质 ………………… 277
　　第二节　虚开增值税专用发票罪的规范构造 ………………… 288
　　第三节　虚开增值税专用发票罪的司法适用 ………………… 298
　　第四节　结语：税务犯罪行刑一体共治的完善 ……………… 306

第十一章　污染环境罪：罪过的教义学分析 ………………… 310
　　第一节　污染环境罪的制度变迁与罪过争议 ………………… 310
　　第二节　罪过纷争的教义反思与体系阐释 …………………… 314

第三节　故意说的理论证成与实践展开 …………………… 326

第十二章　代孕治理：时代之问与中国抉择 …………………… 343
第一节　代孕行为：合法化争议与规制现状 …………… 344
第二节　非法组织代孕：失范乱象与不法实质 ………… 357
第三节　科学共治：应然选择与法律完善 ……………… 362

参考文献 ………………………………………………………… 373

上 编

体系·话语

第一章 行政犯治理与刑事现代化的历史演进

作为一场波澜壮阔、气势磅礴的刑事法治革命，刑事治理现代化既是一个动态的过程，又是一个静态的概念，是从精神气质、制度设计到实际运作的超越和变革。这种超越和变革，既是传统刑事法治在现代的延续，又是现代刑事法治对传统的扬弃，而其背后的推动力量，则与行政刑法的肇始、演进有着紧密的关系。基于此，笔者拟以刑法教义学和法社会学为分析工具，就行政刑法的规范属性、行政犯罪的立法边界和适用解释、行刑衔接的程序设计与证据转化等行政刑法的几个重大基本问题进行梳理研究，以期为中国刑事治理现代化研究探求一条合理可行的路径。

第一节 行政刑法的属性：历史发掘与教义分析

行政刑法研究发端于德国，[①] 发展于日本，当是不争的事实。但行

[①] "行政刑法"这一概念，最早为德国刑法学者郭特希密特（J. Goldschmidt）在其1902年出版的《行政刑法》（Verwaltungsstarafrech）中首次提出，郭特希密特也因而被誉为"行政刑法之父"。参见卢建平《论行政刑法的性质》，《浙江大学学报（社会科学版）》1993年第3期。

政刑法究竟属行政法还是刑法,抑或独立于行政法与刑法之外的部门法?与德国主流观点采纳"行政法说",日本学界力主"刑事法说"不同的是,中国刑法学界对此问题莫衷一是。其中,既有持行政法说者,如卢建平教授;① 也有采刑事法说者,如张明楷教授和笔者;② 还有主双重属性说者,如刘艳红教授和周佑勇教授③。多年来一直致力于研究行政刑法的李晓明教授,在其所著《行政刑法新论》中提出,行政刑法在形式上既不属于行政法,也不属于刑法,而是一种独立的具有自身特性的法律规范,其内容的重点应当放在行政法规范和刑法规范的衔接和协调上,并主张通过"灰色理论"和"交叉方法"搭建行政法和刑法的缓冲平台和过渡区域,完成行政刑罚与刑罚和行政处罚的真正对接。④

"理论是灰色的,实践之树常青。"对于行政刑法本质属性的探讨,笔者以为,同样应当回到实践,在历史演进中发掘,在现实规范中发展,⑤ 因为历史,其实"是在'现实关怀'引导下复活于当前的过去,现实则是经由过去熏染而具有历史内涵的当前存在"⑥。前者的分析离不开法社会学工具,后者的研究则端赖刑法教义学的展开。

---

① 卢建平:《论行政刑法的性质》,《浙江大学学报(社会科学版)》1993年第3期。
② 张明楷:《行政刑法辨析》,《中国社会科学》1995年第3期;田宏杰:《行政犯的法律属性及其责任——兼及定罪机制的重构》,《法学家》2013年第3期。
③ 刘艳红、周佑勇:《行政刑法的一般理论》,北京大学出版社2020年第2版,第17页。
④ 李晓明:《行政刑法新论》,法律出版社2019年第2版,第29页。
⑤ 美国前联邦最高法院大法官霍姆斯被誉为英语世界最伟大的法官,仔细研读其传记([美]怀特:《奥利弗·温德尔·霍姆斯:法律与本我》,孟纯才、陈琳译,法律出版社2009年版),笔者发现,成就霍姆斯的道路无外两条:一是注重法律制度演进的历史轨迹,二是关切法律制度面对的现实问题。而这,其实既是英美判例法的精髓,也是英美法学创新思维的灵魂。
⑥ 复旦大学历史学系教授李剑鸣在阅评其新书《"克罗齐命题"的当代回响——中美两国美国史研究的趋向》读书会上的发言,参见单颖文《"一切历史都是当代史"?》,《文汇报》2016年8月19日第W15版。

一 历史考察：社会公行政的崛起与行政刑法的变迁

19世纪启蒙运动以降，西方国家的社会治理迄今走过了3个阶段，经历了3种模式的尝试、发展和演变。在自由资本主义阶段，经济生活奉亚当·斯密"无形之手"的自由放任主义为圭臬，社会治理以"干预最少的政府就是最好的政府"为追求，恰如英国历史学家A. J. P. 泰勒在其名著 *English History：1914－1945* 中所作的形象描绘："直到1914年8月为止，任何一个明智守法的英国人都可以安然地度过一生，而几乎意识不到国家的存在，除了邮局和警察之外。"[1] 此时的行政法，无论制度设计还是实际运行，控权是唯一的使命，行政权的行使不能越行政法字面雷池半步；而在刑法上，法官只不过是一架法律的宣读机器，一如孟德斯鸠所宣称："一个民族的法官，只不过是宣布法律之语词的喉舌，是无生命的人，他们既不能变动法律的效力也不能修正其严格性。"[2]严格限制刑事司法权，以绝对保障人权，成为古典刑事学派的宗旨和古典罪刑法定主义的教义，主张刑事立法绝对明确，绝对反对不确定刑，绝对禁止新法溯及既往，至于解释法律，"刑事法官根本没有解释刑事法律的权利，因为他们不是立法者"[3]。如果说此阶段的行政法治是"形式法治"的极致，这一时期的刑事司法则可说是"自动售货机式的司法"或者"机械司法"的典范。

经济生活中的自由放任、社会治理中的最少政府干预，导致了经济风险和社会风险的不断潜滋暗长，并以1929年至1933年大萧条的到

---

[1] A. J. P. Taylor, *English History：1914－1945*, Oxford：Clarendon Press, 1965, p. 1.
[2] 转引自［美］本杰明·卡多佐《司法过程的性质》，苏力译，商务印书馆1998年版，第102～103页。
[3] ［意］切萨雷·贝卡里亚：《论犯罪与刑罚》，黄风译，北京大学出版社2008年版，第12页。

来而登峰造极,而社会失范行为和犯罪浪潮的汹涌,则同时宣告了以控权,即绝对控制公权力(行政上绝对控制行政权,刑事上绝对控制刑事司法权)为宗旨的行政法和刑法在社会治理中的失败,正如1933年3月3日离任的美国总统胡佛在宣告他退休的钟声敲响时疲惫地宣称:"我们在悬崖的边缘,……我们已无能为力了。"① 其后走马上任的美国总统罗斯福遂改弦更张地奉凯恩斯的国家干预主义为信条,大刀阔斧地推行一系列新政措施,即后人所谓的"罗斯福新政",在使一个美国人,从出生摇篮时起到进入坟墓时止,无所不在政府管制之下的同时,② 宣告了管制时代的到来,行政法治从此摆脱形式法治的羁绊,向着实质法治昂首迈进。对此,美国前联邦最高法院大法官卡多佐在其《司法过程的性质》中精辟地指出:"当年,语词的精确是至高无上的法宝,每一次失足都可能丧命,而如今,法律已经走过了它形式主义的初级阶段。"③ 而此时的行政法,既重控权,更求激励,激励政府能动高效地行政,以尽快摆脱困境、走出大萧条的阴影。而刑法,在仍然关切人权保障的同时,开始认识和重视福柯的呐喊"必须保卫社会"④,不仅允许轻法溯及既往和相对不确定刑的存在,张开双臂拥抱扩张解释、实质解释等突破刑法字面含义的解释方法,而且追求"最好的社会政策就是最好的刑事政策"(李斯特语)。

当历史的车轮驶入20世纪六、七十年代,西方社会开始进入经济

---

① [美]亚瑟·西里辛格:《旧秩序的危机:1919—1933》,转引自田宏杰《中国金融监管现代化研究》,博士后出站报告,中国人民大学2007年印行。
② 有关那个时代的社会治理图景,"人们老是说,我们的社会从摇篮到坟墓都受到了控制。这是真的,因为我们偌大的生活领域都受到了行政法规的管理"。参见[英]威廉·韦德《行政法》,徐炳等译,中国大百科全书出版社1997年版,第138页。
③ Wood v. Duff Gordon, 222N. Y. 88,转引自[美]本杰明·卡多佐《司法过程的性质》,苏力译,商务印书馆1998年版,第59页。
④ [法]米歇尔·福柯:《必须保卫社会》,钱翰译,上海人民出版社2010年第2版。

滞涨时期，各国出现了以低经济增长、通货膨胀、财政赤字、高失业率为特征的"滞胀"现象。这使人们认识到，如同市场会失灵一样，政府同样会失灵；市场解决不好的问题，政府不一定能够解决好，而且政府干预失败的代价更高、更可怕。"政府失灵"使人们开始怀疑行政国家控制全部社会公共事务的有效性，开始反思负担过重和过分官僚化的政府是否有能力负担起指派给它的繁重的工作任务。

在这样的背景下，西方国家掀起了一场方向上与过去迥然不同的社会治理改革运动，并迅速形成一股世界性的改革浪潮。如果说过去的社会治理主要立足于政府行政的层面展开，着眼于政府部门和政府系统内部机构的增减与职能的调整，这场社会治理变革则是站在社会的角度，从整个公共部门系统出发，重新设计和推进实施的公共行政改革，是一场范围更为广泛、程度更为深刻、意义更为重大的现代社会治理革命。

而这场革命，就是风险社会时代的社会治理和公共行政改革。其理论经多年发展，至今形成了3种不同路径的分支和流派：一是风险文化治理理论，即重塑风险文化，科学引导公民日益增强的风险意识。二是风险制度治理理论，即重构风险制度，开放社会治理的专家决策系统，通过社会治理决策的民众广泛参与，应对因技术精英知识结构的过度专业而在"片面正确"地解决社会治理的系统性问题时所引发的新的风险。三是风险政治理论，即再造风险政治，解决社会治理的国家中心主义模式治理能力不足的问题。

实际上，上述理论分支只是着眼点不同，行动目标并无二致。毕竟，现代社会的风险主要潜藏于社会管理的失误、低效以及社会治理系统的坍塌和崩解之中，主要潜藏于有关科学技术和法律法规之思维理性与逻辑理念的坍塌和崩解之中，主要潜藏于针对危及社会每一个人的风险和灾难而形成的政治安全保障机制的坍塌和崩解之中。① 所以，风险社会特征在当代的日益凸显，其实昭示的是国家中心治理能力的不足以及传统法律刚性治理模式的失败。② 因而西方各国现代社会治理体系和治理能力建设，虽侧重点和具体做法不同，但无不是上述3种理论分支的有机系统融合，并均围绕以下4条主线展开：第一，治理主体的多元化。即政府掌舵、公民自律、社会参与的政府、公民、社会三元治理主体架构的形成。第二，治理决策的民主化。即社会治理程序的开放化和社会治理决策的民主化的日益深化。第三，治理方式的柔性化。一部现代社会治理历史，从来都不是行政权和刑罚权等社会治理公权力削弱的历史，而是一部公权力横向扩张和纵向减弱两个维度并行不悖的历史。横向扩张的是行政权和刑罚权等公权力行使的边界，纵向减弱的是行政权和刑罚权等公权力实施的手段，即从轻、从柔、从简，行政指导、行政契约的出现，即是典型的适例。第四，治理空间、治理目标的社会化。

随着风险社会治理实践和现代社会治理改革波澜壮阔的推进，行政法以及作为其保障的行政刑法，亦随之拉开了其在后现代社会的跃迁帷幕。如果说20世纪90年代，非政府组织等社会公行政在行政法领域的崛起，是行政法面对社会治理第三条道路必须做出的回应，那么在刑事法领域，2003年社区矫正制度在中国的试行，2005年恢复性刑事司法理念在中国的引入，2007年前后刑事和解制度在中国的倡行，2009年量刑答辩程序在中国的全面推广，乃至于现今正在大力建设完善的认罪认罚从宽制度，无不都是风险社会治理理论在行政法和刑事

---

① 薛晓源、周战超主编：《全球化与风险社会》，社会科学文献出版社2005年版，第83~84页。
② 田宏杰：《规范关系与刑事治理现代化的道德使命》，人民法院出版社2020年版，第39页。

法领域逐步推进影响下的产物。

可见，正是经济基础决定上层建筑，上层建筑反作用于经济基础，行政法才从形式法治时代追求行政权的"有限"，经实质法治时代致力于行政权的"有效"，走到现今对"有限而有效"的行政的倡导。究其根本，不过是作为社会治理第一道防线组成部分的行政法，对经济生活发展和社会治理变迁由自由资本主义阶段以自由放任主义为圭臬，经管制资本主义阶段以国家干预主义为核心，到风险社会治理时代或金融资本阶段围绕治理主体多元化、治理决策民主化、治理方式柔性化、治理目标社会化的治理转型的同步回应和大力践行。而在刑事法领域，从古典罪刑法定主义致力于控制刑罚权以保障人权的"机械司法"，经相对罪刑法定主义必须保卫社会的"能动司法"，到现今人权保障与社会保卫的并重、刑事立法的不断开疆拓土和刑事司法的日益开放民主、刑罚执行的渐进柔性和不断社会化等，既是刑法对其致力于保障的行政法变迁的因应，又与行政法的变革相映成趣，在共同推进社会治理之法治变革的同时，促进着行政刑法的茁壮成长。

所以，就经济、社会、法治之间的因果关系链而言，社会经济生活的变迁是因，作为社会治理第一道防线组成部分的行政法的回应是果；而在法秩序统一视野下的法治之规范演进中，行政法的变迁是因，作为社会治理第二道防线也是社会正义最后一道防线的刑法的变化和行政刑法的出现与发展，其实是作为保障法的刑法因应行政法演变的产物。因而笔者认为，在历史渊源上，行政刑法不仅根植于刑法，而且发展于刑法。

二 教义分析：部门法的规范结构与行政刑法的定位

受大学本科研习数学的影响，多年以前，笔者即在讲课中提出，如果用图形来表示法秩序统一视野下的法律体系和部门法的规范结构，则中国法语境下的法律体系应当是一个圆锥体，站在圆锥体锥尖的是宪法，所有部门法无不以宪法为母法而形成，如图 1-1 所示；而同一层级的部门法之间的规范结构，则如同两个同心圆，其中，外面的大圆是非刑事部门法即笔者所谓"前置法"的集合，每一具体前置法不过是组成大圆的一个个扇形；里面的小圆则是对前置法予以保障的刑法，包括规制民事犯的民事刑法和规制行政犯的行政刑法的集合，如图 1-2 所示。

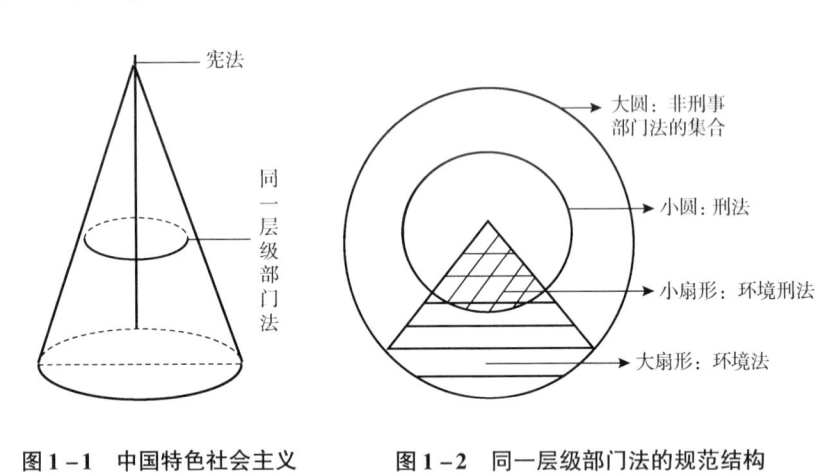

图 1-1 中国特色社会主义法律体系

图 1-2 同一层级部门法的规范结构

具体而言，在法律规范体系中，部门法由两道防线组成。第一道防线，即图 1-2 中的大圆，是民商法、行政法等非刑事部门法所组成的前置法的集合。而在规范结构上，每一前置法又均由调整性规范和第一保护性规范组成。其中，调整性规范由"假定"和"处理"组成，设定前置法上的权利和义务，形成前置法上的调整性法律关系或者说调整性法益；如调整性法律关系或调整性法益遭到破坏，则依据第一保护性规范即前置法中的法律责任条文进行保护性调整。如果前置法中的第一保护性规范的制裁力量,不足以给予前置法上的调整性法律关系或调整性法益以有效保护,而该调整性法律关系或调整性法益又十分重要,则有启动第二保护性规范即社会正义最后一道法律防线的刑法调整的必要。因之,没有前置法中的调整性规范,不会有前置法中的第一保护性规范的存在,更不会有第二保护性规范的刑法的产生。在这个意义上,较之于前置法中的调整性规范,刑法是从属法;相对于前置法中的第一保护性规范,刑法是次生法。

但是,这并不意味着,刑法亦步亦趋地完全从属于前置法,全然没有自己的独立性。相反,刑法始终有其"独立之精神和自由之思想"。前置法所设立并通过第一保护性规范所保护的法益是否能够成为刑法法益,以及违反前置法中的调整性规范、并得适用前置法之保护性规范予以前置法法律责任追究的前置法上的违法行为,是否能够成为刑法上的犯罪行为,均须经由刑法独立筛选和考量。只有确实有必要济之以刑事否定性评价,乃至于动用刑事制裁手段,以补充前置法中的第一保护性规范制裁力量之不足,并将被严重违法行为所破坏的重要的调整性法律关系或调整性法益恢复到犯罪行为发生前的状态,恢复到前置法中的调整性规范正常规制的轨道之内,才有被刑法筛选为刑法法益和刑事犯罪行为的可能。由于刑事责任的追究秉持主客观相统一的原则,而行政责任的承担以过错责任原则为主、无过错责任或者严格责任原则为辅,因而刑法对于严重违法行为所确立的犯罪构成,不仅在客观行为类型上往往少于行政违法行为类型,而且即便是相同的行为样态,犯罪行为类型的主观罪过形式和内容,也一般有别于行政违法行为的构成。所以,刑法对于犯罪的规制,虽在质上从属于前置法之调整性规范的规制,但在量上却相对独立于前置法之保护性规范的调整。由此决定,刑法既非前置法的绝对从属法,又非完全独立于前置法的部门法,而是相对独立于前置法的最终保障法。此即笔者对刑法在中国特色社会主义法律体系中的规范定位和部门法结构进行教义学挖掘分析后,提炼出的"前置法定性与刑事法定量相统一"的刑法与其前置法在犯罪规制上的定性从属性与定量独立性关系原理,同时也是包括民事犯与行政犯在内的所有刑事犯罪的形成和认定机理。①

所以,没有前置行政法,不会有行政刑法的产生,但是,前置行政法的存在,并不必然继之以相应的行政刑法保障。行政刑法虽以前置行政法为必要条件,却并不以前置行政法为充分条件,无论刑法法益的确立还是行为犯罪类型的选取,行政刑法均有其独立的价值考量和使命追求。因此,较之于其所保障的前置法,行政刑法既非完全从属,亦非绝对独立,而是以前置行政法为必要条件,但又相对独立于前置行政法而存在的刑法的有机组成部分,其所体现的是刑法的相对独立性及其对行政法之力量救济性的融合。

第二节 行政犯罪的本质:立法边界与司法适用

1997年《中华人民共和国刑法》(以下简称1997年《刑法》)和1部单行刑法、11个刑法修正案对刑事犯罪圈的急剧扩张,引发了刑法学界的普遍担忧。除少数学者对此表示肯定外,② 多数学者质疑指出,犯罪圈的扩张既凸现了中国刑事立法情绪化、象征化的趋

---

① 田宏杰:《侵犯知识产权犯罪的几个疑难问题探究》,《法商研究》2010年第2期;田宏杰:《行政犯的法律属性及其责任——兼及定罪机制的重构》,《法学家》2013年第3期。
② 田宏杰、温长军:《理解制度变迁:我国〈刑法〉的修订及其适用》,《法学杂志》2011年第9期;张明楷:《网络时代的刑法理念——以刑法的谦抑性为中心》,《人民检察》2014年第9期;周光权:《积极刑法立法观在中国的确立》,《法学研究》2016年第4期。

势，又有悖刑法的谦抑性品格，中国刑法不仅应当对此保持警醒，更应努力回归传统刑法观的正轨①。由于刑法修正案对犯罪圈的扩张主要集中于行政犯罪，因而学界争议和实务困惑也就自然聚焦于行政犯罪之犯罪圈的立法边界确定和司法适用解释。

其实，由前述行政刑法的历史演进及其在法律体系中的规范定位和部门法结构所决定，笔者以为，"前置法定性与刑事法定量相统一"的体系化考量，既为刑事立法确定行政犯罪的罪状即犯罪构成，进而划定行政犯罪之犯罪圈疆界提供了可操作的、法秩序统一的规范判断标准，又为刑事司法的法律适用提供了合乎刑法教义的解释规则。

一 行政犯罪的立法设立边界

由"前置法定性与刑事法定量相统一"的犯罪认定机制所决定，不具备前置法之违法性的行为，不可能具有刑事违法性。行政犯罪的不法本质和违法根源，在于其对前置行政法之调整性规范所确立的调整性行政法律关系或调整性行政法法益的侵害，以及对前置行政法之第一保护性规范即行政法律责任条文的违反。而刑事违法性的产生和具备，也即单纯的行政违法行为与行政犯罪行为的界分，关键还在于刑法自身的选择与两次刑事违法之量或者说犯罪量的确定。第一次犯罪量的刑法确定，是刑法从前置行政法之第一保护性规范即行政法律责任条文所规制的行政违法行为中，根据其所侵害的调整性法律关系或调整性法益的性质及其应承担的行政制裁方式和程度，遴选出有必要济之以刑法第二保护性力量制裁的严重行政违法行为类型，按照主

---

① 刘宪权：《刑事立法应力戒情绪——以〈刑法修正案（九）为视角〉》，《法学评论》2016年第1期；邵博文：《晚近我国刑事立法趋向评析——由〈刑法修正案（九）〉展开》，《法制与社会发展》2016年第5期；刘艳红：《象征性立法对刑法功能的损害——二十年来中国刑事立法总评》，《政治与法律》2017年第3期。

客观相统一的刑法基本原则，经调整而形成行政犯罪的犯罪构成。违反行政前置法却不符合行政刑法所规定的行政犯罪之犯罪构成的行为，仅是行政前置法单独规制的一般行政违法行为。只有既违反行政前置法又符合行政刑法所规定的行政犯罪之犯罪构成的行为，才需进行犯罪量的第二次审查筛选。而刑法对于犯罪量的第二次确定，则是通过追诉标准的设定来完成，即当行政违法行为被选择确立为行政犯罪的行为类型后，通过1997年《刑法》第13条但书，同时结合"情节严重""情节恶劣"等分则各罪的罪量限制规定，以司法解释等方式对分则各罪的具体罪量加以具体明确与权衡把握，从而最终实现行政法所规制的单纯行政违法与行政刑法所规制的行政犯罪的区分。

其中，刑法的第一次定量由刑事立法承担，可谓"刑事立法定性"；刑法的第二次定量由刑事司法完成，实系"刑事司法定量"。因而有必要指出的是，传统刑法理论通说认为，与立法定性和司法定量相结合的德日定罪模式不同的是，我国在定罪问题上采取的是"立法定性又定量"的模式。这种"立法定量"模式无疑是"实质主义刑法观的产物"，虽然"具有实质合理性，符合刑法谦抑原则，但是欠缺形式合理性从而带来一系列问题。因此，放弃立法定量，实行司法定量，并构建轻罪处理机制，是理性选择"[1]。而持保留论的学者则主张，我国"定性 + 定量"的入罪立法虽然有利也有弊，但总体看仍然是利大于弊。所以，当前仍应当坚持并进一步完善这种入罪模式。[2]

不难看出，上述有关罪量立法规定的存废之争，表面上结论不同，

---

[1] 李居全：《也论我国刑法中犯罪概念的定量因素——与储槐植教授和汪永乐博士商榷》，《法律科学（西北政法学院学报）》2001年第1期；沈海平：《犯罪定量模式检讨》，《法学家》2015年第1期。

[2] 储槐植、汪永乐：《再论我国刑法中犯罪概念的定量因素》，《法学研究》2000年第2期；梁根林：《刑事法网：扩张与限缩》，法律出版社2005年版，第65页。

实则基于共同的理论前提,即"立法定性又定量"乃我国的定罪模式。笔者以为,刑法学界的这一共识,恐对我国刑法的规范结构和教义学本质存在误解。如前所述,我国刑事立法对于罪量虽有要求,但无论是1997年《刑法》总则第13条但书规定的"情节显著轻微危害不大",还是分则对于非法经营罪等情节犯、诈骗犯等数额犯之成立所必需的"情节严重""数额较大"的要求,都只是抽象的提示性规定,并未设定明确具体的定量标准,而是将其交由司法机关通过以下途径解决:一是最高司法机关制定普遍适用的司法解释;二是各级政法机关在个案办理中进行法律适用解释。

所以,犯罪的确定即犯罪构成,在法秩序统一的中国特色社会主义法律体系里,乃前置法定性与刑事法定量的统一;而在刑法中,则是刑事立法定性与刑事司法定量的统一。由此决定,无论是新罪的增设,还是旧罪的扩张,均须恪守"前置法定性与刑事法定量相统一"的部门法规范结构和法秩序统一教义要求,坚持犯罪的双重违法标准。比如,有关"精日"言行犯罪化的问题。抛开"精日"言行是否应当入罪的争议不论[1],笔者以为,刑法上新罪的增设既须以前置法有相应的规制规定为前提,更须注重刑事保障法与行政前置法在实体规定上的比例衔接。故"精日"言行如果确有犯罪化的必要,应和醉驾入刑的做法一样,通过同时修订颁行《中华人民共和国道路交通安全法》和2011年《中华人民共和国刑法修正案(八)》(以下简称2011年《刑法修正案(八)》),实现对前置行政法与保障刑事法的同步修改完善,从而在根本上践行"法无明文规定不为罪,法无明文规定不处罚"

---

[1] 所谓"精日",是指那些在精神上强烈推崇"二战"时期日本军国主义思想,进而在言语或举止上效仿日本军国主义战魂,更有甚者发展到仇恨中华民族、以自己是中国人为耻的地步的极端分子。对于"精日"言行的刑事规制,社会各界看法各异,此乃需要深入研究的课题,非本章研讨主题和篇幅所能涵盖,容此不赘,另文研究。

的罪刑法定原则和"前置法定性与刑事法定量相统一"的刑事犯罪确定机制。

二 行政犯罪的司法适用规则

行政犯罪的司法适用解释，并非如有的学者所言："刑法解释是有弹性的，危害性越严重的行为，越应当被解释进刑法条文。日本学者认为，解释的实质的范围是与实质的正当性（处罚必要性）成正比，即越是值得处罚的行为，越有可能被解释为符合刑法规定的犯罪行为。"[①] 相反，刑法条文、术语的解释，必须坚守法秩序统一的规范要求和部门法之间的规范结构，既要遵循刑法自身的基本原则和基本原理，又要在刑法之外延伸至该刑法条文致力于保障的前置法所确立的前置法律关系或前置法法益本质、违法行为类型综合考量解释。否则，即有可能因在刑法内自说自话，而将不具有前置法上的不法性，甚至将前置法所保护的行为认定为犯罪。

正是基于此，笔者以为，被刑法学界冠之以经济犯罪"口袋罪"的非法经营罪的适用解释，无论在理论界还是司法实务部门，一直存在严重的误读，尤其是对1997年《刑法》第225条第4项"其他严重扰乱市场秩序的非法经营行为"的解释。按照"前置法定性与刑事法定量相统一"的刑法适用解释规则，非法经营罪这一所谓的"口袋罪"其实有着明确的犯罪构成规定和清晰的犯罪认定边界。

具体地，从1997年《刑法》第225条的规定可知，其前置法是规制行政许可经营的经济行政法律、法规，而非规制著作权等知识产权的行政法律、法规。因而违反国家特许经营管理规定，侵犯国家对于

[①] 高艳东：《信息时代非法经营罪的重生——组织刷单案评析》，《中国法律评论》2018年第2期。

特许经营的正常监管秩序，才是非法经营罪的危害实质所在，也是区分非法经营罪罪与非罪的主要标准之一。由此决定，非法经营罪中的非法经营行为，并非单纯违反工商行政管理法规的行为，而是因违反国家关于特许经营管理的有关经济行政法律、法规规定，未经特许经营业务行政监管部门的批准，擅自经营特许经营业务的经营行为。如果行为人从事的经营活动系法律上的禁止经营业务，绝无构成非法经营罪的可能。①

据此，贩卖盗版光盘等禁止性经营行为，虽然违反了国家规定，但违反的并非1997年《刑法》第225条所致力于保障的行政许可经营监管法律、法规，而是著作权法等；侵犯的也并非行政许可经营管理秩序，而是与著作权有关的正当竞争秩序和他人的著作权。故无论行为人是否具有出版经营许可资质，都不能论之以非法经营罪，而只可能以侵犯著作权罪或销售侵权复制品罪定性处理。只有当复制发行的非法出版物系侵权出版物、淫秽出版物等禁止经营出版物以外的其他非法出版物时，才有构成非法经营罪的可能。同样，对于刑法学界热议的网络刷单案，② 由于刷单炒信行为违反的前置法是《反不正当竞争法》，而不是特许经营监管法律、法规，因而此类行为均不能以非法经营罪论处。

---

① 田宏杰：《规范关系与刑事治理现代化的道德使命》，人民法院出版社2020年版，第391~392页。
② 2016年央视在其举办的3·15晚会上曝光了淘宝网经营者刷单内幕，2017年江苏南京、浙江杭州两地法院对刷单炒信行为作出判决，以非法经营罪论处，引发社会各界激烈争论。所谓刷单炒信，是指为了获取商品数量、服务评价、店铺信誉、市场排名等特殊利益，经营者与特定行为人联合进行虚假交易，以谋取市场竞争优势的行为。参见卢代富、林慰曾《网络刷单及其法律责任》，《重庆邮电大学学报（社会科学版）》2017年第5期。

三 类型划分：纯正行政犯与不纯正行政犯的提出

对于行政犯罪，刑法虽然一般都会明示以"违反……规定""违反……法规"的明确要求，但既然所有犯罪都是具有双重违法性即前置法违法性和刑事法违法性的行为的统一，因而笔者主张，只要以行政法为前置法的刑法条文所规定的犯罪，只要以行政违法性的具备作为刑事违法性必备前提的犯罪，本质上都属于行政犯罪。具体就我国刑法而言，1997年《刑法》分则第4章人身犯罪和第5章财产犯罪以外的所有犯罪，都是行政犯罪。

由于人类社会治理模式和治理道路的变迁，以及与之相伴的公法私法化和私法公法化趋势的加剧，刑法所致力于保障的前置法在形式上也丰富多样，有的表现为单一部门法形式，即前置法里或者都是行政法，或者都是民商法；有的表现为双重部门法形式，即前置法里既有行政法，又有民商法。之所以如此，实源于法益保护的部门法交叉。例如，知识产权既为民法予以私权保护，又有商标法、专利法等经济行政法进行经济行政秩序的规制与保护。因之，笔者将单纯以行政法作为前置法的行政刑法所规定的行政犯罪，称为纯正行政犯；将以行政法和民商法作为必备共同前置法的刑法所规定的行政犯罪，称为不纯正行政犯。其中，纯正行政犯的成立，仅以行政违法性的具备作为刑事违法性产生的前提；而不纯正行政犯的成立，则以民事违法性和行政违法性的同时兼具，作为刑事违法性产生的必要前提。前者如非法经营罪，后者如侵犯知识产权罪、刑讯逼供罪等。而决定不纯正不作为犯不法性质的规范依据，则在于其所违反的双重前置法，尤其是主要前置法。

至于何者为主要前置法，何者为次要前置法，由罪刑法定原则决定，乃是由刑事立法确定的，具体体现为该罪之行政刑法规范所隶属的刑法分则章节。由知识产权犯罪被刑事立法置于 1997 年《刑法》分则第 3 章第 7 节不难看出，知识产权犯罪在我国，本质上是以竞争法作为主要前置法、以保护私权的民商法中的知识产权规范作为次要前置法的经济犯罪，而不同于美国刑法中的知识产权犯罪，乃是以物权法为主要前置法的财产犯罪。① 而刑讯逼供罪，由于立法规定于 1997 年《刑法》分则第 4 章侵犯公民人身权利、民主权利罪之中，所以其本质上主要是以保护公民人身权的民法为主要前置法，以维护正常司法秩序的相应行政法作为次要前置法的人身犯罪。

第三节 行刑衔接的构建：程序设计与证据转化

行政犯罪的行为人因其行为双重违法性即行政违法性和刑事违法性的兼具，自应负行政责任与刑事责任之双重法律责任，那么，其所负的双重法律责任究应如何实现？尤其是在刑罚与行政处罚竞合时，应当如何适用？

对此，有学者基于吸收主义的立场，主张以重罚吸收轻罚的吸收主义为原则，以并处主义为例外。② 此不仅为我国台湾地区多数学者支持，而且在台湾地区 2022 年"行政罚法"第 26 条明确规定如下："一行为同时触犯刑事法律及违反行政法上义务规定者，依刑事法律处罚之。但其行为应处以其他种类行政处罚或得没入之物而未经法院宣告

---

① 田宏杰：《规范关系与刑事治理现代化的道德使命》，人民法院出版社 2020 年版，第 377 页。
② 沂安：《涉嫌犯罪的安全生产违法案件在什么情况下不应给予行政处罚》，《安全与健康》2009 年第 1 期；曹福来：《论税务行政处罚与刑事处罚的衔接》，《江西社会科学》2006 年第 8 期；崔文俊：《论刑罚与行政处罚竞合时的适用》，《齐齐哈尔大学学报（哲学社会科学版）》2007 年第 5 期。

没收者,亦得裁处之。(第一项)前项行为如经不起诉处分、缓起诉处分确定或为无罪、免诉、不受理、不付审理、不付保安处分、免刑、缓刑之裁判确定者,得依违反行政法上义务规定裁处之。(第二项)。"

另有学者提出,刑罚与行政处罚是两种功能、形式和性质均不相同的制裁措施,二者的竞合适用应采取合并适用的原则。而这也是我国大陆多数学者当下所持的观点。① 但在具体如何合并适用的问题上,学者们的见解又出现了分化。其中,支持的声音愈益响亮的是根据程序适用的进路,予以"区别对待的合并说",② 即在"先刑后罚"的一般情况下,行政机关应当按照类似的责任形式不得再适用、不同的责任形式可予再适用、免予刑罚处罚后可再予行政制裁的规则,对行为人进行行政责任的追究;而在"先罚后刑"的特殊情况下,审判机关则应采取类似的责任形式相折抵、不同的责任形式各自适用的立场,对行为人予以刑事责任的追究。

还有学者主张,依据处罚法定和罪刑法定原则,行政处罚与刑罚的竞合适用,应采折中的综合主义,分别不同情况进行相应的责任追究。首先,对于情节较轻,尚不构成行政犯罪的行政违法行为,只适用行政法律规范进行行政处罚。其次,对于行政违法情节严重构成行政犯罪的行为,在行政法律、法规明确规定应当依法追究刑事责任,却未同时要求予以行政处罚的情况下,则只能由司法机关追究刑事责任,而不能对行为人再予行政责任的追究。③ 最后,对于行政违法情节

---

① 应松年主编:《当代中国行政法》上卷,中国方正出版社 2005 年版,第 867 页;张道许:《行政处罚与刑罚竞合时适用问题研究》,《铁道警官高等专科学校学报》2005 年第 3 期;孙卫:《税收行政罚款与刑事处罚的竞合适用》,《税收征纳》2007 年第 2 期;等等。

② 张道许:《行政处罚与刑罚竞合时适用问题研究》,《铁道警官高等专科学校学报》2005 年第 3 期;刘艳红、周佑勇:《行政刑法的一般理论》,北京大学出版社 2020 年第 2 版,第 282~290 页。

③ 姜明安主编:《行政法与行政诉讼法》,北京大学出版社 2019 年第 7 版,第 270 页。

严重构成行政犯罪的行为，行政法律、法规没有明确规定只能由司法机关给予刑事处罚的，则行政处罚与刑罚应同时适用。①

不难看出，上述观点虽然结论各异，却均暗含着以下两个理论前提：一是在实体上，刑事为主。刑事责任是行政犯罪所应承担的主要法律责任，所以，或者刑事责任的实现吸收行政责任的追究，或者刑事责任的实现优先于行政责任的承担。二是在程序上，刑事先理，即在行政执法与刑事司法的衔接程序上，适用刑事诉讼程序追究行为人的刑事责任，原则上优先于适用行政程序追究行为人的行政责任。

笔者以为，行政犯罪之刑事违法性的认定，不仅以行政违法性的具备为前提，而且刑事责任的追究和刑事制裁的确定，以对行政制裁力量不足之补充和行政管理秩序的有效恢复为必要前提。② 而行政事务的管理和处置，尤其是行政违法性的认定，不仅要求较高的专业技术水准和公共政策把握运用能力，而且随着社会经济活动空间的不断拓展，行政监管的领域和范围也日益广泛而庞杂。在专业分工日趋精细明确的现代社会，社会治理的专业问题还是应首先交由专业的行政管理人士而不是司法人员去解决，虽然"想把法官提升到一种纯粹理性领域，高于并超越那些令人不安和偏斜的力量之约束，我并不怀疑这种法官的理解是庄严伟大的。……但是，这从来也不过是部分的真实"③。

---

① 成华：《检验检疫行政处罚与刑事处罚竞合》，《中国检验检疫》2008年第2期。
② 田宏杰：《行政优于刑事：行刑衔接的机制构建》，《人民司法·应用》2010年第1期；田宏杰：《行政犯的法律属性及其责任——兼及定罪机制的重构》，《法学家》2013年第3期。
③ ［美］本杰明·卡多佐：《司法过程的性质》，苏力译，商务印书馆1998年版，第105~106页。

不仅如此，社会公众在要求行政机关提供更加积极、有效的政府监管和全面、良好的行政服务的同时，又对行政权的扩张抱持天然的恐惧和警惕，对行政权的行使要求进行更为有效的监督。而司法权的行使，不仅宣告了其他纠纷解决机制的终止和纠纷解决最终程序的开始，而且宣示了司法程序的权利救济本质。程序终极性和实体救济性的并行不悖，不仅使得司法成为解决纠纷、实现社会公平正义的最后一道防线，而且赋予司法活动及其裁判具有了行政活动及其决定所不具有的法律权威，从而保证了司法对行政的有效控制和维护。因而司法的终极性不仅成为1803年马伯里诉麦迪逊案以后的美国宪政共识，并由此开启了为英美法系国家普遍仿效的美国司法审查模式，而且业已成为国际社会的普遍共识。1966年通过的联合国《公民权利和政治权利国际公约》第14条第7款明确规定："任何人已依一国的法律及刑事程序被最后定罪或宣告无罪者，不得就同一罪名再予审判或惩罚。"

正因如此，笔者以为，2021年《中华人民共和国行政处罚法》（以下简称2021年《行政处罚法》）第35条对于行政拘留期限折抵有期徒刑或者拘役的刑期以及行政罚款折抵罚金的规定①，不仅以行政处罚在先为适用前提，而且从2021年《行政处罚法》对于刑事制裁在先的行政犯罪案件如何进行行政处罚，通篇不置一词予以任何规定，以及2018年《中华人民共和国刑事诉讼法》（以下简称2018年《刑事诉讼法》）第54条对行政证据转化为刑事诉讼证据特别明确规定②，而对刑事诉讼证据如何转化为行政证据却在整个法律体系中全然不置一词，

---

① 2021年《行政处罚法》第35条规定："违法行为构成犯罪，人民法院判处拘役或者有期徒刑时，行政机关已经给予当事人行政拘留的，应当依法折抵相应刑期。违法行为构成犯罪，人民法院判处罚金时，行政机关已经给予当事人罚款的，应当折抵相应罚金；行政机关尚未给予当事人罚款的，不再给予罚款。"

② 2018年《刑事诉讼法》第54条第2款明确规定："行政机关在行政执法和查办案件过程中收集的物证、书证、视听资料、电子数据等证据材料，在刑事诉讼中可以作为证据使用。"

不难看出，赋予行政机关在行政犯罪案件移送程序中的主导地位及对行政违法事实的先行调查处置权，才是 2021 年《行政处罚法》的立法精神及其法规范教义所在①。至于 2021 年《行政处罚法》第 27 条要求"违法行为涉嫌犯罪的，行政机关应当及时将案件移送司法机关，依法追究刑事责任"的立法本意，其实只是为了防止行政机关对行政犯罪只罚不刑，而不是如多数学者所主张，为了刑事程序的优先适用，更不是要求刑事制裁取代行政处罚，重罚吸收轻罚。相反，2021 年《行政处罚法》的上述规定只是进一步表明，对行政犯罪既须予以行政处罚，又应进行刑事制裁，而刑事制裁方式的选取及其具体适用，则取决于在先适用的行政处罚所需的功能补充与力量救济程度。

所以，"刑事优先"的传统行刑衔接程序，不仅颠倒了作为社会治理第一道防线的行政权和作为社会正义最后一道防线的刑事司法权之间的关系，而且有违刑法保障法的规范地位和补充救济性功能的发挥，使得行政犯罪之刑事违法性认定成了无源之水、无本之木。而基于对行政犯罪的行政违法性与刑事违法性双重违法本质的坚守和刑事司法作为社会治理最后一道防线的使命定位，以及对于行政机关首次裁决权和司法裁决终极性的尊重，尤其是对行政权与司法权的国家权力配置及其制衡机制的捍卫，笔者主张，行政犯罪法律责任的实现，在程序上应秉持"以行政优先为原则与以刑事先理为特殊相统一"的原则进行行刑衔接程序的重构与运行，在实体上应以"并合实现"为必要，即由行政执法机关对行为人依法先予行政责任追究，再由刑事司法机关依照刑事诉讼程序进行刑事责任的实现。对于在先适用的行政责任

---

① 田宏杰：《行政优于刑事：行刑衔接的机制构建》，《人民司法·应用》2010 年第 1 期；田宏杰：《行政犯罪的归责程序及其证据转化——兼及行刑衔接的程序设计》，《北京大学学报（哲学社会科学版）》2014 年第 2 期。

形式，与在后适用的刑事责任形式的竞合，按照功能相同者予以折抵、功能不同者分别执行的原则处理。①

当然，囿于行政犯罪的纷繁复杂和特定情境下的社会公共政策要求，"行政优先"只是行政犯罪法律责任追究程序所应秉持的一般原则，既不能予以绝对化，更不能将行政处理视为行政犯罪司法认定的必经前置程序。在行政犯罪的行政违法事实未能被行政执法机关及时发现，而由侦查机关率先予以刑事立案甚至于刑事判决已经确定的特殊情形下，行政犯罪所应担负的行政责任，或者在刑事司法程序进行中、刑事责任确立前实现，或者在刑事责任确立后实现。前者的责任竞合，仍得适用"行政优先"的实体责任处理原则；后者的责任竞合，则采用功能补充原则，即适用功能上有别于判决所确立的刑事责任形式的行政处分或者行政处罚方式。而在因行政处罚时效的经过，导致行政处罚权归于消灭等情形下，行政责任的实现只能采用恢复型或者免除制裁型责任形式，与刑事责任的实现自不会发生形式上的冲突。

至于"行政优先"的行刑衔接一般程序，笔者以为，可具体构建如下：首先，自行政机关立案调查之日起，行政机关即将相关情况即刑事案件线索告知相应的行政犯罪案件的侦查机关，从而在行政处罚案件适用一般程序进行调查处理的同时，刑事侦查机关同步展开刑事案件立案前的初查工作；其次，行政处罚决定作出当日，行政机关向刑事侦查机关进行涉嫌行政犯罪案件的全案移送，并在法定时限内将行政处罚决定依法交付执行；最后，刑事侦查机关在收到行政机关移送后的3个工作日内决定是否予以刑事立案，并将立案处理决定送达移送案件的行政机关，同时向同级检察机关侦查监督部门备案。行政

---

① 田宏杰：《行政犯的法律属性及其责任——兼及定罪机制的重构》，《法学家》2013年第3期。

机关对于刑事侦查机关不立案决定不服的，可以申请同级检察机关侦查监督部门进行立案监督。①

在此，需要注意的是，囿于正当法律程序尤其是非法证据排除规则的要求，行政证据与刑事证据不仅收集主体不同，而且收集程序和方法亦各有异。行政证据由行政机关及其工作人员依照法定行政程序收集、调取，而刑事证据则必须由人民法院、人民检察院、公安机关及其审判人员、检察人员、侦查人员依照法定刑事诉讼程序收集、调取，行政证据只有经过刑事证据法定收集主体依照法定刑事程序转化，方能具有刑事证据的证据能力，进而成为刑事诉讼证据。否则，行政证据在刑事诉讼中只能作为刑事案件的证据资料或者证据线索使用，既不能生成刑事诉讼证据的法律效力，更不能作为刑事案件事实认定和法律适用的定案依据。

由于实物证据和言词证据等不同类型的证据，不仅表现形式有别，而且收集程序不一，适用不同收集程序取得的证据材料的证据能力和法律效力更是迥然相异。因而行政证据转化为刑事证据，必须区别不同的证据类型，分别采取不同方式进行：② 第一，对于行政实物证据，按直接调取规则转化，重点审查行政执法证据的形式合法性。第二，对于行政言词证据，按重新收集规则转化，至于行政相对人或者证人在行政程序中出具的亲笔证词或者自述材料，按书证对待，适用前述行政实物证据转化规则处理。第三，对于行政鉴定意见，按授权委托规则转化，根据行政鉴定意见的出具主体是否具备司法鉴定资质予以区别对待。

---

① 田宏杰：《行政犯罪的归责程序及其证据转化——兼及行刑衔接的程序设计》，《北京大学学报（哲学社会科学版）》2014年第2期。
② 田宏杰：《行政犯罪的归责程序及其证据转化——兼及行刑衔接的程序设计》，《北京大学学报（哲学社会科学版）》2014年第2期。

第二章　行政犯治理与刑事现代化的政治使命

作为"一个包含了人们思想和行为各个领域变化的多方面进程",[1] 现代化的特殊意义在于"它的动态特征以及它对人类事务影响的普遍性。它发轫于那种社会能够而且应当转变、变革是顺应人心的信念和心态。如果一定要下定义的话,那么'现代化'可以定义为:反映着人控制环境的知识亘古未有的增长,伴随着科学革命的发生,从历史上发展而来的各种体制适应迅速变化的各种功能的过程。"[2] 在中国式现代化建设全面开启的新征程上,作为国家治理体系重要组成的刑事治理体系,又应如何实现现代化,以科学组织对犯罪尤其是行政犯的反应?笔者以为,从以民事犯惩治为依归向以行政犯治理为核心转移,从保障公民自然自由向丰富公民社会自由跃迁,从维护公私分立的管理秩序向建构政府、社会、公民共建共治共享的善治秩序推进,进而实现人的自由全面发展,既是刑事治理现代化的应然政治使命,

---

[1] [美]塞缪尔·P. 亨廷顿:《变动社会中的政治秩序》,王冠华、刘为译,上海人民出版社2021年版,第25页。
[2] [美]C. E. 布莱克:《现代化的动力》,段小光译,四川人民出版社1988年版,第11页。

又是刑事治理现代性的必然内在要求。

第一节 从民事犯到行政犯：犯罪形态的现代转型

"给我一根杠杆，我就能撬动整个地球。"其实，杠杆并不重要，重要的是找准支点。刑事治理现代化和法治中国建设亦是如此。作为一个波澜壮阔的宏大议题，现代刑事治理体系建构的具体抓手和着力点的科学确立，对于目标的达致，至为重要。而无论是新冠疫情在全球肆虐所引发的重大公共卫生事件的处治，还是贺某奎"基因编辑婴儿"事件引发的全球伦理论争，抑或全社会对高考季频频曝光的因冒名顶替上学而"被偷走的人生"的广泛关注……表象虽然不同，却无不殊途同归地揭示了刑事治理核心领域的深刻变化——从民事犯向行政犯转移。这种转移，既使刑事治理体系面临前所未有的挑战，又为刑事治理变革带来百年难得的机遇。

一 从刑事立法规定的犯罪结构及其演进趋势来看

作为严重的违法行为，犯罪是前置法不法性与刑事法违法性兼具的行为。以犯罪违反的前置法系民商法还是行政法为据，犯罪无外分为两种类型——民事犯和行政犯。民事犯以民事不法性的具备作为刑事违法性产生的前提，从而形成刑民交叉案件，产生刑事附带民事诉讼或另行单独提起民事诉讼程序及其证据转化等问题；行政犯以行政不法性的存在作为刑事违法性产生的必要，进而形成行刑交叉案件，产生行政执法与刑事司法的外部行刑衔接，以及行政诉讼与刑事诉讼交叉的内部行刑衔接等衔接机制及其证据转化等问题。

在此，首先有必要指出的是，在意大利学者加罗法洛所著的《犯罪学》中，以犯罪的不法来源为依据，犯罪被划分为自然犯与法定犯，而不是民事犯和行政犯，并一直沿袭至今。但笔者以为，自然犯与法定犯的分类是基于犯罪学的立场，而非规范刑法学的角度。其次，由罪刑法定原则决定，自然犯也好，法定犯也罢，哪一种犯罪不是"法定"的呢？正所谓"法无明文规定不为罪""法无明文规定不处罚"，即便是人身犯罪、财产犯罪等典型的自然犯，也并非天然具有刑事违法性的犯罪。相反，其行为之民事不法性的有无和民事不法性的实质，不仅是自然犯之刑事违法性产生的前提，而且是把握自然犯之法益侵害实质的关键。至于法定犯，则更是如此。最后，无论自然犯还是法定犯，均是具有双重甚至三重违法性即前置法不法性和刑事违法性兼具的犯罪。

故笔者主张，规范刑法学中的犯罪分类，宜以"行政犯"取代犯罪学中的传统"法定犯"之谓，以"民事犯"取代犯罪学中的"自然犯"之名，在实现刑事法称谓名正言顺"浓缩的都是精华"的同时，以提示刑事立法的制定、刑事司法的适用、刑事法律的研究，对于具体犯罪的危害本质或者说法益侵害实质的认定，绝不能仅局限于刑法文本的字面规定，而是应在法秩序一体的视野下，在法体系统一的疆域内，从前置法与刑事法之间的规范关系、功能定位、制裁配置等多个层面科学地展开。而这，也正是笔者多年来一直呼吁，并在本书行文中统一使用"民事犯"和"行政犯"两个术语，[①] 而不是传统的"自然犯"和"法定犯"两个称谓的缘由所在。

据此，1997 年《刑法》分则所规定的 10 章犯罪中，除第 4 章人身犯罪和第 5 章财产犯罪属于传统的民事犯以外，第 1 章"危害国家安

---

① 田宏杰：《规范关系与刑事治理现代化的道德使命》，人民法院出版社 2020 年版，第 413 页。

全罪"、第2章"危害公共安全罪"、第3章"破坏社会主义市场经济秩序罪"、第4章"侵犯公民民主权利罪"、第6章"妨害社会管理秩序罪"、第7章"危害国防利益罪"、第8章"贪污贿赂罪"、第9章"渎职罪"和第10章"军人违反职责罪",都是行政犯。而随着人类社会治理模式的变迁,以及与之相伴的公法私法化和私法公法化趋势的加剧,法益保护的部门法之间日益发生交叉。例如,保护知识产权、公民个人信息权的前置法,既有民商法等私法,又有反不正当竞争法、网络安全法等行政法,致使行政犯可以进一步划分为纯正行政犯和不纯正行政犯。其中,纯正行政犯指仅以单纯行政法的违反作为刑事违法性产生前提的行政犯,如走私犯罪、税务犯罪、渎职犯罪等;不纯正行政犯则指以行政法和民商法的共同违反作为刑事违法性产生前提的行政犯,从而形成更为复杂的刑民行交叉案件,如经济诈骗犯罪案件、知识产权犯罪案件、环境犯罪案件等。

而较之1979年新中国第一部刑法典,1997年3月14日通过的第二部刑法典,不仅条文数从192条剧增至452条,而且增设的新罪多为行政犯。尔后出台的1部单行刑法、11个刑法修正案尤其是2020年《刑法修正案(十一)》,无论是旧罪修订还是新罪增设,95%以上集中在财政金融、知识产权、市场规制、信息网络空间治理、环境资源保护等行政犯领域。正是在这个意义上,笔者以为,1999年至今的中国刑事立法修正进程,可以说就是一部行政犯逐渐取代民事犯,成为刑事"立法者的宠儿"[1]的演进史。放眼全球不难发现,这并非中国刑事立法的专利,而是当代世界各国刑事立法发展的共同趋势。

---

[1] Vgl. Lackner, Gefahrdungsdelikt, S. 1. Zieschang, Gefahrdungsdelikte, S. 13, Fn. 1, 转引自徐凯《抽象危险犯正当性问题研究——以德国法为视角》,中国政法大学出版社2014年版,第29页。

二 从刑事司法面对的疑难案件及其覆盖领域来看

与刑事立法发展演变趋势相呼应,实践中的行政犯案件数量已逐步居于刑事犯罪的主导地位。"1999年至2019年,检察机关起诉严重暴力犯罪从16.2万人降至6万人,年均下降4.8%;被判处三年有期徒刑以上刑罚的占比从45.4%降至21.3%。"与此同时,"扰乱市场秩序犯罪增长19.4倍,生产、销售伪劣商品犯罪增长34.6倍,侵犯知识产权犯罪增长56.6倍"(如图2-1、图2-2、图2-3、图2-4所示)①。不仅如此,2018年年底全国法院审判执行数据显示,危险驾驶罪的审结数量首次超越盗窃罪,跃居刑事案件第一位。至于社会各界广为关注的疑难案件,除"于欢案"等因涉及社会转型时期特有社会矛盾而为社会热议的少数案件系民事犯外,理论上争议最多、实务中困惑最大的,仍然集中在行政犯领域。从资本市场的"徐翔操纵证券市场案",到食药安全领域的"陆勇销售假药案",以及近年来公众广泛热议的"北京快播案""上海杨乙洲非法经营案""深圳鹦鹉案"等,乃至国际贸易争端中所涉及的刑事问题,无不都与行政犯有着紧密的关联。至于刑事司法改革的重大课题,无论是行政执法与刑事司法的衔接还是公益诉讼的方兴未艾,以及认罪认罚从宽制度的大力推进,抑或正在展开的公检法内设机构改革,贯穿其中的主线仍是行政犯的治理。正因如此,最高人民法院、最高人民检察院自2000年以来发布的刑事司法解释和指导性案例所覆盖的案件领域和涉及的犯罪类型,也基本集中在行政犯领域。

---

① 张军:《最高人民检察院工作报告(审议版)——2020年5月25日在第十三届全国人民代表大会第三次会议上》之"努力做优刑事检察"部分,中华人民共和国最高人民检察院官网,2020年6月1日(链接日期),https://www.spp.gov.cn/spp/gzbg/202006/t20200601_463798.shtml,2022年12月1日(引用日期)。

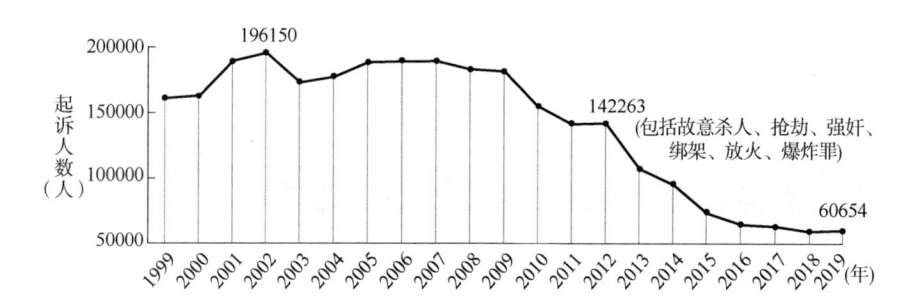

图 2-1　1999~2019 年严重暴力犯罪变化

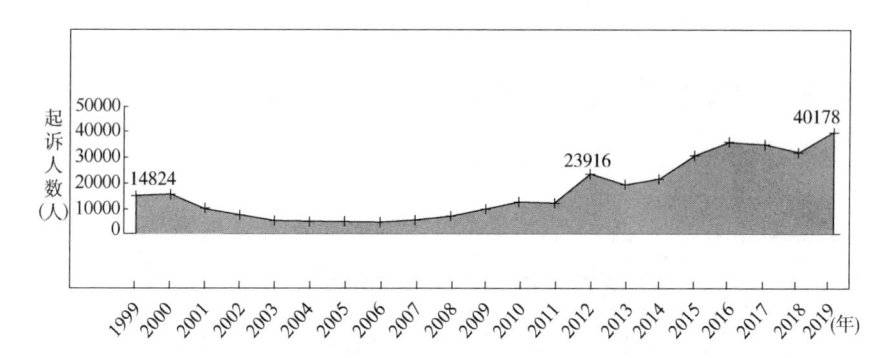

图 2-2　1999~2019 年金融类犯罪变化

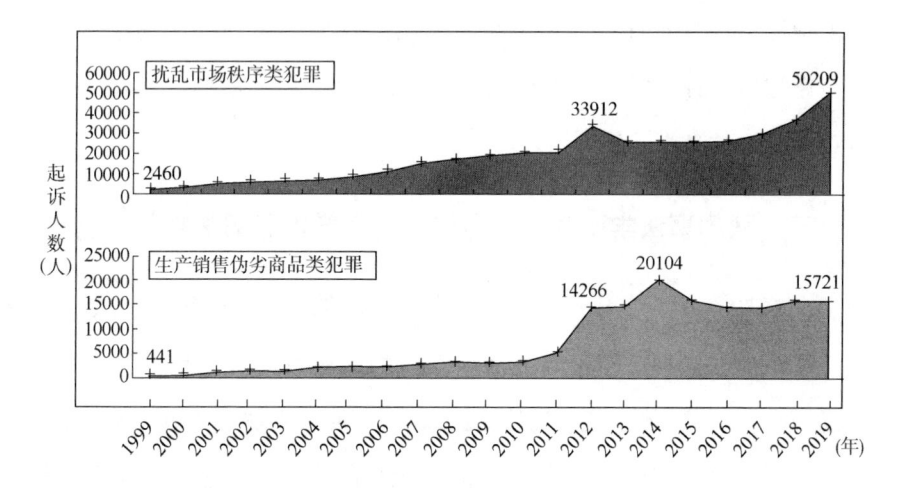

图 2-3　1999~2019 年扰乱市场秩序类犯罪、生产销售伪劣商品类犯罪变化

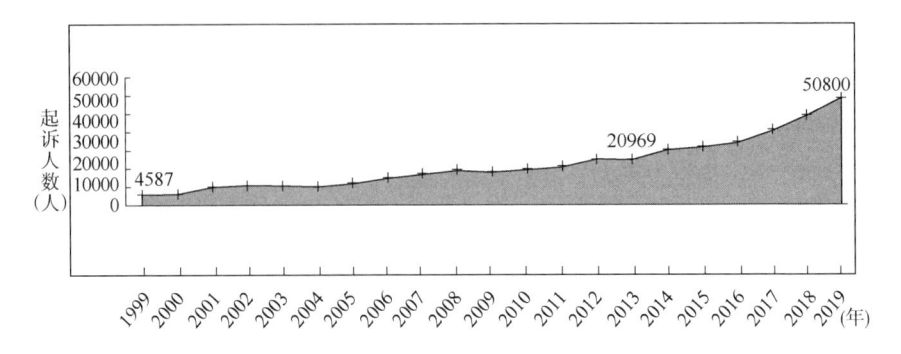

图 2-4　1999~2019 年破坏环境资源类犯罪变化

图 2-1、图 2-2、图 2-3、图 2-4 数据来源：张军：《最高人民检察院工作报告（审议版）——2020 年 5 月 25 日在第十三届全国人民代表大会第三次会议上》。

而即便是传统的盗窃、诈骗等民事犯的定性处理，随着互联网等科技创新与第三方支付平台等金融创新的深度融合与快速推进，也日益超出传统民事犯的范畴，并因刑民行问题的交叉而使刑事司法不断面临新的挑战。偷换商家二维码从中截取货款、以快速紧跟前车闯杆偷逃高速路费、"买短乘长"偷逃高铁票、使用捡拾手机中绑定的信用卡消费等案件的定性等，无论在刑事司法领域还是在刑法理论学界，均争论激烈，各种学说、观点纷至沓来，以致有"在现代，做一个刑事司法工作者真难"之叹。

三　从刑事法学研究的前沿问题及其学术思潮来看

自 1979 年至今，中国刑法学研究从去苏俄化到放眼德日，从"六经注我"的注释刑法学到"我注六经"的刑法教义学，各种学术思潮扑面而来；从象征性刑法和积极刑法观对于刑事立法演进的诠释争锋，到形式解释论和实质解释论对于刑事司法适用的争道论辩，乃至行为无价值论和结果无价值论对于犯罪构成体系的理论分驰，在推动刑事法学研究百花齐放的同时,也使刑法学研究愈益陷入"片面正确"的焦虑。正如21世纪首位诺贝尔经济学奖得主斯蒂格利茨在《经济学的又一个世纪》中指出,20世纪的经济学患了"精神分裂症",即微观经济学和宏观经济学的脱节,这种脱节既表现为研究方法上的难以沟通,又反映出二者在意识形态上的分歧和对立。①

上述问题的产生,笔者以为,表面上,既缘于刑事法学理论研究与刑事司法改革实践的相对脱节,又囿于法律人的知识结构和视野角度的较为单一,但关键还是在于,引发这些学术思潮的源头,不是在前现代就为人熟悉的传统民事犯,而是在现代才大量涌现出来的新型行政犯。然而,由于对亚当·斯密在《国富论》中提出的"国民财富的增长是专业分工的函数"的推崇,不同部门法学在各自领域不断深耕密织取得专业化收益的同时,彼此之间"鸡犬之声相闻""老死不相往来",精通刑事法的往往不谙于民商法的原理和行政法的运行,熟习实体法的又常常生疏于程序法的规则和证据法的常识,不仅使得输送给刑事司法系统的法律人才,难以满足因法律关系的多部门法交织而日益复杂的新型行政犯案件的办理需要,而且因与社会实践的严重脱节,而难以有效回应舆情、妥善处理民事调解与行政和解。而自启蒙运动以降,无论近代刑法理论体系还是刑事司法体系抑或刑事司法能力,无不主要围绕民事犯的治理而建构展开,致使传统刑事治理体系的理论供给与行政犯治理的司法需要之间不相适应的矛盾日益突出,传统刑事治理体系和治理能力与共建共治共享的现代社会治理现实需求之间不相协调的紧张态势日益凸显。

正是基于此,时任最高人民法院院长周强在全国第七次刑事审判

---

① [英]杰弗里·M.霍奇逊:《经济学是如何忘记历史的:社会科学中的历史特性问题》,高伟、马霄鹏、于宛艳译,中国人民大学出版社2008年版,"前言"第2页。

工作会议上高屋建瓴地指出，新时代刑事审判工作的新形势新特点如下：[①] 一是准确把握安全稳定面临的新情况；二是准确把握人民群众提出的新期待；三是准确把握犯罪态势发生的新变化；四是准确把握经济社会发展提出的新要求；五是准确把握科技发展带来的新挑战；六是准确把握全媒体时代遇到的新问题；七是准确把握刑事司法改革带来的新格局。而这7个方面所涉及的不法犯罪，无不都是行政犯问题。可以说，行政犯治理时代已经来临。

由此决定，中国刑事治理体系和治理能力现代化建设面临的主要挑战和重大紧迫课题，不是传统民事犯的惩治，而是现代行政犯的应对。正是因为行政犯的挑战，才使得传统刑事治理体系制度供给乏力，现行刑事治理能力应对吃力，进而使得习近平总书记要求政法队伍切实解决的"追不上、打不赢、说不过、判不明"等问题日益突出。而思想是行动的先导，无论是行政犯的有效治理，还是刑事治理体系和治理能力的科学转型和现代升级，刑事治理理论都必须彻底厘清并正面回答以下两个问题：其一，行政犯在立法上的入刑和司法上的定罪，究竟是法益保护的刑法使命坚守，还是规范维护的刑法任务回归？其二，刑事治理主战场从民事犯向行政犯转移，是犯罪治理的外在偶然现象还是社会变迁的内在必然规律？

第二节 从自然自由到社会自由：刑法法益的现代跃迁

对于行政犯的刑事化，学者们普遍表示了忧虑："为了取得微不足道的安心和安全利益，没有合理的依据而过度强调危险的恐惧和不安，

[①] 周强：《坚持以习近平新时代中国特色社会主义思想为指导 努力把新时代刑事审判工作提高到新水平》，《人民司法·应用》2019年第34期。

莽撞地构建安全、安心体系，可能会导致牺牲迄今为止所取得的人权保障成果。"① 进而有学者大声疾呼："这样的刑法系统与刑事司法系统，除了可能在不知不觉中禁锢了人们内心深处的自由外，其实更是一种全社会中的刑法暴力。"② 因此，"即便是在风险预防的思想指导下，现代刑法在应对风险社会之时，'法益'的城门也不应被'安全感'轻易地洞开，人权保障的堡垒更不应在法益过度精神化的猛烈攻势之下被轻言舍弃"③。故有学者主张，无论社会如何变迁，刑事立法都应恪守个人法益保护的刑法使命，刑事规制的犯罪圈都应当以民事犯而不是行政犯为核心。

确实，刑法法益必须是世俗世界里的法益，纯粹宗教或神法世界里不应当有刑法的染指和刑法法益的存在。正如德国学者罗克辛（Roxin）所言："刑法只能保护具体的法益，而不允许保护政治或者道德信仰，宗教教义和信条，世界观的意识形态或者纯粹的感情。"④ 但问题在于，对于行政犯刑事化的上述质疑批判，笔者经多年研究发现，既在理论层面与罗克辛关于刑法法益的主张大相径庭，又在静态层面混淆了刑法法益属性与其内容之间的相互关系，更在动态层面误读了刑法法益从传统到现代的演进变迁实质和行政犯的刑事治理宗旨。

一 刑法法益的属性及其精神化本质

众所周知，法益是法律确认并保护的公民个人和人类社会生活的

---

① ［日］石塚迅：《安全、安心与人权：日本的情况》，额尔郭毕力格译，载周永坤主编《东吴法学》总第26卷，中国法制出版社2013年版，第52页。
② 李承兴：《风险管理作为刑法系统核心？——对台湾近来犯罪控制与刑事政策的若干反思》，硕士学位论文，嘉义：中正大学2012年印行。
③ 刘炯：《法益过度精神化的批判与反思——以安全感法益化为中心》，《政治与法律》2015年第6期。
④ ［德］克劳斯·罗克辛：《刑法的任务不是法益保护吗？》，樊文译，载陈兴良主编《刑事法评论》第19卷，北京大学出版社2007年版，第147页。

核心利益，法益确立不但不能脱离特定的社会生活条件和文化习俗环境，相反，被当作法益的事实其实是立法者基于一定的评价标准，从社会经验事实中所作的选择和建构。① 立法者"不是在制造法律，不是在发明法律，而仅仅是在表述法律，他把精神关系的内在规律表现在有意识的现行法律之中。如果一个立法者用自己的臆想来代替事情的本质，那么我们就应该责备他的极端任性"②。

可见，作为法益的内容，无论是公民的人身权、财产权还是保障公民人身权、财产权所必需的公共安全、国家安全，都是具体的、物质的，但是，作为对人类社会生活核心利益的法律抽象，法益的属性一定是抽象的、精神的，无法或难以被物理感知的。法益不是也不可能是可以触摸的客观存在，而是对诸如财物、人身等可以触摸的客观存在上的人类社会生活核心利益的规范抽象。否则，不仅是对法益本质属性和具体内容的混为一谈，而且是对法益概念的根本消解，因为离开了精神化，法益——"法律状态的利益"这一概念的产生及其理论的发展也就无所依凭。

二 刑法法益的内容及其社会化延伸

刑法法益以公民个人法益为核心，但个人法益的外延却并不限于纯粹的、绝对的、狭义的公民个人法益。相反，凡与公民个人法益紧密相关，为公民个人自由发展以及公民社会生活不可或缺的传统意义上的社会法益、国家法益，不仅是个人法益在现代的自然延伸，从而属于应然的广义的个人法益，而且也是现代各国刑法均予承认并保护的法益，尤其是在共建共治共享的现代社会。而这，既是公民个人信

---

① 田宏杰：《刑法法益：现代刑法的正当根基和规制边界》，《法商研究》2020年第6期。
② 《马克思恩格斯全集》第1卷，人民出版社2016年版，第183页。

息权产生于现代社会而不是前现代社会的根本缘由，也是公民个人信息权脱胎于隐私权，又最终分道于隐私权的关键所在。

这是因为，公民个人信息权不仅源于隐私权，而且在数字化、信息化时代，公民个人信息和隐私均既与公民个人有关，又都以信息或数据作为其主要表现形式。但是，隐私的核心是"隐"去的公民个人"私"信息，无关国家或社会公共利益，而仅关涉公民的私密性信息或活动，并只为公民个人控制、管理、使用，以满足公民对其人格尊严、私生活安宁不为公众关注或骚扰的心理需要，故此类信息一般不具有财产价值，法律保护的重点在于公民此类信息不被非法公开或者披露即"隐"。而隐私一旦被披露或公开，则不再具有也不可能恢复为公民隐私。

公民个人信息正好相反，其关键不在隐，而在信息的"共享"，以发挥该信息单独或与其他信息一起使用所具有的身份识别功能，因而与公民人身安全和财产安全紧密相关。虽然并不专属于公民个人独立控制或管理，而是由公民个人与该信息的合法采集者、储存者、管理者、使用者共享。例如，学校或用人单位对学生或入职人员个人信息的采集，新冠疫情期间实行的健康宝、文明码对公民出行路线、活动场所、健康状况等信息的挖掘，等等。但是，公民对其与他人共享的个人信息，仍有选择决定其共享范围、共享程度、共享方式的权利。由于一个个普通公民的人身安全、财产安全的集合就是公共安全乃至国家安全的重要组成，所以，公民个人信息的管理、使用，既系公民的私人事务，应由民法等私法予以调整；又应纳入社会公共安全尤其是信息安全的范畴，由信息网络安全法等公法予以规制。是故，只要有人类社会和法律，就有隐私权的存在，并由私法予以保护，以使其不被共享、共治。而只有在信息共享共治的现代社会，公民个人信息权才会产生，并由私法和公法共同保护，以规制其如何合理共享、如何科学共治，从而既有效保护公民对其个人信息权的独立行使，又因公民个人信息管理秩序的合理构建而实现公民个人信息的依法共享、共治。

同样，空气、土地、水等环境要素，既是人类赖以生存的自然条件，又是"民以食为天"的主要食材来源。奶粉质量如何、营养与否，不仅与食品添加剂的使用和制造加工环节有关，而且与奶牛所食的青草、青草生长的土壤及其所处周围环境的自然生态有着紧密的关系。如果说，食品制造加工环节的不法行为破坏的是食品安全之河的水流，那么，破坏环境资源的不法行为危害的则是食品安全之河的水源。至于环境遭受破坏引发的全球气候变暖对人类生存发展所构成的威胁，早已不是象牙塔里坐而论道的杞人忧天，而是地球人都不得不面对的严峻现实。是故，环境资源保护状况如何，并非仅仅关涉公民的财产法益，而是与公民的人身法益、食品安全息息相关，正如雾霾等大气污染治理并非简单的公共环境保护，而是事关公民最基本的人权即生存权的重大问题。相信任何人都不会否认，纯净的空气、干净的水源和安全的食物，是公民个人和人类集体生存发展最为基本的人权和不可或缺的条件。

而无论环境污染的生物链条及其渐进过程多么漫长，无论人身伤亡、财产损失等狭义的传统个人法益之实际侵害结果的发生多么滞后，无论多年前的环境污染行为与多年后的人身伤亡、财产损失结果之间的因果关系证明多么困难，基于现代自然科学的基本常识，这一因果进程仍必然而合乎规律地存在着。故而严重污染环境的行为，既必然侵害公民个人自由发展所必不可少的重要社会法益或者说应然的、广义的现代个人法益，又必然侵犯诸如人身权、财产权等实然的、狭义的传统个人法益。

正是缘于此，2011年《刑法修正案（八）》对1997年《刑法》第338条重大环境污染事故罪①的犯罪构成，从此前只将造成人身伤亡、公私财产重大损失等传统个人法益严重实害结果的污染环境行为规定为犯罪，修订为只要"严重污染环境"即为已足，从而在表明刑事立法从人类中心主义法益观开始转向生态学的人类中心主义法益观之立场调整的同时，清晰传递出立法者对于污染环境罪这一典型行政犯的立法规制意图及其对"严重污染环境"之司法适用的教义学指引，即：现代环境刑法的法益保护仍以个人法益为核心，但个人法益的外延已不仅仅限于人身权、财产权等狭义的传统个人法益范围，而是有机延展至与公民社会生活和人类自由发展紧密相关、不可或缺的环境法益——一种集传统个人法益与社会法益于一体的现代个人法益。

三 刑法法益的演进及其秩序化必然

"为了得到自由，我们才成为法律的臣仆。"西塞罗两千多年前的呐喊至今仍在人们心间激荡。然而自由，绝非仅仅限于公民行动的自由，更有公民追求心灵解放、实现个性发展的自由。对此，修昔底德在着手写作《伯罗奔尼撒战争史》时，便开始思考早期的人们"如果既无商业，又无陆地或海上的交通自由，除了满足自己的生活之需外不再耕作更多的土地，那么他们绝无可能超越游牧生活的水平"，因此"既不会建立巨大的城市，也不会成就任何其他伟业"②。在一个价值

---

① 需要指出的是，根据2011年最高人民法院、最高人民检察院《关于执行〈中华人民共和国刑法〉确定罪名的补充规定（五）》（以下简称2011年《罪名补充规定（五）》），"重大环境污染事故罪"罪名被修改为"污染环境罪"。

② ［英］弗里德里希·奥古斯特·冯·哈耶克：《致命的自负》，冯克利、胡晋华等译，冯克利统校，中国社会科学出版社2000年版，第48~49页。

更加多元、科技突飞猛进、物理空间与网络空间交织、现实世界和虚拟世界并存的现代社会，个人法益已远远不再局限于实现公民基本生存所必需的人身权、财产权，而是更为突出地表现为公民不断挣脱阻碍其自由发展的奴役状态，包括自然环境、社会环境等外部环境以及"你之所以觉得自己不够伟大，那是因为你跪着"等自我认知对个人自由发展形成的种种束缚，也就是马克思所说的人的异化状态，① 从而实现公民全面发展、终身发展的自由。

　　这种个人发展的自由，完全不同于传统的公民人身自由和财产自由。因为传统的人身权、财产权，权利人不仅无须依赖他人支持配合即可独立享有行使，而且只要他人不予侵犯，权利人即可独立自由地实现对其财产权和人身权的保障。正如离群索居孤岛的罗宾逊，由于远离了人类，既能独立自由地行使其人身权和财产权，又无人身权和财产权遭受他人侵害之忧。而公民全面发展、终身发展的自由，或者必须在多元开放的社会环境中能够得以与他人有效沟通、理性合作，或者必须在没有物理地标的网络世界里与他人共享、共治其个人信息，或者必须有公平的教育体系、健全的医疗体制、美丽的自然环境、安全的金融系统等社会公共服务系统的保障支持，才能得以享有并行使，才能消除公民因对安全的担忧而陷入异化甚至被奴役的状态，公民的智识才能得以受到启蒙教化，公民的情趣才能得以丰富升华，公民的创造力及其个性的多样化才能得以激发增进。而离开了人类社会，没

---

① 在《1844年经济学哲学手稿》中，马克思提出了著名的"劳动异化史观"，并揭示了异化劳动的积极作用和消极作用："自然科学却通过工业日益在实践上进入人的生活，改造人的生活，并为人的解放做准备，尽管它不得不直接地使非人化充分发展。"参见《马克思恩格斯文集》第1卷，人民出版社2009年版，第193页。而"异化"的对立面是自由全面发展。只要"人不能获得自由全面发展，就是异化；消除异化，人才能真正获得自由全面发展"。参见王金福《对马克思关于实现人的自由全面发展理论的再思考》，《南京政治学院学报》2010年第5期。

有了与他人的沟通与合作，公民个人既不可能享有，更不可能行使这种发展的自由。

正因如此，自由主义的启蒙大师洛克也承认，人的自由有自然自由和社会自由之分。① 随着人类社会的发展、经济生活的变迁、社会文明的提升，个人自由的层级和个人法益的边界亦随之动态地演进变化。如果说在农业社会、熟人社会、传统社会，个人自由主要是指公民的财产和人身不受非法侵犯，物理行动自由不受非法干涉，相应的传统个人法益主要局限于为保障公民个人生存而必需的公民人身权和财产权等狭义的、传统的个人法益的话，那么，在信息社会、陌生人社会、现代社会，个人自由和个人法益的内涵与外延，已拓展演进为实现公民个人全面发展、终身发展而必需的公民个性解放、追求幸福生活的自由。在这个意义上，传统个人法益向现代个人法益的跃迁，在笔者看来，其实就是从"个人生存必然王国"向着"个人发展自由王国"的迈进。如果说前置于刑法，对"个人生存必然王国"里的传统公民自由和传统个人法益进行承认、确立和保护调整的，主要是私法即前置民商法和规制民事犯的传统刑法的领地和任务，那么，对"个人发展自由王国"里的现代公民自由和现代个人法益进行承认、确立和保护调整的，则主要是公法即前置行政法和规制行政犯的行政刑法的疆域和使命。毕竟，"国家的价值还是在于组成国家的个人的价值"②。一个不使用政府公权力侵犯公民个人法益的政府并非完全合格的政府，

---

① 其中，"人的自然自由，就是不受人间任何上级权力的约束，不处在人们意志或立法权之下，只以自然法作为他的准绳。处在社会中的人的自由就是除经人们同意在国家内所建立的立法权以外，不受其他任何立法权的支配，除了立法机关根据对它的委托所制定的法律以外，不受任何意志的统治和任何法律的约束"。[英]洛克：《政府论》下篇，叶启芳、瞿菊农译，商务印书馆1964年版，第16页。

② [英]约翰·斯图亚特·密尔：《论自由》，赵伯英译，陕西人民出版社2009年版，第88页。

这不过是政府公权力的行使不可逾越的边界或者说底线,而非政府致力完成的终极使命和追求的价值归依。否则,民众也就完全没有必要设立这个人造的而非自然天成的"利维坦",并将自己置于其治理之下。

所以,政府存在的意义和公法发达的价值,乃在于最大限度地增进社会公共福祉和实现公民的个性解放与自由发展。正如威廉·冯·洪堡,这位杰出的德国学者和政治家,在《政府的范围与责任》中精辟地指出:"人类的目的,或者说由永恒、不变的理性指令所规定而非由模糊、短暂的欲望所提示的目的,是其各种能力向一个完整而协调的整体进行的最高和最和谐的发展。"因此,"每个人必须不断努力达到的,特别是那些旨在影响同胞的人必须总是关注的"目标,乃在于公民个性的解放和能力的发展。① 因而"人民对美好生活的向往,就是我们奋斗的目标"。

同样,让公民或者公民团体承担不得污染环境的义务,如若违反则可能面临环境法或环境刑法的制裁,虽然一定会限制乃至剥夺公民或公民团体污染环境的自由,给其对自然环境随心所欲地使用增加不便,但公民或公民团体却可以因此享有清洁美丽且可持续发展的环境带给人类的生命、尊严和财产安全。因之,保护后者而牺牲前者,接受自然环境使用上的种种不便约束而仅享有合乎环境法治秩序要求的有限制的社会自由,放弃不受限制地破坏性使用自然环境的自然自由,不仅是合乎宪法价值期待的,而且是人类自然法则或者说道德正当性所赞同肯定的。因为自由,既不是出自伏尔泰之口的格言"quand je peux faire ce que je veux, voila la liberte"("自由者,可随心所欲之谓

---

① [英]约翰·斯图亚特·密尔:《论自由》,赵伯英译,陕西人民出版社2009年版,第47页。

也"），也不是边沁发出的呐喊"每一条法律都是罪恶，因为每一条法律都是对自由的破坏"，更不是伯特兰·罗素提出的定义——自由"就是我们实现自己的愿望不存在障碍"。相反，"若想使自由的人生活在一起，让他们在各自的发展中相互支持而不是相互妨碍，就必须承认有一道无形的界线，保证在此界线之内每个人的生活和劳作享有一定的自由空间（萨维尼，1840：I，331-2）"[①]。

第三节 从管理秩序到治理秩序：刑法使命的现代演进

诚然，自从人类社会产生以来，"公与私"的矛盾一直伴随着人类的现实生活。现实社会中"公共利益"与"私人利益""公共物品"与"私人物品""公共价值"与"私（个）人价值"以及"公共领域"与"私人领域"的差别与矛盾一直是人类社会的主题之一，正如社会保卫与人权保障、公共秩序与个人自由之间的关系平衡及其保护侧重，不仅始终是刑法使命的核心议题，而且成为晚近40年来围绕刑事规制疆域的变化，尤其是其规制重心从民事犯向行政犯转移而引发的激烈学术思想之争和重大时代之问的焦点。所以，公私法的区分不仅是世界各国法律实践中存在的现象，而且成为了一个实际的法律任务。[②] 而同时，有关公私区分的争议与质疑不但从未平息，而且其声

[①] 转引自［英］弗里德里希·奥古斯特·冯·哈耶克《致命的自负》，冯克利、胡晋华等译，冯克利统校，中国社会科学出版社2000年版，第35、69页。

[②] 早在古罗马法时期，大陆法系国家即已形成了对公私法加以界分的传统，普通法传统中虽然不承认公私法的严格区分，但就法律实践来看，却实际上存在着类似的分别。例如，在影响深远的1987年达特芬案件的判决中，英国上诉法院（the English Court of Appeal）前所未有地阐释了如何确定"公"这个概念；在美国，调整联邦对个人赔偿责任的是区别于普通侵权责任的《联邦侵权责任法》（1946），在政府采购这样的买卖领域则适用特殊的《联邦采购条例》（*Federal Acquisition Regulation*）（1984）等。参见杨寅《公私法的汇合与行政法演进》，《中国法学》2004年第2期。

音近年来呈现出愈益响亮之势。究其根源,是因为在现代社会公私之间的界线已经变得模糊不清。在公共行政领域实践中,美国学者曾提出,很难说,政府在何处应该退出,私人活动在何处应该出现。[1] 表面上,政府与民众素来是利益对立的两极,传统社会管理所固有的强制性和单向性,无疑又进一步加剧了两者的形式对立,但是,政府管理的目标难道不是为了增进民众的公共福祉,实现人的自由全面发展吗?因而能否实现两者的有机结合,从政治国家与市民社会、政府与民众的公私二元对立,走向国家、社会、民众对风险社会的共建、共治进而共享,从而公私合力推动国家治理体系转型和治理能力的现代化?发生于20世纪70年代末的西方国家公共行政改革运动,不仅推动了非政府组织的迅速崛起,而且为我们展示了信息化、全球化时代的国家治理发展趋势,进而为这一问题的有效解决,即政府与社会合作治理的模式,乃至于刑法使命的现代演进提供了全新的思路和诠释。

非政府组织亦称非营利性组织、第三部门,意指政府以外的社会组织,一般并不包括企业。非政府组织并非新生事物,但其成为现代社会重要的组织群体,与政府和企业并行存在,并对整个经济、社会生活格局产生深远影响,则与近几十年来人们对两个"失灵"的认同有密切关系。随着经济社会生活的不断变迁,人们发现,不仅存在着市场失灵,政府管制也同样会失灵。于是,人们将目光投向了市场与政府以外的非政府组织,以期发掘政府运作和社会治理的新模式,从而使非政府组织的发展获得了新的契机。非政府组织不仅是公民表达意见主张、实现结社权的基本形式,也是政府与社会的中介、政府与

---

[1] F. A. Nigro, L. G. Nigro, "It is Difficult to Tell where Government Leaves off and Private Business Begins", *Modern Public Administration*, New York: Doubleday, 1984, p. 27.

企业的协调者。① 因之，非政府组织的崛起，不仅成为市民社会或者说公民社会生成与发展的代表，而且为政府职能的转变和政府形象的重塑，提供了新的制度资源。

1993年9月，面对经济全球化时代竞争与机会并存的复杂格局，戈尔委员会在其公布的第一份《国家行动回顾报告》（NPR）中，指示所有机构首脑"减少过时的规章"，"走出华盛顿，创造基本的合作关系"，"磋商，而不是命令"，并在修改后的报告中宣称："大政府的时代已经结束了。"② 从此拉开了"重新创建"美国政府计划的帷幕，开始了美国政府从强制管制朝着市场自律方式发展的管理模式的变革。这一变革的直接后果，就是将公权力扩展和国家干预的合法化，转变为使公私权力融合，以及使用私权力并通过市场机制达到公益目的方式合法化。③ 可见，非政府组织的出现和发展，满足了两个方面的需要：一是公民参与社会管理的愿望和能力的需要。在利益多元化背景下，公民参与公共事务的管理不仅是力所能及的，而且演化为强烈的愿望；二是社会事务管理的需要，政府需要将部分社会事务的管理让渡给非政府组织，并由此开创了公共行政管理的新型模式——公私合作。

这种公私合作给传统的公法领域，尤其是行政法领域带来了极大的影响，使得"现代行政权呈现出多元化的发展趋势，国家行政机关

---

① 应松年：《非政府组织的若干法律问题》，《北京联合大学学报（人文社会科学版）》2003年第1期。
② ［美］Alfred C. Aman, Jr：《面向新世纪的行政法（上）》，袁曙宏译，《行政法学研究》2000年第3期。
③ 应松年、袁曙宏主编：《走向法治政府：依法行政理论研究与实证调查》，法律出版社2001年版，第75页。

已不是唯一行使行政权的主体,其行政权部分地归还于社会主体"①。不仅如此,与政府机构经常受到机构庞杂、手续烦琐、文牍主义、效率低下的指责形成鲜明对比的是,非政府组织在公共事务管理方面被认为具有多样性、灵活性、创新性和参与性等优点。② 以扶贫为例。有关扶贫的研究表明,扶贫"八七计划"期间,参与中国扶贫的 NGO 与准 NGO 扶贫贡献率在 20%~35%,并且"NGO 投资的扶贫项目往往是政府达不到或顾不了的偏远山区,瞄准的是最穷的贫困人口,尽管当地社会的发育程度低,群众执行项目的能力差,但由于 NGO 监督管理机制是完善的,挪用、贪污资金发生的概率很小,项目成功率、资金回收率基本上在 90% 以上或者更高"③。

尽管如此,不能就此得出将扶贫事业完全交由非政府组织来开展的结论,因为公共管理主义理论强调的是公共行政主体的多元化,强调放权于社会。所以,非政府组织和政府并非彼此替代、互相冲突的关系,而是相互配合、相得益彰的关系。随着中国市场化和国际化的进一步深入以及政府管理难度和复杂性的增加,随着人们对政府与个人、公与私的关系观念的更新,公私合作不仅已经成为一种必然需求,④ 而且带来了一种全新的政府理念,即政府的职能是"掌舵"而非"划桨",政府应专心致力于公共政策的制定及监督执行,而不是将自身陷入复杂烦琐的具体事务之中,至于属于公共事务的事项,特别是公共

---

① 郭道晖:《法治行政与行政权的发展》,《现代法学》1999 年第 1 期,转引自应松年《非政府组织的若干法律问题》,《北京联合大学学报(人文社会科学版)》2003 年第 1 期。

② 应松年:《非政府组织的若干法律问题》,《北京联合大学学报(人文社会科学版)》2003 年第 1 期。

③ 曲天军:《非政府组织对中国扶贫成果的贡献分析及其发展建议》,《农业经济问题》2002 年第 9 期。

④ 德国行政法学者 Stober 教授指出:"公私合作在一个现代的合作国家不是全部,但没有它则一无所成。公私合作应该不断发展、不可逆转。"参见杨寅《公私法的汇合与行政法演进》,《中国法学》2004 年第 2 期。

物品的提供和公共服务的供给，可以交给而且也应该交给非政府组织。

正是在这样的背景下，一场在理念、目标、方向和路径上既全然不同于以公私对立为表征的"统治"，又迥然有别于以公私分立为特征的"管理"的社会治理革命，自20世纪90年代开始，在中国大地上波澜壮阔地展开。如果说从统治社会到管理社会的社会变革，其实仍然主要着眼于政府内部机构调整及其职能变化的政府行政的内部变革，那么，这场轰轰烈烈的社会治理革命，无疑意义更为深远、内涵更为深刻、范围更为广阔。因为这场革命，其目标旨在消解政府的不堪重负，构建政府掌舵—社会共治—公民参与的新型社会治理模式，从公私分立乃至对立，走向政府、社会、公民对公民个人事务、社会公共事务、国家安全事务等的共建、共治、共享，进而达致善治，从而实现国家治理体系和治理能力的现代化。而其发展进路以及由此形成的特征，在笔者看来，则主要在于以下几点：[①] 一是治理主体的多元化；二是治理程序的民主化；三是治理方式的柔性化；四是治理空间的社会化；五是治理责任的明晰化。

这，就是晚近30年来的中国社会治理变迁。从1993年十四届三中全会通过的《中共中央关于建立社会主义市场经济体制若干问题的决定》首次使用"社会管理"这一概念，经十八届三中全会通过的《关于全面深化改革的决定》首次用"社会治理"取代"社会管理"，到十九届五中全会进一步明确"打造共建共治共享的社会治理格局"，到2035年基本实现国家治理现代化，到2050年全面实现国家治理现代化的愿景目标，不仅使我们得以洞悉自1978年改革开放以来令全世界惊叹的中国经济增长奇迹之因，而且为我们揭开了铸就中国现代化奇迹

[①] 田宏杰：《规范关系与刑事治理现代化的道德使命》，人民法院出版社2020年版，第147页。

的"中国发展之谜"或"中国成功之谜",即中国何以能在成功完成经济现代化转型的同时,保持社会秩序的基本稳定,进而不断增进民众的公共福祉?也正因如此,中国的社会治理变迁成为全球社会治理现代化进程中的又一重要里程碑。

所以,从社会管理到社会治理,绝非一字之差的文字游戏,而是为我们揭开了犯罪形态从民事犯向行政犯转型的社会变迁之因,从而使我们得以洞悉刑事治理现代化的使命演进,以及与之相关的以下两个深刻变化。

其一,从管理秩序到善治秩序所带来的秩序内涵的深刻变化。善治秩序不再是管理者和管理相对人之间的二元分立乃至对立关系,而是政府、营利机构、非营利组织、社区、公民等共建共治现代社会、管理公共事务的秩序;公民不再是社会管理的客体或者对象,而是共建共治社会的主体;社会治理过程不再是政府对民众施予的自上而下的单向管控,而是政府、社会、公民等多元主体的平等协商与合作治理。因而善治秩序疆域的不断拓展和善治秩序新类型的不断涌现,既不是国家、政府对公民自由的蚕食和侵夺,更不是公民不得不作出的权利让渡。相反,其既是公民享有并行使社会自由参政议政,与政府、社会组织共建共治现代社会治理秩序的必然产物,又是公民享有和行使的社会自由的内涵不断丰富、外延不断拓展的根本原因。在此意义上,笔者以为,现代社会善治秩序与公民的社会自由不仅已经有机融为一体,而且现代社会善治秩序本身就是公民社会自由的应有之义和重要组成,因为正是在善治秩序中,公民才能以个人身份参加并形成"自由人联合体",即马克思所认为的真正意义上的共同体。而只有"在'真正共同体'中,每个人的自由发展不仅不是以牺牲他人的发展为代价与前提,反而是为其他一切人的发展创造有利条件。这种高度和谐的共同体，无疑是对'一切人反对一切人的战场'的市民社会的扬弃和超越"①。

其二，从政府管理到良法善治所带来的责任体系的规范重建。权利与义务、职权与职责相统一，是现代法治的应有之义。政府、社会、公民依法共建共治现代社会治理秩序，既是政府、社会、公民作为社会治理主体进行善治的权力（或权利），也是政府、社会、公民作为社会治理主体参与善治所必须履行的义务和职责。因而加强治理约束，强化治理责任，加大责任追究力度，保持良法善治中的权责统一和均衡，不仅是法治原则在国家治理体系和治理能力现代化建设中的必然要求，而且是世界各国社会治理变革实践不断检验、反复证明的良法善治的核心要义。虽然讨厌限制是人类的天性，但是，人类文明史已经并将进一步告诉我们，人们在社会交往中的行为规则和所能享有的社会自由是有限制的。正是这些限制，通过限定每个人追求自己目标的行为方式，保障并极大扩展了每个人能够成功追求的目标范围。在此意义上，行政犯的大量增设，既是责任原则的要求，更是善治重构的必然，因为这其实"涉及对公民的特殊训练，是自由人民的政治教育的实践部分，足以使他们摆脱个人和家庭私利的狭小圈子，使他们习惯于理解共同利益和管理共同事业，也就是使他们习惯于从公共的或半公共的动机出发来行动，并且以促进联合而非彼此分离的目标来引导他们的行为"②。

所以，随着科技的人工智能化、社会的都市流动化、教育的大众普及化、政治的民主法制化，在人类社会变迁中渐进展开的法治

---

① 刘同舫：《马克思人类解放思想史》，人民出版社2019年版，第90页。
② [英] 约翰·斯图亚特·密尔：《论自由》，赵伯英译，陕西人民出版社2009年版，第84~85页。

现代化，笔者经多年观察发现，愈益清晰地呈现出 4 个趋势和面向：其一，在法益层面，日益呈现出个人法益的社会化和社会法益的个人化的融合；其二，在规范层面，日益呈现出公法的私法化和私法的公法化的交织；其三，在行政法层面，日益呈现出公法治理疆域横向扩张和刚性治理手段纵向减弱的并行；其四，在刑法层面，日益呈现出刑事立法规制的犯罪化扩张和刑事司法治理的恢复性限缩的兼备。①

其中的第四个趋势和面向，既是刑事法治现代化展开的具体路径，又是刑事法治现代性呈现的动态特征。而一个社会的现代文明程度越高，共建、共治、共享的社会疆域也就越大，"井水不犯河水"的传统自然自由也就越少，相互依存又彼此约束、共同分享又彼此制约的社会自由也就越多，而对社会自由予以法体系之承认、确立并保护调整的公法，包括行政法以及保障其运行的行政刑法也就越发达。而社会自由经由行政法和行政刑法的承认、确立和保护调整，也就从社会生活中的"利益"跃升转变为法律上的"秩序法益"，正如网络社会自由经网络安全法和网络安全刑法调整跃升转变为网络空间秩序，经济社会自由经由经济法和经济刑法调整跃升转变为经济秩序，等等。而人类正是"通过发展和学会遵守一些往往禁止他按本能行事的规则"，文明才由此建立。因而这些非本能的规则"实际上构成了另一种新道德"②，即作为社会治理主体的公民之公共精神的培育，不仅使人类能够扩展出广泛的秩序，而且不断提升并推动着现代文明的发展。

---

① 田宏杰：《规范关系与刑事治理现代化的道德使命》，人民法院出版社 2020 年版，第 191~195 页。
② [英] 弗里德里希·奥古斯特·冯·哈耶克：《致命的自负》，冯克利、胡晋华等译，冯克利统校，中国社会科学出版社 2000 年版，第 8~9 页。

第四节 结语：认真对待行政犯

现代社会治理的核心，其实在于如何科学地形构共建、共治、共享的善治秩序；现代社会个人自由的核心，其实在于如何科学地处理社会自由即公民发展权的法律规制与法律保护的关系；现代法治视野下的个人法益的核心，其实在于如何科学地解决秩序法益在行政法和行政刑法中的确立、调整与保护。因而现代社会侵犯个人法益的犯罪，主要是破坏共建共治共享秩序、侵犯公民社会自由的犯罪即行政犯。所以，现代社会刑事治理必须直面解决的核心问题，乃在于如何科学地应对行政犯或秩序犯，包括刑事立法层面的行政犯规制和刑事司法层面的行政犯治理。

因此，无论是刑事法治现代化的动态推进，还是刑事法治现代性的静态呈现，不仅必须认真对待行政犯，而且必须科学厘清中国特色社会主义法律体系中的刑法与其他部门法的规范关系，以实现对传统刑事法治从理论研究、制度建构到机制运行的超越和变革，再造以行政犯治理为核心的现代刑事治理理论体系，推动形成法秩序统一视野下的刑法与前置部门法之间的共建共治合力，进而完整而协调地在宪法的价值秩序指引下，不断增进公民的人身权、财产权以及追求幸福生活的自由权和发展权。这既是个人法益从以生存权为基石的传统自然自由向着以发展权为核心的现代社会自由的演进跃迁对刑事治理体系现代化的呼唤，又是刑事治理现代化在社会治理体系和治理能力现代化建设中必须作出的回应和担负的使命，其最终目标则在于实现人的自由而全面的发展。

虽然"关于一种适当的社会秩序的问题，虽然人们现在是从经济学、法理学、政治科学、社会学和伦理学等各种不同的角度加以研究的，但是我们必须指出，这个问题却是一个唯有当成一个整体加以研究才能成功得到认识的问题。这意味着，无论是谁在今天承担这一任务，他都不能妄称自己是所有相关领域中的行家里手，他甚至都不能妄称自己熟知不同学科的论者就此一题域中的各种问题所发表的专业文献"[①]。而这，也是行政犯治理的最大挑战所在。

所以，只有"跳出刑法"，在法秩序一体化的视野中，在宪法价值秩序和比例原则的指引下，在具体法律体系语境下的部门法规范结构及其相互关系中，在与其他部门法乃至非法律的社会治理体系的交流碰撞和分工合作中，刑事治理才能完成从传统向现代的知识转型和体系再造，从而在"超越刑法"的同时，"更加刑法"地组织对行政犯的科学治理。因而刑事治理现代化的主要任务是：

第一，重塑行刑衔接的规范体系。立足于中国特色社会主义法律体系中的刑法与其前置法之间的规范关系，秉持宪法价值秩序指引下的法益保护原则和比例原则，一方面，夯实行政犯治理的前置法规范，以为行政犯的刑事法规制奠定坚实基础；另一方面，完善行政犯治理的刑事法规范，以为行政犯的前置法规制提供有力保障。如此，才能在立法层面、执法层面和司法层面构建起以"三个统一"为核心的行刑联动共治机制，即"前置法定性与刑事法定量相统一""刑事立法扩张与刑事司法限缩相统一""行民先理为原则与刑事先理为特殊相统一"，进而在坚守刑法谦抑性同时，实现行政犯治理的形式正义、实质正义和分配正义。

第二，再造合作诉讼的刑事程序模式。这主要包括企业行政合规

---

① [英] 弗里德里希·奥古斯特·冯·哈耶克：《法律、立法与自由》第1卷，邓正来、张守东、李静冰译，中国大百科全书出版社2000年版，"导论"第7页。

计划和认罪认罚从宽制度的一体推动、对抗式诉讼与协商式诉讼并行完善的多层次刑事诉讼程序变革，为国家、行政犯罪的被告人和其他社会力量共同参与、合作治理行政犯，提供充分的程序制度供给和开放的对话交流平台。

第三，创新行政犯案件办理中所涉及的行政、民事和刑事案件的三审合一审判机制和综合检察办案模式。在满足行政犯案件办理的专门化、综合性要求的同时，实现刑事司法队伍和包括鉴定人、辩护律师等在内的法律职业共同体的升级换代，推动刑事司法体系和司法能力的现代化。

第三章　行政犯治理与刑事现代化的谦抑立场

从 1998 年 12 月 29 日①至今，通过 1 部单行刑法、11 部刑法修正案的颁行，我国刑法条文总数增加了 53 条，新罪增设了 71 个，90% 以上为行政犯罪。不断扩张的刑事犯罪圈，大幅增设的行政犯罪，引起了社会各界尤其是刑法学者的普遍担忧和强烈质疑。多数学者认为，我国晚近刑事立法已呈现明显的"情绪立法""风险驱动"与"象征主导"等趋向。②象征性立法因过多地服务于安全目的而损害了刑法的法益保护功能，因谦抑不足而损害了刑法的人权保障功能，因执行不足而损害了刑法的实用主义功能。③

与此同时，亦有少数学者提出，面对转型过渡时期的中国社会现实，以谦抑为核心的传统刑法观得出的结论并不能令人信服，以刑法谦抑性为工具批判我国晚近的刑事立法，显然有失公允。中国刑法立

---

① 《中华人民共和国刑法修正案》于 1999 年 12 月 25 日颁行，此系 1997 年《刑法》施行后的第一部刑法修正案。

② 刘宪权：《刑事立法应力戒情绪——以〈刑法修正案（九）〉为视角》，《法学评论》2016 年第 1 期；邵博文：《晚近我国刑事立法趋向评析——由〈刑法修正案（九）〉展开》，《法制与社会发展》2016 年第 5 期。

③ 刘艳红：《象征性立法对刑法功能的损害——二十年来中国刑事立法总评》，《政治与法律》2017 年第 3 期。

法应从相对保守、消极的传统刑法观渐进向着活性化、功能性的积极刑法观转型。①

仔细研究不难发现，对于刑事立法的犯罪化扩张，学者们虽然看法不一，但却均一致认为，无论是于刑法谦抑性的实现，还是对传统刑法观的坚守，确实渐行渐远乃至背道而驰。不同之处仅在于，赞同论者强调，处于社会转型时期的中国已经走到告别传统刑法观的历史分界点；反对论者则坚称，处于风险社会时代的中国仍须秉持传统刑法观，警惕并遏阻刑事立法的犯罪化扩张。

面对相同的社会现实，基于相同的理论前提，为何得出的结论却迥然相异？刑事立法的犯罪化扩张与刑法的谦抑性之间究竟什么关系？践行刑法的谦抑性，是否就必须收缩刑法规制的疆域而以非犯罪化为努力方向？中国刑事治理现代化的推进及其具体路径，究应与传统刑法观逐渐决裂还是坚守不变？上述问题不仅关涉刑法谦抑性和传统刑法观之科学内核及其相互关系等重大刑法基础理论问题的理解，以及象征性刑法论、积极刑法观等当代刑法学术思潮的辨析，而且影响乃至决定着中国刑事立法的发展方向和刑事司法的改革路径。基于此，笔者拟以中国特色法律体系为主要研究语境展开对上述问题的研究，提出笔者对于中国刑事治理现代化进程中的谦抑性实现方案，以厘清分歧，促成共识达成。

第一节　内涵与厘定：象征性刑法论的谦抑现实误判

一　象征性刑法论的域外缘起与内涵解读

象征性刑法缘起于20世纪60年代北美政治学界有关"象征性政

---

① 周光权：《积极刑法立法观在中国的确立》，《法学研究》2016年第4期；付立庆：《论积极主义刑法观》，《政法论坛》2019年第1期。

策"（Symbolic Policy）的讨论，意指有些政策被创造的目的，是让公众产生一种"政府已经采取措施来治理某种问题"的错觉，而事实上这些政策并没有对相关问题造成实质性的改变。① 该概念最早由 Edelman 教授在 1964 年提出，后被法社会学引入法学领域，发展出"象征性立法"一词，专门用以描述与"工具性立法"相对应的一种立法现象。如果说工具性立法的核心价值，诚如 Peter Noll 指出，在于"法律应作为形塑理性社会的工具，而整个立法过程本质上就是一套提出理性解决纷争之方法的程序"②，那么，作为一种纯粹的规范声明，象征性立法的"目的不论是在强化规范的有效性宣称或是仪式性的安全保障，最深层的用意其实是指向：'国家欲透过立法活动实现其他隐藏其中的规范目的。'而这样的象征性特征将使得法无法取得实质的正当性基础"③。

20 世纪 70 年代，德国开始出现"奥斯维辛谎言"，否认和粉饰在 1933~1945 年间纳粹在 Auschwitz、Birkenau、Majdanek 等地对大约 600 万犹太人进行的种族大屠杀。而今这个已经扎根公众舆论之中的概念所强调的是"否认大屠杀"（Holocaust‐Leugnung）的历史真相，而不再局限于在奥斯维辛集中营所进行的屠杀。为了制止极端右翼分子在德国传播"奥斯维辛谎言"，1994 年 10 月 28 日，德国《犯罪防治法》将《德国刑法典》第 130 条煽动罪的规定修改扩大为："对在纳粹统治下，以扰乱公共安宁的方式实施的国际刑法第 6 条第 1 款规定的犯罪行为，公开地或在集会上予以赞同、否认或粉饰的，处 5 年以下

---

① M. Edelman, *The Symbolic Uses of Politics*, Chicago：University of Illinios Press, 1964, pp. 19 – 20.
② 转引自古承宗《刑法的象征化与规制理性》，台北：元照出版公司 2017 年版，第 65 页。
③ 古承宗：《刑法的象征化与规制理性》，台北：元照出版公司 2017 年版，第 68 ~ 69 页。

自由刑或罚金刑。"① 这种"对于保障和平的共同生活不是必要的，但为了谋求刑法之外的目的，就像安抚选民或者表达国家自我姿态的法律规定"，即是德国刑法学界"所理解的象征性犯罪构成"。②

有感于德国法律尤其是晚近德国刑法的这种象征化趋势，Hassemer等德国学者借鉴政治哲学界的象征性理论研究成果，开启并逐渐发展出象征性刑法这一具有特定内涵的术语，经由刑法释义学、刑事政策学等领域的热烈讨论，逐渐发展成一套自成系统的概念，特指以刑事立法罪名的增设回应社会大众安全需求的一种立法趋势，至于罪刑规范设置的必要性和正当性，尤其是实效性，则不在象征性刑法关注的视野范围。因而危害事实发生—民意沸腾—传媒跟进—立法回应—象征性刑法出台，成为象征性刑事立法的完整进路。在这样的立法范式里，刑法仅具有象征的意义，并无任何其他价值，故而在德国刑法学界，遭到了以罗克辛为代表的德国刑法学者的广泛质疑。罗克辛认为，"这种规定的实在意义在于，表达作为一个已改过自新的国家的当今德国，不隐瞒或者不回避希特勒时代的犯罪。这是一个值得肯定的目标设定。但是对这种犯罪的追究并不服务于法益保护。因为，为此目的而投入刑法是不合法的"③。

象征性刑法理论虽然植根于德国土壤，却漂洋过海开花于日本刑法学界。针对刑法作为社会管理控制手段而被积极应用的倾向，日本刑法出现了以犯罪化、重罚化为特征的"刑事立法活性化"的现象。在日本刑法学者看来，这是为应对作为危险社会的现代社会中的危险，

---

① 徐久生、庄敬华译：《德国刑法典》，中国方正出版社2004年版，第76页。
② [德] 克劳斯·罗克辛：《刑法的任务不是法益保护吗？》，樊文译，载陈兴良主编《刑事法评论》第19卷，北京大学出版社2007年版，第155页。
③ [德] 克劳斯·罗克辛：《刑法的任务不是法益保护吗？》，樊文译，载陈兴良主编《刑事法评论》第19卷，北京大学出版社2007年版，第155~156页。

为维持平稳的社会生活秩序而对刑法法规抱持强烈的期待之故,在此期待的基础上存在着"要求保护市民安全"的肥大化,进而使现代日本刑法呈现出以下新特征:一是处罚预备行为的原则化;二是抽象的危险犯类型的多用化;三是管理、统制的刑罚法规多用化;四是象征的刑事立法的多用化。①

事实上,象征性刑法的出现,一方面源于对国家将这种犯罪问题的解决一直放置的非难和国内外强烈且迫切要求解决该问题的舆论压力;另一方面在于立法者实际上大都并不拥有迅速而有效地解决该犯罪问题的方法,在实施刑事政策的要求和刑事政策的实施可能性之间存在很大落差。刑事立法者为了避免因怠慢国内外要求实施刑事政策而遭受批评,为了表明为今后迅速果断地解决问题而采取积极的刑事政策的姿态,遂以象征的刑事立法形式予以回应和逃避。② 作为受到国内的强大舆论压力而制定的象征性刑法,在日本可以举出由地下铁沙林事件等引起的以奥姆真理教这一类特定宗教团体为规制对象的一系列刑事立法。至于接受国际压力而制定的象征性刑法,则有1999年8月"有关处罚组织犯罪以及规制犯罪收益等的法律",尤其是为了应对洗钱罪而增设的处罚隐匿、收受犯罪收益的规定。

由此可见,无论在德国还是日本,象征性刑法均是指立法者为回应公众舆论对于犯罪治理的呼吁和压力,将不应当且实际上也难以予以有效刑事规制的行为,以象征性或者宣示性的姿态予以刑事规制而制定的刑法。故而笔者以为,象征性刑法必须同时具备以下3个特征:一是在规制动机上,象征性刑法在于对犯罪治理的舆情回应;二是在

---

① [日]关哲夫:《现代社会中法益论的课题》,王充译,载赵秉志主编《刑法论丛》第12卷,法律出版社2007年版,第339~344页。
② [日]关哲夫:《现代社会中法益论的课题》,王充译,载赵秉志主编《刑法论丛》第12卷,法律出版社2007年版,第344页。

规制实效上，象征性刑法明知规制对象不应规制或难以有效规制；三是在规制目的上，象征性刑法仅是立法者出于政治考量而做出的象征性或者宣示性姿态。其中，不应刑事规制且难以有效刑事规制，是认定象征性刑法的实质标准所在。毕竟，象征性刑法的功能仅止于"象征性的保证"，其"以立法这种方式廉价但却令人印象深刻地展示出立法和执行机关迅速敏捷的行动力，可是人们却无法期待从中取得多少法益保护的实益"①。而更为严重的后果是，象征性刑法甚至破坏了社会自动处理和规制风险的能力。每当新型的风险来临时就求诸刑法手段的控制，而不是直面风险寻求其他的社会治理之道。"这种顽固的行动和政策抉择必然会导致愈发错误的法律改革，其最终的结果就是刑法的解体。"②

二 象征性刑法论的中国现实与批判反思

以象征性刑法为主题或关键词，在中国期刊网上进行文献检索发现，截至 2023 年 7 月，我国直接冠之以象征性刑法之名的研究文献仅有 7 篇，③ 但无论是在情绪性立法还是法益精神化问题的研究中，学者们普遍认为，1999 年以来的中国刑法修正之路，具有明显的情绪性、

---

① Vgl. Hassemer, *Freiheitliches Strafrecht*, p. 239，转引自徐凯《抽象危险犯正当性问题研究——以德国法为视角》，中国政法大学出版社 2014 年版，第 35 页。

② Vgl. Herzog, *Gesellschaftliche Unsicherheit*, p. 71ff.，转引自徐凯《抽象危险犯正当性问题研究——以德国法为视角》，中国政法大学出版社 2014 年版，第 35 页。

③ 刘艳红：《象征性立法对刑法功能的损害——二十年来中国刑事立法总评》，《政治与法律》2017 年第 3 期；程红：《象征性刑法及其规避》，《法商研究》2017 年第 6 期；郭玮：《象征性刑法概念辨析》，《政治与法律》2018 年第 10 期；贾健：《象征性刑法"污名化"现象检讨——兼论象征性刑法的相对合理性》，《法商研究》2019 年第 1 期；柯洁、王雪冬：《象征性刑法基本问题研究——以法社会学为视角》，《河北科技师范学院学报（社会科学版）》2021 年第 1 期；[德] 弗兰克·萨利格：《积极主义刑法与象征性刑法——刑事政策视角的衡量考评》，郑童译，《国外社会科学》2022 年第 3 期；马荣春、马光远：《刑法象征性立法——批判与被批判的武器》，《南昌大学学报（人文社会科学版）》2022 年第 3 期。

象征性立法趋势。① 尤其是前9个刑法修正案对于恐怖犯罪、网络犯罪和环境犯罪的个罪修改和增设，一是鲜明地向国际社会和国内民众传递了中国立法者对于上述犯罪的治理姿态，充分发挥了象征性立法的安抚功能；二是刑事立法虽然活跃，却实质效果欠佳，不仅恐怖犯罪和网络犯罪的罪名在司法实践中适用率极低，而且在现实生活中，严重的环境污染并未因刑事立法对环境犯罪规制得越来越严而相应减少，似乎也证明了环境犯罪立法规制的实效乏力，因而是象征性立法的体现。

但是，立法对民众期待的回应就意味着立法的象征性姿态吗？判决中的罪名适用率低就表明立法效果欠佳吗？笔者以为，恐不能如此简单等同。

(一) 关于刑法的象征性与民意性的区分

法律是地方性知识，但无论在英美法系还是大陆法系抑或中国法体系里，法律都不可避免地与政治、伦理、道德和民意有着十分紧密的关系。

首先，法律与政治同为上层建筑的组成部分，无论民主国家还是其他国家制度，法律都是主权者的意志及其政治的体现，只不过，主权者为普罗大众，则法律是民意的体现和民众利益的捍卫；如果主权者是少数人或者独裁者，则法律沦为专制和独裁的工具。而在现实生活中，法律自其诞生以来，一直发挥着政治、舆论、社会道德的塑造者、捍卫者和宣示者的角色。即便被视为法治国家典型的美国，法律非但不是政治的绝缘体，相反，无论是其司法判例还是法律文本，不仅大量充斥着道德的确立、政治的象征、舆情的回应，而且一直是其

---

① 刘宪权：《刑事立法应力戒情绪——以〈刑法修正案（九）〉为视角》，《法学评论》2016年第1期；邵博文：《晚近我国刑事立法趋向评析——由〈刑法修正案（九）〉展开》，《法制与社会发展》2016年第5期。

公共政策、舆论主张的推进器。在戈尔与小布什竞选总统得票数争持不下之时，正是美国联邦最高法院的一纸裁决，把小布什送进了白宫，进而奠定了21世纪初的美国政治格局乃至国际政治秩序。

其次，法律作为最低限度的道德，不仅不是道德无涉的中立产物，相反，实是道德的确认者和缔造者。众所周知，立法的方式无外确认与制定，确认是对既有道德伦理的认同和法律保护，而制定则是世易时移的新时代道德的确立。以醉酒驾车入刑为例。在中国传统酒文化和社会行为道德中，酒后开车虽然会被行政处理，但在民众的道德意识里，酒后开车并不被视为不道德的行为。事实上，不仅酒后开车引发交通事故发生的概率远远高于核爆炸，而且因酒后开车而在20年间累积造成的人员伤亡和财产损失，也并不逊色于一枚原子弹爆炸所造成的人员伤亡和财产损失。而自2011年《刑法修正案（八）》将醉驾入刑以后，不到1年时间，不仅酒驾案件、醉驾案件分别同比下降41.7%、44.1%，① 因酒驾、醉驾引发的交通事故和伤亡人数也随之相应显著下降，2011年至2014年分别下降25%和39.3%，② 而且"喝酒不开车，开车不喝酒"已成为中国民众现今普遍的行为准则和牢固的社会伦理道德，甚至催生了代驾这一新型的第三产业。可见，正是刑法宣示、象征、威慑功能的充分发挥，刑法的保障法使命才得以出色完成，进而与其保障的交通运输管理行政法规范一起，在成功重塑中国民众的新型酒文化和喝酒不开车的规范意识的同时，使得醉酒驾车从频发、高发案件逐渐演变为少发的轻微案件。因之，刑事司法实有必要进行相应调整，从对刑事立法扩张的同步跟进适用即"醉驾一律

---

① 新华社：《公安部：酒驾醉驾均降四成》，《检察日报》2012年5月9日第5版。
② 白阳、邹伟：《公安部："醉驾入刑"三年，酒驾事故数下降25%》，《新华每日电讯》2014年10月20日第5版。

入刑",到立法备而司法少用乃至不用的"醉驾入刑的区别对待"。

正是基于此,最高人民法院在2017年发布的《关于常见犯罪的量刑指导意见(二)(试行)》中,明确规定:"对于醉酒驾驶机动车的被告人,应当综合考虑被告人的醉酒程度、机动车类型、车辆行驶道路、行车速度、是否造成实际损害以及认罪悔罪等情况,准确定罪量刑。对于情节显著轻微危害不大的,不予定罪处罚;犯罪情节轻微不需要判处刑罚的,可以免予刑事处罚。"显然,随着醉酒驾车案发的锐减和新的司法解释的施行,我们有理由相信,醉酒驾车案件的有罪判决或有刑判决必呈相应锐减之势。按照象征性中国刑法批判论的逻辑,是否意味着醉酒驾车的刑法条文也渐为象征性刑法了呢?

最后,法律尤其是拥有生杀予夺大权的刑法的正当性,主要源自其是一种"共识",即政府与公民、政治国家与公民社会对公共生活的沟通共识和治理合作规范。法律是在民众的生活中被发现的,而不是在精英的技术知识里被创造的。正是在这个意义上,"法是不断的努力。但这不单是国家权力的,而是所有国民的努力"[①]。由此决定,对于公众的普遍关切,尤其是在人的需求层次中处于最基础、最核心的安全吁求,刑法规范必须予以充分尊重并直面回应,从而让刑法"既积淀着人们生活的文明,又承载着人们对未来生活的期盼",而"不再是政法阶层施展政治理想的宣言与纲领,而是芸芸众生草根生活的映射与写照。公众对刑法的认知不再神秘或陌生,刑法与公众之间的距离亦不再遥远,刑法真正成为生活在民众中的'活'的制度。人们可以根据自己的实践经验和生活常理来安排生活,并且能够对刑法规范

[①] [德]古斯塔夫·拉德布鲁赫:《法学导论》,米健、朱林译,中国大百科全书出版社1997年版,第2页。

在心理上产生一种'想当然'或'确实如此'的认同"①。反之，法律尤其是刑法如果只是超越公众生活现实的单纯条文，甚至是无视公众普遍关切的机械指令，那么，"只要没有实际的强制在场，这个法律即使被人们公认为是法律，却也很难为人们自觉遵守，更不可能进入他们的心灵和身体，成为他们的信仰"②。

所以，法律既是百姓行为的准则，更是最低限度的道德。"法律能够，并且应当只是实施从普通人情感中提炼出来的理性法则。这并不是说法律应向情感妥协，但法律迈向理性之路也不能忘记法律是服务于人类的。"③ 如果说，法律关系中的法律权利和法律义务的设定，是法律以正面形式对社会政治、民众舆论、伦理道德所作的回应、确立和宣示，那么，包括刑事责任在内的法律责任的设立和实现，则无疑是法律以负面形式对社会政治、民众舆论、伦理道德进行的回应、宣示和保障。在这个意义上，所有的法律，尤其是以警察、法庭、监狱来保障实施的刑法，象征性或多或少地必然是其普遍具备的功能，而非象征性刑法的专利。可以说，没有刑法的象征性，也就没有刑法的政治性和道德性。刑法应当具有也必须具有象征性，但刑法具备象征性并不等于其就是象征性刑法。

(二) 关于刑法的实效性与有效性的区分

刑法的实效性如何认定？象征性中国刑法批判论认为，恐怖犯罪、网络犯罪罪名在判决中的适用数量较少，使得刑事立法徒具象征意义；而环境犯罪虽然刑事判决多，但从环境治理效果没有得到明显改善来

---

① 石聚航：《刑法的人文性论要》，《四川师范大学学报（社会科学版）》2012 年第 1 期。
② 朱苏力：《制度是如何形成的》，中山大学出版社 1999 年版，第 247 页。
③ George Fletcher, *A Crime of Self–Defense*, Chicago: University of Chicago Press, 1990, pp. 16, 83.

看，环境刑事立法的实效欠佳，仍是象征性刑法的典型适例。显然，按照前者，认定的依据在于刑法规定的罪名适用数量低；按照后者，评判的标准又变成了犯罪的刑法规制效果欠佳。

其实，无论恐怖犯罪、网络犯罪还是环境犯罪，在我国并非立法规定上虚设、司法适用上静默的犯罪。据统计，在2011年7月到2014年9月期间，中国境内共发生恐怖主义犯罪21起，造成193人死亡，514人受伤，此外还有217名嫌疑人在犯罪实施中死亡；①仅2018年，全球就发生1127起恐怖袭击事件，造成13000多人死亡；② 2019年3月15日，新西兰克赖斯特彻奇市两座清真寺又传来恐怖袭击的枪声，最终造成50人死亡、50人受伤。③而网络犯罪，按其外延，就有大、中、小等不同的界定。抛开外延最为宽泛的概念（即：凡是以网络环境或者网络技术为手段而实施的犯罪均为网络犯罪）不论，即便采用最为狭窄的规范意义概念，近年来的网络犯罪不仅发案数呈急剧膨胀乃至爆炸之势，而且其刑事判决适用数量也已居刑事犯罪前列。如2016年，仅网络电信诈骗案件的立案数和破案数就分别同比上涨49.6%和61.8%；④ 2017年，非法传销案件尤其是网络传销呈井喷式增长，仅1月到9月，全国公安机关共立案传销案件5983起，同比上升118.5%，涉案金额高达300多亿元。⑤

---

① 梅传强、张永强：《我国恐怖活动犯罪的现状、特征及防控对策》，《北京师范大学学报（社会科学版）》2015年第6期。

② 国务院新闻办公室：《新疆的反恐、去极端化争斗与人权保障》之"三、暴力恐怖和宗教极端行为严重践踏人权"和"七、积极参与反恐国际交流与合作"，中华人民共和国中央人民政府网，2019年3月18日（链接日期），http：//www.gov.cn/zhengce/2019-03/18/content_5374643.htm，2022年12月1日（引用日期）。

③ 卢怀谦、郭磊：《新西兰政府宣布将为恐怖袭击受害者举行纪念活动》，新华网，2019年3月24日（链接日期），http：//www.xinhuanet.com/world/2019-03/24/c_1124275635.htm?baike，2022年12月1日（引用日期）。

④ 靳高风、王玥、李易尚：《2016年中国犯罪形势分析及2017年预测》，《中国人民公安大学学报（社会科学版）》2017年第2期。

⑤ 靳高风、朱双洋、林晞楠：《中国犯罪形势分析与预测（2017—2018）》，《中国人民公安大学学报（社会科学版）》2018年第2期。

至于环境犯罪，根据最高人民法院近3年来连续发布的中国环境资源审判白皮书，2014年1月至2016年6月，全国法院共审结环境犯罪和破坏自然资源犯罪一审刑事案件37216件，生效判决人数47087人；[①] 2016年7月至2017年6月，全国法院共审理环境资源刑事案件16373件，审结13895件，给予刑事处罚27384人；[②] 2018年，全国法院共受理环境资源刑事一审案件26481件，审结25623件。同比2017年，受理数增加3752件，上升16.51%；审结数增加2986件，上升13.19%。[③]

不仅如此，犯罪治理效果得以明显改善，体现在犯罪发案数的减少和罪名适用量的降低上。自有刑法以来，杀人、盗窃等犯罪不仅一直存在，而且并未因刑事立法的规定和刑事司法的大量适用而在实际案发数量上呈明显下降趋势。那么，是否可以依照象征性中国刑法批判论的逻辑得出结论，上述犯罪的治理实效欠佳，故而属象征性刑法？而如果对杀人、盗窃等犯罪做出罪化处理，百姓反对声音势必更加强烈，因而立法者对杀人、盗窃等罪名的保留，是否也可视为是对各界呼声和社会舆情而做出的一种象征性姿态呢？如此一来，岂不陷入了理论和逻辑论证上的双重死循环？判决中的罪名适用数量少，相应刑法规制有象征性刑法之虞；判决中的罪名适用数量多，但此类案件的发生并未显著下降，说明规制实效差，相应刑法仍有象征性嫌疑；如果因刑法的出手协同治理，此类案件规制效果良好，案件发生数量逐

[①] 最高人民法院：《中国环境资源审判》白皮书，世界环境司法大会网站，2016年10月18日（链接日期），http：//wej.court.gov.cn/news/view-56.html，2022年12月1日（引用日期）。

[②] 最高人民法院：《中国环境资源审判（2016—2017）》白皮书，世界环境司法大会网站，2017年11月18日（链接日期），http：//wej.court.gov.cn/news/view-44.html，2022年12月1日（引用日期）。

[③] 最高人民法院：《中国环境资源审判（2017—2018）》白皮书，世界环境司法大会网站，2018年10月18日（链接日期），http：//wej.court.gov.cn/news/view-54.html，2022年12月1日（引用日期）。

年递减，而在判决中的罪名适用数量也明显递减，相应的刑法规制是否可以摆脱归为象征性刑法的命运呢？仍然不能，因为罪名在判决中的适用数量如此之少，刑法规制无疑更具象征性意义。

不难发现，对于刑法实效性在象征性刑法认定上的判断，象征性中国刑法批判论不仅采用了双重标准，而且陷入了自相矛盾难以理论自洽的困境。究其根源，笔者以为，实乃象征性中国刑法批判论的理论分析，存在着一系列认识上的误区。

首先，在犯罪学上。并非所有犯罪发生后，都会伴随以刑事立案的侦查。"一个众所周知的事实是，在已经立案的犯罪中，只有不到一半受到了审判，而且这些已经立案的犯罪在全部实施的犯罪中只占很小的一部分，而大多数未被发现或未向警方报告。"[①] 事实上，"警方获悉并记录在案的犯罪行为只是'实际犯罪行为'的那座冰山露出水面的尖顶"。正因如此，20世纪80年代以来，德国联邦刑警局每年公布的警方犯罪统计总是以下列语句作为开场白："由于部分犯罪行为不被警方所知晓，因此，警方的犯罪统计的说服力是有限的。"[②]

这就是犯罪黑数理论，即实际已经发生，但因各种原因而未列入官方或有关组织统计数据的犯罪总数，具体分为绝对犯罪黑数和相对犯罪黑数，前者是指实际已经发生，但并未被觉察和识别或已无法回忆的犯罪数量；后者则指实际已经发生，并已被觉察和识别，但未被官方纳入犯罪统计的案件数量。

犯罪黑数能否查明？德语国家犯罪学者以为，借助已被警方知晓的犯罪行为和未被警方获悉的犯罪行为之间的比例关系，犯罪黑

[①] [意]加罗法洛：《犯罪学》，耿伟、王新译，中国大百科全书出版社1996年版，第77~78页。
[②] [德]汉斯·约阿希姆·施奈德：《犯罪学》，吴鑫涛、马君玉译，中国人民公安大学出版社1990年版，第204页。

数是能够确定的。不过，犯罪黑数的范围和比例不仅随犯罪行为、犯罪时间和地点以及调查统计方式的差异而不同，而且随着社会经济生活的变迁发生着相应的变化。德国学者斯温特与阿尔伯特等人1985年对德国波鸿市进行的隐案研究表明，隐案比例在一般盗窃案件（不含在商店行窃）中是1∶8，严重盗窃案件中是1∶1，故意伤害案件中是1∶60。[①]

其次，在程序法上。刑事司法程序是由立案、侦查、起诉、判决所组成的有机联系整体，判决只是这条流水生产作业线上的最后一道工序。包括判决在内的每一环节，无论其开端还是终结，均需在事实上、证据上、法律上满足相应的法定要求，达到一定的法律标准。按照2018年《刑事诉讼法》立案必须"有犯罪事实需要追究刑事责任"[②]，移送审查起诉必须"犯罪事实清楚，证据确实、充分"[③]，提起公诉必须"犯罪事实已经查清，证据确实、充分，依法应当追究刑事责任"[④]，判决宣告有罪更是必须达到"案件事实清楚，证据确实、充分，依据法律认定被告人有罪"[⑤]的程度。而实践中，刑事疑难案件办

[①] 王秋杰：《国内外犯罪黑数研究综述》，《公安学刊（浙江警察学院学报）》2010年第2期。

[②] 2018年《刑事诉讼法》第112条规定："人民法院、人民检察院或者公安机关对于报案、控告、举报和自首的材料，应当按照管辖范围，迅速进行审查，认为有犯罪事实需要追究刑事责任的时候，应当立案；认为没有犯罪事实，或者犯罪事实明显轻微，不需要追究刑事责任的时候，不予立案，并且将不立案的原因通知控告人。控告人如果不服，可以申请复议。"

[③] 2018年《刑事诉讼法》第162条第2款规定："犯罪嫌疑人自愿认罪的，应当记录在案，随案移送，并在起诉意见书中写明有关情况。"

[④] 2018年《刑事诉讼法》第176条第1款规定："人民检察院认为犯罪嫌疑人的犯罪事实已经查清，证据确实、充分，依法应当追究刑事责任的，应当作出起诉决定，按照审判管辖的规定，向人民法院提起公诉，并将案卷材料、证据移送人民法院。"

[⑤] 2018年《刑事诉讼法》第200条规定："在被告人最后陈述后，审判长宣布休庭，合议庭进行评议，根据已经查明的事实、证据和有关的法律规定，分别作出以下判决：（一）案件事实清楚，证据确实、充分，依据法律认定被告人有罪的，应当作出有罪判决；（二）依据法律认定被告人无罪的，应当作出无罪判决；（三）证据不足，不能认定被告人有罪的，应当作出证据不足、指控的犯罪不能成立的无罪判决。"

理之疑难或症结，70%左右疑在事实的认定，30%左右难在法律的适用。事实认定的关键在于证据的收集和审查，法律适用的关键在于交叉法律规范之间的关系解读。由证据收集、审查的困难和刑事司法人员的专业知识结构等多种因素所决定，经由立案、侦查、起诉从证据采信到法律适用的层层把关、筛选、过滤，进入审判环节的案件已大为减少，更遑论达到"排除合理怀疑"证明标准方能作出的有罪判决数。

最后，在实体法上。刑法修正案增设的恐怖犯罪和网络犯罪，基本都是轻罪，而如系1997年《刑法》第37条规定的"犯罪情节轻微不需要判处刑罚"，仅以行政制裁或者民事责任的追究就能恢复被犯罪所破坏的行政管理秩序或者民事法律关系，即便是侦查机关已经察觉、知晓，即便是行为已经具备犯罪构成并达到刑事追诉标准，仍然可以按照2018年《刑事诉讼法》第177条第2款的规定不予刑事追究，而只以行政或者民事的方式予以解决，故而同样不会显现在刑事判决中。即便部分案件进入刑事审判程序，因刑事和解程序、认罪认罚从宽制度的适用，也并非所有被告人最终都会被判有罪。

所以，判决中的罪名适用数量高低，无论与案件实际发生的数量多少，还是与法律的实效性状态之间，均非简单的线性对应关系。更何况，我们对于法体系内特定规则之效力的内部陈述，虽然在正常情况下"必须以法体系普遍的实效为背景。但是，若因此就说关于效力的陈述'意指'（mean）法体系具有普遍的实效性，这也是错误的"。这是因为，"如果'实效'意味着，一项规范某种行为的法律规则大部分时候都会被遵守，那么很清楚地，任何规则的'效力'与其'实效'之间实在没有必然的关系。除非该体系的承认规则在其诸判准中包含以下这种有时被称为'废弃规则'（rule of obsolescence）的条款：

任何规则如果早已不再具有实效，则不能被视为该体系内的规则，我们必须把某个特定规则之缺乏实效（inefficacy of a particular rule）（此实效的缺乏可影响也可不影响其效力），与人民和官员对于某法体系之规则普遍的漠视（general disregard of the rules of the system）这两种情形区分开来"①。

而在公众的共识中，拥有公民生杀予夺大权的刑法实乃一种"必要的恶"，故而刑法的实效性和刑法的效力即有效性之间，往往呈现出以下几种喜忧参半的情形：一是刑法的效力已如此深植于百姓心中而为百姓所忠诚、所恪守，践踏刑法而犯罪者属于社会少见反常现象，刑法较少实际动用，以致实质有效的刑法似乎实效性不强；二是刑法的效力如此为公众拒斥漠视，既不为百姓所信守，亦不为司法所适用，徒为一纸空文，以致刑法仅具形式的效力并无实质的效力和实效；三是刑法的效力刚刚产生，公众对于刑法的忠诚或拒斥尚未在心里生根，以身犯法者屡屡有之，刑法既具有形式上的效力又有着较强的实效，至于实质上的效力则有待于时间的检验沉淀和价值文化的评判演变。

所以，法律的实效性并非法律的有效性或者说法律效力的同义词，更非法律谦抑性的判准。那么，刑法谦抑性的内涵及其展开的规范边界又在哪里呢？

第二节 结构与平衡：积极刑法观的谦抑理论误区

诚然，"刑法是一种不得已的恶。用之得当，个人与社会两受其

---

① ［英］哈特：《法律的概念》，许家馨、李冠宜译，法律出版社 2018 年第 3 版，第 162~163 页。

益；用之不当，个人与社会两受其害。因此，对于刑法之可能的扩张和滥用，必须保持足够的警惕，不得已的恶只能不得已而用之，此乃用刑之道也"①。因之，"即使行为侵害或者威胁了他人的生活利益，也不是必须立即发动刑罚。可能的话，最好能交给其他的社会统制手段。可以说，只有在其他的社会统制手段并不充分时，或者其他的社会统制手段（如私刑）过于强烈而有代之以刑罚的必要时，才可以发动刑罚。这就是刑法的补充性或者谦抑性"②。

但是，法益不是立法制造发明的产物，而是立法对于人类社会生活核心利益发掘承认的结果。这些社会生活核心利益不仅是法律调整介入前（pre‐legal）即已存在的社会经验事实，而且深深根植于民众的普遍良知和道德共识之中，是人类社会生存发展所必需的经验法则和人类命运共同体所共享的价值准则。这些社会经验事实要从自然状态的利益变身为法律状态的法益，必须接受立法的评判、检验和遴选。立法发掘、评判、遴选的标准是宪法或者说基本法的价值指引；立法发掘、评判、遴选的结果，不仅将符合宪法价值指引的自然状态的利益承认转型为法律状态的法益，而且形成对利益、前置法上的调整性法益、前置法上的第一保护性法益、法体系第二保护性法益即刑法法益进行层层评判、进阶确立、保护调整的前置法上的调整性规范和第一保护性规范，以及法体系最后保障的刑法。因而刑法法益，既是前置法与刑法对于符合宪法价值秩序之社会经验事实即"利益"的价值发掘和规范承认，又是前置法与刑法按照宪法比例原则对"法益"的渐进规范调整和保护或者说制裁比例配置。

---

① 陈兴良：《刑法的价值构造》，中国人民大学出版社2017年第3版，"前言"第25~26页。
② 张明楷：《避免将行政违法认定为刑事犯罪：理念、方法与路径》，《中国法学》2017年第4期。

由此决定，以法益为内核的刑法谦抑性，既非刑罚发动之补充性或者最后性的静态囊括，更非犯罪圈之扩张或者限缩的表象等同，而实有其丰富精深的动态内涵。如同一枚硬币的两面，刑法的谦抑性在笔者看来，不仅应随前置法中的法体系调整性法益和法体系第一保护性法益的演进和不法行为圈的变化而相应调整，而且需从形式和实质两个侧面，在刑事立法和刑事司法两个层面进行有机的结构性展开，[①]从立法的用刑之道到司法的用刑之道层层剖析厘清，方能进行完整的、动态的评判和实现。

一　形式谦抑与实质谦抑的有机统一

首先，就形式的侧面而言。刑法法益不仅在实质上，取决于前置法之调整性规范在宪法价值秩序指引下，经对社会生活核心利益的选取和调整所形成的法体系调整性法益；而且在形式上，受制于前置法之第一保护性规范在宪法比例原则要求下对于法体系调整性法益的选取和调整所形成的法体系第一保护性法益。较之于前置法中的法体系调整性规范和法体系调整性法益，刑法规范和刑法法益是法体系中的从属法、次生性法益；较之于前置法中的法体系第一保护性规范和法体系第一保护性法益，刑法规范和刑法法益是法体系中的补充法、第二保护性法益。没有前置法中的法体系调整性法益和法体系第一保护性法益，不会有刑法上的法体系第二保护性法益即刑法法益；没有前置法上的不法行为，不会有双重违法性兼具方能成立的刑法上的犯罪行为；没有前置法中的法体系调整性规范和法体系第一保护性规范，不会有刑法这一法体系第二保护性规范或者说终极性保障法规范。因

[①] 田宏杰：《规范关系与刑事治理现代化的道德使命》，人民法院出版社2020年版，第45页。

而前置法中的法体系调整性规范和法体系第一保护性规范，实乃刑罚权发动的必要条件。在这个意义上，笔者以为，刑法是刑法法益本质之前置法从属性和刑法法益保护之前置法补充性的统一。由此决定，刑事立法规定的犯罪圈只要没有超出前置法中的第一保护性规范规定的不法行为圈，刑事司法认定的犯罪圈没有超出刑事立法规定的犯罪圈，则刑事立法和刑事司法就没有越位，也就在形式上实现了刑法的谦抑性。

其次，从实质的侧面来看。刑法法益的选择和犯罪行为的定型，并非刑法对前置法亦步亦趋地完全附庸和绝对从属的产物，而是有着刑法独立于前置法的"青出于蓝而胜于蓝"的内在判断，既有对前置法法益之宪法价值位阶的权衡，又有对前置法法益之宪法保护比例的比较。正是刑法两次定量的独立判断和选择建构，包括立法上的刑法法益确立和犯罪行为定型的第一次定量选择和司法上的刑事追诉标准的第二次定量选择，才是刑罚权发动的充分条件，不仅形成了刑法有别于前置民商法和前置行政法的基本原理和制度，而且决定了刑法是前置法之规范有效性得以实现的不可或缺的独立之力量救济和终极保障。

在这个意义上，刑事立法只有将宪法价值秩序下、法体系第一保护性法益里的公民个人法益及为实现公民自由发展而必需的社会法益和国家法益确立为刑法法益，只有将穷尽前置法制裁手段、达到或者接近达到前置法法律责任程度上限的不法行为定型为犯罪行为，只有刑事责任程度的下限和刑事制裁力量的下限合比例地有机承接相应前置法之法律责任程度上限及其制裁力量的上限，刑法规范的保障法地位方得以坚守，刑事立法的谦抑性才可谓实现。而刑事司法的谦抑，则在于以下3个规则的恪守和遵循：一是未经前置法法律责任实际承担的犯罪，不实际追究刑事责任；二是已经前置法法律责任实际承担的犯罪，如果前置法中的法体系调整性法益已得以保障，前置法之法律秩序已得以恢复，同样不予追究刑事责任；三是已经前置法法律责任的实际承担，但前置法之调整性法益未能得到有效恢复，或者虽得以恢复，但仍有被再次侵犯的较大可能，则刑事司法应出手制裁，但刑事司法出手的力度即刑事责任追究的方式，仍应按由轻到重的顺序予以考量，即：能不用刑就能恢复的，则只定罪不用刑；能用缓刑解决的则不用实刑；能用轻刑解决的则不用重刑；能用非监禁刑解决的则不用监禁刑解决。

　　由此决定，前置法不备，刑罚权不动；刑事立法不规，刑事司法不治，既是刑法谦抑性的形式内涵，更是刑法形式合法性的规范要求；而前置法虽备，但在只有法益之刑法保护必要时，刑罚权方用；刑事立法虽规，但在只有实际动用刑罚权方能实现法益之刑法保护任务时，刑事司法方治，才是刑法谦抑性的实质精义，更是刑法实质合法性的正当根基。如果说形式意义的谦抑确保了刑法的不越位，则实质意义的谦抑确保了刑法的不失职。两者有机结合的关键，则在于备而少用或者不用。质言之，只有在前置法备而刑罚权不动或少动的情况下，刑事立法在法益保护上，才有"谦让"前置法之规范治理和"抑制"或"克制"刑罚权之规范发动的可能；同样，只有在刑事立法规而刑事司法不治或少治的情况下，刑事司法对刑法法益的保护，也才有"谦让"前置法之实际治理而"抑制"或"克制"刑罚权之实际动用的空间。

二　立法用刑与司法用刑的动态平衡

　　其实，法益不但"没有自然法的永恒效力，而是跟随宪法基础和社会关系的变迁而变化"①，而且愈益呈现个人法益社会化和社会法益个人化之势。正如面对社会矛盾频发、失范行为涌现之转型时期的中国社会现实，作为社会治理第一道法律防线的前置行政法和前置民商法必须率先予以有力回应，不仅行政调整性规范和民商事调整性规范不断扩张，新的调整性法益不断确立，而且行政法和民商法中的第一保护性规范及其调整的第一保护性法益不断拓展，从而使得行政法律规范和民商事法律规范中的"法律责任"条文和内容不断丰满，实际动用的前置法制裁力量不断增强以致逐渐接近其上限的情况下，一方面，作为社会治理第二道法律防线的第二保护法和法律体系最终保障法的刑法上的犯罪圈，如果较之于其所致力于保障的前置行政法和前置民商法上的不法行为圈过于骨感，而致中间的空白地带太大，无疑是刑法的缺位和失职，犹如保护人不在被保护人身边就是保护人的失职或者渎职一样。因之，中国刑事立法犯罪圈的相应扩大，既不是对刑法谦抑性的背弃，亦不是对传统刑法观的告别，而实是对传统刑法观的坚守和刑法谦抑性的张扬。

另一方面，"圣人假法以成教，教成而刑不施。故威厉而不杀，刑设而不犯"②。刑事司法在刑事立法已经制刑从而授权其可以实际动用刑罚权的情况下，根据个案的具体情节，经综合考量，能不实际用刑或者尽可能少地实际用刑，就能实现用刑所追求的预防犯罪的效果，既是司法用刑"不战而屈人之兵"的最高用刑艺术，所谓"圣人之所防，贵其不犯也；制五刑而不用，所以为至治也"③，正如 2009 年《中华人民共和国刑法修正案（七）》（以下简称 2009 年《刑法修正案

---

① ［德］克劳斯·罗克辛：《刑法的任务不是法益保护吗?》，樊文译，载陈兴良主编《刑事法评论》第 19 卷，北京大学出版社 2007 年版，第 164 页。
② 《盐铁论·后刑》。
③ 《孔子家语·五刑解》。

(七)》)第201条第4款对于偷税罪刑法规制的修订①；又契合了防止"基蒂·吉诺维斯综合症"②的现代社会治理再造的内在要求，"刑期于无刑，民协于中，时乃功，懋哉"③！

因之，如果说上述"一方面"阐明的是刑事立法谦抑性的意蕴，那么，"另一方面"表明的则是刑事司法谦抑性的精髓。据此，刑事司法的谦抑必须以刑事立法制刑即犯罪化规定，包括刑法法益的选择确立和犯罪行为的选取定型为根本前提。对于刑事立法没有定型为犯罪加以规制的行为，刑事司法之不用刑，并非刑事司法的谦抑之举，而是刑事司法的守土之责，否则，就是刑事司法对刑事立法的僭越和对体系批判的法益理论之否定。只有在刑事立法之制刑规定和刑事立法之用刑授权的疆域内，刑事司法的谦抑才有辗转腾挪的空间，其结果是，或者司法出罪，或者司法定罪，却绝无将立法未予规定为犯罪的行为自行予以司法上的犯罪化处理即司法制刑的可能。虽然"明显地，在任何体系的日常情况中，法院得以在成文法开放出来的方案间做选择（即使他们喜欢把这个选择伪装成发现法律）以解决问题，即便是隐含起来的，似乎很明显的是法院据以行动之规则的一部分"④，但实

---

① 修订后的1997年《刑法》第201条第4款规定："有第一款行为，经税务机关依法下达追缴通知后，补缴应纳税款，缴纳滞纳金，已受行政处罚的，不予追究刑事责任；但是，五年内因逃避缴纳税款受过刑事处罚或者被税务机关给予二次以上行政处罚的除外。"需要指出的是，根据2009年最高人民法院、最高人民检察院《关于执行〈中华人民共和国刑法〉确定罪名的补充规定（四）》，"偷税罪"罪名已被修改为"逃税罪"。

② "基蒂·吉诺维斯综合症"源于发生在美国的一起案例，一个名叫基蒂·吉诺维斯的女孩在邻居的全程目睹下，在自家公寓附近被奸杀。基蒂·吉诺维斯的遭遇是一个现代性的悲剧。在自诩高度发达的法律文明下，现代人逐渐培养了一味诉诸"警察"和"法官"等司法剧场的习惯，形成在社会责任上的漠视和拒绝。这种"法律依赖症"，使许多人遗忘了人类在原始森林中围剿豺狼虎豹的那种传统的"凝聚力"。其后果，不仅增加了不法行为发生的风险，也实质上伤害了力挺现代化的学者。参见［美］唐纳德·布莱克《社会学视野中的司法》，郭星华等译，法律出版社2002年版，第87页。

③ 《尚书·大禹谟》。

④ ［英］哈特：《法律的概念》，许家馨、李冠宜译，法律出版社2018年第3版，第220页。

际上，成文法开放给司法发现的空间，也仍然在立法规制的疆界之内，并没有旁逸斜出立法制刑的射程范围。所以，即便是在法官造法的英美法系，这个事实在表面上也"通常是晦暗不明的：因为法院经常否认任何像这样的创造性功能，并且坚持成文法之解释和判决先例之使用的适当任务分别在于寻找'立法者的意图'（intention of the legislature）和已经存在的法律"[1]。职是之故，有学者关于"司法上的犯罪化并不必然违反罪刑法定原则"[2]的主张，笔者以为，恐与司法之谦抑实相抵牾。而刑事立法谦抑的实现，则既不能超越前置法之第一保护性规范划定的第一保护性法益和一般违法行为的范围，又必须通过犯罪化的立法制刑为刑事司法谦抑的实现奠定基础，为刑罚权的实际动用提供规范依据，两者的有机结合，就是刑事立法制刑之谦抑性随着社会演进而动态实现所必须恪守的规范边界。

正是基于此，笔者以为，中国晚近刑事立法犯罪化的扩张，既不是背离谦抑性的中国刑法所作的安抚民众的象征性之态，亦不是告别传统刑法观转向积极刑法观的告白檄文；既不是刑法法益日呈稀薄化、活性化的危险征兆，亦不是刑法法益作为立法限制批判机能的日薄西山。相反，实乃坚守传统刑法观、担负刑法法益保护使命的刑事现代化的谦抑之道。

第三节 扩张与限缩：刑事现代化的谦抑路径选择

21世纪的人类社会进入了风险时代，"核战争的可能性、生态灾难、不可遏制的人口爆炸、全球经济交流的崩溃以及其他潜在的全球

---

[1] ［英］哈特：《法律的概念》，许家馨、李冠宜译，法律出版社2018年第3版，第201页。
[2] 张明楷：《司法上的犯罪化与非犯罪化》，《法学家》2008年第4期。

性灾难","为我们每个人勾画出了风险社会的一幅令人不安的危险前景"①。而在各种风险社会理论纷纷指出政治和公共焦虑新模式的当下,"备而不少或少用"的刑法谦抑性在中国刑事现代化的进程中应当如何践行,才能科学而有效地应对文明社会的风险?

其实,作为一个学理概念,风险社会所昭示的不过是社会治理以国家为中心、国家治理以精英为中心的传统社会治理能力的不足以及传统法律刚性治理模式的低效。风险社会的问题解决,"不符合启蒙运动开列的知识越多控制越强的药方"②。只有精英知识与百姓话语、政府决策与民众参与、科学技术与法律伦理的相互交融,"结成一种'没有证书的永久婚姻'"③,才能避免因决策的片面正确而引发系统性的社会治理风险。故而面对风险社会的挑战,无论是社会治理结构的调整,还是国家治理模式的变革,现代各国孜孜以求的是以治理主体的多元化、治理决策的民主化、治理方式的柔性化、治理空间的社会化为核心的社会治理再造。④ 其在法律治理中所引发的,既非法治的消解或者规则的解构,更非法律规制疆域的收缩。相反,随着科技日新月异的发展和新兴市场的不断涌现,人类社会活动的空间不断拓展,与之相应的是,法治发展尤其是公法治理横向扩张纵向减弱的演化趋势越发凸现。其中,所谓横向扩张,是指公法驰骋纵横的疆界不断扩大;所谓纵向减弱,是指公法治理运行的方式渐趋柔性,刚性治理手段不断减少,行政契约、恢复性司法等柔性方式不断涌现,进而引发了公

---

① Anthony Giddens, *The Consequences of Modernity*, California: Stanford University Press, 1990, p. 125.
② [英]安东尼·吉登斯:《超越左与右》,李惠斌、杨雪冬译,社会科学文献出版社2000年版,第27页。
③ [德]乌尔里希·贝克:《风险社会》,何博闻译,译林出版社2003年版,第29页。
④ 田宏杰:《规范关系与刑事治理现代化的道德使命》,人民法院出版社2020年版,第147页。

法的私法化和私法的公法化等现代法治变革潮流。

因而笔者以为,中国刑事法治坚守传统刑法观、践行谦抑性的现代化之路,既非积极刑法观所主张的对传统刑法观的弃守,亦非象征性刑法论所坚持的形式、静态的固封,而在于立法扩张和司法限缩两者的并行不悖、张弛有度,即:在刑事立法层面,以刑法修正的形式对犯罪圈进行静态理性扩张和刑罚强度的结构性减弱;在刑事司法层面,通过恢复性司法改革进行动态适度限缩。这样,既可收"备而不用或少用"的刑法谦抑最大化之效,从而切实实现刑法保障法的使命;又可与前置行政法、前置民商法以及其他非法律的社会治理方式一起,构建政府掌舵—社会共治—公民自律的多元社会治理结构,进而建现代社会治理再造之功。

一 中国刑事立法的谦抑扩张之道

遵循法益保护原则和比例原则,以刑罚权发动的空间为纬度,科学增设行政犯罪,适度增加重大刑法法益的抽象危险犯设立;以刑罚权发动的强度为经度,扩大非监禁刑的配置,降低刑罚制裁的刚性和严苛性,笔者以为,应当成为中国刑事立法现代化勠力前行的方向。

(一) 犯罪增设的立法原则和规范边界

立法者"不是在制造法律,不是在发明法律,而仅仅是在表述法律,他把精神关系的内在规律表现在有意识的现行法律之中。如果一个立法者用自己的臆想来代替事情的本质,那么我们就应该责备他的极端任性"[①]。而"由宪法基本权的规定可推导出立法者有制定一套程

---

① 《马克思恩格斯全集》第 1 卷,人民出版社 2016 年版,第 183 页。

序法规，使基本权利获得最佳化的义务，仅在该法规能够最佳地保护基本权利并且能够获得适用的情况下，立法者才算合宪地履行了其保障基本权利的义务"①。

所以，基于宪法基本权利规定的法益保护原则和比例原则，无论社会如何变迁，始终是刑法必须遵循的基本原则，更是风险社会时代的刑事立法不可动摇的铁则。因而在宪法确立的价值秩序世界里，按照刑法法益的形成机制，结合前置法中第一保护性规范配置的法律责任实现形式之上限，与刑事责任实现形式的下限前后衔接、有机协调的比例要求，经层层规范评判筛选，在将第一保护性法益中与宪法规定的公民基本权利及其实现紧密相关的重要法益调整纳入刑法法益体系的同时，将具有刑法法益侵害性的第一保护性规范中的严重不法行为类型，依据刑法的基本原理，定型化增设为刑法中的犯罪类型，既是刑事立法在宪法视野下的规范发现和规范形成进路，又为刑事立法权的理性而非恣意行使划定了不得逾越的规范边界，从而确保了刑事立法之形式理性和实质理性、规范性与正当性的兼备统一。

（二）犯罪增设的主要类型和基础构成

刑法的使命在于保护规范体系选择确立的法益，包括狭义个人法益和为实现狭义个人法益保护、提升人类自由发展所必需的广义个人法益即国家法益和社会法益。前者是民商法自治和刑事法保护的目标，亦即民事犯规制所保护的法益；后者是行政法他治和刑事法保护的对象，亦即行政犯规制所保护的法益。随着人类社会文化的变迁和文明的发展，两类法益的外延虽然都有所扩大，但在风险社会时代受到的

---

① R. Alexy, *Theorie der Grundrechte*, 2. Aufl., Suhrkamp, 1994, p. 75, 转引自何跃军《风险社会立法机制研究》，中国社会科学出版社2013年版，第164页。

冲击最多、遇到的挑战最大的，主要还在后者。所以，即便是在法益保护诞生地的德国，刑事立法扩张的主战场也是行政犯而不是民事犯。事实上，如果主要着眼于民事犯的规制，德国刑法的疆域应该不会超出 1871 年德国统一时的范围。而这也正是我国刑法修正案立法扩张发力的主战场。

至于行政犯增设的类型，即作为行政犯成立标准的刑法分则中的基础犯罪构成，笔者以为，侵犯一般刑法法益的行政犯应以侵害犯或具体危险犯为基础类型；而对于侵犯重大刑法法益的行政犯，则应以抽象危险犯为基础类型，并配以侵害犯或具体危险犯作为加重的犯罪构成即情节加重犯或结果加重犯，从而形成轻重比例得当、罪责刑相适应的罪刑阶梯，正如 2011 年《刑法修正案（八）》对污染环境罪的修订。[①] 这里，所谓抽象危险犯，是指虽不具有发生法益实害的危险，但仍有给予刑事责任负担之必要的犯罪。因而抽象危险犯在刑法中的增设，是否有悖于刑法的谦抑性，继而因"危险刑法"而引发"刑法的危险"，是中外刑法学界普遍担心和争论的热点。笔者以为，要解决这一问题，实有必要厘清风险与危险的关系。

首先，在性质方向上。风险是中立的，无所谓有害或者有利之分，其发展方向是不确定的，既可能向着有利人类社会生活的方向发展，也可能向着有害人类社会生活的方向行进。所以，不确定性是风险的本质所在，也是经济学研究的核心使命。可以说，经济学的研究就是有关风险的研究。与之相反，危险之于人类社会生活的影响，并非中立不确定的，而实为确定有害的。无论抽象危险还是具体危险，都既

[①] 2011 年修订后的 1997 年《刑法》第 338 条规定："违反国家规定，排放、倾倒或者处置有放射性的废物、含传染病病原体的废物、有毒物质或者其他有害物质，严重污染环境的，处三年以下有期徒刑或者拘役，并处或者单处罚金；后果特别严重的，处三年以上七年以下有期徒刑，并处罚金。"

不具有两面性，也不存在向有利方向发展的可能性。

其次，在相互关系上。风险是危险的前提条件，而危险是风险的发展可能。风险无处不在、无时不在，如果消灭风险，不仅消灭了以金融风险为经营对象的金融业，而且消灭了人类社会发展创新的机会和可能。故对于风险，笔者以为，科学的态度和做法不是消除，而是理性经营和科学治理，通过风险的经营，让风险朝着有利于增进公民个人自由和社会公共福祉的方向发展，防止其向着损害公民个人自由和社会公共福祉的方向行进。但危险则不然，其已从不确定的风险发展为有害于公民个人自由和社会公共福祉的单一危害可能性乃至于现实的危害结果。因而风险的规制和管理属于社会治理的第一道防线即民商法和行政法的任务，刑法对风险治理的涉足不仅是刑法对其保障法地位的僭越，而且是对法秩序整体和前置法规制的破坏。但危险，无论抽象的危险还是具体的危险，已从中立的风险发展为对法益的侵害，虽然法益侵害的程度和距离法益实害结果发生的远近不同，但本质上都已经是具有法益侵害性的危险。如果该法益不仅是刑法法益，而且是刑法法益中的重要的乃至于重大的法益，则刑法对抽象危险犯的规制，不仅在形式上，而且在实质上，是对刑法谦抑的坚守和刑法使命的担当。

最后，在法益侵害实质上。无论是侵害犯、具体危险犯还是抽象危险犯，本质上都是具有法益侵害性的行为，不同之处仅在于，其所造成的法益侵害程度的不同。侵害犯是造成法益实害的犯罪，具体危险犯是具有造成法益实害之现实性的犯罪，抽象危险犯是具有造成法益实害之可能性的犯罪。

所以，以抽象危险犯作为侵犯重大刑法法益之行政犯构成的基础类型，以具体危险犯或侵害犯作为犯罪构成的加重类型，并非对法益侵害这一犯罪违法实质的突破，而实是对法益侵害内涵的科学发展。人类社会的演化和文明程度的提高，使"我们没有理由相信，人类的犯罪行为必须像镇压这些行为的惩罚方式那样退化。相反，所有一切都使我们预言，这些行为将得到进一步的发展，被认定为犯罪行为的清单将变得越来越长，这些行为的犯罪特征也将得到进一步的强调。公共意识昨天还漠不关心的欺诈行为和非法行为，今天却激起了公众意识的极大震惊和厌恶。这种敏感只会随着时间的推移日益强烈"①。

(三) 刑罚减弱的结构调整和刑种配置

"刑罚的历史，本来就是人的历史，这里记录着人生观的变化。"② 以监禁刑为主的刑罚适用模式过渡到以非监禁刑为主的刑罚适用模式，与其说是刑罚非监禁化、行刑社会化理念在刑罚裁量和适用过程中的要求，毋宁说是以多元化、社会化、柔性化和民主化为内核的现代社会治理再造在犯罪治理中的展开。因之，如果刑事立法横向扩张的主战场在行政犯，与之相应的刑罚结构调整尤其是非监禁刑的配置，则是刑事立法纵向减弱的着力点。虽然在内涵与外延上，非监禁刑既包括非监禁的刑罚种类和非监禁的刑罚裁量制度如缓刑，以及非监禁的刑罚执行制度如假释，但在刑事立法层面，基于刑法谦抑性的价值意蕴，以非监禁刑配置为核心的刑罚结构调整则应主要关注以下两个方面。

---

① [法] 涂尔干：《乱伦禁忌及其起源》，汲喆、付德根、渠东译，上海人民出版社 2006 年版，第 351 页。
② [日] 福田平、大塚仁编：《日本刑法总论讲义》，李乔、文石、周世铮译，辽宁人民出版社 1986 年版，第 206 页。

1. 总则中的刑罚结构调整和非监禁刑设置

刑罚惩罚强度的减弱，并不意味着刑罚惩罚性的消解和虚无，毕竟，离开了惩罚，刑罚也就不成其为刑罚。正如现代犯罪学鼻祖加罗法洛所说，如果刑罚全然失去惩罚的目的，如果刑罚真的只具有教育、履行甚至治疗的目的，那么人们不禁要问，"当罪犯没有受到身体上的痛苦、其犯罪所获得的唯一后果却是免费教育的特权时"，刑罚的存在还有何意义？[①] 所以，刑罚结构调整在加大非监禁刑设置的同时，应当注意凸显非监禁刑的刑罚属性尤其是其惩罚性，具体包括以下几点。

第一，改进管制刑，引入被害人赔偿、社区劳动和刑罚易科制度。一方面，在管制刑的义务配置中引入对被害人的赔偿、参加一定时间或数量的社区公益劳动或缴纳一定数量的保证金；另一方面，建立管制和拘役的易科或转处制度，对于违反法定义务的管制刑的服刑人员，或者服刑期间表现良好的短期监禁刑如被判处拘役或3年以下有期徒刑的服刑人员，可以考虑建立管制和短期自由刑的相互易科制度，这样，既有利于扩大管制刑的适用，又可避免管制刑的刑罚虚无化。

第二，充实丰富缓刑制度，建立形式多样性与后果层次性兼具的现代缓刑制度。首先，我国现行的普通缓刑制度不仅只有刑罚暂缓执行一种形式，而且因前科记录的不能消除而不利于犯罪人正常社会人格的重塑及其再社会化目标的实现。所以，笔者建议，可考虑建立广义缓刑制度，除现有的刑罚暂缓执行外，增加规定暂缓起诉和暂缓宣告两种缓刑形式。其次，在缓刑适用范围上，引入罚金缓刑和法人缓刑制度，以发挥缓刑在遏制经济犯罪和法人犯罪中的积极作用，避免因罚金的实际适用而致部分初犯或犯罪轻微的单位经营活动陷入困境，

[①] ［意］加罗法洛：《犯罪学》，耿伟、王新译，中国大百科全书出版社1996年版，第228页。

从而对市场经济乃至社会稳定造成不必要的冲击。同时，修改累犯一律不适用缓刑的规定，允许对存在特别值得宽宥情节的累犯，经报请最高人民法院核准，可适用缓刑。这样，既可以充分发挥缓刑的功效，又可以科学践行罪责刑相适应的宪法比例原则要求。最后，进一步丰富缓刑的法律后果，对于一些过失犯、初犯、轻微偶犯、未成年犯等，在缓刑考验期内，如尽到法定义务，符合各项监督考察规定，表现良好，可以认定原判决失去法律效力，不以犯罪人论处。这样不仅可以鼓励其在缓刑期间努力改造，也有利其更好地社会化，重新融入正常社会生活。

2. 分则中的刑罚结构调整和非监禁刑配置

分则中非监禁刑配置的重点在于罚金刑。作为世界各国适用最广的非监禁刑种，罚金刑在我国独立适用的比例较低，与罚金在国际社会公认的最主要的非监禁刑地位和功能极不相称，故有学者主张将罚金刑上升为主刑，以强化罚金刑的作用。其实，罚金刑适用比例低的症结在于其法定适用范围太窄，与其是否为主刑无关。所以，罚金刑配置的关键在于扩大适用范围，一是扩大至故意类行政犯尤其是经济犯罪、公务犯罪、妨害社会治安的行政犯罪中，凡抽象危险犯均将罚金刑配置为可独立适用的选择刑种，具体危险犯和侵害犯则将罚金刑配置为附加适用的刑种。二是扩大至部分过失类行政犯，如危害公共安全犯罪和渎职犯罪中的事故类犯罪。这样，不仅与此类犯罪行为人较小的主观恶性和较低的人身危险性相适应，而且与行政制裁中的罚款配置有机衔接。

二 中国刑事司法的谦抑限缩之路

"当社会属于更落后的类型（untype moins eleve）时，当集权具有更绝对的特点时，惩罚的强度就越大。"如果说，随着政治民主进程的不断加快，随着宽容自由精神的渐入人心，刑事司法"比以前更加温和了，那也不是因为古代的刑事审判制度还是原来的样子，只是逐渐丧失了严酷性；而是因为它们被不同的制度代替了"①。这些取而代之的"不同的制度"，就是刑事司法限缩的路径，具体表现为以下两条进路的同步展开。

（一）在刑法规范的司法适用上，倡导"前置法定性与刑事法定量相统一"的刑法适用解释规则

虽然"当年，语词的精确是至高无上的法宝；而今天，我们已经走过了形式主义的阶段"②，但即便在由形式罪刑法定跃迁到实质罪刑法定的今天，"解释与原文的界限的关系绝对不是任意的，而是产生于法治原则的国家法和刑法的基础上：因为立法者只能在文字中表达自己的规定。在立法者的文字中没有给出的，就是没有规定的和不能'适用'的"③。而使法律之间相协调，就是最好的解释方法（concordare leges legibus est optimus interpretandi modus）。

诚哉，斯言！由刑法在法律体系中的规范地位及其与前置部门法的规范结构尤其是刑法法益的形成机制所决定，对于刑法条文、术语的解释，必须坚守法秩序统一的宪法基本价值要求和部门法之间的结构性、功能性、比例性规范关系，遵循以下解释进路展开：首先，按照刑法自身的基本原理，立足于刑法规范条文用语的文义进行行为定性的形式解释；其次，延伸至该刑法条文致力于保障的前置民商法或

---

① ［法］涂尔干：《乱伦禁忌及其起源》，汲喆、付德根、渠东译，上海人民出版社2006年版，第328、350页。

② Wood v. Duff Gordon, 222 N. Y. 88, 转引自［美］本杰明·卡多佐《司法过程的性质》，苏力译，商务印书馆1998年版，第59页。

③ ［德］克劳斯·罗克辛：《德国刑法学总论》第1卷，王世洲译，法律出版社2005年版，第86页。

前置行政法所确立的调整性法益和第一保护性法益的本质、前置法之法体系第一保护性规范即"法律责任"规制的违法行为类型、配置的法律制裁方式及其制裁强度综合考量，对刑法规范进行行为定性的实质解释；最后，按照行为的法益侵害程度和刑事制裁必要性，依据1997年《刑法》第13条但书，进行行为定量解释，确定行为入罪的追诉标准。这样，既堵塞了将不为刑事立法规制的行为，通过刑法的适用解释予以司法犯罪化的空间，又防止了因在封闭的刑法视野内的自说自话，而将不具有前置法上的不法性，甚至为前置法所保护的行为认定为刑法上的犯罪的可能，还可将具有法益侵害性，但没有刑罚处罚必要性的行为，排除在司法认定的犯罪圈之外，从而既可实现刑法适用解释之形式合法性和实质合法性的统一，又能在立法静态扩张的同时，实现司法的动态限缩，进而切实保障刑法谦抑性的落实。

  这就是笔者经20多年潜心研究而发掘提出的"前置法定性与刑事法定量相统一""刑事立法定性与刑事司法定量相统一"的刑法适用解释规则。[①] 以1997年《刑法》第176条规定的非法吸收公众存款罪的适用为例。按照学界的主流看法，存款是指还本付息的行为，故行为人只要向社会公众违法开展还本付息业务，就属于刑法中的非法吸收公众存款行为，以致大量以还本付息方式进行融资以开办教育、从事贸易、物流等实业活动的案件，在实务中均以非法吸收公众存款罪论处，乃至学者们惊呼该罪已沦为口袋罪，强烈呼吁立法机关将其逐出刑法以保障人权。实际上，由立法者将该罪置于1997年《刑法》分则第3章第4节"破坏金融管理秩序罪"可知，该罪的前置法是金融法而非民商法，其侵害的法益是规制银行存款业务的金融监管秩序，

[①] 田宏杰：《规范关系与刑事治理现代化的道德使命》，人民法院出版社2020年版，第155页。

而非普通的民事借贷关系。由于银行吸收存款的目的在于发放贷款或开展其他资金融通业务，而非开展制造业等实体经济业务，所以，笔者以为，只有同时具备以下3个要素的行为，才可论之以非法吸收公众存款行为：一是行为人向社会公众实施了还本付息的行为；二是行为人通过还本付息融集的资金，用于或意图用于发放贷款等资金融通业务；三是行为人的资金融通业务违反了商业银行法等金融监管法律或法规。这样，为开展实业而以还本付息的方式向社会公众募集资金，即便违法而构成非法集资，也不能以非法吸收公众存款罪定罪量刑。当然，如果符合其他罪的犯罪构成，可按其他犯罪予以刑事制裁。

（二）在案件办理的衔接机制上，构建"行民先理为原则与刑事先理为特殊相统一"的刑事案件处理模式

犯罪之刑事违法性或者说法益侵害性的认定，不仅以前置法之法益侵害性和违法性的具备为前提，而且刑事责任的追究和刑事制裁的确定，以对前置法制裁力量不足之补充和法益的有效保护为必要。更何况，刑事法官"是人，不是神。这是人类困境的一个特征（立法的困境也是如此），即无论何时如果我们想要使用一般化标准，……我们总会遇到两个相关联的障碍：第一个障碍是我们对于事实的无知；第二个障碍是我们对于目标的相对不确定"[1]。在专业分工日趋精细明确的现代社会，不仅法益侵害性和违法性实质的科学认定须以前置法领域中的专业知识和专家意见为基础，而且刑事制裁必要性的确定须依凭前置法法律责任之实现效果方能准确评估认定，否则，行政法或民商法等先头部队尚未发力，刑事制裁的必要性、补充性和刑法救济的

---

[1] ［英］哈特：《法律的概念》，许家馨、李冠宜译，法律出版社2018年第3版，第192页。

最后性又从何谈起?

更为重要的是,行政管理的目标在于实现效率与秩序,民事责任的原则在于有侵权必有救济,而刑事制裁的发动则致力于法益保护和犯罪预防的实现。因而前置行政法或前置民商法之前置法法律责任的确立,关注的是前置法之违法事实的客观认定,而刑事责任的追究则必须无罪过即无犯罪,讲求的是主客观的一致;行政处罚和民事责任对事,而刑事制裁对人;行政责任和民事责任的实现乃至相应程序的终结,不以行政违法或者民事侵权之不法人员的到案为必要,而刑事程序的终结和刑事裁判的作出,则大多以刑事被告人的在案为条件。法谚云,迟来的正义就是不正义,因而刑事优先处理的结果,不仅助推了行政管理效率的低下和行政秩序恢复的迟延,而且"也使附带民事诉讼越来越脱离民事侵权法的一般归责原则,造成普遍的民事非正义问题"①。

所以,无论从刑法的保障法地位,还是从刑法的谦抑性品格,抑或从刑法的补充性功能出发,刑事案件的办案机制,"最好还是先不要对违反规则的行为"由刑事司法率先确定制裁,而应秉持以行政或民事优先处理为原则,以刑事先理为特殊进行建构。② 实际上,为避免刑事附带民事诉讼"空判"现象的发生,中国各地法院纷纷优先选择调解结案的处理方式,一种"先民后刑"的程序模式已逐渐被创造了出来,成为法院克服传统"先刑后民"模式缺陷的一种新的程序选择。③

---

① 陈瑞华:《刑事诉讼的中国模式》,法律出版社2018年第3版,第162页。
② 田宏杰:《行政犯罪的归责程序与证据转化——兼及行刑衔接的程序设计》,《北京大学学报(哲学社会科学版)》2014年第2期。
③ 林微、王洸巾:《力促当庭履行——福建长泰法院加强调解工作调查》,《人民法院报》2007年12月11日第8版。

那么,"以行民先理为原则"的刑事案件处理机制如何建构?笔者建议,当发现正在办理的行政案件或民事案件涉嫌刑事案件时,行政执法部门或法院民事审判部门不应当中止行政处理或民事诉讼而移送行政或民事案件,而应在继续行政处理或民事诉讼的同时,将案件线索移送给公安机关或其他适格的刑事侦查机关,以便侦查机关开展刑事案件立案前的初查,同时将相应案件信息报送检察机关,以实现与检察机关的信息共享,确保检察机关法律监督作用的发挥。这样,行政处理或民事诉讼的正常进行与刑事案件立案前的初查并行不悖,既可以通过刑事案件立案前的初查,为案件所涉之行政或民事诉讼的正常进行提供力量增援和手段保障,又可以借助行政处理或民事诉讼为刑事案件的立案及其后续程序的展开提供专业帮助,保证刑事案件无论在事实认定、法律适用还是证据采信上,能够借助行政处理或民事诉讼的专业力量,为刑事司法的顺利推进奠定良好的基石。而在行政处理或民事诉讼程序终结之时,刑事司法人员即可基于立案前的初查,以刑法的保障性、谦抑性和补充性为依据,考量是否有实际用刑的必要,以决定是否予以刑事立案。而在侦查机关应当立案而不立案时,还可以借助检察机关的法律监督力量解决刑事立案难的问题。

在此,有必要说明的是,何谓"以刑事先理为特殊"?这是指在行政执法部门或审判机关没有发现行政违法或民事侵权的情况下,侦查机关基于各种原因先行发现,则没有必要等到相应的行政处理或民事诉讼程序终结,而是可自行立案,并通过信息共享机制,将相应的案件信息告知行政执法机关或审判机关,以同步展开案件所涉之行政处理或民事诉讼程序与侦查机关的刑事立案前的初查。当然,法院民事诉讼程序的进行必须恪守"不告不理"等民事诉讼基本原则。

第四节　结语：超越刑法

多年以前，英语世界奉献给人类最为伟大的法官之一——小奥立佛·温德尔·霍姆斯，温和、清晰而又坚定地告诉法学院的学生们："你们作为法律家的事业是要明察你们面前的特殊事实与整体结构之间的关系。"①

多么深刻的警示！正是当今刑法学知识的孤立性及其理论体系的自我封闭性，不仅阻碍了我们对传统刑法观的内核、刑法法益的生成以及刑法谦抑的结构等重大问题的科学发掘和理性争鸣，而且阻碍了我们对于正在波澜壮阔展开的刑事治理现代化进程的敏锐洞察和科学把握。如果不能克服这种知识的孤立性，如果不能消除这种理论的封闭性，那么，刑法既不能回溯过去的辉煌足迹，也不能找到未来的旷野指引。

在此意义上，中国刑法学必须经历并完成其知识转型和理论再造，将刑法置于宪法基本价值秩序下的法律体系中，在宪法价值秩序和比例原则的指引下，在具体法律语境下的部门法规范结构及其相互关系中，在与其他部门法乃至社会治理理论的交流碰撞和分工合作中，探求刑法保障法的真谛，实现其对自身的超越。唯此，刑法才能与其他部门法以及非法律的其他社会治理力量一起，完整而协调地向着最高的理性指令——宪法的价值目标行进。因为宪法，才是人民自由的圣经；而刑法，则是捍卫宪法、保护法益的卫士！

---

① ［美］哈罗德·J.伯尔曼：《法律与革命——西方法律传统的形成》第 1 卷，贺卫方、高鸿钧、张志铭等译，法律出版社 2018 年版，"序言"第 4 页。

第四章　行政犯治理与刑事现代化的法益原则

"真正的法律是符合自然法的正当理性；它可广泛适用，永不改变并且永恒存在……罗马和雅典之间，不存在不同的法律，现在和未来也不存在不同的法律，但是一项永恒的和不可改变的法律对所有民族、所有时代都会是有效的……"① 在风险无处不在、无时不在的行政犯治理时代，这一穿越时空，不仅铸就已往的刑事法律革命，而且指引当下刑事法治实践乃至未来刑法旷野探索的刑事正当理性，其内涵究竟是什么，其坚守路在何方？

虽然"任何法律体制的参与者都不能就基本原则达成一致"②，但是，法律是公意的正式表示③。面对在刑事正当理性问题上的纷争，如何让各方达成共识，已远不仅是一个学术问题，而实是一个关乎现代刑事法治发展演进之正当根基与规制边界的重大问题。因之，笔者不揣浅陋，拟以刑法法益为理论工具，通过对宪法价值秩序指引下的法

---

① ［英］哈特：《法律的概念》，许家馨、李冠宜译，法律出版社2018年第3版，第4页。
② ［美］凯斯·R.孙斯坦：《法律推理与政治冲突》，金朝武、胡爱平、高建勋译，法律出版社2004年版，第229页。
③ ［法］卢梭：《社会契约论》，何兆武译，商务印书馆1980年版，第39页。

益形成机制以及由其所决定的刑事正当根基的层层追问,展开笔者关于刑事立法规制的规范边界和刑事司法适用的解释规则的思考,以期对刑事治理现代化的推进和现代刑事治理体系的建构有所助益。

第一节 刑法法益的生成机理:宪法指引与规范确认

刑法的使命在于保护法益,这既是德日传统刑法理论的主流看法,也是中国刑法学界的基本共识,更是不同学术思潮围绕1997年以来中国刑事立法演进的论战焦点。然而,正如纳粹法学家沙夫施泰因声称,如果将 Rechtsgut 中的 "Recht" 解释为客观的法秩序,并且用"民族共同体"来代替"个人"作为连接点,法益一词则不再具有启蒙思想的人权保障价值。而在德国纳粹执政期间,法益理论也确实并未起到其预设的批判限制立法的作用,甚至还沦为纳粹政府侵犯人权立法滥觞的工具。① 所以,问题的关键在于,何为法益?

一 刑法法益的内涵厘定

对于刑法法益的内涵,学者们莫衷一是。德国学者哈斯默经对法益概念发展史的回顾,将法益理论分为体系固有的法益学说和体系批判的法益学说。前者以宾丁和霍尼希为代表,主张凡被立法者规定并保护以免遭侵害或者危险的利益就是法益,其所表明的是一种"内部的观点"②,是由那些法律规则的内部接受者,既不追问该规则的正当性也不对此多加说明,便将其接受为共同的行为标准,承认自己和他

---

① 杨萌:《德国刑法学中法益理论的历史发展及现状述评》,《学术界》2012年第6期。
② 哈特称为内部陈述(Internal Statement),与之相对的则是外部陈述(External Statement),表明的是外部观察者的态度。参见[英]哈特《法律的概念》,许家馨、李冠宜译,法律出版社2018年第3版,第161页。

人皆有遵从适用的义务；后者以哈斯默和罗克辛为代表，认为法益是指"所有对于个人的自由发展，其基本权利的实现和建立在这种目标观念基础上的国家制度的功能运转所必要的现实存在或者目的设定"①，其所表明的是一种"外部的观点"，是由那些法律规则的外部观察者，虽然观察到他人对该规则的接受，自己却并不承认立法者规定的利益就是当然的法益，而是坚持只有符合道德善即道德正当性的利益，才有资格成为刑法上的法益，只有对符合道德善的利益进行有效保护的刑法，才是具有正当性和权威性的刑法。

显然，体系固有的法益理论过于注重法益界定的形式意义，以致成了立法目的的同义反复，不但不能恰当地阐明刑法的使命，相反，往往成为公权力恣意行使的信条学依据，毕竟，"对一个仅仅'服从'规则的人而言，其面对规则的态度，是不需要包含任何批判成分的"。"他无须把他的服从行为看作'对的''正确的'或'有义务的'。"②因而体系固有的法益理论既不能成为立法者背后的主权者，从而限制立法权的恣意，更不可能成为孕育滋养刑法正当性的源头活水，反倒因其"凡法律规定的，就是正当的；凡法律规定的利益，就是法律应当保护的法益"的专断逻辑，从而使得"人种的德国性"竟也成为纳粹时期德国刑法的法益，进而以法益保护之名演绎出意图灭绝非德国人种的人类历史上最为惨烈的悲剧。而体系批判的法益理论则强调法益界定的实质内涵，以外部观察者而非内部服从者的态度看待规则，不断挖掘和追问规则的制定和服从之于公民和社会生活发展的"正确"意义，否认立法者拥有不受任何限制的权力，"不仅能说明可罚性的根

---

① [德] 克劳斯·罗克辛：《刑法的任务不是法益保护吗?》，樊文译，载陈兴良主编《刑事法评论》第 19 卷，北京大学出版社 2007 年版，第 152 页。
② [英] 哈特：《法律的概念》，许家馨、李冠宜译，法律出版社 2018 年第 3 版，第 177～176 页。

据，而且其主要作用是对可罚性加以限定"，因而被誉为"德国刑法学为欧洲法律文化所奉上的最为重要的馈赠之一"。①

可是，作为一种最高的法律原则，体系批判的法益概念必然具有抽象性，因之，能否提供一种具体可行的标准，使法益概念的内容和范围得以明确？为此，罗克辛提出了9条准则，以期降低对法益原则进行具体化的难度。② 虽然罗克辛声称，其所赞成的法益概念给可罚性的界限提供了"完全可以使用的标准"，但"事实上，所有普遍性的原则都需要通过公开讨论的方式来得到具体化。诸如民主或者人人平等法则之类的原则都具有高度的普遍性，所以我们可以对其展开完全不同的具体化，但没有任何一个理性的人由此得出结论认为，我们宁可不去援用这些原则"。③ 尤其令人难以理解的是，既然个人的生命、健康法益是刑法保护的核心法益，对于环境法益这一涉及社会公众生命健康的社会法益，与罗克辛同样持体系批判的法益理论的哈斯默，为什么坚持将其排除在刑法保护的范围之外？④ 所以，可以肯定的是，对于法益认定的具体化，罗克辛不仅未能给出令人满意的终极说明，而且对其任何一个假设也都是可以争论的。

---

① [德] 克劳斯·罗克辛：《对批判立法之法益概念的检视》，陈璇译，《法学评论》2015年第1期。如未特别说明，本书所说的法益，均在此意义即体系批判的法益概念下展开。
② 罗克辛提出，纯粹在意识形态上所启动的或者违反基本权利和人权的刑法规范所保护的不是法益；单纯的法律目的的限定不能作为任何法益的根据；单纯的违反道德不能满足刑法规定的合法化；违反人类自身的尊严不是法益损害；感情的保护只是在感情受到威胁的情况下才能看作法益保护；有意的自我损害及这种损害的促成和支持不能使刑罚威胁合法化；象征性刑法规定不是服务于法益保护；禁忌也不是法益；不可把握的抽象保护客体也不能认作法益。参见[德] 克劳斯·罗克辛《刑法的任务不是法益保护吗？》，樊文译，载陈兴良主编《刑事法评论》第19卷，北京大学出版社2007年版，第152~156页。
③ [德] 克劳斯·罗克辛：《对批判立法之法益概念的检视》，陈璇译，《法学评论》2015年第1期。
④ Hassemer, *Throrie*, p.234, 参见徐凯《抽象危险犯正当性问题研究——以德国法为视角》，中国政法大学出版社2014年版，第126页。

然而，立法者"被枭首"之后，谁是法益的确定者？一旦我们彻底放弃体系固有的法益理论，不再认为立法者拥有评判选择法益的权力，从而形式地将体系批判的法益理论推向极致，一个迷人而重要的问题就会迎面袭来——没有了规范的屏障，离开了规则的疆域，谁是立法者背后最终的、最高的主权者？是著书立说、各执一端的专家学者，如象征性刑法论和积极刑法观在法益内涵与刑法使命问题上的争道分驰？还是众说纷纭、莫衷一是的普罗大众？正如格雷在《法的本质与渊源》一书中附和霍德利主教的一句名言："不，正是任何对于成文或不成文法律的解释拥有绝对权威的人，才是所有法之意图与目的的给予者，而不是那个首先写下或说出它们的人。"① 如若这样，法益的概念和内容不是由立法者确定，而是由批判立法的法益概念的倡导者或者解释者可以随意地建构证成，那么，批判立法的法益概念在彻底否定立法者独立判断空间和独立评判意义的同时，也就从根本上否定了法治——法律之治，而滑向了法治的反面——批判立法的法益概念倡导者的个人之治，从而毁灭了自由这一批判立法的法益概念致力捍卫的价值。这样一来，体系批判的法益理论是否又陷入了规则怀疑论的危险泥潭？

"如果真是如此，有些人就会发出绝望的呐喊：我们怎么能够证明那些肯定是法律的宪法基本条款真的是法？另一些人则坚持回答：法体系的根基处乃是一种属于'不是法律''前法律''超越法律'或'政治上的事实'的东西。这种混乱下的不安乃是一项明证，证明当前所用来描述任何法体系之最重要特征的范畴太过粗糙了。"② 因而可以

---

① [英]哈特：《法律的概念》，许家馨、李冠宜译，法律出版社2018年第3版，第207页。
② [英]哈特：《法律的概念》，许家馨、李冠宜译，法律出版社2018年第3版，第172页。

毫不迟疑地断言，这绝不是现代刑法王冠上的明珠——体系批判的法益理论所追寻的世界。相反，批判立法的法益概念的目标，是在限制立法者恣意的同时，实现其追求的终极使命，帮助立法者确立正当的、具体的规则，有效限制司法权的任意和刑罚权的实际滥用。所以，无论体系批判的法益理论具有何种实质内容和表现形式，都必须满足自身设定的要求，即"一个合理的和具有适用性的决定标准能够帮助立法者，同时发展出一个外部的、检验（立法）决定正当性的标准"[①]。这个标准，在笔者看来，就在于法益的形成机制。

二 刑法法益的形成机制

对于法益的形成，日本学者关哲夫提出，某种生活利益要成为法益，必须通过以下3重承认。首先是要通过保护性的"个人的承认"，即作为社会成员的个人承认或要求某社会利益应该通过刑法来保护，从而获得"个人的要保护性"。其次是社会的承认，即社会多数成员承认该生活利益是社会生活上重要的存在，有必要通过刑法来保护它，从而获得"社会的要保护性"。最后是要保护性的"法的承认"，即必须要被评价为是值得通过刑法保护的存在而得以承认，从而获得"法的要保护性"。[②]

笔者以为，这样的见解，虽然具有"理论上的美"，但既在整体上割裂了刑法与其他部门法的规范关系，又废弛了宪法在法益形成中的价值指引。实际上，刑法上的法益，既来自具体社会环境下的经验事实发现，又来自宪法指引下的比例原则在部门法规范结构和制裁配置

---

① Vgl. Hassemer, in: NK, Vorbem 1 Rdn. 261, 转引自徐凯《抽象危险犯正当性问题研究——以德国法为视角》，中国政法大学出版社2014年版，第119页。

② ［日］关哲夫：《法益概念与多元的保护法益论》，王充译，《吉林大学社会科学学报》2006年第3期。

中的分配展开,尤其是刑法最后手段性以及由此决定的刑法相对独立性的规范选择与立法建构。

(一)刑法法益的来源:经验事实

法益是法律保护的公民个人和人类社会生活的核心利益。法益内容的确定,不但不能脱离特定的社会生活条件和文化习俗环境,相反,被当作法益的事实,其实是立法者基于一定的评价标准,从社会经验事实中所作的选择和建构。立法者"不是在制造法律,不是在发明法律,而仅仅是在表述法律,他把精神关系的内在规律表现在有意识的现行法律之中。如果一个立法者用自己的臆想来代替事情的本质,那么我们就应该责备他的极端任性"[1]。

所以,法益是前实证法的、先于法律规范而独立存在的经验事实。这些经验事实存在于个体需求和社会生活之中,并为社会大众普遍信赖,从而成为占据主导地位的社会核心文化价值和公众普遍经验认知。虽然这些占据社会主导地位的文化价值和公众的普遍经验认知,并不能被立法者毫不犹豫地全盘承认接受,并转换确立为法体系下的法益予以调整保护,却是立法者进行价值评判以发掘法益、建构规则所必需的事实根基。"'一项规则存在'的这项主张,一定是一个本身并未接受该规则的观察者所做的外部事实陈述,他检验这个规则是否存在的方法,就是去查明一件事实是否存在,这件事实就是:一定的行为模式实际上是否被接受为一项准则,并是否具备作为社会规则所应该拥有的特征,而能够与纯粹是众人一致的行为习惯区分开来。"[2]

---

[1] 《马克思恩格斯全集》第1卷,人民出版社2016年版,第183页。
[2] [英]哈特:《法律的概念》,许家馨、李冠宜译,法律出版社2018年第3版,第169~170页。

因此，如果社会核心文化价值和公众普遍经验认知能够证明，自然环境不是人类社会生活和个体生存发展不可或缺的条件，动用法律制裁尤其是刑罚这一最为严厉的国家制裁手段进行规制，也就不具有实质的正当性，破坏环境的行为也就不可能成为法规范尤其是刑法规范上的实质违法行为。或者，如果社会核心文化价值和公众普遍经验认知能够证明，恶劣自然环境的形成并非主要源于人类行为，因而任何法律规制都无力或难以从根本上遏阻自然环境的恶化，则将自然环境承认确立为法体系中的法益，甚至升格确立为刑法法益，就是既不正当又全然无效的象征性刑法。然而，事实正好完全相反。也正是在这个意义上，李斯特认为，"规范发现了它，而非创造了它"[①]。

（二）刑法法益的评判：宪法价值

社会生活和经验事实虽然可以先在独立于法律规范而存在，但只有经由立法者的价值评判和规范建构，占据社会主导地位的人类生活利益和文化价值，才能成为法律调整和保护的法益。因而利益，作为法益的"前生"，是一个事实概念；而法益，作为利益的"来世"，则是一个规范概念。"在一个成熟的法体系中，包含着一条承认规则，任何规则都要通过符合该承认规则所提供的判准，才能成为此法体系的一员。"[②] 而能够为立法者提供"利益"进阶为"法益"之价值评判准绳的立法者背后的主权者，则非宪法莫属。作为规范性社会认同的根本集中体现，宪法规定的价值秩序不仅为立法者的能动价值评判提供了可信的准绳和发挥的空间，而且是法益形成过程中立法者必须遵循

---

① Liszt, Lehrbuch, 26. Aufl., p.176, 转引自徐凯《抽象危险犯正当性问题研究——以德国法为视角》，中国政法大学出版社 2014 年版，第 118 页。
② ［英］哈特：《法律的概念》，许家馨、李冠宜译，法律出版社 2018 年第 3 版，第 170 页。

的价值判断准则,正如德国《基本法》第1条第3款的明确规定:"下述基本权利为直接有效地约束立法、行政和司法的法则。"

不过,"正如汉密尔顿注意到的,对某些权利的列举是危险的。要想做一个全面的个人权利的列举是不可能的。危险是,如果某些权利被列举出来了,将来的国会也许会主张列举和保护某些权利,而剥夺人们其他的权利"[1]。所以,作为确定法益内容的价值评判标准,宪法规范的作用并不是肯定地、积极地从正面告诉立法者,哪些生活利益或者经验事实可以升格成为法律保护的法益,进而为立法者提供肯定的、直接的、具体的规范确立和制裁命令,也不是如德国学者萨克斯所言,将抽象的宪法规定具体化就可以确定法益,而是否定地、消极地从反面警示立法者,并为立法者的自由价值评判设立一系列不可逾越的藩篱。在尊重个人自由、承认价值多元成为世界各国宪法或基本法原则的今天,对某种特定的、单纯的、道德的维护,例如同性恋的禁止,无疑意味着对其他世俗道德的排斥和禁绝,显然有悖于宪法或基本法所认同的价值秩序,而"单纯的道德"因为违反了宪法或基本法的基本原则和价值秩序,自然也就丧失了升格为法益的资质和刑法法益的适格性,因而自然地,保护"单纯的道德"也就成为现代刑法不可能承担的任务,同性恋的非罪化也就成为当代各国刑法的普遍选择。

实际上,宪法价值秩序不仅决定着法益值得保护性的有无,而且也影响着法益值得保护性的强弱。例如,在2011年《刑法修正案(八)》出台以前,盗窃金融机构,数额特别巨大的,刑法规定"处无期徒刑或者死刑,并处没收财产"。在对"许霆案"的讨论中,这一规定的合理性在学界和实务部门产生了巨大的争议。有学者指出:"现行刑

---

[1] [美]约翰·艾兹摩尔:《美国宪法的基督教背景:开国先父的信仰和选择》,李婉玲、牛玥、杨光译,中央编译出版社2011年版,第325页。

法（指 2011 年《刑法修正案（八）》出台之前的刑法——笔者注）第264 条对'盗窃金融机构，数额特别巨大的'犯罪行为设定了'无期徒刑或者死刑，并处没收财产'的量刑空间，这是根据法人所从事的业务领域（行业）而加重刑罚的条款……这无疑是对金融机构的财产给予了特别保护。"虽然这种特别保护并不必然违反平等原则，但是立法者对盗窃金融机构配置如此之重的法定刑，甚至重于抢劫金融机构，违反了 1982 年《中华人民共和国宪法》（以下简称 1982 年《宪法》）第 33 条第 2 款，从而应当归于无效。① 笔者深以为然，并经梳理发现，其实还有一些做法似亦与宪法平等原则相抵牾。例如，实务部门办理"恶意透支"型信用卡诈骗案件时，往往更注重对"经发卡银行催收后仍不归还"这一客观条件的审查，而忽视了对持卡人"非法占有目的"的判断。② 这种做法往往在事实上导致对金融机构的特殊保护——欠他人钱不还一般只是单纯的民事纠纷（恶意欠薪情况除外），欠银行钱却往往有构成犯罪之虞，而公检法则因而变相成为帮助银行催收的工具。正是基于此，2018 年最高人民法院、最高人民检察院《关于修改〈关于办理妨害信用卡管理刑事案件具体应用法律若干问题的解释〉的决定》第 1 条明确规定，"经发卡银行两次有效催收后超过三个月仍不归还"和"非法占有目的"是两个独立的构成要件，需要分别进行判断。这样一来，对金融机构的保护和对普通债权的保护适用平等尺度，从而较好地贯彻了 1982 年《宪法》第 33 条第 2 款的平等原则。

（三）刑法法益的确立：规范承认

德国宪法法院在判决中指出，立法者为了实现国家赋予它的保护

---

① 白斌：《刑法的困境与宪法的解答——规范宪法学视野中的许霆案》，《法学研究》2009 年第 4 期。
② 田宏杰：《恶意透支型信用卡诈骗案实证分析》，《法学杂志》2018 年第 12 期。

责任，在宪法上有义务动用刑罚手段来确保人民有效地共同生活。但是，只有当刑法是共同生活保护的最后手段的时候，立法者动用刑罚才具有宪法上的正当性。① 这就是宪法比例原则对刑罚权发动的限制，也是刑法法益得以确立形成的部门法之间的规范分工和结构安排。在宪法价值秩序的指引下，对承载宪法基本价值的社会普遍的经验事实认知，或者占据社会主导地位的文化价值，进行发掘、评价、选择，进而将其确立为法律保护的生活利益即法益，乃调整性规范的使命；而以责任和制裁的形式，对调整性规范所确立的法益予以保护，则是保护性规范的任务。两者的并行不悖，既是宪法基本价值在部门法中的分配展开和规范实现，又是部门法对宪法价值秩序的共同维护和一体保障。

其中，调整性规范仅存在于前置部门法中，以法律权利和法律义务的设定为内容，以假定和处理为形式；而保护性规范既存在于前置部门法中，又存在于保障部门法即刑事法中，以法律责任的设定为内容，以假定和制裁为形式。为便于区分，笔者将前置部门法中的保护性规范称为"法体系第一保护性规范"，刑事法中的保护性规范称为"法体系第二保护性规范"。这样，在结构上，前置部门法由调整性规范与法体系第一保护性规范共同组成，刑事保障法则由法体系第二保护性规范单独组成，此即刑法所谓"二次保护法"的由来。例如，对于证券市场信息披露管理秩序的法律调整，2019年《中华人民共和国证券法》（以下简称2019年《证券法》）第78条通过对相关主体信息披露义务的设定，成为对证券市场信息披露管理秩序进行确立调整的法体系调整性规范；而对于违反2019年《证券法》第78条侵犯证券市

---

① 徐凯：《抽象危险犯正当性问题研究——以德国法为视角》，中国政法大学出版社2014年版，第135页。

场信息披露管理秩序的行为，不仅 2019 年《证券法》第 13 章 "法律责任"之第 197 条设置了行政责任的追究，而且 1997 年《刑法》分则第 3 章 "破坏社会主义市场经济秩序罪"之第 161 条，进一步规定了刑事责任的承担，从而对经由调整性规范即 2019 年《证券法》第 78 条所调整确立的证券市场信息披露管理秩序提供严密的双重法律保护。其中，2019 年《证券法》第 197 条，是对证券市场信息披露管理秩序进行法体系第一次保护性调整的第一保护性规范；1997 年《刑法》第 161 条，则是对包括证券市场信息披露管理秩序在内的公司、企业信息披露管理秩序进行法体系第二次保护性调整的第二保护性规范，进而在对 2019 年《证券法》第 197 条这一法体系第一保护性规范进行力量救济和制裁补充的同时，成为法体系调整性规范的坚强后盾和终极保障。

秉持宪法的价值指引，经由法体系调整性规范从人类社会生活核心利益中选择确立的法益，是前置法上的法体系调整性法益，不仅以主体的合法行为为基础，而且以主体义务的完整履行和权利的正当行使为实现方式。经由前置法中的法体系第一保护性规范，即前置法之法律责任条文，从法体系调整性法益中选择予以保护的法益，则进阶为法体系第一保护性法益。由于法律责任生效条件的实质，在于权利的不当行使和义务的不当履行即前置法上的不法行为，表面上是对法体系调整性规范的否定，其实是对调整性规范所确立的法体系调整性法益的侵犯。所以，法体系第一保护性法益的形成，既是法体系第一保护性规范对法体系调整性法益进行第一次保护性调整的产物，又是前置法对法体系调整性法益进行第二次法律调整确认的依归，即通过前置法上的法律责任的实现和法律制裁的发动，在实现对前置法上的不法行为所否定的法体系调整性规范再次否定的同时，将被不法行为所侵犯的法体系调整性法益恢复到不法行为发生前的状态。因之，前置法上的法体系第一保护性法益虽然源于法体系调整性法益，但在外延和范围上又窄于法体系调整性法益。

这样一来，"对于规则的违反可能不存在任何集中地组织起来的惩罚体系，或者社会压力的形式可能只是广布的敌意或批评，而未达到身体上或实质上制裁的程度"[1]。只有经由立法者依据宪法比例原则进行衡量比较，认为有必要以前置法上的法律责任的配备和发动，予以"否定之否定"的有效恢复和实现的重要的调整性法益，才能成为前置法上的法体系第一保护性法益。例如，2021年《中华人民共和国消防法》第5条规定："任何单位和个人都有维护消防安全、保护消防设施、预防火灾、报告火警的义务。任何单位和成年人都有参加有组织的灭火工作的义务。"显然，该规定属于调整性规范，但在第6章"法律责任"部分，该法并未对违反第5条不履行参加有组织灭火工作义务的行为设置相应的制裁性行政责任，从而表明，该义务虽系法体系调整性法益之组成，却并未成为前置法上的法体系第一保护性法益，故而不存在进阶为刑法法益的可能。

但是，民事责任也好，行政责任也罢，其责任实现方式的强度和严厉性终究有限，而刑法，因其责任追究和制裁手段的严厉，"在根本上与其说是一种特别法，还不如说是其他一切法律的制裁力量"[2]。因而成为前置法之法体系第一保护性规范的后援和保障，对于立法者所重点保护，但被前置法上的不法行为破坏或者侵害程度严重，仅靠前置法中的法体系第一保护性规范的保护已难以有效恢复的

---

[1] [英]哈特：《法律的概念》，许家馨、李冠宜译，法律出版社2018年第3版，第143页。

[2] [法]卢梭：《社会契约论》，何兆武译，商务印书馆1962年版，第63页。

重要的调整性法益,通过刑事责任的追究与刑事制裁的发动,对前置法中的法体系第一保护性规范予以强力增援,补充其保护力量之不足。此即刑法"二次保护法"及其作为所有部门法之保障法地位形成的关键。而作为法体系第二保护性规范的刑法,并非法体系第一保护性规范的替代,而是法体系第一保护性规范的补充与保障,只有在仅凭法体系第一保护性规范之力,难以有效保障被严重侵犯的调整性法益恢复到被侵害前的正常状态的情况下,才有济之以刑事责任的追究与刑事制裁的启动,以补充法体系第一保护性规范之责任追究和制裁力量不足的必要,刑事法律保护在法体系中也才有存在的意义与价值。

所以,我们应该记住,作为具有终极性的正当性承认规则,体系批判的法益理论必须同时具有事实和规范或者说价值和规则两个面向。"如果我们只选择'法律'或'事实'其中之一作为标签,则我们就无法窥得全貌。"① 刑法法益,实乃前置部门法与保障刑事法,在宪法价值秩序和比例原则的指引下,对人类社会生活核心利益、前置部门法上的法体系调整性法益、前置部门法上的法体系第一保护性法益、刑法上的法体系第二保护性法益亦即刑法法益所作的不断升级调整,是前置法调整性规范、前置法第一保护性规范和刑法第二保护性规范有序进阶展开的规范评价筛选和法律承认保护。② 因而刑法法益,既是前置法与刑法对于承载宪法价值秩序之社会经验事实的逐级规范承认的产物,又是前置法和刑法按照宪法比例原则层级展开的规范保护或制裁比例分配的结果。

---

① [英]哈特:《法律的概念》,许家馨、李冠宜译,法律出版社2018年第3版,第172页。
② 田宏杰:《行政犯的法律属性及其责任——兼及定罪机制的重构》,《法学家》2013年第3期。

第二节 刑事立法规制：形式理性与实质理性相统一

经对刑法法益生成机理的上述梳理，笔者以为，刑法法益的选择确立和保护标准，亦即刑事立法规制之正当边界和刑事司法规制之适用限度，其实在于以下3个循序渐进又有机联系的规则的恪守：其一，在形式上，刑法法益必须是前置法之调整性规范所确立，并为前置法之第一保护性规范所保护的第一保护性法益；其二，在实质上，刑法法益必须是公民的个人法益以及实现公民自由发展所必需的社会法益和国家法益；其三，在比例上，刑法法益必须是对其保护已经达到或者接近达到第一保护性规范之保护力量上限，而确有济之以刑法这一第二保护性规范力量增援和保障之必要的第一保护性法益。其中，第一个规则决定了刑法法益选择保护的形式正义或者说形式合理性，第二个规则决定了刑法法益选择保护的实质正义或者说实质合理性，第三个规则决定了刑法法益选择保护的分配正义或者说制裁合比例。3个规则的有机结合，则成为形式正义、实质正义和分配正义在刑法规制中得以实现的坚实根基和有力保障。

一 刑事立法规制的形式正义规则

刑法法益在调整性规范中的立法确立和第一保护性规范中的立法保护，乃是其为刑事立法选择、承认、保护，从而得以成为刑法法益的必备前提。否则，对于未经前置法中的法体系调整性规范调整的社会生活利益，刑法如果直接予以保护，既是刑法在法体系中的规范越位，又是刑法对宪法价值秩序和宪法比例原则的背离，更是刑法对其法益保护使命的放弃。因为只有经过前置法调整性规范调整并承认确立的法律状态的法益,而不是前在于前置法规范性调整和承认的自然状态的社会生活利益,才是刑法保护的目标和担负的使命。

而一个虽为前置法中的调整性规范评价确立为法体系调整性法益,却未被前置法中的第一保护性规范纳入前置法之法律责任保护调整视野的法益,亦不存在刑事保护的必要和可能,这既是宪法比例原则的必然要求,又是刑法谦抑性的应有精义。故而,作为法体系第二保护性规范的刑法保护的设立和发动,还应以法体系第一保护性规范的保护为直接前提。由此决定,一个前置法上的一般不法行为,如果立法并未为其配置相应的前置法上的法律责任,并未将其设定为前置法"法律责任"即第一保护性规范制裁的不法行为,即使其违反了调整性规范,侵犯了法体系调整性法益,也不可能成为刑法规制的犯罪行为类型。

这正是见危不救历经刑法学界多年争论,迄今并未刑事化的根本原因。虽然"在这些十分基础的事物之边缘处,我们应当要欢迎规则怀疑论者,只是他不要忘记了,他只是在边缘处才受到欢迎,并且我们不可对以下事实视而不见,即法院之所以能够使那些基础规则的重大发展成为可能,在很大程度上,是因为法院在广大的、核心的法律领域中,接受规则的支配而进行无可置疑的运作,才取得了足够的威信"①,但是,由于见危救助目前既非前置民商法亦非前置行政法之调整性规范所确立的公民义务,那么见危不救也就自然没有刑事立法入刑考虑的可能。即便在今后,见危救助成为前置

---

① [英]哈特:《法律的概念》,许家馨、李冠宜译,法律出版社2018年第3版,第222页。

民商法或前置行政法之调整性规范所确立的义务，但如该义务的违反并未成为前置法第一保护性规范，即前置法之法律责任条文所禁止并予制裁的对象，亦不生刑法保护的必要。对此，也许"有人认定它是自私冷漠的说法，因为它硬说人们相互之间在生活中的行为方面毫不相干，硬说如果不涉及自己的利害他们就不应管彼此的德行或福祉——这是一种很大的误解。为了促进他人的利益，每个人都需要大大增加而非减少无私的努力。但是，无私的慈善能够找到其他的手段来劝说人们得到好处，而不必使用鞭子和棍棒，不管是字面意义的还是比喻意义的鞭子和棍棒"①。

另一个典型适例则是有关拒不支付劳动报酬罪的争论。有学者认为，恶意欠薪本质上属于民法中的债务履行问题，应当优先适用其他社会调整手段来加以解决。立法者将恶意欠薪的行为入刑，这将使刑法成为代替政府管理职能的社会管理法、防范和治理严重社会危害行为的社会防治法、缺乏公众认同仅体现立法者意志的立法者的法，未穷尽其他措施即予以启动的最先保障法，以及难以有效执行的纸面上的法，从而建议恶意欠薪的问题，可以通过赋予劳动行政部门更大的监督职权、建立薪酬保障制度、建立劳动者自力救济制度、实名企业注册登记制度来解决。② 但实际上，上述解决方案与将恶意欠薪行为纳入刑法规制并不矛盾，因为正是前置法对相关问题的规制，刑事立法才有了介入的可能；因为正是前置法的救济制裁手段已近极限，刑事立法才有了介入的必要。在 2018 年《中华人民共和国劳动法》第 91 条和 2012 年《中华人民共和国劳动合同法》第 85 条对拒不支付劳动报酬行

---

① ［英］约翰·斯图亚特·密尔：《论自由》，赵伯英译，陕西人民出版社 2009 年版，第 60~61 页。

② 刘艳红：《当下中国刑事立法应当如何谦抑？——以恶意欠薪行为入罪为例之批判性分析》，《环球法律评论》2012 年第 2 期。

为已经明确规定法律责任,且已接近其制裁保护力量上限的情况下,刑法保护的立法设置,不但不是对刑法谦抑性的违反,相反,其实是恪守刑法谦抑性的应有之举。不仅如此,拒不支付劳动报酬虽然源于民事违约行为,但与纯粹的民事违约行为仍然有别。一方面,在绝大多数劳资纠纷中,劳动者相对于用人单位往往处于弱势地位,实有对其进行特殊保护的必要;另一方面,基于我国1982年《宪法》第1条的明确规定,劳动者的权益保障可谓宪法上的头等大事,因而将恶意欠薪行为纳入刑事立法规制,实际上还具有宪法价值上的正当性。也正是基于此,劳动法虽然脱胎于民商法,但已发展成为社会法的主力,乃至成为私法公法化的典型。

二 刑事立法规制的实质正义规则

作为法体系第二保护性法益的刑法法益,必须是公民个人法益,包括保障公民自然自由的传统个人法益和增进公民社会自由的现代个人法益。正如宪法是人民的大宪章,刑法可以说是犯罪人的大宪章。当然,这里的犯罪人,既包括已然的犯罪人,也包括未然的、潜在的犯罪人,即被害人和其他社会公众。故在内容上,刑法法益必须是世俗世界里的法益,纯粹宗教世界或者神法世界里不应有刑法的染指和刑法法益的存在。在这个意义上,德国学者罗克辛关于法益内容不能精神化的主张是合理的,即"刑法只能保护具体的法益,而不允许保护政治或者道德信仰,宗教教义和信条,世界观的意识形态或者纯粹的感情"[①]。

不过,刑法法益以公民个人法益为核心,却并不局限于纯粹的、

---

① [德]克劳斯·罗克辛:《刑法的任务不是法益保护吗?》,樊文译,载陈兴良主编《刑事法评论》第19卷,北京大学出版社2007年版,第147页。

绝对的公民个人法益，凡与公民个人法益相关、为公民个人自由发展及其社会共同生活所必须之条件的社会法益、国家法益，应当并且实际上也是世界各国刑法选择承认并保护的法益。例如，知识产权虽然源自私权，但是，知识产权之所以具有财产权的属性，不是因为知识财产本身具有财产的属性，相反，知识财产的载体不过是符号而已，这些符号本身并不具有财产的属性，其财产属性的取得和财产价值的具备，是因为这些符号进入了市场流通，在市场贸易秩序中因其与他人交易而占有市场份额，从而取得了财产的属性，具有了财产的价值。质言之，知识符号只有在贸易竞争秩序中，才能具有财产的属性和价值，离开贸易环境、脱离竞争秩序，知识产权的载体或者说符号，虽然仍为权利人所有，但仅仅是符号而已，并没有财产的价值和属性。所以，知识产权犯罪不仅侵犯的法益是复杂法益，既有知识产权私权，又有知识产权贸易的正当竞争秩序，而且在我国和德国，均是以知识产权贸易的正当竞争秩序作为刑法保护的主要法益或者说主要客体，而这也正是1994年TRIPS协定透过其内容和名称《与贸易有关的知识产权协定》所昭示的立场。

不过，在法益的内容和属性上，我们必须十分小心谨慎，以免将实质上的公民个人法益形式地划归纯粹道德的范畴，进而有损刑法的法益保护使命。在美国、德国等普遍承认同性恋合法化的今天，德国联邦宪法法院对生活在不同家庭的成人兄妹间的乱伦所作的有罪判决，多次受到学界的强烈质疑和猛烈批判。[①] 表面上，乱伦与同性恋一样，

---

① ［德］京特·雅克布斯：《保护法益？——论刑法的合法性》，赵书鸿译，载赵秉志、宋英辉等主编《当代德国刑事法研究》第1卷，法律出版社2017年版，第30页；［德］卡尔－弗里德里希·施图肯贝格：《基本权教义学代替法益理论——对刑罚与国家关系的评论》，潘文博译，载赵秉志、宋英辉等主编《当代德国刑事法研究》第1卷，法律出版社2017年版，第112页。

似乎都只涉及性道德的问题，加之常常发生在私密空间，似应上帝的归上帝，恺撒的归恺撒，交由公民内在的道德法庭裁判，而不应由刑法妄加干涉，以维护道德尤其是性道德的纯洁。但问题在于，同性恋不会发生自然生育的问题，乱伦却不然，乱伦不仅会，而且事实上常常伴随着自然生育。① 生物近亲繁殖对后代健康的不利影响，已经为人类历史反复证明，并为生物医学进一步科学释明，而家庭身份关系（其实也是社会身份关系）的混乱，势必成为因乱伦而生育的后代终其一生也不能承受之重，则是无需穷尽人类丰富的想象力即可清晰地洞见。如果说，近亲繁殖与因乱伦而生育的后代之人的生物性紧密相关，那么，婚姻家庭关系的混乱则必然与因乱伦而生育的后代之人的社会性密不可分。更何况，"几乎没有人会否认，父母把一个人带到世上，就应当让他受到教育，使他在一生中对人对己都能扮演好他的角色，这是父母的（或者按现在的法律和习惯说，父亲的）最神圣的义务之一"②。而把孩子生出来却没有进行恰当的规划，既不能确保他作为生物人的身体健康，更不能给予他作为社会人的基本尊严、正常而非扭曲的家庭人身关系和财产继承关系，以及健康的而非歧视的社会教育成长环境，这对那个不幸的因乱伦而生育的后代以及与之相关的人类生存繁衍和人类社会存续发展，难道不是一种灾难和侵害？这难道不会损及乱伦者以外的其他家庭成员，尤其是那个不幸的因乱伦而生育的后代的个人法益以及这些个人法益的集合，从而具有法体系

---

① 虽然鲜见，但仍然可以想见的是，乱伦同样会有同性之间的乱伦。笔者以为，在现代自由主义的视野下，同性乱伦实质上与同性恋无异，属于同性恋讨论所涵摄的下位问题。而学界和本章所研究的乱伦，仍限于社会大众意识和约定话语系统里通常所说的异性乱伦。

② [英] 约翰·斯图亚特·密尔：《论自由》，赵伯英译，陕西人民出版社2009年版，第81页。

上的法益侵害性?① 所以，乱伦问题绝不能简单等同于同性恋问题，更不能把乱伦问题形式化地理解为维护性道德的纯洁性和倡导社会风化的健康性的纯粹道德问题。

三 刑事立法规制的分配正义规则

虽然非前置法上的第一保护性法益，绝无成为刑法上的第二保护性法益即刑法法益的可能，但并非所有前置法上的第一保护性法益，均能成为刑法法益。同样，所有第一保护性规范即前置法"法律责任"条文所规定的前置法不法行为，也并非都能成为刑法中的犯罪行为。只有单凭前置法第一保护性规范即"法律责任"条文制裁之力，不能有效保护的重要的法体系第一保护性法益，才有动用刑法这一第二保护性规范予以力量补充增援的必要和可能。所以，不在前置法的第一保护性规范规制之列、不生前置法上的法律责任的一般不法行为，不能由刑事立法规定为刑法上的犯罪行为类型；不予前置法上的"法律责任"条文予以第一保护性规范保护调整的单纯调整性法益，同样不能成为刑法承认并保护的对象即刑法法益。即便是前置法上的法体系第一保护性法益，如果前置法为其配置的法律责任强度和制裁手段较轻，并未达到或者接近达到前置法之制裁力量上限，同样没有刑法进行第二次保护性调整并予刑事制裁的必要。

例如，关于危险驾驶行为的犯罪化。按照2021年《中华人民共和国道路交通安全法》（以下简称2021年《道路交通安全法》）的规定，危险驾驶行为包括无证驾驶、驾驶安全设施不全或者机件不符合技术标准等具有安全隐患的机动车等多种行为，但1997年《刑法》第133条之一

---

① 需要明确的是，具有法益侵害性的行为未必一定构成犯罪，因为还需满足有责性和可罚性的要求。

中的危险驾驶行为却只有 4 种，即在道路上驾驶机动车追逐竞驶、醉酒驾驶机动车、驾驶校车或客车严重超载或超速行驶、驾驶机动车违规运输危险化学品等行为。再如，2021 年《中华人民共和国食品安全法》第 9 章 "法律责任" 条文共有 28 条，但刑法中的食品安全犯罪条文只有 3 条，即 1997 年《刑法》第 143 条生产、销售不符合安全标准的食品罪，第 144 条生产、销售有毒、有害食品罪，第 408 条之一食品监管渎职罪。之所以如此，是因为包括民商法和行政法等在内的前置法，由于其调整性规范系公众的行为准则，故其第一保护性规范中的法律责任设置，是以行为样态为标准，不同样态的行为配置以相应不同的法律责任；而刑法，因其使命在于保护法益，故而刑事责任的设置以行为的法益侵害实质而非行为的样态为标准，致使不同的行为样态，只要侵犯的是同一性质的刑法法益，均在刑法上定型为同一犯罪构成或者同一罪状。

所以，上述 3 个规则的并行不悖和统一实现，不仅确保了刑法以合乎宪法比例要求的手段和强度，给予承载宪法基本价值的刑法法益以有力的最终保障，从而实现刑法的法益保护使命，而且决定了刑事立法的规范生成机理和刑事司法的规范适用机制，实乃刑法基于宪法价值秩序下的自身规范定位和规范机能，对前置法之法益确立、保护，经由以下两个环节进行的再次选择和建构：第一，刑法法益类型和具有相应法益侵害实质的犯罪行为类型的选择建构，由此形成刑法上的罪状和刑事立法的犯罪圈，并划定刑事立法的正当规范边界。法体系第一保护性法益和前置法上的不法行为类型，经此则分为两类。一类是止步于前置法之第一保护性规范所保护的、纯粹的第一保护性法益和纯粹的前置法不法行为类型；另一类则是前置法之第一保护性规范和刑事法第二保护性规范共同保护的法体系第二保护性法益或者说刑法法益，以及兼具前置法和刑事法之双重违法性的刑事犯罪行为类型。第二，刑事追诉标准的选取。对于侵犯已被刑法选取调整确立为刑法法益的法体系第二保护性法益，并在构成要件上契合刑法对于犯罪行为类型的第一次选取即罪状的行为，并不意味着刑事司法就有实际动用刑罚权的必要。能否实际动用，还必须经过刑法的第二次选取，即刑事追诉标准的确立。在我国，刑法的第二次选取，具体交由 1997 年《刑法》总则第 13 条但书、第 37 条免予刑事处罚或适用非刑罚处理方法，以及分则关于"情节严重""情节恶劣"的规定共同规制，以指导司法解释和刑事判例对于犯罪追诉门槛之立法要求在实践中的具体落实。

所以，笔者经由多年研究和实践检验提出，犯罪立法规制和司法认定机制的规范机理，其实在于"前置法定性与刑事法定量相统一"。[①] 如果说前置法定性为刑法的第一次定量选择，即刑法法益的刑事立法确立和犯罪行为的刑事立法定型，划定了不可逾越的规范边界，从而成为刑罚权之立法发动所应当遵循的原则，那么，刑法的第二次定量选取，即刑事追诉标准的立法抽象要求和司法具体设定，则为刑罚权之司法动用确立了具体的规范标准和操作尺度。在此意义上，笔者以为，以法益保护为使命的刑法，是在法益保护的质上次生于前置法，又在法益保护的量上独立于前置法的保障性部门法。

第三节　刑事司法规制：前置法定性与刑事法定量相统一

法律的生命在于解释，但是，正如艾柯特别强调，"不能随心所欲

[①] 田宏杰：《行政犯的法律属性及其责任——兼及定罪机制的重构》，《法学家》2013 年第 3 期；田宏杰：《规范关系与刑事治理现代化的道德使命》，人民法院出版社 2020 年版，第 151 页。

地使用敞开的文本，而只能随文本所欲；敞开的文本无论有多么'敞开'，也不可能任意读解"，[①] 否则就是"过度诠释"[②]。

那么，如何摆脱法律形式主义的窠臼，让刑法的生命流动起来，从"死"的规范正义文本变成"活"的司法正义现实，同时既防止刑事司法适用对刑事立法文本的过度诠释从而僭越刑事立法，又避免"有一千个读者就有一千个哈姆雷特"的过度学理论争而陷入刑法适用上的无所适从？作为刑法法益形成机制的产物和确定刑法规制正当边界的规则，"前置法定性与刑事法定量相统一"在刑事司法实践中又应当如何具体适用，才能成为一个既合法律与法理，又能简便有效运用的司法认定规则或者法律适用指引，以从根本上解决不仅在当下已经出现，而且在未来可能遇见的刑事司法解释中的疑难问题？

笔者以为，一方面，刑事犯罪的违法实质，乃在于其对刑法致力于保障的前置法所确立并保护的法益之侵害，因而不具有前置法不法性的行为，绝无构成刑事犯罪的可能，此即"前置法定性"之意。另一方面，具有前置法不法性的行为，并不当然就具有刑事违法性进而成为刑法上的犯罪。只有当其不仅具有法益侵害实质，而且符合刑法为保护法益而禁止的犯罪行为之定型即犯罪构成，并达到刑事犯罪的追诉标准，才能论之以刑法上的犯罪，此即"刑事法定量"之蕴。

因而刑法的适用和解释，首先要尊重刑法，随刑法文本所欲；其次要超越刑法。但是这种超越，不是随解释者所欲的漫无边际，而是有其明确的规范边界。这个边界，就是前置法规范的规定，即随前置法规范文本所欲。具言之，就是"前置法定性与刑事法定量相统一"

---

① 转引自杨慧林《意义——当代神学的公共性问题》，北京大学出版社2013年版，第139页。
② [意] 安贝托·艾柯等：《诠释与过度诠释》，王宇根译，生活·读书·新知三联书店1997年版，第50页。

的犯罪规范机理在司法实践中的具体适用，必须坚守法秩序统一的宪法基本价值要求和部门法之间的结构性、功能性、比例性规范关系，遵循以下进路渐次展开。首先，按照刑法自身的基本原理，立足于刑法规范条文用语的文义进行行为定性的形式解释，从而实现刑事司法适用解释的形式正义。毕竟，刑法文本意义的首要依据在于刑法文本自身。其次，延伸至该刑法条文致力于保障的前置民商法或前置行政法所确立的调整性法益和第一保护性法益的本质、前置法之法体系第一保护性规范即"法律责任"规制的不法行为类型、配置的法律制裁方式及其制裁强度综合考量，对行为的法益侵害实质进行法体系的实质解释，以消除因对刑法文本意义的孤立解释而将不具有法益侵害实质的行为认定为刑法上的犯罪行为，从而实现刑事司法适用解释的实质正义。最后，按照行为的法益侵害程度和刑事制裁必要性，依据1997年《刑法》第13条但书和分则具体条文的罪量要求，进行行为定量解释，确定行为入罪的追诉标准，从而实现刑事司法适用解释的分配正义。[①]

例如，关于虚开增值税专用发票、用于骗取出口退税、抵扣税款发票罪的理解适用。1997年《刑法》第205条规定，"虚开增值税专用发票或者虚开用于骗取出口退税、抵扣税款的其他发票的"，构成虚开增值税专用发票、用于骗取出口退税、抵扣税款发票罪。但问题在于，如果行为人主观上并没有骗取出口退税、抵扣税款的骗税目的，只是为了申请贷款、发行上市而虚增业绩，甚至仅仅是为了在对外谈判中显示公司经济实力雄厚，而虚开增值税专用发票、用于出口退税、抵扣税款的其他发票的，是否也应以该罪定罪量刑？对此，不仅刑法

[①] 田宏杰：《规范关系与刑事治理现代化的道德使命》，人民法院出版社2020年版，第202~203页。

学界聚讼纷纭,① 而且司法判决亦莫衷一是,② 以至有学者建议,取消"虚开增值税专用发票、用于骗取出口退税、抵扣税款发票罪"和"虚开发票罪"。③ 可见,对于1997年《刑法》第205条的适用,不仅解释结论因解释者而异,而且令人沮丧的是,不同解释结论的理论前提和论证逻辑居然往往是相同的,亦即基于相同的理论前提和分析思路,不仅得出的结论迥然有异,而且谁也说服不了谁。

这显然不是现代刑事法治努力的目标。实际上,按照"前置法定性与刑事法定量相统一"的刑法规范原理和适用解释规则,上述疑难纷争也就迎刃而解。1997年《刑法》第205条致力于保障的前置法,主要是规制税款抵退的税法,而不仅仅是规制发票印制、开具的发票管理法律、法规,因为2019年《中华人民共和国发票管理办法》(以下简称2019年《发票管理办法》)第37条对于虚开发票的行政处罚,明确规定:"虚开发票的,由税务机关没收违法所得;虚开金额在1万元以下的,可以并处5万元以下的罚款;虚开金额超过1万元的,并处5万元以上50万元以下的罚款;构成犯罪的,依法追究刑事责任。"

---

① 黄晓文:《虚开发票罪司法适用若干问题探析》,《中国检察官》2013年第1期;周铭川:《论虚开增值税专用发票罪的抽象危险犯本质——兼与陈兴良教授和张明楷教授商榷》,《上海政法学院学报》2020年第1期。

② 参见《周正毅一审被判处有期徒刑16年》,《中国青年报》2007年12月1日第1版;《刘汉原罪:虚开增值税专用发票骗取国开行等46亿元贷款》,新浪财经,2014年2月27日(链接日期),http://finance.sina.com.cn/chanjing/sdbd/20140227/142118353847.shtml,2023年2月23日(引用日期);杜某某虚开增值税专用发票、用于骗取出口退税、抵扣税款发票、职务侵占案,山东省泰州市中级人民法院〔2015〕泰中刑二终字第00150号刑事判决书;芦才兴虚开抵扣税款发票案,《刑事审判参考》2001年第6辑,第6~12页;张某强虚开增值税专用发票案,最高人民法院〔2016〕最高法刑核51732773号刑事裁定书;等等。

③ 有学者指出,虚开发票犯罪的这些疑难与分歧,既无法通过刑法解释方法予以解决,也无法在立法技术层面予以补足完善,因为产生问题的根源在于重复性设置罪名而导致的虚妄冲突,因而取消虚开发票犯罪既不会造成刑法惩治上的空白与漏洞,又可消解适用上的疑难与分歧。参见王佩芬:《论虚开发票犯罪的刑事立法误区——建议取消我国刑法第205条与第205条之一》,《政治与法律》2014年第12期。

至于虚开的发票是具有税款抵退功能的增值税专用发票等特殊发票，还是不具有这些功能的普通发票，2019 年《发票管理办法》不仅在所不问、同等罚之，而且对虚开发票行为所配置的行政处罚，也远远轻于动辄处以骗取税款 1 倍以上 5 倍以下罚款的骗取税款抵退行为的行政处罚。[①] 由此不难看出，1997 年《刑法》第 205 条虚开增值税专用发票、用于骗取出口退税、抵扣税款的其他发票行为的不法实质和法益侵害实质，乃是在于侵害了抵退计征机制或抵退计征秩序，而不仅仅是禁止虚开发票的发票管理秩序。

所以，行为人形式上虽然实施了虚开增值税专用发票、用于骗取出口退税、抵扣税款的其他发票行为，实际上并未侵害抵退计征机制或抵退计征秩序，既不具有规制税款抵退的前置税法上的不法性，亦不存在被税务部门依据规制税款抵退的前置税法进行行政责任追究的可能，更不可能产生以此不法性作为必备前提的虚开增值税专用发票、用于骗取出口退税、抵扣税款发票罪的刑事违法性，当然不应以虚开增值税专用发票、用于骗取出口退税、抵扣税款发票罪定性处理。对此，后文专章详述，容此不赘。

在此，还有一个与之相关的重要问题，即：仅仅形式上虚开增值税专用发票、用于骗取出口退税、抵扣税款的其他发票，既未实质侵害抵退计征机制，又不是为了骗税，也不是为了逃税，而是为了虚增业绩等与税收征管无关的其他目的，或者行为人的目的究竟如何，因证据无法排除合理怀疑而存疑，又应怎样认定处理？在 1997 年《刑法》第 205 条之一已经明确将第 205 条规定的增值税专用发票以及其

[①] 2015 年《中华人民共和国税收征收管理法》（以下简称 2015 年《税收征收管理法》）第 66 条规定："以假报出口或者其他欺骗手段，骗取国家出口退税款的，由税务机关追缴其骗取的退税款，并处骗取税款一倍以上五倍以下的罚款；构成犯罪的，依法追究刑事责任。""对骗取国家出口退税款的，税务机关可以在规定期间内停止为其办理出口退税。"

他具有出口退税、抵扣税款功能的发票，一概"排除"在虚开发票罪的犯罪对象以外的情况下，虚开普通发票尚且可以构成虚开发票罪，而前述行为如果既不能以虚开增值税专用发票、用于骗取出口退税、抵扣税款发票罪或者逃税罪定性，又不能以虚开发票罪论处，而只能在刑法上做出罪处理，是否罪责刑显失均衡，从而产生不应有的刑法处罚漏洞？较之前一问题，这一问题在解释论层面引发的学术争议和司法困惑，更是令人几近于绝望。

其实，这是因孤立解释适用刑法而陷入的困境。如前所述，2019年《发票管理办法》除对增值税专用发票印制有特别规定以外，对于虚开发票，无论在第22条内涵界定还是第37条行政处罚规定上，2019年《发票管理办法》并不区分发票种类，而是一律同等认定、同等处罚。之所以如此，乃是因为即便是增值税专用发票、用于骗取出口退税、抵扣税款的其他发票，能否实际实现抵扣税款、出口退税功能，不仅需要满足诸多条件的限制，而且需要具体情况具体认定。仅仅在客观上，就既要受开票人、受票人的纳税身份是否系一般纳税人限制，又要受实际经营业务是否属于法定的可以抵扣税款、出口退税的业务限制，还要受抵退申报时间等限制，致使在增值税专用发票中，有的虽然形式上是增值税专用发票，实际上完全不具备税款抵退功能；有的虽然具有税款抵退功能，如果逾期未申办税款抵扣，按照国家税务总局《关于废止逾期增值税扣税凭证一律不得抵扣规定的公告》（国家税务总局公告〔2011〕第49号）的规定，同样按普通发票对待，而不能进行税款抵退。

因此，形式上的增值税专用发票及用于骗取出口退税、抵扣税款的其他发票，实际上应按行为人的主观故意和客观实际用途，分别以普通发票和特殊发票对待。正如兼具收藏品和货币功能的奥运纪念金币，如果行为人因急用，将面额仅 100 元，但在收藏品市场上已炒到 1000 元的纪念币，用作货币支付医疗费，医院只能按普通货币 100 元而不是收藏品 1000 元计价。同样，2019 年《发票管理办法》规制的虚开发票，无论发票形式如何，只要实际用途是普通发票，均不加区别地同等对待。是故，1997 年《刑法》第 205 条之一规定的"本法第二百零五条规定以外的其他发票"，其实包括两类普通发票：一类是形式上本就是普通发票的发票；另一类则是形式上本来是增值税专用发票或者其他可以用于抵退税款的特殊发票，但或者囿于客观条件不能，或者囿于行为人主观无意，实际上按照普通发票使用的增值税专用发票及可以用于骗取抵扣税款、出口退税的其他发票。因此，既不以骗税、逃税等为目的或者目的存疑，又仅仅形式虚开增值税专用发票及用于骗取出口退税、抵扣税款的其他发票行为，由其侵害的法益实质系发票管理秩序所决定，按照 1997 年《刑法》第 205 条之一虚开发票行为定性处理，既是合法又是正当的。

第四节 结语

"建构主义趋向于把它所无力解释的那些价值一概当成是取决于人之专断的决策、意志行为或纯粹情绪的东西，而不把它们当成是建构主义阐释者视为当然的那些事实的必要条件。建构主义的这一取向已然在很大程度上动摇了文明的基础和科学自身的基础，因为科学也同样是建立在科学手段所无力证明的价值系统之基础上的。"[①] 正是对人类社会存续发展的基本价值和核心利益的尊重和守护，宪法的价值秩

[①] ［英］弗里德里希·奥古斯特·冯·哈耶克：《法律、立法与自由》第一卷，邓正来、张守东、李静冰译，中国大百科全书出版社 2000 年版，"导论"第 10 页。

序和部门法的层级结构才得以形成，进而决定了刑法与其前置法之间的部门法规范关系，实乃宪法基本价值秩序在部门法中的具体展开和层级实现：一是将承载宪法基本价值的社会生活利益经前置法确立为法益，并由前置法和刑法共同保护，贯穿其中的主线是法益保护原则；二是遵循比例原则要求，形成法益保护的前置法和刑法的层级责任体系，以及法益侵害的制裁比例配置。故而"三个统一"的坚持，即"前置法定性与刑事法定量相统一""刑事立法定性与刑事司法定量相统一""行民先理为原则与刑事先理为特殊相统一"，既是包括民事犯与行政犯在内的所有刑事犯罪的形成机制和刑法适用解释所应遵循的规则，更是对刑法与其前置法在犯罪规制上的定性从属性与定量独立性关系的揭示与反映。而这，才是笔者心中刑法教义学的真谛和宪法价值秩序指引下的刑法精义。

而正是这样的刑法教义和规范关系，不仅推动利益经由前置法和刑事法的层级调整成为刑法上的法益，从而为刑事立法的正当性及其驰骋疆域、刑事司法的正当性及其适用边界，奠定了道德的根基，划定了规范的边界，而且使得现代刑事法治文明得以建立。在这个意义上，刑法不仅必须始终秉持法益保护原则和比例原则要求，动态实现刑事立法扩张和刑事司法限缩的统一，而且应当理性调整其与部门法的层级保护结构和制裁比例分配，通过法秩序统一下的刑法法益保护的各部门法合力，科学地组织对犯罪尤其是行政犯的反应。唯此，刑法才能从传统走向现代，进而构建行民刑共建、共治的现代刑事治理体系。

第五章　行政犯治理与刑事现代化的比例原则

自1895年奥托·迈耶（Otto Mayer）在行政法领域提出比例原则以后，这一原则就受到了世界范围内的高度重视，不仅被许多国家以成文法或者判例的形式采纳，而且在德国，甚至被上升到了宪法原则的高度，并被认为是"德国对比例原则做出的最大贡献"[1]。近年来，比例原则在我国法学理论研究中亦呈扩张趋势，不仅有学者主张将比例原则引入刑法，[2] 而且有学者将比例原则适用于平等主体之间法律关系的调整。[3] 这一趋势固然体现了学术界对于比例原则的充分重视，但是也让人感到一丝忧虑。正如超出真理半步，真理也就变成了谬误，原本发端于行政法、用来限制国家公权力行使的比例原则真的能够承担这样的重担吗？为此，笔者拟立足于民法、刑法、行政法的部门法

---

[1] 许玉镇：《试论比例原则在我国法律体系中的定位》，《法制与社会发展》2003年第1期。

[2] 姜涛：《追寻理性的罪刑模式：把比例原则植入刑法理论》，《法律科学（西北政法大学学报）》2013年第1期；陈晓明：《刑法上比例原则应用之探讨》，《法治研究》2012年第9期。

[3] 陈璇：《正当防卫与比例原则——刑法条文合宪性解释的尝试》，《环球法律评论》2016年第6期；郑晓剑：《比例原则在民法上的适用及展开》，《中国法学》2016年第2期；纪海龙：《比例原则在私法中的普适性及例证》，《政法论坛》2016年第4期。

划分，通过以下两个问题的证成，以期就比例原则与刑法关系的科学定位提出笔者的一管之见，并就教于学界同人：第一，刑罚权发动的条件较之比例原则更为严格，将比例原则引入刑法之中具有体系化的教义学价值，但无法为限制刑罚权提供新的规范指引。第二，比例原则应原则上适用于公法领域，至多可以用来调整弱势意义上的平等主体之间的法律关系，但不适用于调整强势意义上的平等主体之间的法律关系。

第一节 比例原则的刑法定位

一 比例原则早已融入刑法之中

虽然如前文所述，有不少学者主张将比例原则引入刑法，但在笔者看来，在讨论是否应当将比例原则植入刑法这一问题之前，有一个前提性的问题必须解决，那就是当下的刑法中是否存在比例原则。因为当我们说要"引入"某一事物的时候，其逻辑前提是该事物本不存在；反之，如果刑法中早已存在比例原则，则比例原则的"入刑"就是一个伪问题，此时应当关切的是比例原则如何合理运用的问题，而不是是否需要"引入"的问题。一般认为，比例原则由适当性原则、必要性原则和狭义的比例原则3个子原则构成，[①] 所以，比例原则并非一个空洞而抽象的概念，相反，实有其丰富精深的内涵。而仔细研究不难发现，上述3个子原则在刑法中早已存在与其一一对应的基本原则。

[①] 姜昕：《比例原则释义学结构构建及反思》，《法律科学（西北政法大学学报）》2008年第5期。

(一) 适当性原则——法益保护原则

适当性原则，又称为妥当性原则，是指采取的措施必须能够实现目的或者至少有助于目的的达成。① 由于比例原则的精神实质是在一个合理目的的指导下，考察特定手段是否可取，是故，该手段如果无助于甚至有害于目的的实现，自然难谓正当。

适当性原则在刑法中的投影是法益保护原则。关于刑法的任务或者说目的究竟是什么，刑法学界存在两种针锋相对的基本立场和看法：第一种观点主张，刑法的目的在于保护法益；② 第二种观点认为，刑法的目的不是法益保护，而是保护规范的适用。③ 限于本章主题和篇幅，笔者无法在此就这个问题展开深入论述。不过，既然我们是在比例原则的语境下讨论刑法的目的，则我们必然有所期待的是，这个目的能够发挥和比例原则中适当性原则相类似的功能，以有效限制立法者，防止立法权的恣意和擅断。在此意义上，与保护规范的适用相比，将刑法的目的设定为保护法益无疑更能起到约束立法者的作用。道理很简单，如果认为刑法的目的是保护规范的适用，那么很有可能导致，即使不是必然的话，只要是立法者所创设的规范秩序，无论其在实质上是否正当合理，都会无可置疑地成为刑法保护的对象。因此，解释者既不可能也不应当借由这一目的对立法进行反思和质疑，毕竟，"对一个仅仅'服从'规则的人而言，其面对规则的态度，是不需要包含任何批判成分的。""他无须把他的服从行为看作'对的''正确的'或'有义

---

① 王书成：《比例原则之规范难题及其应对》，《当代法学》2007 年第 6 期。
② [德] 克劳斯·罗克辛：《刑法的任务不是法益保护吗?》，樊文译，载陈兴良主编《刑事法评论》第 19 卷，北京大学出版社 2007 年版，第 150~152 页。
③ [德] 京特·雅克布斯：《刑法保护什么：法益还是规范适用?》，王世洲译，《比较法研究》2004 年第 1 期。

务的'"①。正是对规范的绝对服从和对规范适用的保护，纳粹德国才上演了一幕以法治之名而行屠杀犹太人之实的人间惨剧。然而，如果坚持法益保护说，法益概念的批判功能则必然能对立法者起到至为重要的制约作用。因为法益保护原则意味着，如果一条罪刑规定不保护任何法益，则刑罚权的发动不仅是不正当的，而且是违宪的。②

（二）必要性原则——刑法谦抑原则

必要性原则又称为最小侵害原则，是指存在多种方法均可以达成相同目的时，应当采用损害最小的方式。③ 如果说适当性原则要求公权力的行使必须能够达成目的，那么必要性原则就要求公权力的行使以达成目的为限，不可过度损害公民的权利，对公民权利的限制只有在成为最后手段时才是正当的。奥托·迈耶最初提出比例原则的时候，彼时的比例原则就是指必要性原则。④

毫无疑问，刑罚作为所有制裁手段中最为严厉的一种，必须作为最后手段来运用。而这一思想对应的就是刑法谦抑原则。关于谦抑性的具体含义，理论界存在一定的分歧。一般认为，刑法的谦抑性具有3个方面的意涵：一是刑法调整范围的不完整性；二是刑法统制手段的最后性；三是刑罚制裁方式发动的克制性。⑤ 也有观点认为，刑法谦抑的准确表述应该是刑罚权的谦抑，因为这一原则约束的对象是立法者以及司法解释制定者，并非指导刑法适用的基本原则。论者还进一步

---

① ［英］哈特：《法律的概念》，许家馨、李冠宜译，法律出版社2018年第3版，第176~177页。
② ［德］克劳斯·罗克辛：《对批判立法之法益概念的检视》，陈璇译，《法学评论》2015年第1期。
③ 郝银钟、席作立：《宪政视角下的比例原则》，《法商研究》2004年第6期。
④ 陈新民：《宪法基本权利之基本理论》上，台北：元照出版公司1999年版，第258页。
⑤ 莫洪宪、王树茂：《刑法谦抑主义论纲》，《中国刑事法杂志》2004年第1期。

认为，以非犯罪化和刑罚轻缓化为主要内容的刑罚权谦抑难以自圆其说，因为萎缩和虚弱的刑法无法满足治理社会的需要。①

确实，反对者提出的问题是存在的，但这并不足以否定谦抑性作为刑法的基本原则而存在。首先，谦抑原则不仅指导刑事立法和司法解释的制定，而且指导刑法条文的具体运用。因此，在具体案件的裁判过程中，即使是对于符合构成要件的行为，如果不需要动用刑罚就能达到刑罚所追求的目的，就不必动用刑罚。② 其次，社会治理固然需要强有力的刑法作为后盾和保障，但这与刑法的谦抑性并不矛盾。这是因为，刑法谦抑性的完整内涵不仅取决于其相对的判断基准，而且因应于其适用的不同语境，其并非意指犯罪圈绝对的越小越好，刑罚越轻越好，相反，刑法的谦抑性，既体现于刑事立法与刑事司法的关系之中，又体现于刑法与其他部门法的关系之中，更体现于刑罚与其他社会治理手段的关系之中。因此，刑法的补充性和不完整性都是相对于其他部门法、其他社会治理手段而言的。从这个意义上来讲，"刑法作为所有部门法的后盾和保障"这一表述应该从两个方面来理解。一方面，随着社会的不断发展，需要法律调整的领域越来越多，违法圈不断扩张，那么立法意义上的犯罪圈也应当相应扩张，以为其他部门法的有效实施提供有力的支持，而过于萎缩的刑法显然是无法胜任这一任务的；另一方面，刑事立法所确立的犯罪圈必须小于前置法所确立的违法圈，刑事司法所实际处罚的犯罪圈必须小于刑事立法所确立的犯罪圈，以维持刑罚的最后手段性。③

---

① 时延安：《刑法的谦抑还是刑罚权的谦抑？——谦抑观念在刑法学场域内的厘清与扬弃》，载赵秉志主编《刑法论丛》第 13 卷，法律出版社 2008 年版，第 161、166 页。

② 田宏杰、温长军：《理解制度变迁：我国〈刑法〉的修订及其适用》，《法学杂志》2011 年第 9 期。

③ 田宏杰：《行政犯的法律属性及其责任——兼及定罪机制的重构》，《法学家》2013 年第 3 期。

（三）狭义的比例原则——罪刑均衡原则

在完成适当性原则和必要性原则两个阶段的审查后，就要运用狭义比例原则进行最后一步的审查。狭义的比例原则指行政权力所采取的措施与其所达到的目的之间必须相称。[①] 狭义的比例原则要求行政机关不得任意行使裁量权，而必须在公共利益与公民的个人利益之间做出平衡，如果实现的公共利益小于损害的个人利益，则有违狭义的比例原则。

在刑法中，狭义的比例原则体现为罪刑均衡原则，即有罪必罚，无罪不罚；重罪重罚，轻罪轻罚；罚当其罪，罪刑相称。近代以降，罪刑均衡的观念得到了人们的普遍认可，但是，对于这一原则具体应该如何实现，则存在不同的意见。由于刑罚往往是对犯罪人财产、自由乃至生命的剥夺，因而刑罚作为一种"不得已的恶"，对个人利益的损害是很容易度量的，所以，判断罪刑是否均衡的关键，在于对刑罚所实现的公共利益的衡量。而对于这一问题，理论界存在着报应理论、预防理论（包括积极的一般预防理论）与综合理论之间的经典争论。[②] 囿于本章主题，笔者无意就此展开深入研讨，但是，至少从规范层面来看，综合理论更为合理。一方面，就贪污贿赂罪而言，中国的官员一旦被判刑，政治生命即告终结，再犯可能性可以说几乎为零，却仍然有可能面临不得减刑、假释的终身监禁这一特有的刑法处遇，这不能不说是报应理论的体现；另一方面，刑罚执行过程中的减刑、假释制度又分明是以预防必要性作为评价基础的。因此，综合理论更符合我国的法律规定。

[①] 黄学贤：《行政法中的比例原则简论》，《苏州大学学报（哲学社会科学版）》2001年第1期。

[②] ［德］乌尔斯·金德霍伊泽尔：《刑法总论教科书》，蔡桂生译，北京大学出版社2015年版，第24～27页。

（四）小结

通过以上分析可以看出，虽然传统的刑法理论并不存在"比例原则"这样的提法，但是比例原则的3个子原则——适当性、必要性以及狭义的比例原则已然存在于刑法理论之中，或者更准确地说，早已存在于刑法之中，它们分别对应着法益保护原则、刑法谦抑原则以及罪刑均衡原则。在此，需要指出的是，必要性思想最早由普鲁士改革家斯瓦雷茨（Svarez）于1791年提出，标志着必要性原则全面确立的"十字架山案"判决产生于1882年，奥托·迈耶正式提出比例原则是在1895年，而在此后相当长的一段时间内，比例原则在内容上都只是等同于必要性原则。① 至于狭义的比例原则，与作为目前通说的三阶理论，则是在1958年"药房案"中才产生的。② 相比之下，就刑法而言，

---

① 1882年，普鲁士高等行政法院在"十字架山案"（Kreuzberg-Urteil）判决中指出，没有进一步法律授权，警察不得采取不必要的措施追求公共利益，因而，"建筑规定超出了警察法应当遵守的法律界限"。"十字架山案"判决是"实施与发展法治国家警察法原则的起点"，它宣示了自由法治国的基本理念，认为国家只有在必要时，才可以限制公民的权利与自由。政府只能消极地"维护秩序"，而不能积极地"增进福祉"。如果政府要积极追求公共利益，必须有法律的授权。参见刘权《目的正当性与比例原则的重构》，《中国法学》2014年第4期。

② 张国勤：《必要性原则之研究》，载城仲模主编《行政法之一般法律原则》，台北：三民书局1999年版，第149页。有关案情如下。"药房案"原告Karl-HeinZ R. 自1940年起就是民主德国一名合格药剂师，于1955年迁居联邦德国巴伐利亚州继续从事药剂师职业，并在次年7月向州政府申请在其所住的特劳恩施泰因县（Traunstein）开设一家新药房。巴伐利亚州政府根据1952年6月新施行的《巴伐利亚药房法》第3条第1项规定，先后驳回了原告的行政申请和行政复议。在不得已的情况下，原告向联邦宪法法院提出宪法诉讼，主张州政府的行政处分侵犯了其职业自由，且其处分依据《巴伐利亚药房法》第3条第1项因违反德国《基本法》第12条第1项而无效。宪法法院在审理此案的过程中，从职业执行自由限制、职业选择主观要件限制、职业选择客观要件限制3个阶层区分了职业自由限制类型，并采取只有证明前一阶段的方法不能有效防止侵害时，才能采取下一阶段方法的"职业选择自由最小侵害原则"进行论证，将《巴伐利亚药房法》第3条第1项定位为"职业选择客观许可要件"。经审理，宪法法院认为，缺少该条款对新设立药房的限制不足以证明会严重危害公众健康利益，因而不能跳过职业执行自由限制和职业选择主观要件限制直接对原告适用该条款，否则是对原告职业选择基本人权的侵犯。1958年，宪法法院对本案作出判决，《巴伐利亚药房法》第3条第1项因侵犯德国《基本法》第12条第1项所保护的基本人权而无效，州政府据此所作的行政处分也因违宪而予以撤销。参见蒋红珍《论比例原则——政府规制工具选择的司法评价》，法律出版社2010年版，第156~174页。

早在贝卡里亚于1764年出版的《论犯罪与刑罚》中，刑法谦抑以及罪刑均衡的思想就已清晰地呈现无遗。贝卡里亚不仅立场鲜明地主张，"只要足以让别人保护自己就行了……一切额外的东西都是擅权，而不是公正，是杜撰而不是权利"①。而且明白无误地提出，所有犯罪由最高级到最低级构成了一个阶梯，因而相应地，也需要有一个由最高级到最低级的刑罚阶梯，明智的立法者只要不打乱其次序就足够了。② 至于刑法的目的，则涉及历史上著名的客观主义与主观主义之争，但无论持哪一种观点，论者都要求刑罚的运用必须为该目的服务。

由此可见，在比例原则还没有完全发展成型的时候，刑法就已经要求，刑罚的动用必须能够实现刑法的目的，不仅在动用刑罚的过程中对公民的损害必须尽可能小，而且刑罚动用的严厉程度必须和犯罪行为的严重程度相协调。

二 刑罚权的发动还须受到责任主义的限制

比例原则最初是一项行政法原则，后在德国上升为宪法原则。虽然比例原则的理论地位发生了改变，但比例原则回答的问题并没有实质变化，那就是国家在何种情况下可以限制公民的自由。举轻以明重，既然一般的限制公民自由的行政行为都要受到比例原则的限制，那么刑罚作为最严厉的制裁措施，无疑更应符合这一要求。我们知道，如果一项行政行为限制了公民权利，其合宪的充分条件是形式上满足法律保留原则，实质上符合比例原则。③ 刑法中的法律保留原则当然是罪

---

① ［意］切萨雷·贝卡里亚：《论犯罪与刑罚》，黄风译，北京大学出版社2008年版，第9页。
② ［意］切萨雷·贝卡里亚：《论犯罪与刑罚》，黄风译，北京大学出版社2008年版，第18页。
③ 张翔：《机动车限行、财产权限制与比例原则》，《法学》2015年第2期。

刑法定原则，但问题在于，满足法律保留原则和比例原则是否就是刑罚权发动的充分条件？或者说，刑罚权除了受到罪刑法定原则、法益保护原则、刑法谦抑原则和罪刑均衡原则的限制之外，是否还应受到其他条件的限制呢？

笔者认为，满足法律保留原则和比例原则，只是刑罚权发动的必要条件，而非充分条件，因为除此之外，刑罚权的发动还必须受到责任主义的限制。作为刑法的基本原则，责任主义原则的精义正如法谚所云，"刑罚以责任为基础，没有责任就没有刑罚"[①]。一方面，责任是犯罪成立的条件之一，也就是说，对行为人定罪处刑必须以其就特定的损害事实具有可谴责性或者可非难性为前提条件；另一方面，责任也对量刑有着决定性的影响，虽然对于责任在量刑中的作用，存在幅的理论与点的理论之间的分歧，[②] 但确定无疑的是，责任的大小为刑罚确定了一个最基本的范围，无论预防的必要性有多高，国家都不得超越责任所允许的程度来适用刑罚。[③]

但是，责任主义并不能为比例原则所涵盖。如前所述，比例原则由必要性、适当性和狭义的比例原则3个子原则构成，而责任主义并不属于上述3个子原则中的任何一个，也就不可能成为比例原则的组成。基于比例原则的基本构造，对于笔者这一主张的证成，尤其是对其可能受到的反驳的回应，笔者认为，可从以下3个方面进一步详加考察。

第一，或许有观点会认为，对缺乏责任的人科处刑罚无法实现刑

[①] 梁根林：《责任主义原则及其例外——立足于客观处罚条件的考察》，《清华法学》2009年第2期。

[②] 张明楷：《责任主义与量刑原理——以点的理论为中心》，《法学研究》2010年第5期。

[③] 准确地说，这一限制只是针对刑罚超过责任的情况而言，如果预防的必要性确实很小，那么责任主义并不禁止对被告人科处低于责任程度的刑罚。

罚的目的，因而责任主义可以被解释为适当性原则的一部分。例如，严格责任的反对者就认为，如果无论行为人多么谨慎，为防止损害结果的发生付出了多么大的努力，仍然要为损害结果的发生承担责任，而当行为人知晓这一点后，其尽到合理注意义务的动机不仅不会增加，反而会降低。① 类似地，对完全不能辨认和控制自己行为的精神病人不予处罚，也完全可能是因为起不到一般预防的作用，② 因为即使处罚精神病人，也不能阻止其实施危害社会的行为。笔者认为，上述两种观点是经不起推敲的。首先，承认严格责任并不会减损行为人尽到合理注意义务的动机，只要行为人在无过错的情况下承担的责任轻于有过错的情况，那么，行为人就有着充足的动力去尽到合理的注意义务。例如，根据2021年《道路交通安全法》第76条第2项，在机动车与非机动车驾驶人、行人之间发生交通事故时，即使机动车驾驶人完全没有过错，也要承担不超过百分之十的责任，这种规定可谓是"严格责任"（当然，是民法意义上的）。但由于在存在故意或过失的情况下，机动车驾驶人承担的责任更高，故其仍然会尽到合理的注意义务，以尽可能减少自己的责任。其次，更为重要的是，适当性原则并不要求某一项手段能够充分、完全地实现目的。通常认为，只要手段有部分能够有助于目的的达成，就不违反适当性原则。③ 对精神病人科处刑罚固然无法起到一般预防的作用，但是将精神病人关押起来完全能够减少其继续危害社会的可能性，从而实现特殊预防的目的，进而符合适当性原则的要求。因此，责任主义的制度功能并不能够通过适当性原

---

① ［英］鲁珀特·克罗斯、菲利普·A.琼斯：《英国刑法导论》，赵秉志、张智辉、严治等译，中国人民大学出版社1991年版，第77~78页。
② 林钰雄：《新刑法总则》，中国人民大学出版社2009年版，第225页。
③ 姜昕：《比例原则释义学结构构建及反思》，《法律科学（西北政法大学学报）》2008年第5期。

则实现。

第二，也可能有观点会认为，在缺乏责任的情况下，不必动用刑罚就能够实现正义，因而责任主义的内容可以被必要性原则所吸收。例如，冯军教授认为："存在比追究行为人的责任更好的消解冲突的替代措施，就无须把责任归属于行为人……越是存在比刑罚更好的替代措施，就越是不需要把责任归属于行为人。"① 该观点在其逻辑体系内是自洽的，不过需要注意的是，在这种功能责任论中，责任被理解为预防的必要性，已经不再是学界通常意义上所理解的可谴责性或者说可非难性了。至少就规范责任论以及折中说②而言，责任有着与处罚必要性不同的独立意涵。因此，在通说的语境下，责任主义不能被必要性原则所吸收。

第三，还有一种可能性，那就是将责任主义解释进狭义的比例原则之中，因为我国1997年《刑法》第5条规定的是罪责刑相适应原则，而非罪刑相适应原则。也就是说，在理解刑法中的"狭义的比例原则"时，应当综合考量罪、责、刑3个要素是否合比例，既注重刑罚与犯罪行为相适应，又注重刑罚与犯罪人个人情况相适应。③就此而言，责任主义完全可以在狭义的比例原则的审查过程中加以实现。笔者完全同意上述对罪、责、刑相适应原则的理解，但问题在于，在狭义的比例原则这个阶段的审查过程中，比较的对象是特定的，即国家行使权力所能实现的价值与对公民基本权利造成的损害。④ 在这对关系中，前者是罪，后者是刑。一方面，刑罚是"以恶制恶"，因

---

① 冯军：《刑法中的责任原则——兼与张明楷教授商榷》，《中外法学》2012年第1期。
② 该说并没有直接将责任理解为预防必要性，而是在保留责任概念的基础上，补充进预防性处罚必要性的因素，将这一综合体称为"负责性"。王钰：《功能责任论中责任和预防的概念——兼与冯军教授商榷》，《中外法学》2015年第4期。
③ 王作富、黄京平主编：《刑法》，中国人民大学出版社2021年第7版，第21页。
④ 陈新民：《德国公法学基础理论》上卷，法律出版社2010年版，第415页。

此，罪行越严重，对犯罪人施加刑罚所实现的价值就越高；另一方面，刑罚本身也意味着痛苦，刑罚越严重，对犯罪人基本权利的损害程度也就越高。至于行为人本人所具有的可谴责性和可非难性，并不在狭义的比例原则的考察范围之内。因此，在机动车限行和征地拆迁的过程中，即使行政相对人不具有任何可谴责之处，也完全不影响上述行政行为的成立。

总之，责任主义不能被比例原则所涵摄，它是独立于比例原则的一项刑法原则。一个典型的例子是，在责任主义的限制下，不能对无刑事责任能力人科处刑罚，但是在满足比例原则的情况下，可以对上述无刑事责任能力人进行保安处分。因此，责任主义是刑罚权发动时特有的限制条件。

第二节 比例原则的制度功能

一 比例原则不能提供超越刑法基本原则的规范指引

如前文所述，不仅比例原则的所有子原则早已存在于刑法基本原则和刑法理论体系之中，而且刑罚权的发动还额外受到责任主义的限制。因此，刑法理论早就针对刑罚权提出了较之比例原则更为严格的审查标准。也就是说，比例原则固然适用于刑法之中，但是无法对限制刑罚权提供新的规范指引。只要刑罚权发动的时候满足上述各项刑法的基本原则，则其一定符合比例原则。据此，那种试图将比例原则植入刑法之中，从而限制刑罚权的主张，恐还需斟酌。

虽然"植入论"者提出了以下两点理由以证立其主张，一是比例原则具有比刑法的基本原则更高的效力,二是比例原则弥补了刑法谦抑原则的局限性,① 但在笔者看来,上述理由不无可商之处。

第一,论者使用了双重标准,在逻辑上自相矛盾。论者在将比例原则与刑法基本原则进行比较时指出,我国立法虽然规定了刑法基本原则,但是并没有为违反这些原则的刑事立法与刑事司法提供有效的、制度性的救济途径,因而刑法基本原则并不足以有效防止刑事立法与司法解释的恣意。问题在于,在"缺少救济途径"这一点上,宪法基本原则与刑法基本原则相比,可以说是难分伯仲。对于违反刑法基本原则的立法和司法解释,我国固然缺少制度性的救济途径,可是,难道将审查标准由刑法基本原则改为宪法基本原则,就能改善这一状况吗?众所周知,到目前为止,我国的违宪审查机制并不完善,以至于宪法学者不得不采取部门法的合宪性解释这样一种"曲线救国"的路径。"植入论"者显然也意识到了这一问题,从而指出,"尽管本文可能遭受中国没有美国、德国意义上的违宪审查制度的质疑,但是比例原则……起着'安全阀'的作用,有力地规范着公权力与基本权利之间的动态平衡……为刑事立法扩张与刑事司法恣意提供了救济的规范性标准"②。如果剥离掉其中的溢美之词,整段论述的逻辑实际上就是,虽然比例原则没有救济途径,但是比例原则提供了规范性的救济标准,所以将比例原则植入刑法理论仍然是妥当的。也就是说,在"植入论"者看来,"缺少救济途径"在刑法基本原则那里是一个严重的缺陷,但在比例原则这里就无关紧要。很显然,这是典型的双重标准。

第二,缺少救济途径不是否定刑法基本原则效力的充分条件。

---

① 姜涛:《追寻理性的罪刑模式:把比例原则植入刑法理论》,《法律科学(西北政法大学学报)》2013年第1期。
② 姜涛:《追寻理性的罪刑模式:把比例原则植入刑法理论》,《法律科学(西北政法大学学报)》2013年第1期。

如果某项原则能够提供制度性的救济途径，那固然最好，但是，即使缺少制度性的救济途径，也不能因此否定该项原则的效力。在各个法律部门中，救济途径最为匮乏的当属国际公法，但正如亨金的那句著名论断——"几乎所有国家在几乎所有的情况下，遵守了几乎所有的国际法原则，并承担几乎所有的义务"①，即使缺少救济途径，世界各国的自发履行已经证明了国际法基本原则的效力。类似地，虽然立法者和司法解释的制定者仍然会有一些违反刑法基本原则的行为，但是在法治国的基本框架下，我们仍然可以认为，几乎所有立法者在几乎所有情况下遵守了几乎所有的刑法基本原则，即使偶尔有出格的行为，立法者和司法解释制定者仍然是尽力为自己辩解，论证自己的行为符合上述基本原则，而非直接否定上述基本原则的效力，正如和尚把经念歪了，应当矫正的是和尚，而不是否定甚至抛弃经文。因此，从整体上来看，无论有没有制度性的救济途径，刑法基本原则和比例原则在现实中都是具有法律效力的。"植入论"者仅以交通肇事罪司法解释一个个例，就从整体上否定刑法基本原则拘束力的做法，②恐有失妥当。

第三，比例原则的效力级别更高并不能成为优先适用比例原则的理由。我们承认宪法是根本大法，作为宪法原则的比例原则也有着比刑法基本原则更高的法律效力，但这只是说明刑事立法不得违反比例原则，并不意味着按照比例原则就能更为明确妥当地为刑罚权划定运行边界。"正如汉密尔顿注意到的，对某些权利的列举是危险的。要想做一个全面的个人权利的列举是不可能的。危险是，如果某些权利被

---

① Louis Henkin, *How Nations Behave: Law and Foreign Policy*, New York: Frederick A. Praeger, 1968, pp. 5 – 8.
② 姜涛：《追寻理性的罪刑模式：把比例原则植入刑法理论》，《法律科学（西北政法大学学报）》2013年第1期。

列举出来了,将来的国会也许会主张列举和保护某些权利,而剥夺人们其他的权利。"① 所以,宪法往往不是从积极的正面,而是常常从消极的反面,为一切公权力的活动划定一个必须遵守的底线,而刑法完全可以在这个底线的基础上做出进一步的规定。在下位法和上位法之间的关系中,上位法划定底线,下位法提出比上位法更高要求的例子并不鲜见。例如,2014年修订的《中华人民共和国环境保护法》第15条第2款规定:"省、自治区、直辖市人民政府对国家环境质量标准中未作规定的项目,可以制定地方环境质量标准;对国家环境质量标准中已作规定的项目,可以制定严于国家环境质量标准的地方环境质量标准。地方环境质量标准应当报国务院环境保护主管部门备案。"显然,在省级人民政府制定了比国家环境质量标准更为严格的地方环境质量标准时,当然要以这个更为严格的地方环境质量标准来判断行为的合法性。同理,由于刑法的基本原则提出了较比例原则更高、更具体的要求,那么,在判断某一项刑事立法或者司法解释的制定活动是否妥当时,当然也应当以刑法基本原则作为判断标准。

第四,将比例原则与刑法谦抑原则相比较有偷换论题之嫌。"植入论"者认为,刑法的谦抑性仅指刑罚手段的必要性,因而比例原则具有比刑法谦抑性理论更为宽泛的含义。可问题是,没有任何人主张仅靠刑法谦抑原则就能合理限制刑罚权。事实上,任何一项刑法原则都无法单独为刑罚权划定边界,而是刑法的各项基本原则作为一个整体,共同完美地完成了这一使命。因此,"植入论"者如果要对其将比例原则植入刑法的观点予以证成,就必须首先完成这样一个证明,那就是,比例原则优于作为整体的刑法基本原则。单单证明比例原则优于刑法

---

① [美]约翰·艾兹摩尔:《美国宪法的基督教背景:开国先父的信仰和选择》,李婉玲、牛玥、杨光译,中央编译出版社2011年版,第325页。

谦抑原则是没有意义的，因为整体大于部分，已是无须证明的公众常识。"植入论"者本该将比例原则与刑法基本原则这一整体进行比较，却仅和其中之一的刑法谦抑性过招，实难令人信服。

总之，将比例原则引入刑法之中并不能更为科学妥当地为刑罚权的运行划定边界，因为刑法基本原则已经确立了更为严格的审查标准。

二 比例原则的体系化功能

那么，比例原则是否对刑法体系毫无价值呢？笔者对这个问题的答案也是否定的。因为法教义学的任务不仅旨在解释法律，同样志在追求法秩序统一视野下的体系化。[1] 而比例原则对刑法的最大贡献，正是其体系化的功能。

当我们提到"原则"一词时，脑海中往往会立刻浮现出与之相对应的另一个词——例外。没错，法律原则与法律规则相比，最大的区别就在于对待例外的态度。从法理学上来讲，规则以一种"全有或全无"的方式适用于个案，因此一个完整的规则必须穷尽所有的例外，但是某项法律原则可以部分适用，并且其例外往往无法被完整地罗列出来。[2] 那么，刑法的基本原则是否有例外呢？很长时间以来，刑法似乎一直是"有原则必有例外"这一原则的例外，因为刑法的基本原则没有例外。[3] 以罪刑法定原则为例，无论解释结论事实上是否突破了文义的边界，学者们总是声称自己的解释结论符合罪刑法定原

---

[1] 白斌：《宪法教义学》，北京大学出版社2014年版，第26~27页。
[2] 林来梵、张卓明：《论法律原则的司法适用——从规范性法学方法论角度的一个分析》，《中国法学》2006年第2期。
[3] 更准确地说，是没有不利于被告人的例外。

则的要求，即使是主张"司法犯罪化"①的学者，也并不认为此系罪刑法定原则的例外。而晚近以来，随着各类犯罪的不断增多，社会治理的压力不断增加，以保障人权为基本宗旨的刑法基本原则逐渐有了被突破的倾向。对此，首当其冲的就是责任主义。

一方面，随着行政犯时代的到来，②即使是受过长时间专业训练的法律人也无法确保其知晓所有的禁止性规定，又怎么能够奢望普通公民准确地判断自身行为的合法性？知法推定因而也不再成立。然而，"不知法不免责"的观念仍然延续了下来，除了违法性认识错误不可避免这种极其例外的情况，违法性认识错误亦不能成为阻却刑事责任的事由。这样一来，违法性认识错误就成了"责任主义无法进入的堡垒"③。另一方面，客观处罚条件或者说客观的超过要素的大量使用，也严重地冲击着责任主义原则。原本作为刑罚限制事由的客观处罚条件，现如今已经蜕变为刑罚扩张事由，乃至成了刑罚权扩张的有力武器。在社会治理的现实需要下，即使不少学者对客观处罚条件提出了严厉的批判，立法者仍然不为所动而不断设置或继续保留客观处罚条件。④ 无论是否愿意承认，客观处罚条件在事实上已经成了责任主义的一个重要例外，并且这一例外正呈现出不可阻挡的扩张趋势。

这样一来就产生了一个问题，那就是哪些刑法原则不可以有例外，哪些可以有例外。对此，劳东燕教授将刑法基本原则分为了两大类：

---

① 张明楷：《司法上的犯罪化与非犯罪化》，《法学家》2008年第4期；李正新：《论司法犯罪化的实践理性》，载赵秉志主编《刑法论丛》第46卷，法律出版社2016年版，第140页。

② 梁根林：《刑法修正：维度、策略、评价与反思》，《法学研究》2017年第1期；储槐植：《1997年刑法二十年的前思后想》，《中国法律评论》2017年第6期；田宏杰：《规范关系与刑事治理现代化的道德使命》，人民法院出版社2020年版，第166页。

③ 劳东燕：《责任主义与违法性认识问题》，《中国法学》2008年第3期。

④ 梁根林：《责任主义原则及其例外——立足于客观处罚条件的考察》，《清华法学》2009年第2期。

第一类是具有法治与宪政基础性地位的原则，包括罪刑法定原则、法益保护原则、责任主义原则、无罪推定原则和比例原则；第二类是效力仅局限于刑法内部的原则，如行为要求、犯意与行为同在原则、因果关系原则等。其中，第一类原则具有宪法性的基础地位，无论如何都不应被突破；第二类原则不属于法治国的基础，在特定情况下，这一类原则可以被突破。① 笔者认为，这种将刑法基本原则分为具有宪法意义的原则与其他原则两类，并分别确立不同处理方案的做法是值得称道的。但是，在这两类原则具体包括哪些刑法原则这一问题上，笔者的看法则有所不同。

虽然，笔者亦赞同宪法基本原则构成了法治国的堤坝，不可以存在例外，否则公民的基本权利将被淹没在公权力的洪水之中。但问题是，哪些原则具有宪治意义或构成法治国的基础，而哪些原则不具备上述特征呢？对此，上述主张并没有提出一个具有可操作性的判断标准，而是采取了对各个原则逐一考察的思路。这样做的结果就是，罪刑法定原则、法益保护原则与责任主义原则虽然都被归为上述第一类原则，但"入选"的理由却各不相同。具体而言，罪刑法定原则是法治原则在刑法领域的具体体现，法益保护原则虽然难以被认为是宪法性原则，却可以从构成宪治基础的国家目的之中引申得出，而责任主义的宪法意蕴则来源于宪法学理上对人性尊严的认同。② 那么，我们是否可以基于类似的理由，认为行为要求、犯意与行为同在原则、因果关系原则也属于上述不存在例外的第一类原则呢？因为法律调整的是行为而非思想，乃法治的应有之义，所以，行为要求和罪刑法定原则

---

① 劳东燕：《风险社会中的刑法：社会转型与刑法理论的变迁》，北京大学出版社2015年版，第77~80页。

② 劳东燕：《风险社会中的刑法：社会转型与刑法理论的变迁》，北京大学出版社2015年版，第77~78页。

类似，也应属于第一类原则；犯意与行为同在原则与其说是一个独立的刑法原则，不如说是对责任主义原则的进一步明确，其不过是将"没有犯意就没有刑罚"具体阐释为"行为时没有犯意就没有刑罚"，既然上述主张认为责任主义属于第一类原则，那么犯意与行为同在当然也属于第一类原则。至于因果关系原则，则与法益保护原则密不可分。所以，如果认为刑法的功能在于通过运用刑罚调整公民的行为，从而有效地保护法益，那么一个当然的结论就是，行为与法益侵害结果之间必须具有因果关系，因为处罚那些与法益侵害没有因果关系的行为，根本无助于法益保护这一目的的达致。据此，既然法益保护原则属于不存在例外的第一类原则，因果关系原则自也应归于第一类原则。所以，上述主张虽然认识到了有部分刑法原则不能存在例外，而另一部分刑法原则可以存在例外，但遗憾的是，由于没能为区分这两类原则提出一个具有可操作性的判断标准，以至于上述主张对于两类原则的区分，基本上可以说以失败告终。

在这样的情况下，比例原则就有了用武之地。如前文所述，从刑法和宪法的关系来看，可以认为宪法为一切限制基本权利的行为划定了不可逾越的疆界，也就是法律保留原则和比例原则，而刑法则在宪法的基础上针对刑罚权提出了更高的标准，也就是责任主义原则。笔者认为，法律保留原则和比例原则是宪法为法治国划下的底线，如果某项限制公民基本权利的行为不符合法律保留原则或者比例原则，将直接导致该行为违宪从而失去正当性。因此，罪刑法定原则、法益保护原则、刑法谦抑原则和罪刑均衡原则作为法律保留原则和比例原则在刑法中的具体化，是不可以存在例外的。当然，上述原则的子原则如果是其在逻辑上的自然延伸，也不可以存在例外。而责任主义则有所不同，由于罪刑法定、法益保护、刑法谦抑和罪刑均衡这4项基本原则已经确保了刑罚权发动的标准不低于宪法的要求，即使对责任主义原则设置例外，也不会从根本上导致某项刑事立法违宪。所以，如果确实存在足够充分且正当的理由，责任主义原则可以有例外。

事实也确实如此。晚近以来，遭到挑战的并非只有责任主义原则，法益保护原则、刑法谦抑原则和罪刑均衡原则也同样受到过冲击，而理论界对两者的态度可说是大相径庭。就责任主义而言，虽然存在反对的声音，①但是法律认识错误以及客观处罚条件作为责任主义的两项例外，已经被越来越多的学者所接受。特别是我国在情节犯的认定过程中，存在着相当数量的客观处罚条件，②如果对客观处罚条件采取一味拒斥的态度，根本无法实现案件的妥当处理。但是，当风险刑法理论对法益保护原则、刑法谦抑原则、罪刑均衡原则（即比例原则在刑法中的具体展开）造成冲击的时候，学界的主流近乎"同仇敌忾"般地捍卫着上述原则，③致使风险刑法理论在我国一经提出，遭受的便是铺天盖地的批评之声④。笔者认为，造成这种差距的根本原因就在于，法益保护原则、刑法谦抑原则和罪刑均衡原则关乎犯罪圈的划定能否满足比例原则的要求，直接决定了刑事立法是否合宪，这些原则必须毫不动摇地坚持下去，但是责任主义并非比例原则的题中之义，即使不将责任主义原则贯彻到底，也不必然产生违宪的后果，由此决定，

---

① 黎宏：《论"客观处罚条件"的若干问题》，《河南省政法管理干部学院学报》2010年第1期。

② 王莹：《情节犯之情节的犯罪论体系性定位》，《法学研究》2012年第4期。

③ 陈兴良：《风险刑法理论的法教义学批判》，《中外法学》2014年第1期；田宏杰：《"风险社会"的刑法立场》，《法商研究》2011年第4期；刘明祥：《"风险刑法"的风险及其控制》，《法商研究》2011年第4期。

④ 需要指出的是，学界对于劳东燕教授的风险刑法理论的批评可能存在一定的误解，因为其只是在事实层面描述立法存在的一种倾向，并不是在价值层面赞成这种倾向。劳东燕：《风险社会中的刑法：社会转型与刑法理论的变迁》，北京大学出版社2015年版，第70页。

责任主义可以存在例外。

第三节　比例原则的适用范围

比例原则作为一项宪法原则，主要回答国家在何种情况下可以限制公民基本权利的问题，毫无疑问其适用于所有的公法领域，用来调整国家与公民之间的关系。但是问题在于，比例原则是仅仅作为一种公法上的原则而存在，还是说，比例原则不仅用来调整国家与公民之间的关系，也可以用来调整平等主体之间的关系？就目前来看，有不少学者对后者表示了赞同。

第一种观点认为，比例原则是对社会行为中目的理性的全面与凝练的概括，是成本效益分析的另一种表达，是沟通事实判断与价值判断的桥梁，因而在私法中具有普适性。[①]

第二种观点认为，民法从来都不是一个独立王国，为了防止国家权力对私法自治的过度干预，有必要将比例原则引入民法。[②]

第三种观点主张将比例原则用于分析正当防卫的合宪性解释，并进一步提出，一是在法治国中任何有损公民权利的行为都必须具有合法性的依据，既然国家和公民都可能损害公民权利，那么两者都应受到比例原则的约束；二是认可正当防卫就意味着在一定范围内免除国家对公民的保护义务，因此正当防卫不仅涉及公民与公民之间的关系，而且也涉及国家与公民之间的关系，故也应当受到比例原则的限制。[③]

[①] 纪海龙：《比例原则在私法中的普适性及例证》，《政法论坛》2016 年第 4 期。
[②] 郑晓剑：《比例原则在民法上的适用及展开》，《中国法学》2016 年第 2 期。
[③] 陈璇：《正当防卫与比例原则——刑法条文合宪性解释的尝试》，《环球法律评论》2016 年第 6 期。

笔者以为，上述第一种观点的不当之处十分显明，因为比例原则和目的理性是两个不同的概念。诚然，比例原则和目的理性都涉及手段与目的之间的衡量，但是，比例原则和目的理性在以下两个方面存在十分重要的区别。一是比例原则的内涵比目的理性具体得多，比例原则不能被简单地化约为对手段、目的、价值和结果的综合考量。它的核心在于，在可以达成目的的诸多手段中，必须选择损害最小的那一种，并且在这种情况下，其达成的目的也不能明显超过其造成的损害；二是违反比例原则将直接导致行为失去正当性的基础，但是我们不能认为一项不符合目的理性的行为就是不正当的。论者的逻辑是将比例原则向上递归为目的理性，由于目的理性具有普适性，所以比例原则也具有普适性。不过很可惜，上述逻辑从一开始就不能成立。

第二种观点不存在原则上的错误，不过，该观点带来的学术增量相对有限。因为如果论者想要论证的仅仅是公权力只有在满足比例原则的情况下才能干涉私法自治，恐怕没有任何人会表示反对。因为这虽然发生在民法领域中，但本质上也属于国家与公民之间的关系，当然也应该受到比例原则的规制。从这个意义上来讲，论者的主张并没有超出学界现有的共识。不过，值得欣慰的是，论者十分敏锐地注意到，国家权力和处于优势地位的私人都有可能对私法自治造成威胁，并且主张在一方滥用优势地位形成"单方强制"时，有必要利用比例原则使失衡的权利义务关系恢复均衡。[①] 对于这一观点，笔者十分赞同。在系统论看来，整个社会由许多不同的子系统构成，各个子系统在发展过程中带来了伟大的文明能量，却也蕴含着造成灾难的巨大

[①] 郑晓剑：《比例原则在民法上的适用及展开》，《中国法学》2016年第2期。

风险。① 任何占据优势地位的个人或组织都有滥用这种优势的内在冲动，如果不加以制衡，这种对优势的滥用必将对社会造成重大伤害。在美国次贷危机之前，具有系统重要性的金融机构利用自身体量的优势，将自己与整个金融系统捆绑在一起，毫无节制地利用杠杆进行金融交易，赚了的钱都归自己，以致美国金融业的回报率高达20%，远高于其他行业的8%。② 但由于自身体量太大，一旦倒闭不仅会引发系统性金融风险，而且可能使美国重蹈1929～1933年大萧条的覆辙。所以，当雷曼兄弟濒临崩溃的边缘，美国政府必须出手为其买单。而正是美国政府决定放弃雷曼，不仅引发了惨烈的2008年金融危机，而且最终，美国政府不得不动用7000亿美元为华尔街的贪婪买单，"too big to fall"也一举成为重构金融监管体系所着力关注的焦点和致力解决的核心问题。而在我国，非政府主体滥用自身优势地位的情况也并不鲜见。例如，一家垄断了搜索引擎信息渠道的公司，最终选择使用竞价排名的方式为自身攫取巨额利益，而任由虚假广告大行其道；等等。因此，只有将比例原则的适用范围扩张到上述弱式意义上的平等主义之间，才能有效防止优势地位的滥用，保障公民的基本权利。但需要注意的是，弱式意义上的平等只是强式意义上平等的例外，③ 只有在存在足够充分且正当理由的情况下，法律在调整民事主体关系时才会倾斜保护其中一方。

第三种观点和第一种观点类似，也主张比例原则适用于包括强式意义上平等主体之内的所有"公民—公民"关系，但是论者并没有像

---

① ［德］贡塔·托依布纳：《宪法的碎片：全球社会宪治》，陆宇峰译，中央编译出版社2016年版，第97页。
② 李晓鹏：《这个国家会好吗：中国崛起的经济学分析》，中国发展出版社2012年版，第31页。
③ 王轶：《民法原理与民法学方法》，法律出版社2009年版，第42页。

第一种观点那样向上递归,而是正面对自身的观点进行了论证。这种严谨的研究态度令人钦佩,但可惜的是,论者给出的理由不能让人信服。

首先,笔者也赞成,在法治国家中,任何有损公民基本权利的行为都必须具备正当化的根据,否则就是非法。可问题是,凭什么认为,对于国家和公民要适用相同的正当化标准呢?对此,论者并没有完成自己的证立任务。事实上,占据压倒性多数的是另外一种情况,即对国家和公民适用了不同的正当化的标准,并且对国家设定的标准严于自然人。例如,根据2021年最高人民法院《关于适用〈中华人民共和国刑事诉讼法〉的解释》第72条,认定被告人有罪和对被告人从重处罚,应当适用证据确实、充分的证明标准,言下之意,对于有利于被告人的证据,则不需要达到确实、充分的证明标准。又如,国家为了抗洪抢险,把私人的卡车推到洪水之中,这在法律上构成征收,必须进行合理补偿,相比之下,如果是公民个人为了保护自身的重大人身利益,损毁无辜第三人的合法财产,则构成紧急避险,至多不过是适当补偿罢了。

其次,不能从国家负有保护公民不受侵害的义务,推导出比例原则也适用于正当防卫。论者的逻辑是,国家有义务保护公民—正当防卫排除了国家对侵害人的保护—正当防卫在一定程度上免除了国家对特定公民的保护义务—正当防卫涉及国家与公民之间的关系—正当防卫也应当遵循比例原则。但是,论者关于国家对公民的保护义务的理解值得商榷。从宏观角度来看,国家固然有义务保障公民的权利不受侵害,但是,这种保护并不是像保姆一样事无巨细地全天候照料,而是必须进一步区分不同的情况展开讨论。笔者认为,国家是由公民组成的政治共同体,它对公民的保护义务也需要根据危险来源的不同而区别对待。对于来自共同体外部的一切风险，国家都具有保护公民的积极义务，因此，当国家面临外敌入侵、国内发生重大自然灾害，或者公民在国外遭到重大危险时，国家有义务主动出击，即使战争和自然灾害被认为是不可抗力，谈不上违法与否，国家也必须责无旁贷地保护本国公民。正因如此，才有了永远奋战在抗灾一线的中国人民解放军，有了举世瞩目的利比亚撤侨，本来被视为国家权利的外交保护也逐渐蜕变为一种国家责任。[①] 但是，对于来自共同体成员内部的风险，国家的保护义务则有所不同。这是因为，私法自治原则决定了，公民与公民之间的法律关系原则上应当由公民之间自行调整，国家不得随意干涉。既然国家无法也不应当像监控国际局势那样监控公民的私人领域，那么就不能指望国家像应对战争和重大自然灾害那样，在第一时间对可能发生的危险做出应对。于是，国家只能通过国内立法，为公民确立行为规范，并通过对违法行为进行制裁，从而间接保护公民的基本权利。一言以蔽之，对于来自共同体外部的一切风险，国家对本国公民均有保护的义务，[②] 而对于来自共同体内部的风险，只有该风险非法产生时，国家才负有保护的义务。因此，国家固然有义务保护遭受犯罪行为侵害的普通公民，但是，当防卫人对侵害人进行反击时，由于侵害人面临的风险具有合法来源，国家此时并不负有保护侵害人不受损害的义务。既然这种保护义务本来就不存在，自然也谈不上免除与否的问题。据此，论者上述逻辑推导的第一步不能成立。

最后，从规范上来看，用比例原则来限制正当防卫不符合我国的法律规定。在论文中，论者将主要精力用来论证为什么正当防卫不受

---

① 万霞：《外交保护国际制度的发展及演变》，《国际观察》2009 年第 2 期。
② 在很多时候，只要风险来自共同体外部，哪怕这种风险具有法律上的正当性，国家也必须保护本国公民，典型例子就是本国人不引渡。

狭义比例原则的限制，却没有附加任何论证地主张，"正当防卫必须是在多种同样能够制止不法侵害的反击行为当中，给侵害人造成损害最小的那一种"①。然而，事实果真如此吗？根据我国1997年《刑法》第20条第2款的规定，防卫明显超过必要限度造成重大损害的，才构成防卫过当。法条中的"明显"二字无疑表明，防卫行为可以在一定程度上超过必要的限度，只要不是明显超过必要限度即可。可见，正当防卫其实不受必要性原则的限制。例如，甲夜间潜入乙家中实施盗窃，乙有一把手枪，本来乙对空地开枪就足以将甲吓跑，但是乙选择向甲的手部开枪，并将甲打成轻伤。在该案例中，乙选择的手段显然不是对侵害人造成损害最小的那一种，但恐怕没有人会认为乙的行为构成防卫过当。

综上所述，比例原则当然适用于调整国家与公民之间的关系，也可以被扩张适用于调整弱式意义上的平等主体之间的法律关系，但并不适用于调整强式意义上的平等主体之间的法律关系。

第四节　结语

"即使文学的歧义可以培育读者的参与冲动，历史的歧义可以刺激后人的怀疑精神，哲学的歧义可以滋养智者的思辨乐趣，道德或法律中的歧义至少也让我们了解到人类价值的限度，信仰却最难容忍歧义。因此，一切诠释学或者'过度诠释'的问题，最终应当在神学的意义上被逼向解决。"② 正因如此，艾柯特别强调："不能随心所欲地使用

---

① 陈璇：《正当防卫与比例原则——刑法条文合宪性解释的尝试》，《环球法律评论》2016年第6期。
② 杨慧林：《意义——当代神学的公共性问题》，中国人民大学出版社2013年版，第139~140页。

敞开的文本（use the text as you want），而只能随文本所欲（as the text wants you to use it）；敞开的文本无论有多么'敞开'，也不可能任意读解。"① 在比例原则的精神早已融入并铸就现代刑法的灵魂，在刑法基本原则整体早已成为比例原则在刑法中的践行展开时，比例原则"入刑"的倡议，与其说是对宪法的过度诠释（over interpretation），毋宁说是对刑法的无意误解。如果说宪法是人民自由的圣经，刑法是社会治理的最后法律防线，那么，在宪法价值秩序下建构的现代刑事法治，则是我们历尽千辛万苦，才终于在"乱麻中采获的鲜花"。因此，对其基本原则所作的任何过度诠释，都是我们必须时刻警醒的。

---

① 转引自杨慧林《意义——当代神学的公共性问题》，中国人民大学出版社 2013 年版，第 139 页。

第六章　行政犯治理与刑事现代化的体系路径

从以民事犯惩治为依归向以行政犯治理为核心，既是刑事治理现代化的内在演进规律，又是刑事治理现代性的外在呈现特征，进而在宣告以治理行政犯为规范使命的现代刑事治理时代到来的同时，日益使传统刑事治理体系面临严峻挑战。越来越多的普通行政犯案件由于处理不当，从"'茶杯里的风暴'骤变为社会'龙卷风'，酿成公共事件、现实危险"[①]。表面看，是个案处理不当所致，其实根源在于，以民事犯为治理核心的传统刑事治理理论、治理体系和治理能力已不能满足行政犯治理的时代所需。那么，刑事治理体系的现代化究竟应当如何推进，才能既科学回应犯罪结构和犯罪数量的时代变化，又彰显新时代中国特色刑事治理体系的先进性，并为全球刑事治理体系和治理能力的现代化贡献中国智慧？笔者以为，唯有立足于中国特色社会主义法律体系中的刑法与其前置部门法的规范关系，秉持"前置法定性与刑事法定量相统一"的犯罪治理理念，重塑行刑衔接的刑事规范

---

① 周强：《坚持以习近平新时代中国特色社会主义思想为指导 努力把新时代刑事审判工作提高到新水平》，《人民司法·应用》2019年第34期。

体系，再造合作诉讼的刑事程序模式，创新三审合一的刑事审判机制，刑事治理体系才能完成从传统向现代的转型，助推国家治理体系和治理能力的现代化。

第一节　行刑衔接：刑事治理现代化的规范体系重塑

如果说民事犯的治理，只要秉持并践行刑事一体化的理念，在"非常刑法"的知识体系里就能自如应对、妥善处理，那么，行政犯的治理，则不能不说是传统刑事治理体系无法独立解决的棘手难题。这是因为，民事犯治理的前置法主要是民商法，既包括民事制定法，又包括民事习惯法如公序良俗等，故而即使是一个法盲，也知道盗窃他人财物违法，既应当承担民事赔偿责任，又可能面临锒铛入狱的刑事制裁。而行政犯治理的前置法主要是行政法，不仅规范数量众多、所涉领域纷繁、法律关系复杂，而且世易时移、变化迅速，不但普通百姓难以窥得全貌，即使是法律专业人士也难以自如驾驭，此在金融犯罪、环境犯罪等经济行政犯罪中尤为凸显。

所以，只有"跳出刑法"，才能"更加刑法"地科学组织对犯罪尤其是行政犯的反应。毕竟，前置法不法性是刑事违法性的必要条件，但是，行为之前置法不法性的具备，并非行为之刑事违法性的充分条件，更不是行为之刑事违法性的充要条件。相反，前置法之不法行为只有通过刑法的两次定量筛选，才能成为刑法上的犯罪行为：一是罪状的筛选。即从前置法不法行为中筛选出严重者，形成刑事犯罪行为的定型即罪状，筛选的标准既有被侵害法益的宪法价值大小权衡，又有法益被侵害的严重程度高低比较；二是罪量的确定。即为具有双重不法性的行为设定刑事追诉标准，设定的依据是前置法与刑事法之制裁配置的前后衔接和比例递进。

这既是现代法治体系里前置法与刑法之间的结构关系与功能配置，也是中国特色社会主义法律体系下部门法秩序的深刻内涵，即前置法定性与刑事法定量的科学统一。① 因而以行政犯治理为使命的现代刑事治理体系的规范重建，关键在于前置法定性与刑事法定量相统一的行刑衔接要求，在立法层面、执法层面和适用层面的践行落实。

一　规范制定层面的行刑衔接

由"前置法定性与刑事法定量相统一"的部门法秩序决定，刑事立法规制的规范边界的确立，应当遵循以下3个循序渐进又有机联系的法益保护规则，以在立法层面实现行刑的有机衔接：第一，在法益保护形式上，刑法法益必须是前置法之调整性规范所确立，并为前置法之第一保护性规范所保护的第一保护性法益；第二，在法益保护实质上，刑法法益必须是公民的现代个人法益，包括实现公民生存所必需的狭义的传统个人法益，以及实现公民自由发展所必要的广义的现代个人法益；第三，在法益保护比例上，刑法保护的设置和启动，以法益的前置法保护已经达到或接近达到第一保护性规范的保护力量上限，实有济之以刑法力量增援和法体系第二次保护之必要为判准。②

其中，第一个规则决定了刑事立法的形式正义即形式层面行刑衔接的实现，第二个规则决定了刑事立法的实质正义即实质层面

---

① 田宏杰：《规范关系与刑事治理现代化的道德使命》，人民法院出版社2020年版，第151页。
② 田宏杰：《刑法法益：现代刑法的正当根基和规制边界》，《法商研究》2020年第6期。

行刑衔接的达致，第三个规则决定了刑事立法与前置法共同规制犯罪之分配正义或制裁合比例的构建。3个规则的有机结合，既为刑事立法正义的静态实现提供了保障，又为刑法谦抑精神的制度演绎奠定了基石。至于立法层面行刑衔接的具体实现，则端赖以下两个层面的并行构建。

一是前置行政法应为行政犯的刑事法规制奠定基石。2020年肆虐全球的新型冠状病毒感染肺炎（以下简称新冠肺炎），经调查研究确定"病毒来源为野生动物"，使得野生动物交易、食用规制再次进入公众视野。虽然2018年《中华人民共和国野生动物保护法》（以下简称2018年《野生动物保护法》）第49条规定，违法生产、经营使用国家重点保护野生动物及其制品，或者没有合法来源证明的非国家重点保护野生动物及其制品制作食品，或者为食用非法购买国家重点保护的野生动物及其制品，构成犯罪的，依法追究刑事责任，但当时的1997年《刑法》对野生动物的保护规定除第151条第2款走私珍贵动物、珍贵动物制品罪外，仅限第341条，且第341条第1款只针对国家重点保护的珍贵、濒危野生动物，第2款只针对非法狩猎所得的动物，致使市场上大量销售、食用野生动物行为无法入刑定罪，因而各界一致呼吁，必须修改刑法，织密野生动物保护的刑法规制法网。

然而，不为前置行政法规制的行为，不可能进入刑法规制的视野。2020年《刑法修正案（十一）》对第341条第3款的增设，虽使上述状况有所改善，但野生动物刑法保护力度的加大，仍需进一步扎紧野生动物保护的前置行政法的制度笼子。而恰恰是我国现有前置行政法对非法交易、食用野生动物规制的以下不足，使得刑法规制疆域的独立拓展和规制力度的独立加大，困难重重。一是受保护的野生动物定义范围过窄，许多在生态系统中扮演重要角色的动物不在保护范围；

二是在交易、食用野生动物方面，对于"有合法来源证明的非国家重点保护野生动物及其制品制作的食品"，立法未予明确制止；三是野生动物虽在 2021 年纳入《动物防疫法》规制范围，但仍非《食品安全法》保护的食品，亦非《农产品质量法》调整的初级农产品；四是有重要生态、科学、社会价值的动物和普通野生动物不在刑法保护范围，导致蝙蝠、果子狸等不属于珍稀动物但又容易引起大规模公众健康问题的动物，其非法交易不受刑法规制。

由此可见，只有修改《野生动物保护法》等前置行政法律、法规，扩大野生动物保护范围，明确野生动物分级保护标准，包括交易、食用不同种类野生动物的相应不同法律责任，野生动物刑法保护的立法完善才有法可依，从而既具有道德的正当性，又具有规范的合法性。为此，2020 年 2 月 24 日，全国人大常委会审议通过《关于全面禁止非法野生动物交易、革除滥食野生动物陋习、切实保障人民群众生命健康安全的决定》（以下简称 2020 年《决定》），以"为打赢疫情阻击战、保障人民群众生命健康安全提供有力的立法保障"。同时，全国人大常委会法工委有关部门负责人在答记者问时坦诚，"全面修订野生动物保护法需要一个过程"，2020 年《决定》只是完善野生动物法治保护体系的应急之举，着眼长远，必须全面修订野生动物法律保护体系。[①] 至于前置行政法和相应刑事法的修订完善路径，既可前置行政法先行，又可两者同步展开，就像醉驾入刑的法律规制完善一样，规定醉驾应当负刑事责任、进而为醉驾入刑奠定前置法基础的《道路交通安全法》，与将醉驾增设为危险驾驶罪的《刑法修正案（八）》同步修订，并于

---

① 新华社记者胡璐、白阳：《全面禁止非法野生动物交易　革除滥食野生动物陋习——全国人大常委会法工委有关部门负责人答记者问》，中国人大网，2020 年 2 月 24 日（链接日期），http://www.npc.gov.cn/npc/c30834/202002/fe45c9fbd7a647d595d23601bc75c8fb.shtml，2021 年 12 月 1 日（引用日期）。

2011年5月1日同时生效。

二是后盾刑事法应当为行政犯的前置法规制提供保障。诚然，作为社会治理最后一道法律防线，刑事立法的规制是有限的，对于不为前置法规制或者不具有前置法不法性的行为，刑事立法不能越位将其规定为犯罪，否则，就是刑事立法权的滥用和刑法的渎职。但是，作为所有部门法的后盾和法体系最后的保障，刑事立法规制还应当讲求有效。在前置法的规制疆域不断拓展，前置法上的不法行为不断增多，前置法的制裁力量不断加强乃至接近其上限，刑事立法的规制疆域亦不能固步自封，而是应当随之动态调整、适度扩张，否则，不能为前置法规制提供有效的保障，则是刑事立法的懈怠和刑法的失职。如果说"有限"保障旨在防止刑法的越位和突破法治底线的刑法滥为，那么，"有效"保障则在于避免刑法的失职和废弛法律秩序的刑法不为，因而有限而有效的刑法保障，既是刑法谦抑性的内在精义和价值归依，又是行刑衔接的目标追求和评判标准。就当下中国而言，刑法与其前置法的立法衔接，笔者认为，主要应解决好两个问题：一是犯罪规制的适度扩张，二是责任配置的科学调整。

以证券犯罪为例。2019年《证券法》的法律责任条文共44条，仅市场主体（不含监管主体）的不法行为类型就涉36条47种。而刑法中的相应保障条文仅13条，犯罪行为类型仅17种，与证券法的不法行为圈相比，实在太过骨感而有调整增设的必要。不过，需要注意的是，刑法的使命在于保护法益，故刑事立法条文的设置以法益侵害为标准，行为样态虽然不同，只要侵害的法益相同，均纳入同一刑法条文进行规制；而前置法的法条设置以行为样态为标准，不同的行为样态由不同的前置法条文分别规制。例如，2019年《证券法》第200条规定的非法开设证券交易场所、第202条规定的擅自设立证券公司、第212条规定的擅自设立证券登记结算机构等3种证券不法行为，行为样态虽然各异，但侵害的法益都是金融机构的设立监管秩序，因而在刑法中皆纳入第174条第1款擅自设立金融机构罪一并规制。所以，刑事立法犯罪圈的扩张，不能简单地与前置法条文一一对应，而是应遵循法益保护原则，按照前述3个规则进行。

至于责任配置的科学调整，主要在于单位犯罪双罚制的贯彻，尤其是加大对单位犯罪之单位的制裁力度。虽然对单位犯罪的刑事处罚，在我国一般均采取双罚制，但有少数犯罪，如违规披露、不披露重要信息罪，不仅实行的是单罚制，而且只罚自然人，不罚单位。之所以如此，主要是囿于公司的违法行为已经损害了股东和投资者的利益，如果再对公司判处罚金，将会加重股东和其他投资者的损失程度。但是，前置证券法对单位不法行为大多设置的是双罚制，对违法单位规定了罚款等行政处罚。故避免"殃及无辜股东"的刑事立法意图，也就是刑法的美丽"空想"而已。不仅如此，没有无义务的权利，也没有无权利的义务。公司、企业既然享有从依据信息披露而作出投资决策的投资者中直接融资的权利，其当然负有保护投资者免受不实信息披露损害的义务。而这一义务的履行，从中获益（包括不法获取经济利益或不法转嫁风险损失）的当然有公司以及对公司资产享有所有权的股东，而不仅仅限于对公司资产享有经营权的高管。

所以，公司、企业犯罪只罚自然人，不罚公司、企业的刑事责任配置，与其说是避免殃及无辜的刑法善举，毋宁说是对罪责自负原则的放弃。据此，实有必要对行政犯的责任主体进行梳理调整，以回应行政犯治理的现实需要，切实担负起刑法对前置法的保障使命。至于公司职工和债权人的利益保障，则可通过保险等社会保障机制和民事诉讼①等制度的合理安排来妥善解决。

二 规范执行层面的行刑衔接

不仅行政犯之刑事违法性认定以行政不法性的具备为前提，而且刑事责任的追究以对行政制裁力量不足之补充和行政管理秩序的有效恢复为依归。②而行政活动的开展，尤其是行政不法行为的认定，不仅要求较高的专业知识水准和公共政策把握能力，而且随着经济空间的不断拓展，行政监管的领域也日益宽广庞杂。在专业分工日趋精细的现代社会，不仅社会治理的专业问题应当先行交给专业行政管理人士而不是司法人员去解决，而且社会公众在要求行政机关提供更加积极、有效的监管治理的同时，对于行政权的扩张始终抱持天然的警惕，从而要求对行政权的行使进行更为有效的监督。而程序终极性和实体救济性的并行不悖，不仅赋予了司法对行政的审查权威，以实现司法对行政的有效监督和保障，而且使得司法乃社会治理的终极法律形式业已成为国际社会的普遍共识。③

至于中国特色社会主义法律体系中的行刑衔接机制，笔者以为，更是鲜明地表明了上述立场，即行政犯的衔接治理机制和办案程序，在于以行政优先为原则和以刑事先理为特殊的结合。首先，从2021年《行政处罚法》第35条关于拘留、罚款等行政处罚如何折抵拘役、罚

---

① 2019年《证券法》第85条和2022年最高人民法院《关于审理证券市场虚假陈述侵权民事赔偿案件的若干规定》，为投资者获得民事赔偿提供了明确的法律依据，法院审理中可以根据个案情况判处、追究违法者的民事责任，保护投资者的合法权益。

② 田宏杰：《行政犯的法律属性及其责任——兼及定罪机制的重构》，《法学家》2013年第3期。

③ 1966年通过的联合国《公民权利和政治权利国际公约》第14条第7款明确规定："任何人已依一国的法律及刑事程序被最后定罪或宣告无罪者，不得就同一罪名再予审判或惩罚。"

金等刑事制裁，以及2018年《刑事诉讼法》第54条第2款对于行政执法证据如何转化为刑事诉讼证据的明确规定来看，"行政先理为原则与刑事先理为特殊相统一"的行刑衔接机制，乃是2021年《行政处罚法》的立法精神和2018年《刑事诉讼法》的规范教义所在。否则，"法律不关注细微之事"，如果立法本意是以刑事优先为常态，以行政先理为例外，那么，立法机关就应对在先进行的刑事制裁如何折抵在后展开的行政处罚，以及在先收集的刑事诉讼证据如何转化为在后使用的行政执法证据予以规定，以使"先刑后行衔接"有法可依。而事实上，遍寻《行政处罚法》《刑事诉讼法》以及其他相关基本法律，立法对此完全不置一词，并未作任何这样的规定，不难看出，虽然刑事优先在刑事法学传统通说中占据主导地位，但其实，不仅形式上于法无据，而且实质上与行刑关系的立法精神亦相抵牾。其次，2021年《行政处罚法》第27条虽然要求"违法行为涉嫌犯罪的，行政机关应当及时将案件移送司法机关，依法追究刑事责任"，但问题在于，在行政调查尚未终结、行政违法事实是否成立尚无定论、违法行为是否构成犯罪更无从谈起的情况下，就要中止行政调查，将案件先行移送刑事侦查机关的刑事优先的理论主张和传统做法，符合"违法行为涉嫌犯罪"的案件移送条件吗？更何况，2021年《行政处罚法》第57条第1款明确要求，"调查终结，行政机关负责人应当对调查结果进行审查，根据不同情况，分别作出如下决定：（一）确有应受行政处罚的违法行为的，根据情节轻重及具体情况，作出行政处罚决定；（二）违法行为轻微，依法可以不予行政处罚的，不予行政处罚；（三）违法事实不能成立的，不予行政处罚；（四）违法行为涉嫌犯罪的，移送司法机关"。申言之，行政犯案件的移送，是在调查终结、行政机关作出行政处罚决定之时，而不是在行政调查进行中，更不是在行政调查启动以前。

那么，行政优先的行刑衔接机制是否意味着行政处罚是刑事制裁的必经前置程序呢？例如，1997年《刑法》第 201 条第 4 款规定："有第一款行为，经税务机关依法下达追缴通知后，补缴应纳税款，缴纳滞纳金，已受行政处罚的，不予追究刑事责任；但是，五年内因逃避缴纳税款受过刑事处罚或者被税务机关给予二次以上行政处罚的除外。"该款究系逃税罪的出罪条款，还是行政处罚乃刑事制裁必经前置程序的立法示例？不仅学界聚讼纷纭，而且实务部门在办案中更是困惑不已。

其实，秉持"前置法定性与刑事法定量相统一"的犯罪规制机理，不难发现，上述问题的答案就在行政处罚时效和刑事追诉时效设置，以及行政权和刑罚权配置的部门法规范关系里。这是因为，在我国，行政处罚时效一般是 2 年，税收征管因是国家财政主要来源，故法律对其规定的行政处罚时效最长，为 5 年。至于治安管理、市场管理、生产作业安全等特殊行业或领域，行政处罚时效往往短至 3 个月至 1 年不等。而刑事追诉时效则相反，动辄 10 年、15 年、20 年甚至经最高人民检察院批准，可以不受刑事追诉时效的限制，而即使是最短的刑事追诉时效，也有 5 年，恰与行政处罚的最长时效有机衔接。而由于众所周知的原因，不仅犯罪黑数是世界各国刑事治理中的难题，不法黑数同样是各国社会治理面临的挑战。如果行政犯治理的行政处罚程序是刑事制裁的必经前置程序，则无疑表明，只要行政不法案件案发时已过行政处罚时效，不仅行政机关不得行政处罚，而且司法机关亦不能刑事追诉。这样一来，不仅彻底消解了刑事诉讼程序的独立性及其对行政处罚程序的保障与监督功能，而且从根本上否定了刑事追诉时效制度独立存在的意义和价值。而行政不法行为人只要能成功地在行政处罚时效内不东窗事发，其也就一劳永逸地摆脱了几乎所有法律责任的追究。这样的行刑衔接程序法网，究竟是有效治理行政犯的正当程序，还是反向激励不法行为人逃避法律制裁的天堂？

至于1997年《刑法》第201条的法律性质及其司法适用，结合2015年《税收征收管理法》第86条、第52条规定不难看出，① 对于超过行政处罚时效的逃税行为，税务机关虽然不得行政处罚，但仍应对逃税行为人作出补征税款、缴纳滞纳金的行政处理决定，从而表明，该类行为并不因行政处罚时效的经过而丧失行政不法性，进而在为刑事司法追诉行政处罚不能的行政犯罪行为的正当性和合法性奠定坚实的前置法基础的同时，又使刑事司法程序的启动乃在于补充、救济前置法制裁之不足的刑法谦抑性得以充分彰显。所以，"行政先理"只是行政犯行刑衔接治理的一般程序原则，而不能将行政处罚视为行政犯刑事追诉的必经前置程序。在行政犯的行政不法事实未能为行政机关及时发现，而刑事追诉机关已先行启动程序的情况下，或者因行政处罚时效经过导致行政处罚权归于消灭等情形下，刑事追诉程序可以不经行政处罚程序而径行展开。②

而对于"行政先理为原则与刑事先理为特殊相统一"的行刑衔接机制的具体构建，笔者以为，具体应由3个子机制及其相应阶段有机衔接组成：一是案件线索和信息的共享机制。即行政机关对行

---

① 2015年《税收征收管理法》第86条规定："违反税收法律、行政法规应当给予行政处罚的行为，在五年内未被发现的，不再给予行政处罚。"第52条规定："因税务机关的责任，致使纳税人、扣缴义务人未缴或者少缴税款的，税务机关在三年内可以要求纳税人、扣缴义务人补缴税款，但是不得加收滞纳金。""因纳税人、扣缴义务人计算错误等失误，未缴或者少缴税款的，税务机关在三年内可以追征税款、滞纳金；有特殊情况的，追征期可以延长到五年。""对偷税、抗税、骗税的，税务机关追征其未缴或者少缴的税款、滞纳金或者所骗取的税款，不受前款规定期限的限制。"

② 田宏杰：《行政犯罪的归责程序及其证据转化——兼及行刑衔接的程序设计》，《北京大学学报（哲学社会科学版）》2014年第2期。

政不法案件决定立案调查之时,向刑事侦查机关移送案件线索。二是行政调查和刑事侦查立案前审查的并轨运行机制。即行政执法机关与刑事侦查机关联合办案,只不过,行政执法机关进行的是行政执法调查工作,适用的是行政执法调查程序;刑事侦查机关开展的是刑事立案前的审查工作,适用的是2018年《刑事诉讼法》第112条规定的刑事立案前的审查程序。三是案件的移送机制。即行政执法调查终结,认定行政不法事实构成犯罪的,行政机关做出行政处罚决定之时,将案件移送刑事侦查机关,刑事侦查后续工作的开展,不影响行政处罚决定的执行。这样,既使行政执法机关可以借助刑事侦查机关的立案前审查手段和力量,解决行政执法办案手段有限、威慑力不足,以及取证、固证难以满足刑事诉讼证明标准等老大难问题,又使刑事侦查机关得以借助行政执法人员的专业知识和执法经验;不仅有利于从根本上解决行政犯认定尤其是行政犯本质之"前置法定性"判断等跨涉多学科、多领域的专业疑难问题,而且可以实现行刑衔接程序的无缝对接,从而为刑事诉讼程序的顺畅运行奠定良好基石。事实上,上述机制已在证券犯罪行刑衔接治理中开始试行。在中国裁判文书网公开的证券犯罪裁判文书中,2019年内幕交易、泄露内幕信息案一审裁判文书6份,利用未公开信息交易案9件;2018年擅自发行股票、公司、企业债券案1件,内幕交易、泄露内幕信息案5件,利用未公开信息交易案9件;2017年内幕交易、泄露内幕信息案8件,利用未公开信息交易案18件,全部均是行政优先处理的典型适例。

三 规范适用层面的行刑衔接

法律的生命在于解释,而解释"不能随心所欲地使用敞开的文本，而只能随文本所欲；敞开的文本无论有多么'敞开'，也不可能任意读解"①，否则就是"过度诠释"②。那么，"前置法定性与刑事法定量相统一"在实践中应当如何具体运用，才能实现法律适用层面的行刑衔接呢？

笔者以为，关键在于坚守法秩序统一的宪法基本价值要求和部门法之间的结构性、功能性、比例性规范关系，遵循以下进路渐次展开刑法适用解释：首先，按照刑法基本原理，立足刑法规范用语文义进行行为定性的形式解释，从而实现刑事司法适用解释的形式正义。其次，延伸至该刑法条文致力于保障的前置民商法或前置行政法所确立的调整性法益和第一保护性法益的本质、前置法之法体系第一保护性规范即"法律责任"规制的不法行为类型、配置的法律制裁方式及其制裁强度综合考量，对不法行为的法益侵害实质进行法秩序统一的实质解释，以消除因对刑法文本意义的孤立解释而将不具有法益侵害实质的行为认定为刑法上的违法行为，从而实现刑事司法适用解释的实质正义。最后，按照行为的法益侵害程度和刑事制裁必要性，结合1997年《刑法》第13条但书进行行为定量解释，以确定行为入罪的追诉标准，从而实现刑事司法适用解释的分配正义。③

例如，持有究属行为还是行为后的状态？如属行为，究系作为、不作为还是与作为、不作为相并列的第三种行为类型？自储槐植先生在《美国刑法》中首次将持有视为第三种行为类型后，④ 有关持有的

---

① 转引自杨慧林《意义——当代神学的公共性问题》，北京大学出版社2013年版，第139页。
② [意] 安贝托·艾柯等：《诠释与过度诠释》，王宇根译，生活·读书·新知三联书店1997年版，第73页。
③ 田宏杰：《规范关系与刑事治理现代化的道德使命》，人民法院出版社2020年版，第202~203页。
④ 储槐植：《美国刑法》，北京大学出版社2005年第3版，第38页。

解释就成为刑法学界一个聚讼至今的重大疑难问题,甚而有学者基于持有系状态而非行为的主张,认为巨额财产来源不明罪在我国1997年《刑法》第395条中的立法化,不仅首开刑事诉讼举证责任倒置之先河,而且实行的是有限制的罪错推定。①

但实际上,巨额财产来源不明罪的前置法是规定国家工作人员财产申报的行政法律、法规。凡国家工作人员均有依法如实申报财产的义务,故纪检监察机关发现行为人的财产或支出明显超过合法收入,责令行为人予以说明,并非强迫行为人自证其罪,而是行为人履行前置行政法所要求的财产说明义务的必须程序,实系凡规定有公务员财产申报制度的法治国家均会采取的做法。因此,行为人在应当履行且能够履行前置行政法要求的说明义务的情况下,却对其持有的巨额财产来源拒不说明或说明不实,显系当为、能为而不为的不作为,既非作为和不作为之外的第三种行为类型,更非学者们所说的行为状态。而无论行为人说明与否,巨额财产的来源和性质并不会仅凭行为人的说明即照此认定处理,而是必须依法查明。是故,即使行为人不予说明,经查实乃其合法财产的,不以犯罪论处;查明系贪污、受贿等违法犯罪所得的,则按相关犯罪而不是巨额财产来源不明罪定罪处罚;只有行为人既不说明,也无法查明巨额财产的来源和性质,并符合该罪追诉标准的,才论之以该罪。显然,这与举证不能就要承担不利法律后果的举证责任倒置有着根本之别。

不仅如此,我国1997年《刑法》第128条规定的私藏枪支、弹药罪和非法持有枪支、弹药罪,亦均属持有型犯罪。但是,私藏枪支、

---

① 樊崇义主编:《刑事诉讼法学》,中国政法大学出版社1996年版,第227页;翁晓斌、龙宗智:《罪错推定与举证责任倒置》,《人民检察》1999年第4期。

弹药罪的前置法义务是依法配备、配置枪支、弹药的人员在枪支、弹药配备、配置条件消除后，应当上交枪支、弹药的作为义务；而非法持有枪支、弹药罪的前置法义务是不得持有枪支、弹药的禁止性义务或不作为义务。因而私藏枪支、弹药罪的行为构造乃在于，行为人应当履行上交枪支、弹药的义务，且能履行此义务，却不履行；非法持有枪支、弹药罪的行为构造则在于，行为人违反不得持有枪支、弹药的禁止性义务而持有枪支、弹药。是故，私藏枪支、弹药型持有，乃是典型的不作为，而非法持有枪支、弹药型持有，则是标准的作为。而这，正是纯正不作为犯和不纯正不作为犯在前置法不法性上的差异所在，前者违反的是前置法中的命令性规范，而后者违反的是前置法中的禁止性规范。

所以，只要秉持"前置法定性与刑事法定量相统一"的刑法适用解释规则即可发现，1997年《刑法》第120条之六非法持有宣扬恐怖主义、极端主义物品罪，第130条非法携带枪支、弹药、管制刀具、危险物品危及公共安全罪，第172条持有假币罪，第348条非法持有毒品罪，第352条非法持有毒品原植物种子、幼苗罪等的持有，均系作为；第282条第2款非法持有国家绝密、机密文件、资料、物品罪中的持有，则系不作为。因此，持有型犯罪中确实既有作为型犯罪，也有不作为型犯罪，却并不存在一种具体的持有型犯罪的持有，既是作为又同时是不作为，或者既不是作为又不是不作为的情形。故而，持有既不是与作为、不作为相并列的第三种行为类型，更不是非行为的一种事实状态，而其实只是持有型犯罪的一种统称，就某一具体持有行为而言，或者仅系作为，或者仅系不作为。这样解释适用刑法，既合理消解了不必要的学术纷争，又合法地实现了法律适用的行刑有机衔接。

第二节 合作诉讼：刑事治理现代化的诉讼模式再造

启蒙运动以降，西方经济发展和社会治理经自由资本主义、垄断资本主义，进入了现今金融资本时代，不仅风险无处不在、无时不在，而且风险治理方案本身，囿于问题角度、学科视野、知识结构等因素，在成功治理一种风险的同时，往往潜滋暗藏着引发另外一种更大风险的可能。正如2008年美国金融危机留给世界的沉痛教训和2015年中国股灾带给国人的深刻体认，金融监管必须从片面、局部的微观审慎监管，转向宏观审慎监管和微观审慎监管并行，才能切实防范系统性金融风险。同样，社会治理也必须从国家行政的单一治理向着国家行政和社会公行政多元治理转型，才能实现政府掌舵—社会共治—公民自治的共建共治共享的现代社会善治。而在刑事司法领域，2007年试行的刑事和解制度在2018年《刑事诉讼法》中的立法化，以及2016年试点的认罪认罚从宽制度随着2019年《关于适用认罪认罚从宽制度的指导意见》颁行而全面推广，则宣告了以恢复性司法为依归、以合作式司法为范式的刑事诉讼程序现代化在我国的开始。表面上，恢复性司法就是"最大程度吸纳特定案件的利害关系人参与司法过程，以求共同地确定和承认犯罪所引发的损害、由该损害所引发的需要以及由此所产生的责任、进而最终实现对损害的最大补救目标"。但"或许最重要的是，政府专业人员必须把他们的组织作用从权威的问题解决者转变为邀请和吸纳社区参与司法决策的促进者"[①]。而这，其实"涉及对公民的特殊训练，是自由人民的政治教育的实践部分，足以使他们

[①] [英]格里·约翰斯通、[美]丹尼尔·W.范内斯主编：《恢复性司法手册》，王平、王志亮、狄小华等译，中国人民公安大学出版社2012年版，第18、303、304页。

摆脱个人和家庭私利的狭小圈子,使他们习惯于理解共同利益和管理共同事业,也就是使他们习惯于从公共的或半公共的动机出发来行动,并且以促进联合而非彼此分离的目标来引导他们的行为"①。为此,必须厘清合作式诉讼与庭审实质化、协商式诉讼以及对抗式诉讼之间的相互关系。

一 关于合作式诉讼与庭审实质化的关系

在我国,合作式诉讼适用的案件多是事实清楚、证据充分、没有争议、应处3年以下有期徒刑的轻罪案件,实践运行中,庭审基本流于形式,多数案件庭审在10分钟内完成,高达95%的案件当庭宣判,以致多数学者认为合作式诉讼是独立于庭审实质化的另一刑事诉讼改革路径,而在中国政法大学应最高人民法院邀请所作的调查中,近一半法官、检察官甚至赞同,对部分认罪认罚案件实行书面审理,亦即不开庭审理。②

这其实是误解。如果说本应完整细致展开的法庭调查、法庭辩论等庭审程序,人为省略简化以至沦为走过场是庭审形式化的表现,那么,本应简化流程、省略环节的庭审程序,人为复杂化地完整进行,同样是与庭审实质化不相符的庭审形式化的表现。庭审实质化不仅要求刑事诉讼以审判为中心、审判以一审为中心、一审以庭审为中心、庭审以证据审查为中心,其实更要求庭审程序及其具体环节,当繁则繁、当简则简,当全则全、当略则略,繁简分流、全略得当。因之,对于人所共知、已达共识的事实认定和法律适用,若仍与社会影响重

---

① [英]约翰·斯图亚特·密尔:《论自由》,赵伯英译,陕西人民出版社2009年版,第84~85页。
② 陈瑞华:《认罪认罚从宽制度的若干争议问题》,《中国法学》2017年第1期。

大、法律适用疑难、认识歧见纷呈的案件,不加区别地均适用完全相同的程序,不仅是对司法资源的浪费,而且才是真正的庭审过场化,是形式主义的刑事诉讼程序的另一种表现,其实质,不过是戴了面具的庭审形式化罢了。

更为重要的是,行政犯刑事诉讼程序的启动,因"行政先理为原则与刑事先理为特殊相统一"的行政执法与刑事司法衔接机制的运行,而使刑事诉讼程序的繁简分流和刑事案件的合作简化处理,奠基于行政执法专业人员对行政不法事实认定和行政法律责任追究的基础之上。所以,以认罪认罚从宽为核心的合作式诉讼,并非背离庭审实质化精神以致独立于庭审实质化之外的司法制度。相反,以认罪认罚从宽为基本范式的合作式诉讼,其实是在庭审实质化的制度框架内,为庭审实质化目标的实现而做的具体路径安排。一方面,对于事实清楚、证据确实充分、当事人认罪认罚的情节较轻的行政犯案件,简化庭审环节;另一方面,对于事实不清、证据存疑、认识分歧较大、情节严重的行政犯案件,适用不予简化甚至愈趋繁密细致的刑事诉讼程序,两者分驰并行又在情况发生变化时相互转换、通力合作。例如,被告人认罪认罚后又反悔的,即可转为普通程序审理,也可在普通程序中因被告人认罪认罚而转为简易程序或速裁程序审理,从而在共同支撑起庭审实质化刑事司法改革的同时,合力推动刑事诉讼模式的现代再造。

二 关于合作式诉讼与协商式诉讼的关系

目前,无论刑事和解的推行还是认罪认罚从宽的施行,在我国并没有与之配套的独立协商程序设计,而是视案件轻重,分别"嵌入"速裁程序、简易程序抑或普通程序。故有学者提出,应以此为契机,推动协商式诉讼程序建设,因为认罪认罚从宽制度的施行,本身就是协商式诉讼在中国诞生的宣示。①

上述主张在笔者看来,恐值得商榷。首先,协商是人际交往方式或者说交往机制,而合作则是集交往理念、目标、方式等在内的人际交往体系或交往体制,是在内涵和外延上都远比协商更为丰富宽泛的概念。其次,协商是工具主义的,无所谓价值理念和方向目标,既可发生在和平时期,也可见之于战争时期,所谓"两国交战不斩来使";而合作是价值先导的,价值理念不同、追求目标各异,可以有协商,但难以有合作。最后,协商是人类交往的基本形式,任何社会治理体系和治理模式下都会有协商的存在和运用,不同的只是协商的范围、程度等存在差异而已;而合作是人类交往的高级形式,在国家行政、社会公行政和公民自律等多元主体共建共治共享的现代社会,多方合作才是社会治理的主要范式。

由此决定,协商既可发生在对抗式诉讼中,又可栖身于合作式诉讼里;协商时,只有控辩双方的封闭参与,被害人、社区代表、社会治理其他部门虽然作为诉讼参与人,其意见可以在协商程序外被听取,但协商全程一般并不对其开放。而对抗式诉讼虽以两造对抗为形式,殊途同归地促成以事实为依据、以法律为准绳的诉讼结果的达致,但合作既不是两造对抗的起点和动机,也不是两造对抗的终点和归依,故集价值理念、目标、方式于一体的合作只能发生在合作式诉讼里。合作时,不仅有控辩双方的参加,更有被害人、社区代表、执法机关等社会治理其他部门的共同参与和开放对话。

因之,协商式诉讼既不能透彻地揭示刑事诉讼模式再造与共建共

---

① 樊崇义:《刑事诉讼模式的转型——评〈关于适用认罪认罚从宽制度的指导意见〉》,《中国法律评论》2019年第6期。

治共享的社会治理体系现代化之间的有机联系，也不能为控辩双方以外的其他社会治理主体参与刑事诉讼提供足够的开放空间和制度供给。毕竟，协商只是刑事诉讼和社会治理的一种方式，其不能够也不应当担负起刑事诉讼模式现代化再造的重任。唯有秉承共治理念、遵循共治路径、追求共治目标的合作式诉讼，才能达到现代刑事治理体系的理想彼岸，有效治理行政犯。

三 关于合作式诉讼与对抗式诉讼的关系

一般认为，对抗式诉讼通过双方当事人的攻防对抗和激烈争斗，让事实真相浮出水面，从而确保法律的准确适用，因而对抗式诉讼的精髓在于，控辩双方以形式上的对抗实现了实质上的合作。在这个意义上，对抗式诉讼本身也是合作式诉讼，故而认罪认罚从宽等合作式诉讼，并非刑事诉讼模式的再造。

诚然，控辩双方对抗的终局结果只有一个，这一结果乃控辩双方的对抗从正反两面合力促成的产物。但是，对抗式诉讼的终局结果，不是以双方共识的达成为基石，从而为控辩双方皆大欢喜地接受，而是一家欢乐一家愁，以致案结事难了，引发上诉、抗诉乃至申诉、信访不断；更不是控辩双方参与诉讼的一致初衷和共同追求，正如战争结果乃战胜国和战败国双方角力争斗形成，但不能因此以为，战争乃是战胜国和战败国之间的合作，或者是双方合作的一种形式。

合作式诉讼则不然。合作各方行动的初衷在于建立合作关系，行动的推进在于践行合作要求，行动的目标在于实现合作结果。合作的整个进程，不仅旨在充分查明事实、准确适用法律，以实现对犯罪的有效控制，从而在保障人权的同时保卫社会，而且是社会各方力量参与犯罪治理乃至社会治理的过程。合作式刑事诉讼的开展，不再只是纯粹的犯罪追诉活动以及犯罪人和国家之间的关系，而是社会治理的有机组成部分，既是共建共治共享的社会治理现代化在刑事诉讼中的要求和延伸，又是刑事诉讼对共建共治共享的社会治理现代化的践行和推动。合作式刑事诉讼结果的产生，奠基于合作各方共识的达成，既是控辩双方的共同意愿，又为被害人、所在社区所肯定认同，更为法院裁判所支持维护，因而一般能够案结事了，往事不会再提，各自从此开始新的人生。

所以，合作式诉讼是不同于对抗式诉讼的新型刑事诉讼模式。如果说对抗式诉讼是以控制犯罪为目标的刚性刑事诉讼模式的代表，那么，合作式诉讼则是以社会治理为依归的柔性刑事诉讼模式的典范；如果说对抗式诉讼以依法追诉犯罪为原则，那么，合作式诉讼则既以依法追诉为原则，又奉科学治理为圭臬。故笔者以为，合作式诉讼是远较对抗式诉讼从理念到目标、从内涵到外延更为博大精深的刑事诉讼模式的再造。但是，这并不意味着，合作式诉讼可以取代对抗式诉讼，正如社会公行政的崛起和共建共治共享的社会治理体系的现代化，并不意味着对传统国家行政的否定和放弃，而只不过是从一元、刚性、封闭的传统政府治理向着多元、柔性、开放的社会治理体系转型，通过国家—社会—公民治理力量的科学配置和治理结构的有机调整，提升社会治理的系统性、开放性、动态性和合规律性，以实现对现代风险社会更加科学合理的治理。

更何况，诉讼模式和诉讼程序并非同一层级的概念，速裁程序、简易程序、普通程序也并非对抗式诉讼模式的专利，其同样可以适用于合作式诉讼模式。只不过，适用合作式诉讼模式处理的案件，不仅和对抗式诉讼模式一样，大多经过行政执法的先行处理，而且事实清楚、证据充分、各方认识没有根本分歧、争议不大，按照当繁则繁、当简则简的庭审实质化要求，对速裁程序、简易程序、普通程序的简化改造和变更适用而已。因之，不仅合作式诉讼可以"嵌入于"上述3类程序之中，对抗式诉讼又何尝不是同样"嵌入于"上述3类程序里的呢？

是故，合作式诉讼和对抗式诉讼的并行不悖又可相互转换，才能有效保障"行政先理为原则与刑事先理为特殊相统一"的行刑衔接机制的顺畅运行，进而实现案件的繁简分流，在共同推动庭审实质化的进程中，实现个案的程序正义和实体正义。所以，合作式诉讼也好，对抗式诉讼也罢，其实都是对庭审实质化要求的落实，因而无论合作式诉讼的程序如何简化，均必须以辩方合作的自愿性、量刑协议的公平性、协商程序的合法性为根本前提和庭审审查核心，上述3大要素缺少其中任何一项，量刑协议均不可能得到法庭支持。而这正是我国的合作式诉讼不同于美国式辩诉交易的关键所在。美国式的辩诉交易完全由控方主导，我国的合作式诉讼则必须由法庭裁判；美国式的辩诉交易一旦达成，被告人无论获得多大量刑优惠，其在法律上都是有罪的人，而我国的合作式诉讼模式下，即便被告自认有罪并达成量刑协议，法庭经过审理，认为被告人在法律上无罪或者没有必要适用刑罚的，仍然可以径行宣告被告人无罪。

所以，美国式的辩诉交易，法庭审查已经彻底形式化；而我国的合作式诉讼，法庭审查则必须实质化。而在庭审实质化审查的3大关键要素中，辩方合作自愿性的审查，是为了确保合作各方地位的平等，从而实现刑法适用的程序平等和实体平等；量刑协议公平性的审查，则旨在践行罪责刑均衡的要求，因为合作式诉讼既要防止刑罚权的过度让渡以致突破刑法的底线和框架，又要防止控方利用信息优势、专业优势和地位优势而导致量刑协议对辩方的实质不公平；协商程序的合法性，则在于贯彻罪刑法定原则的要求，以在给予当事人公正的合作裁判结果的同时，让当事人看到公正的合作裁判结果是如何公正地经由合作而实现的。

第三节　三审合一：刑事治理现代化的审判机制变革

在我国，同一法益保护所涉不同法律责任的审理，一般由民事、行政、刑事等不同审判庭分担。但是，行政犯是具有行政和刑事双重违法性甚至兼具行政、民事和刑事三重违法性的犯罪，同一涉案行为可能既涉行政诉讼，又涉民事和刑事诉讼，从而产生行刑诉讼交叉甚至行政、民事和刑事诉讼相互交叉的问题，三审分离的传统审判机制不仅常常使审判组织难以适从，而且使当事人陷于四处奔波的讼累。而当不同审判组织对同一事实认定差异过大又不能进行合理解释时，很可能会损及法秩序的统一价值，进而影响司法判决的权威性。如胡某交通肇事[①]一案中，当地交警部门认定胡某在案件中与被害人负同等责任。湖南省衡阳市雁峰区人民法院[②]以此为据认定胡某负有相应民事责任。二审法院[③]推翻了一审结论，认定胡某在本次交通事故中负有主要责任。而衡阳市雁峰区人民法院于2019年做出的刑事判决，认定胡某在交通事故中负事故次要责任，从而不构成交通肇事罪。同一事故责任，各法院认定不一，其间缺乏必要说理，案件非但不能案结事了，反而引发更大争议。[④]

为此，最高人民法院在北京、上海、杭州等地设立金融、知识产

[①] 湖南省衡阳市雁峰区人民法院〔2019〕湘0406刑初69号刑事判决书。
[②] 湖南省衡阳市雁峰区人民法院〔2017〕湘0406民初1819号民事判决书。
[③] 湖南省衡阳市中级人民法院〔2018〕湘04民终927号民事判决书。
[④] 湖南省衡阳市中级人民法院〔2019〕湘04刑终211号刑事裁定书。

权等专门法院,实现了知识产权、金融等案件的行、民两审合一。但是,两审合一的审判模式,使得行、民案件的一审一般在中级人民法院,而刑事案件的一审多在基层人民法院。虽然行、民诉讼的先行进行,可为在后展开的刑事审理的专业性需求以及基于庭审实质化的程序繁简分流奠定基础,从而似乎表明,在后展开的刑事诉讼,因为更高审级的行、民诉讼的在先进行和事实认定以及法律适用的在先审理,较低审级的刑事审判庭已足以胜任。

实则不然。刑法并非前置法的附庸,而是无论在定罪还是量刑上都有着自己相对独立判断的法体系最后一道防线。不仅在罪质上只有既具备前置法不法性,又符合刑法分则罪状规定的行为,才是既在形式上具备规范违反性,又在实质上具有法益侵害性的刑事犯罪行为,而且在罪量上,即便是具备双重违法性的行为,也并不必然被判决有罪。对于犯罪情节轻微,尤其已经承担行政责任、民事责任的被告人,如无实际用刑必要,则宣告无罪,或者虽然判决有罪但只给予非刑罚处罚的处理。毕竟,刑乃最严厉的法律制裁,"轻用其芒,动即有伤",是谓"不得已的恶",对行为人即便只作有罪判决而不实际用刑,"有罪的人"或"犯罪人"标签,已经成为犯罪人重返正常社会生活的巨大阻碍。

是故,无论行、民诉讼证据审查多么充分,事实认定多么清楚,法律适用多么准确,刑事诉讼都既不能降级审理,更不能忽略不计。更何况,一个案件行、民诉讼既然应由中级人民法院审判管辖,又为何将负有断罪科刑之责的刑事诉讼限制在基层人民法院,从而使其与同一法益保护所涉的行、民诉讼分由不同的审判庭审理呢?抛开行、民诉讼的审级不论,即便同一审级的不同法院甚至同一法院,合议庭组成不同,相同案件的审理结果也不尽相同。如此,个案的司法公正又如何实现？更何况，分离审判的不同审判庭对同一事实、同一证据均需进行审查，程序烦琐、叠床架屋，势必导致司法资源的浪费和诉讼效率的低下。而在后审理的刑庭即便按照庭审实质化要求简化审理，但究竟哪些应予简化、具体如何简化，没有亲历过行、民诉讼，恐亦难考虑周全、运行适当。

既然如此，三审应当如何合一呢？首先应当明确的是，"合一"是审判组织的合一，不是诉讼程序的合一。三大诉讼无论在价值理念、证明标准还是程序设计上均各有异，不能也不应同化为同一程序，因而三审审理时仍应适用各自的诉讼程序。这样一来，行政、民事、刑事诉讼分别提起，由同一审判组织分别依据法定诉讼程序审理，自不生疑问，但若三审在同一审判庭同时展开，哪个诉讼审理在先，哪个诉讼审理在后？笔者以为，应以"谁前提谁在先"为原则，同时结合三大诉讼在举证责任分配、证明标准差异以及实体责任实现等方面的不同要求，确立三审交叉的审理衔接顺序。

一 关于"谁前提谁在先"的理解

对此，因交叉案件类型不同而存在两种情形。一是行刑诉讼交叉案件。如果诉讼标的是狭义行政管理行为，则行政诉讼是前提，行政诉讼优先于刑事诉讼。如果诉讼标的是行政处罚行为，由于行政处罚与刑事制裁是制裁配置的递进关系，刑事制裁的功能在于对行政处罚进行力量上的增援，而不是对行政处罚进行维护，本不存在谁为前提的问题，但由刑罚适用的谦抑性所决定，行政处罚的适用及其效果是量刑时需要重点考量的因素，故而行政诉讼的优先进行，更有利于刑事诉讼资源的优化配置和刑罚适用科学性的均衡实现。二是刑民行诉讼交叉案件。虽然此类行政犯以行政不法性和民事不法性为共同的前置法不法性，但是，行政法的违反和行为之行政法不法性是行为不法的主要决定性因素，行政秩序是行政犯侵犯的主要法益，民事私益是行政犯侵犯的次要法益。因为在笔者看来，兼涉公序违反和私益侵害的秩序犯，实际上是私益公法化的结果，而私益公法化的起因和目的，则在于借助公法手段保障私益。因而秩序犯下的私益，虽然脱胎起始于私法，但已分道扬镳于纯粹的私益，并在公法的秩序框架里得以重塑并受到保护，不仅公共空间是私益得以形塑重构并赖以发展的空间，而且公序建构正是私益得以重新形构并获保障的根基。而这正是公法化的私权与纯粹私法领域里的私权的根本区别所在，也是环境污染、知识产权、金融诈骗等领域侵权案件的认定难点和治理关键。如果不能首先确定秩序的架构，也就无法厘清秩序框架下的私益各方的权利和义务，也就无法判定侵权事实、认定侵权责任。所以，即便在刑民行诉讼交叉案件中，行政秩序的厘定也是民事权益、刑事责任确定的基石和源头，亦应行政诉讼优先。

二　关于举证责任分配原则的坚持

民事诉讼的举证责任奉行"谁主张谁举证"，刑事诉讼的举证责任由控方承担，行政诉讼的举证责任则由被告行政机关负担。如果刑事诉讼优先，无疑豁免了民事诉讼各方和行政诉讼被告的举证责任，从而与行、民诉讼的举证责任原则不相契合。故囿于三大诉讼的举证责任分配原则，三审同时启动时，刑事诉讼应置于最后。

不过，行政诉讼先于民事诉讼，是否会引发民事诉讼举证责任原则的废弛？笔者以为不会。这是因为，行政机关的职责在于增进公共福祉，因而服务行政是现代行政治理分道扬镳于传统行政管理的关键，而信息公开则是服务行政得以践行的基石。所以，行政机关先行举证，既是其信息公开义务的履行，又是其服务型行政的彰显。况且，行政诉讼中行政机关所举证据，大多是民事诉讼中当事人为了民事诉讼的展开，本就需要从行政机关收集的证据。根据2021年《中华人民共和国民事诉讼法》第67条的规定，对于这些证据的收集，当事人有权申请法院向行政机关调取，法院有法定义务调取，行政机关有法定义务提供。因而行政诉讼前置于民事诉讼，不但不会背离民事诉讼举证责任分配原则，相反，其本身就是民事诉讼举证责任分配和证据收集、提交的有机组成。而在其后渐次展开的民事诉讼和刑事诉讼中，行政诉讼的先行还推动了行政机关、民事诉讼当事人、审判机关、检察机关共同参与行政犯所涉社会矛盾的解决，既是诉讼资源的合理配置，更是共治理念在审判活动中的践行。

三 关于诉讼证明标准的恪守

民事诉讼和行政诉讼均采高度盖然性或优势证据规则，而刑事诉讼要求排除合理怀疑。行政诉讼优先、民事诉讼居中、刑事诉讼在后的三审合一程序衔接安排，既不至于因为刑事诉讼合理怀疑标准的满足，而至行政诉讼、民事诉讼过分延迟，从而既有利于行政管理秩序的尽早恢复，也有利于民事当事人私益的及时法律救济，又不会导致最后进行的刑事诉讼证明标准降低。相反，奠基于已经完成的行政、民事诉讼基础上的刑事诉讼，其实在程序上更有利于繁简分流和庭审实质化，在实体上更有利于刑法谦抑和恢复性司法在定罪量刑中的科学实现。这是因为，行政犯的法律责任乃行政责任＋民事责任＋刑事责任的总和，当其中两个加数即行政责任和民事责任增大并得到切实实现时，刑事责任的量可适当减小从而从宽处理，包括定罪从宽、量刑从宽和行刑从宽；反之，刑事责任的量应予增大从而从严处理，包括定罪从严、量刑从严和行刑从严。这样，既实现了宽严相济刑事政策的动态落实、个案均衡，又可形成行政治理、公民自治、刑事治理的犯罪治理合力。如此，立法扩张与司法限缩并行的行政犯治理理念，既在静态立法文本中得以体现，更在动态司法实践中得以彰显。

至于三审合一的具体推动，笔者建议如下：一是细化法律依据。以2018年《人民法院组织法》第27条关于"人民法院根据审判工作需要，可以设必要的专业审判庭"为据，由"两高"联合发布司法解释，就"三审合一"模式创新和具体运行等予以进一步明确。二是整合受案范围。在现有知识产权、金融、环境案件民事、行政两审合一基础上，将知识产权犯罪、金融犯罪、环境犯罪等刑事案件吸纳进来，由专门审判庭一并管辖审理。三是完善巡回法庭职能。结合辖区案件特点，将巡回法庭调整为三审合一专门审判庭的专门上诉法院。四是加强职业共同体建设。从民事、刑事、行政审判庭抽调业务骨干组成"三审合一"专门审判庭，以满足案件审理专门化、综合性需求，并加大专门化培训力度。同时，完善鉴定与公证机构、公安、检察、律师、行政机关等诉讼参与人相应专业知识储备和诉讼参与能力提升机制。否则，没有法律职业共同体司法专门化水平的同步提升，再好的制度设计和审判模式创新都将流于形式。

下 编

实践·发展

第七章　体系性与违法性认识的教义学定位

"在所有关于认识错误的领域里，难题莫过于刑法合法性的认识错误。"[①] 违法性认识错误之所以棘手，是因为它集中体现了刑法的价值追求和现实需求之间的紧张关系，一边是责任主义的崇高理念，一边是犯罪治理的现实需要，两边都不可偏废。于是，在违法性认识的体系地位上，"故意说"[②]与"责任说"[③]展开了旷日持久的论争。随着讨论的逐渐深入，尤其是"王力军非法经营玉米案""深圳鹦鹉案"等在社会各界引起的巨大争议，无论学界还是实务部门，均对"不知法不免责"的古罗马格言以及违法性认识在犯罪论体系中的地位重新进

---

① ［美］乔治·弗莱彻：《反思刑法》，邓子滨译，华夏出版社2008年版，第535页。
② 有关"故意说"的代表性观点，参见陈兴良《刑法中的责任：以非难可能性为中心的考察》，《比较法研究》2018年第3期；陈璇《责任原则、预防政策与违法性认识》，《清华法学》2018年第5期；贾宇《罪与刑的思辨》，法律出版社2002年版，第173页。
③ 有关"责任说"的代表性观点，参见蔡桂生《违法性认识不宜作为故意的要素——兼对"故意是责任要素说"反思》，《政治与法律》2020年第6期；高铭暄、马克昌主编《刑法学》，北京大学出版社2022年第10版，第104～105页；王作富、黄京平主编《刑法》，中国人民大学出版社2021年第7版，第82页；张明楷《刑法学》，法律出版社2021年第6版，第416～418页；林钰雄《新刑法总则》，台北：元照出版公司2016年第5版，第344页；［德］乌尔斯·金德霍伊泽尔《刑法总论教科书》，蔡桂生译，北京大学出版社2015年版，第269页；周光权《违法性认识不是故意的要素》，《中国法学》2006年第1期。

行反思和审视。而在行政犯成为刑事治理主战场的今天，这一问题已非纯粹的学说之争，而是关涉以行政犯为核心的现代刑法理论体系建构和现代刑事司法再造的重大课题。为此，笔者拟以传统刑法向现代刑法的变迁为经线，以刑法与民法乃至伦理、道德的关系演进为纬线，以中国法语境中的前置法与刑事法的规范结构为教义学工具展开理论分析，进而就违法性认识及其错误的司法认定，提出笔者的思考和建议。

第一节 共识前提："不知法不免责"的正本清源

在违法性认识的犯罪论体系地位上，无论故意说还是责任说，其实均与"不知法不免责"这一古罗马格言有着千丝万缕的联系。因而挖掘这一古老格言从传统刑法到现代刑法的古今变迁，既是刑法研究之应然科学态度，也是共识达成之必需理论前提。

一 "不免责"的误读与清源

在世界法制史上，世所公认具有划时代深远意义的里程碑法典共有3部，即古罗马《十二铜表法》、中国《唐律》和1804年《法国民法典》。如果说《唐律》是在公法领域独步天下，那么《十二铜表法》和《法国民法典》则在私法领域垂范久远。但是，无论奴隶制时代的《十二铜表法》还是封建时代的《唐律》，其典型特征均在于"诸法合体，刑民不分"，不独封建时代的中华法系如此，奴隶社会的古罗马法更是如此。对此，英国学者梅因在其著名的《古代法》里有着深入的研究和清晰的释明："文明社会的法统不约而同地将对国家的侵害行为与对个人的侵害行为区分开来，它们一分为二，分别叫犯罪行为和不法行为;在此,我就不佯装它们在法学中的使用总是那样贴切了。行文至此,应当说古代的刑法并非有关犯罪行为的法,而是有关不法行为的法,或者,使用英文中的术语,它应该叫侵权行为法。"因而可以断言,在雅典城邦和罗马国时期,"公民想要免受暴力或欺诈之害,他们能仰仗的不是刑法,而是侵权行为法"[①]。

因而在古罗马法时代,不仅刑民合一,而且以民为主。据此,笔者以为,"不知法不免责"之"责",在古罗马法时代主要是指民事责任而不是刑事责任,即便在少数情形下表现为刑事责任,那也只是形式意义上的,其本质仍然还是民事责任。由于民事责任是客观责任,只要有侵权和损害,就必然有救济,至于行为人对自己的客观侵权行为在主观上是否有违法性认识即是否"知法",则在所不论。即便行为人毫不知法,即便行为人全然没有不法意图,即便行为人在主观上没有犯罪故意甚至连犯罪过失亦不存在,行为人都不能因"不知法"而被免除客观侵权责任。由于侵权责任是古罗马法时代主要的甚至是唯一的法律责任,现代刑事责任的大多内容亦包含在内,所以,古罗马法时代被冠之以刑事责任之名的,实乃现代民事责任而非现代刑事责任的组成,在漫长的古代尤其是古罗马法时代,不仅表现为严格责任,而且不得以不知法进行阻却法律责任的抗辩。在这个意义上,"不知法不免责"的古罗马法格言,在现代社会对应的应当是"不知法不免民事责任"的民事侵权责任原则,而非"不知法不免刑事责任"的"责任说"之有力论据。

而在刑民有分的现代社会,虽然民事责任沿袭了古罗马法传统而以客观责任为基石,仍然坚持"不知法不免责",例如,无民事行为能

[①] [英]亨利·萨姆纳·梅因:《古代法——与社会远史及现代观念的联系》,郭亮译,法律出版社 2016 年版,第 191~192 页。

力的未成年侵权人对其侵权行为仍得负民事赔偿责任；对自家所养母鸡啄伤邻居家小孩眼睛既毫不知情，又全不知法，甚至采取了适当防护措施的母鸡饲养管理人，仍得负侵权之民事责任；等等。但刑事责任则不然，无罪过即无犯罪。无论是民事犯还是行政犯，不仅多数国家刑法均以处罚故意犯罪为原则，以处罚过失犯罪为例外，而且在我国1997年《刑法》中，第16条明确规定，"行为在客观上虽然造成了损害结果，但是不是出于故意或者过失，而是由于不能抗拒或者不能预见的原因所引起的，不是犯罪"，不负刑事责任，因而上述两例中的未成年侵权人和母鸡饲养管理人，并无刑事责任负担之忧。正是缘于此，以主观责任为核心的现代刑事责任，开始从以客观责任为基石的现代民事责任和现代行政责任即前置法责任中分离出来，成为与前置法客观责任并驾齐驱的一类独立的法律责任，进而完成了从"应当受惩罚的是行为而不是行为人"的报应刑，到"应当受惩罚的是行为人而不是行为"的预防刑转变。也正是缘于此，既闪耀着近代启蒙运动思想的人权保障光辉，又肩负着现代社会治理体系最后法律防线之社会保卫使命的刑法，开始告别以民事犯为核心领域的传统刑法，昂首向着以行政犯为核心领域的现代刑法迈进。[①]

因之，刑法的"前世"即前现代刑法虽然"刑民不分"，但刑法的"今生"即现代刑法却"刑民有别""刑行有异"，不仅刑事归责原则以主观罪过为基石，而且刑事归责目的以预防为核心，从而铸就了法秩序统一视野下的现代刑法与前置部门法之间的规范关系，即按照宪法价值秩序指引和比例原则要求而形成的法益保护的部门法调整分工，以及法益侵害的部门法责任及其制裁的比例分配。由此决定，刑

[①] 田宏杰：《规范关系与刑事治理现代化的道德使命》，人民法院出版社2020年版，第169页。

事责任不仅不是现代法律体系中唯一的法律责任形式，而且不是首要的或者说主要的法律责任形式。作为社会治理最后一道法律防线的刑法，对于法律责任及其制裁体系中最为严厉的刑事责任及其刑罚制裁，不是但凡有不法行为就要刑法出鞘动用刑罚，相反，只有在不法行为严重到仅凭民商法或行政法等前置法制裁之力，仅以民商法或行政法等前置法之责任追究，仍不足以有效规制的情况下，刑法方能"不得已"而用之。这既是现代刑法被称为"二次保护法"的根本缘由，也是现代刑法谦抑精神的灵魂所在。

所以，主观上不知法而仅在客观上违法的行为人，显然并不存在对法的敌视或者漠视。既无对法的敌视或者漠视，又何来刑事责任追究和刑罚制裁启动所通常必需的最严重的罪过形式——犯罪故意？既无犯罪故意，又何来以处罚故意犯罪为原则的刑事制裁"不得已"发动的可能？而在只要有客观不法，就有民事责任或者行政责任等前置法之法律责任可予负担的情况下，对此情形不予刑事制裁，又何来法律处罚上的漏洞？更何况，法律作为百姓行动的准则，其所具有的价值指引和行为规范功能尤其是刑法的预防功能，无不只有在百姓知法的基础上才能施展发挥。对于主观上不知"法有明文规定"，而在客观上违反"法有明文规定"的行为人，刑事制裁的发动，不仅有背离罪刑法定原则不教而诛之虞，而且难建预防不法有效保卫社会之功，甚至难言是对不法的应有正当报应。如果说行为人不法是缘于不知法，那么，预防其再次不法的最公正、最经济、最人道的做法，显然不是刑事责任的施加，而是民事责任或者行政责任的承担，以及由此而使行为人知法的教化。而对已经前置法责任追究，仍然再次实施不法行为的行为人追究刑事责任，不仅具有道德的正当性，而且能够科学有效地解决违法性认识在刑事司法认定中的证明难题，尤其是对行政犯之违法性认识的证明。

二 "不知法"的正本与重构

"不知法不免责"之"法"究为何法？在以民事犯为核心领域的传统刑法尤其是古罗马法时代，不仅刑民不分，而且道德与法同一；不仅道德与包括乡规民约在内的民法和刑法内容合一，而且外延并无二致。而囿于历史的局限，古罗马法时代的道德主要是维系人类个体生存和社会存续所必要的基本道德，例如，人身权、财产权不受侵犯等。故在古罗马法时代，除非像罗宾逊那样离群索居荒岛之人，凡是生活在世俗熟人社会的普通人，无论处于社会哪个阶层，无论法律专业人士还是非法律专业人士，无论文盲还是读书人，对于口口相传的人类社会生存与人际交往的道德要求、习俗、惯例以及成文的或者不成文的规则，不仅耳熟能详，而且"生而实习之"。所以，在古罗马法时代，不知法，或者准确地说，不知伦理道德的情形，既十分少见，又有侵害人类社会存续发展根基的危险，不仅在道德上不正当，应受道义的非难，而且是对道德或者说法律所承认保护之利益即法益的侵害，因而亦具有法益侵害性，是法律不能容忍并应予以法律谴责和惩罚的不法行为。是故，"不知法"不仅具有道义上的不正当性，而且具有法律上的法益侵害性，所以，行为人对其不知法，其实是不知伦理道德而实施的法益侵害行为，不仅应受道义非难，而且应予规范否定乃至法律制裁。

然而，在现代社会，不仅刑法规制的核心领域已从侵犯传统个人法益的民事犯，扩展到侵犯旨在增进个人自由和发展所必需的社会秩序或者说现代个人法益的行政犯，不仅刑法的前置法从民商法扩展到行政法，而且法与道德的关系也因此悄然发生着变化，两者开始既有联系又有区别,两者的疆界不再统一,以致道德未必都是法,法也未必都是道德,这在道德与行政法的关系中尤为凸显。不仅如此,道德其实还有高级道德和低级道德之分、愿望道德和义务道德之别,前者如"老吾老以及人之老",医护人员在 2020 年新型冠状病毒肆虐全球期间的"最美逆行",以及为家国情怀、民族担当而置生命与荣辱于不顾的利他的高级道德、愿望道德;后者乃"不得杀人""不得偷盗"等维系人类个体基本生存与社会存续发展的最低限度的利己道德、义务道德。其中,高级道德和愿望道德的目标在于使人为善,低级道德和义务道德的使命则旨在使人不为恶。所以,"行为人通常会因为违反义务道德而受到谴责,却不会因为遵守它而得到赞扬(富勒 1969,30)。如果我盗窃则会受到谴责,而若我不去盗窃却不会受到奖励。相反,行为人通常会因为具有愿望的道德而受到称赞,却不会因为欠缺它而受到谴责。我会因为跳入奔腾的洪流中施救邻居家的猫而受到表扬,却不会因为改变主意而受到谴责"[1]。由是,现代人知道德却不知法律,即便在以民商法为前置法的民事犯中虽不多见,但也是不容否认的事实存在,毕竟,人们朝夕相处的道德在外延上宽于民商事法律。正如行为人见甲男性侵乙女,为求不祸及自身而悄然离开,行为人虽知自己见危不救的行为不道德,但并不认为自己的行为违反了法律,而社会公众热议的焦点也往往在于是否应将其送上道德法庭接受道德裁判,而不是要求将其送交现实法庭对其进行法律审判。

至于行政犯,则更是如此。"尽管道德规则和传统不能借由人为的选择或立法去废除或改变,但是法律的制定或废除,却可能是造成某些道德标准或传统的改变或没落的原因之一。"[2] 而一项本不是道德的

---

[1] Suri Ratnapala, *Jurisprudence*, 3rd ed., Cambridge University Press, 2017, p.214.
[2] [英]哈特:《法律的概念》,许家馨、李冠宜译,法律出版社 2018 年第 3 版,第 244 页。

法律规范只有经过漫长时间春风化雨般地对百姓意识的浸润，经由百姓广泛认同、接受并践行，逐渐发展成为百姓共识、社会主流价值和民族文化认同，才能逐渐演变为一个社会、一个民族乃至人类共同体所普遍认同的道德。所以，道德乃普适性的价值，而法律，尤其是行政犯的主要前置法——行政法仅仅是地方性的知识；道德是一个社会及其民众自主选择的价值认同和文化主流，而法律，则是法律制定者对百姓行为的规范引导，以及法律执行者对社会问题的规范治理。由此决定，对于行政犯，当法律与道德有别，当刑法与民法有分，当以处罚故意犯为基本常态，以处罚过失犯为少数例外而非特别情形，合理的"不知法"既然不存在道德上的不正当性和道义上的非难可能性，又如何具有刑法这一"不得已的恶"发动的可能性和正当性？所以，合理的"不知法"当然应予以刑法上的免责处理。即便不合理的"不知法"，亦即行为人对其行为的违法性虽然没有认识，但存在认识的可能性，仍得阻却故意责任而仅成立过失，在法律对于处罚过失犯罪没有规定的情况下，则阻却刑事责任，仅负前置法之民事责任或行政责任，即为已足。

是故，"不知法不免责"中的"不知法"，在道德与法律同一的古罗马法时代，实是不知民法或者说不知民法所承载的道德之意。因而"知法"固然无须表扬，但"不知法"却具有道德上的不正当性而应受道义的非难或谴责，当然不能免责。那么，在法律与道德并不完全同一的现代社会，"不知法"是否也具有同样的法秩序意义？

对此，刑法学界围绕我国1997年《刑法》第14条关于故意犯罪的规定展开了激烈争论，"违法性认识不要说"渐渐占据了主导地位。但是，笔者以为，虽然故意犯罪与犯罪故意有着紧密的联系，两者毕竟本质不同，故意犯罪针对的是与过失犯罪相对应的犯罪类型，而犯罪故意则是与犯罪过失相对应的罪过形式，所以，首先需要明确的是，我国1997年《刑法》第14条是关于故意犯罪的立法界定，而不是犯罪故意的法定概念。因而以1997年《刑法》第14条的规定中没有关于违法性认识的表述，从而否定违法性认识是犯罪故意要素的见解，未免有失允当。不过，由于犯罪故意与故意犯罪之间的紧密关系，在犯罪故意之刑法规定阙如的情况下，1997年《刑法》第14条有关故意犯罪的界定，无疑为违法性认识与犯罪故意之关系的教义学诠释提供了开放空间和发掘指引。

首先，随着新教伦理与资本主义的兴起，法律不仅成为百姓的行为准则，而且对民众行为发挥着指引、规范的功能。正如爱德华·科克爵士对英国国王所言，国王虽在万人之上，但仍在法律之下。因而近代启蒙运动以降的法治发展演化进程，其实就是一部公民从出生时起到进入坟墓时止无所不在法律疆域内的规制历史。在这个意义上，法律与道德虽然不再合一，但遵守法律不仅是公民的法律义务，而且实乃"公民的道德义务（德沃金1998，191）"①。而如果知法违法与不知法违法的刑事责任并无二致，这样的刑法立场，在趋利避害的人性面前，究竟是鼓励告诫公民应当努力知法、守法，还是委婉暗示公民知法与否，在刑法上其实没有任何区别和意义？因之，究竟是不知法免责会纵容公民对法律的懈怠，还是不知法不免责会导致法秩序的废弛，答案应是不言而喻的，当然是后者。

其次，正如1997年《刑法》第13条犯罪概念的规定与第14条至第19条有关犯罪构成要件的规定所揭示，作为罪刑法定的产物，犯罪构成不过是犯罪概念的规范化和具体化。无论是奉行三阶层犯罪构成

---

① Suri Ratnapala, *Jurisprudence*, 3rd ed., Cambridge University Press, 2017, p. 218.

体系的大陆法系,还是持双层次犯罪构成模式的英美法系,抑或采取四要件犯罪构成体系的我国大陆刑法,已为各界达成如下共识:第一,构成要件乃罪刑法定的产物,故其构成要素是规范的构成要件要素;第二,构成要件是犯罪行为的定型化。由此决定,构成要件要素首先必须是客观存在的、不以人的意志为转移的事实要素;其次必须是经规范选择并确立的规范要素;最后必须是具有区分罪与非罪、此罪与彼罪功能的规范事实要素。申言之,构成要件要素必须既是事实要素,又是规范要素。例如,盗窃罪的犯罪对象首先必须是物,其次必须是他人之物。如果说物是事实要素,那么,他人之物则显然既是事实要素,又是规范要素。由于主观是对客观的认识,如果行为人只对物有认识,而对其是否他人之物没有认识,或者误把他人之物当作自己之物而占有,还能据此认定行为人主观上具有盗窃他人之物的盗窃故意吗？在盗窃故意不能认定的情况下,构成要件还能发挥罪与非罪、此罪与彼罪、故意犯罪与过失犯罪的区分功能吗？而丧失了犯罪行为定型化和犯罪类型区分功能的犯罪构成要件,还是犯罪构成要件吗？由此可见,在规范认识欠缺的情况下,即便是古老的盗窃罪等传统民事犯,也无法认定行为人主观上具有犯罪故意。所以,对于规范的认识即违法性认识,在笔者看来,不仅应当在犯罪论体系中占有一席之地,而且是构成要件故意不可或缺的要素,相应地,违法性认识可能性也当然是构成要件过失不可缺少的构成要素。

最后,从1997年《刑法》第13条对犯罪概念的规定来看,社会危害性与刑事违法性实为一枚硬币的两面,社会危害性决定了刑事违法性的本质即犯罪的违法实质,刑事违法性承载了社会危害性的表征即犯罪的违法形式,两者的有机结合,形成了罪刑法定视野下的犯罪概念的完整内涵。因此,社会危害性认识与违法性认识同样是一体两面的关系。其中，违法性认识是有关形式违法的认识，社会危害性认识是有关实质违法的认识；违法性认识是有关法律知晓与否的事实性认识，社会危害性认识是有关法律正当与否的评价性认识。所以，中国刑法中的犯罪故意，既要求形式违法认识即违法性认识，又要求实质违法认识即社会危害性认识。前者是规范的事实性故意，即耶塞克等德国学者所力主的限制罪责论[1]中的构成要件故意的构成要素；后者是规范的评价性故意，即限制罪责论中的责任故意的构成要素。这样一来，不仅实现了1997年《刑法》第13条与第14条、第15条的教义学联结，在理论上完成了中国刑法与外国刑法在违法性认识与犯罪论体系关系上的和谐共处，而且为确信犯的刑事责任认定提供了妥当的解决路径。

由此决定，没有违法性认识，应阻却事实性故意即构成要件故意的成立。而如果存在违法性认识可能性，则成立构成要件过失，在法律规定处罚过失的情况下，承担过失犯的刑事责任；在连违法性认识可能性也不存在的场合，则阻却构成要件过失，行为人仅负前置法上的民事责任或行政责任，而不担刑事法上的责任。在行为人具备违法性认识，但不具备社会危害性或法益侵害性认识的情况下，如大义灭亲等确信犯、信仰犯，行为人对于自己的行为为社会法则所不允许其实具有认识；只不过，行为人不能认同这样的社会法则，甚至认为自己的行为是对社会有益的行为，因而按自己心中确信之法实施违法行为，则行为人是否具备责任故意？答案无疑是肯定的。这是因为，既然行为人对其行为的违法性具有认识，则当

---

[1] 按照耶塞克等德国学者的限制罪责论，对于正当化事由之前提事实的认识错误问题，应当直接以阻却构成要件故意论处。参见蔡桂生《论故意在犯罪论体系中的双层定位——兼论消极的构成要件要素》，《环球法律评论》2013年第6期。

然明知其违法行为的实施必然会侵害该规范保护的法益。即便行为人内心并不认同该法益值得法律保护，但这并不能否定行为人对其行为所具有的法益侵害性存在认识，所以，确信犯、信仰犯不仅具有行为之形式违法性认识，而且对于行为之法益侵害性或社会危害性亦存在故意认识。

第二节 教义发掘：违法性认识的规范展开

既然违法性认识是犯罪故意不可或缺的要素，那么，违法性认识的内容究竟是刑事法还是前置法？而以行政执法人员的明确告知或法学专家等法律专业人士的建议为据而实施的不法行为，行为人能否以此作为抗辩事由，进而主张"不知法"而生阻却犯罪故意成立的效力？显然，只有直面并厘清上述问题，才能科学解决违法性认识与犯罪认定和刑事归责的关系。

一 违法性认识的内容：前置法规范

对于违法性认识的内容，虽然学界有"悖德认识说""限制刑法认识说""严格刑法认识说"[1]和"违反整体法规认识说"[2]等各种不同主张，但仔细研究不难发现，这些观点实际上是不同时代、不同法系、不同语境下对不法认识内涵的反映，其所折射的是不同时代的刑法理论对于法与道德、前置法与刑事法之间关系的认识。而基于法秩序统一的现代法律体系尤其是中国特色社会主义法律体系中的前置法与刑事法之间的规范关系，笔者以为，违法性认识应当是前置法之不法认

---

[1] 张明楷：《刑法学》，法律出版社 2021 年第 6 版，第 413~414 页。
[2] 贾宇：《罪与刑的思辨》，法律出版社 2002 年版，第 170 页。

识。只要行为人具有前置法之不法认识，即可认定行为人具有违法性认识，至于行为人对其行为的刑事违法性是否认识以及如何认识，虽然可以作为酌定量刑情节予以考虑，但对违法性认识的认定和犯罪故意的判定不生影响。

首先，从部门法之间的规范关系来看。前置法也好，刑事法也罢，其规范使命均在于践行宪法要求而调整保护法益。社会生活中的"利益"，要上升成为规范调整的"法益"，必须符合宪法的两项原则或指令：一是宪法的基本价值；二是宪法的比例要求。只有符合宪法基本价值的社会生活利益，才能由部门法承认确立为法益从而受规范保护；而法益的规范保护则必须遵循宪法的比例要求，在前置法和刑事法中合比例地层级展开。承担法益确立之职的是民商法、行政法等前置法中的调整性规范，负担法益保护之责的是第一保护性规范——前置法中的法律责任规范，和第二保护性规范——刑法。这样，法益的确立，其实是宪法基本价值秩序在前置法中的具体展开和呈现；而法益保护，其实是宪法比例原则要求在前置法责任和刑法责任分配中的结构展开和实现。前者旨在倡扬法益确立的实质正义和价值正当性，后者旨在彰显法益保护的分配正义和制裁比例性。两者的有机结合，既共同完成了宪法指引下的统一法秩序建构，又决定了犯罪的立法生成机理和司法适用机制，乃在于"前置法定性与刑事法定量相统一"。这种统一，不仅使宪法关于法益调整的抽象要求得以在部门法规范中落地和具体实现，而且乃是遵循宪法价值秩序的刑法教义学的精义，更是违法性认识之内容确立的教义学指引。由此决定，刑事"不法"的质，包括刑事"不法"的构成及其要素，主要取决于前置法规范的规定；而刑事"不法"的量，包括刑事"不法"的类型及其程度，主要取决于刑事法规范的设定。在这个意义上，违法性认识其实有着不同的规范层级和功能区分。有关前置法的不法性认识,是决定犯罪故意乃至故意犯罪是否成立的主观的规范构成要件要素;有关刑事法的不法性认识,则是独立于故意和过失之外的、决定刑事责任程度以及如何归责的责任要素。由于我们通常所说的违法性认识,主要立足于犯罪故意成立或者违法性认识在犯罪论体系中的地位而言,故前置法之不法性认识,才是严格意义上的违法性认识或者说狭义的违法性认识,而刑事法之违法性认识,实系不影响犯罪故意成立的广义的违法性认识。

其次,从部门法关系的演进变迁来看。从古罗马法时代道德与法律同一、刑法与民法合体,到启蒙运动时代道德与法律分离、刑法与民法有别,从以民事犯为惩治核心的传统刑法到以行政犯为治理核心的现代刑法,公民的行动准则是国家承认或者制定的法律,而不是公民内心的道德戒律。虽然道德有高级道德和低级道德、愿望道德和义务道德之分,但即使是民法,也不过是最低限度的道德,或者说低级道德、义务道德,故而即使在民事领域,不法必然悖德,悖德并不必然不法。虽然对于政府权力,法不授权即禁止,但是对于公民权利,法不禁止即授权。离经叛道但未为法律禁止或不容的行为,可以道德法庭裁判却不能现实法庭审判,无论前置法还是刑事法均不得干涉更不得惩罚。当行为人的行为既悖德又不法,法律对其谴责非难和制裁惩罚的正当根基仍是因其行为不法,而不是因其行为悖德。这是现代法治的灵魂,更是罪刑法定的生命。正因如此,罪刑法定原则及其产物犯罪构成,既是善良人的大宪章,也是犯罪人包括悖德之人的大宪章。故对于悖德的认识,即便在以民事犯为治理核心的传统刑法,也不是违法性认识的内容,更遑论在以行政犯为治理核心的现代刑法。

最后，从部门法共治的时代要求来看。从自由资本主义时代的形式法治，经由垄断资本主义时代的实质法治，到金融资本时代的合作法治，社会治理日益从以国家治理为中心的传统模式，向着政府掌舵—社会共治—公民自律的共建共治模式转型，并愈益呈治理主体多元化、治理决策民主化、治理方式柔性化、治理空间社会化之势。因此，现代法治既不是以刑事法治为中心，也不是以刑事法治为首选，而是法秩序统一下的前置法与刑事法的协同治理。不仅如此，社会治理的第一道法律防线是前置法而不是刑事法，符合宪法价值秩序的社会生活核心利益，只有首先经由前置法之调整性规范确认，才能成为法秩序中的"法益"，进而为前置法之第一保护性规范即法律责任条文和法体系第二保护性规范即刑法所保护。所以，对于公民而言，忠诚于前置法设定的权利义务，尊重前置法确立的法益，不仅是公民的首要守法义务，而且是公民的基本道德义务。对于刑法而言，其所担负的法益保护使命的根本核心，乃在于其作为二次保护法所致力于保护的前置法所确立的法益不被侵犯；其所坚守的规范忠诚的终极目标，乃在于其通过刑事威慑所致力于保障的前置法的规范效力得以实现。而如果将违法性认识限定为刑事违法性认识，无疑意味着，一个明知违反前置法但不知违反刑事法的行为人，将因违法性认识的阙如而不负故意犯罪的刑事责任，在刑法没有规定处罚该种行为之过失犯的情况下，或者在刑法虽然有该种行为过失犯的处罚规定，但在行为人连刑事违法认识的可能性也不存在的情况下，行为人亦不负过失犯的刑事责任。这样的刑法，是更有利于法益保护任务的完成，还是更有利于规范忠诚目标的达致？在人际交往频繁但又有别于传统熟人社会的现代陌生人社会，这样的刑法，是更有利于人权保障机能的发挥，还是更有利于社会保卫机能的实现？答案显然都是否定的。

不仅如此，在现代刑法的法益保护清单越来越长，在刑事违法性的判定尤其是行政犯的刑事违法性越来越需要跨学科的专业知识方能准确认定的情况下，将违法性认识限定为刑事违法性认识，不仅使得违法性认识在犯罪论体系中的意义和规范限制机能几近消弭甚至荡然无存，而且也不具有现实操作性。道理很简单，不要说普通社会民众，即便是质检、知产、税务等行政监管部门的专业执法人员，对于行为的前置法不法性即便有着明确的认识，但行为人的不法行为是否已经达到了刑事违法的程度，是否应当移送司法机关进行刑事追诉，也并不总是能有清晰的认知和准确的判断。

不过，主张违法性认识的对象是前置法而不是刑事法，违法性认识的内涵是前置法之不法认识，而不是也不应拘泥于刑事违法性认识，这样的见解可能招致以下质疑：只要行为人具有前置法之不法认识，不管行为人是否具有刑事违法性认识，均以行为人具有违法性认识予以认定，是否会使犯罪故意的认定及其刑事责任的适用失之过宽，进而有违实质的正当性和侵犯人权之虞？笔者以为，当然不会。因为权利与义务对等，没有无权利的义务，也没有无义务的权利。正是前置法赋予行为人财产权、人格权等权利，行为人才能享受安全而安宁的人生，而行为人怎么能够只尊重前置法对其法律权利的赋予和前置法与刑事法对其权利的保护，而无视前置法和刑事法对其规范忠诚的要求而践踏前置法的法律效力、放弃前置法要求的法律义务的履行呢？所以，将违法性认识界定为对前置法之不法认识，不仅是对现代法治秩序的捍卫，而且是对刑法保障法地位和使命的坚守；既是对行为人基于相对自由意志而作出的行动选择的尊重，更是刑法人权保障和社会保卫机能均得实现的正当要求。

二 违法性认识的途径：有效性规范

与违法性认识内容紧密相关的另一问题是，行为人获知前置法的来源和途径是什么？是仅限于有权机关制定的法律和颁布的解释，还是亦包括法律专业人士给出的意见？而这，也是司法实务中亟待解决的问题之一，即特定人员、部门的告知，能否成为违法性认识的抗辩事由？例如，王某滨出售出入境证件一案①中，被告人王某滨向法院提交了一份录音证据，欲证明因文化主管部门工作人员明确告知代办批文不构成犯罪，故其缺乏违法性认识的可能，不构成犯罪。法院最终以该证据内容不清晰，不具有证明力为由不予采纳。但问题在于，如果该录音证据内容清晰，是否可以成为被告人缺乏违法性认识的抗辩事由呢？而这一问题又可转化为，法律专业人士对法律问题的解读，能否成为行为人知法的一个途径？

对此，德国不仅首开"不知法可免责"之现代刑法先河，甚至承认对律师意见的合理信赖也可以构成不可避免的法律错误。②除非律师是以一种明显不严肃的方式建议行为人使用"愚蠢的阴谋诡计"来规避法律，否则，没有经过法学教育的普通公民咨询律师之后所发生的违法性认识错误，应当认定行为人为知法而做了真诚的努力，从而认定此违法性认识错误不可避免而免除行为人的刑事责任。③而英国虽然承认法律没有公布或者不可知可以成立抗辩事由。其但并不接受任何以对官方建议的信赖为基础的错误成立抗辩事由。其理由是，允许这样的抗辩事由将使官员行使某种免使公民履行遵守法律之义务的悬置权

---

① 四川省雅安市中级人民法院〔2020〕川18刑终22号刑事裁定书。
② 劳东燕：《责任主义与违法性认识问题》，《中国法学》2008年第3期。
③ 〔德〕克劳斯·罗克辛：《德国刑法学总论》第1卷，王世洲译，法律出版社2005年版，第557~558页。

或处置权。①

至于我国，有学者基于责任主义的立场，赞同德国的做法和罗克辛等学者的主张："人们无法解释，为什么确保给出法律意见的机构或个人实际上被允许代表国家发言会关系重大，或者说为什么对官方声明的合理信赖更容易成为抗辩事由，而对律师建议的合理信赖与对制定法的合理的私人性误读就不该免责。"② 但同时，也有学者持论反对，"从律师、税务代理人等中介组织人员处，而非国家权威机关处得到一些信息，从而认为自己的行为合法，但实质上违反法规范的，不认为欠缺违法性认识可能性"③。

笔者认为，虽然作为前置法组成部分的民法包括习俗、惯例等习惯法，但只有经由立法承认的习俗、惯例，才具有法律效力，从而成为法规范体系的组成。同样，既然法律专业人士对法律所作的解释，包括法学教授在课堂上所讲授的法学教案、出版发表的法学论著，尽管可为立法、执法、司法机构提供立法理论支持和法律适用参考，但无论在大陆法系还是英美法系抑或作为中华法系代表的我国，并不具有法律效力。而法治之所以优于人治，不是因为法治是社会治理的最优模式，而是因其完整性、明确性而使国民对自己行为的法律后果具有可预测性，即相同案件相同对待，不同案件不同处理，既不会因案件当事人而有异，也不会因执法者而有别。而正如有一千个读者就会有一千个哈姆雷特一样，一个公认的事实是，即便是对相同的原则、相同的制度、相同的术语，不同的解释者得出的结论也往往迥然有异。所以，如果允许法律专业人士或者法律

---

① A. T. H. Smith, "Error and Mistake of Law in Anglo–American Criminal Law", *Anglo–American Law Review*, Vol. 14, July 2017, pp. 3–32.
② 劳东燕：《责任主义与违法性认识问题》，《中国法学》2008 年第 3 期。
③ 周光权：《违法性认识不是故意的要素》，《中国法学》2006 年第 1 期。

执业者的意见可以成为公众知法的认知途径，如果允许因对法律专业人士或者法律执业者的意见的信赖而发生的违法性认识错误阻却故意之刑事责任，不仅是对法治秩序的废弛和罪刑法定的否定，而且是对"文本随我所欲"的人治的回归，而这显然不是法治的福音和我们期待的公共福祉的增进，相反，其"将产生灾难性的结果，通过由无知的、有偏见的或者可收买的建议者所把守的大门，为具有犯罪倾向者开通了逃避刑事追诉的一种途径"[1]。就此而言，王某滨案中被告人提出的违法性认识抗辩理由难以成立。

所以，从部门法角度而言，违法性认识之"法"主要是民商法和行政法等前置法，而不是仅仅局限于刑事法；从法规范效力来看，则必须是具有法律效力的规范性文件，包括立法机关所制定或承认的制定法、习惯法及其立法解释，以及司法机关和行政执法部门所适用的解释性规范文件或者指导性案例。例如，依照食品添加剂的有关行政法律、法规规定，一定剂量的山梨酸钾允许添加于饮料中，但添加后的饮料只能按"果汁饮料"而不是"果汁"进行标注并销售。A 公司按其 30 多年的传统配方，一直在其生产、销售的饮料中添加法定许可剂量的山梨酸钾，并以"果汁"标识进行销售，被检察机关认为"以果汁饮料冒充果汁"，进而以生产、销售伪劣产品罪对其提起刑事指控。A 公司抗辩其不存在违法性认识，理由如下：其一，A 公司每年都会聘请饮料行业的权威专家对其生产、销售的果汁进行质量检测，而每年的专家检测报告都明确指出，送检的果汁等含山梨酸钾小于或等于 5，系合格果汁；其二，电视新闻曾报道，该市抽检的果汁除 B 公司果汁不合格外，无不合格产品，A 公司的果汁在此次新闻报道所报

---

[1] Matthews Paul, "Ignorance of the Law Is No Excuse", *Legal Studies*, Vol. 3, No. 2, July 1982, pp. 174 – 192.

道的抽检果汁之列。由于 A 公司聘请的权威专家所做的检测报告和新闻报道,并非立法机关、执法机关或司法机关所做的具有法律效力的立法规定、行政处理决定、司法裁判或者立法解释、司法解释等具有法律效力的规范性文件,是故,行为人的违法性认识错误并不具有合理性,不能认为不可避免,亦即行为人存在着违法性认识的可能性,从而应构成过失。因刑法不处罚此种过失犯罪,从而应当作出罪处理,只令 A 公司承担前置法责任。当然,行为人为知法所付出的努力,包括主动将产品送权威专家进行检测等,应在评价其前置法责任时酌情从轻考虑。

第三节 司法认定:违法性认识的刑事法证明

既然违法性认识属于犯罪故意要素,则控方就有义务对该事实进行证明。鉴于违法性认识属于主观构成要件要素,加之行政犯中行为人提出违法性认识抗辩理由的简易性,使得违法性认识证明一直是刑事司法实践中的难题,进而成为"责任说"的一个支持论据。但其实,刑事推定和刑事推论早已为这一难题的解决提供了有效路径。因为推定,是一种根据基础事实来认定推定事实成立的方法。其中,基础事实的成立是认定推定事实成立的前提;而推定事实的成立,并不是根据基础事实直接推导出来的结论,而是司法人员运用推定规则所作的法律认定;在基础事实与推定事实之间,并没有建立必然的因果关系,而可能存在一种逻辑推理上的跳跃。[①] 因而推定不仅应当允许当事人提出反证,从而导致证明责任的转移,而且只有在反证不成立的情况下,

---

① 陈瑞华:《刑事证据法学》,北京大学出版社 2014 年第 2 版,第 322 页。

推定事实才能得以认定。所以,推定是证据裁判之外的事实认定规则和方法,只有在证据裁判不能适用或者难以适用的情况下才能适用。推论则不然。推论所依据的基础事实与推论所得出的结论之间有着必然的、合乎逻辑的因果关系,故其对推论事实的认定必须遵循证据裁判规则,不仅必须满足排除合理怀疑的证明标准,而且不会发生证明责任的转移。至于推论所适用的证据,既可是直接证据,也可是间接证据。作为犯罪故意的成立要素,违法性认识属于"看不见""摸不着"的主观要素,实务中只能依据客观基础事实,或者运用推论,遵循证据裁判规则,由控方予以证明;或者运用推定,通过证明责任的转移,由控辩双方共同完成证明。

一 违法性认识的刑事推定与运用

2016 年 11 月 6 日,被告人魏某琳通过淘宝网购买宝马 X5 射钉枪 1 支、射钉弹若干发及相关配件,后在其经营的快递店内被公安机关查获。经鉴定,被告人魏某琳的枪形物宝马 X5 射钉枪是由射钉器加工改制而成,配用射钉弹,以火药为动力,各机件完备,击发正常。经射击实验测出,枪口比动能 18.91J/cm^2,复核比动能 19.58J/cm^2,能够认定为枪支。一审法院判决被告人魏某琳犯非法买卖枪支罪,判处有期徒刑 3 年。宣判后,魏某琳不服,以其不知买卖的是枪支,没有犯罪故意,不构成非法买卖枪支罪为由,提起上诉。二审法院经审理,裁定驳回上诉,维持原判。[①]

"魏某琳非法买卖枪支案"的裁判虽然已经尘埃落定,但围绕案件中的违法性认识和犯罪故意的认定,社会各界仍然争议不断。有人认

---

① 河南省驻马店市中级人民法院〔2019〕豫 17 刑终 510 号刑事裁定书。

为，我国法律虽然禁止公民买卖、持有枪支，但枪支与装修工具或玩具枪有时难以区分，在普通人因缺乏专业知识难以判定是否为枪支的情况下，属于违法性认识错误，应当阻却犯罪故意的成立，宣告行为人无罪。但笔者以为，这一观点似有自相矛盾之处。众所周知，我国是全面禁枪的国家，非依法律规定并经监管部门许可，任何人不得持有枪支，此系包括被告人魏某琳在内的生于中国长于中国的中国百姓的常识。正因如此，普通公民只要见到枪支，都会感到惊奇而多加留心究竟是玩具枪还是枪支抑或其他，而不是习以为常、司空见惯地不问究竟。在"魏某琳案"中，魏某琳声称购买该"枪支"的目的是装修使用。然值得注意的是，魏某琳并非专业的装修人员，也从未从事过装修业务，而一般公民偶尔使用的装修工具，往往限于通常的五金工具。根据魏某琳供述，其购买该"枪支"后，只是用于安装广告牌和挂衣钉，而后再未使用，其购买价值与使用价值显不适应，不符合常理。更为重要的是，卖家在淘宝网店上对该"枪支"的特征进行了较为详尽的描述，包括发射专用弹、专用射钉、半自动退壳射钉器等配备使用功能的介绍。申言之，通过该网站页面显示的枪形物外型，一般人即明知其具备枪支属性。而在本案中，魏某琳一方面声称缺乏对"枪支"的认知，从而否认非法买卖枪支行为；另一方面，又愿意承担非法持有枪支罪的刑事责任，且未能提供证明其"买卖时不知是枪支但在持有时明知是枪支的"的证据。由此推定，魏某琳具有明知枪支而购买的违法性认识。

实际上，该案与"陈某陶非法持有枪支案"[1] 极为相似。被告人陈某陶于 2006 年至 2008 年期间，分别从广州市玩具市场和香港购得枪

---

[1] 广东省高级人民法院〔2019〕粤刑再 2 号刑事判决书。

支存放于自己的住所。2014年12月15日，陈某陶主动到公安机关投案自首。同日，民警在陈某陶位于广州市花都区金菊花小区的住所内，搜出型号为COB911的手枪1支、塑胶子弹1袋等。随后，民警又在其花都区雅宝新城的另一住所内，搜出型号为HG199的手枪1支、长枪4支（分别为仿AK长枪1支、仿G36C长枪2支、AW5103长枪1支）、塑料子弹1袋等。经鉴定，上述枪支中的2支手枪、2支长枪，均属于以压缩气体为动力发射球形弹丸的非制式枪支。陈某陶辩称，涉案"枪支"没有超过当时国家规定的标准，其主观目的是购买玩具枪，而不是刑法意义上的"枪支"，缺乏违法性认识，不具有非法持有"枪支"的故意，不构成犯罪。

由于"仿真枪"是否属于国家禁止持有的"枪支"，一直是涉枪类犯罪认定中的疑难问题，加之不同于刑事推论的是，刑事推定允许被告人反驳，于被告人而言，其享有提出缺乏违法性认识的抗辩权利，故行为人能否认识到"仿真枪"是否属于国家禁止持有的"枪支"，决定着行为人的行为性质认定。而在该案中，大量证据材料表明，陈某陶喜欢野战游戏并多次玩过，国家严格管控野战游戏使用的枪支，这也是国内野战游戏使用的枪支基本上是水弹枪而非仿真枪的根本原因。因而陈某陶理应了解仿真枪极有可能属于涉案枪支。此外，在2006年至2010年间，公安部先后公开发布《群众举报涉爆涉枪涉刀违法犯罪奖励标准》《公安机关涉案枪支弹药性能鉴定工作规定》等规范性文件，均明确规定仿真枪属于禁止持有的枪支。陈某陶作为仿真枪的爱好者，有理由对仿真枪的类型及相关法律规定有所了解。正是基于此，该案再审维持了原有罪认定判决，只是基于其有自首情节，改原判1年有期徒刑为免除处罚。

有必要指出的是，该案再审审理中，检方指控陈某陶构成非法持有枪支罪的理由之一,是"天津大妈赵某华摆射击摊被判刑案"与该案类似,赵某华的身份和知识水平决定了其认识能力远远不如该案被告人陈某陶,然而,最终"赵某华案"二审也只是改判缓刑,而未改判无罪。如果该案可以改判无罪,则司法实践中的类似案件都应当改判无罪。① 笔者以为,这种简单类比的做法和结论值得商榷。上述两案尽管案情相似,但案件事实却有着较大差异。司法判决只能建立在对案件事实进行构成要件的全面分析评价基础之上,而不能简单地将相似案件的结论作为证据使用。诸如行为人非法制造、买卖、持有类似仿真枪与气枪能否构成犯罪不可一概而论,司法人员必须对构成要件事实,尤其是行为人的主观认识进行实质性考察与评价,进而转化为刑事证明中的推定问题,即需要结合行为人自身经历、客观行为等因素对其违法性认识进行推定。而即便得出肯定结论,即行为人具有违法性认识,也并不必然意味着犯罪故意乃至故意犯罪的成立。毕竟,违法性认识只是犯罪故意的成立要素之一,而非犯罪故意成立的唯一要素,更何况,犯罪故意也只是故意犯罪的构成要件之一,而非故意犯罪成立的唯一要件。但反之,如果行为人不具备违法性认识,则不构成故意犯罪。

二 违法性认识的刑事推论与运用

除刑事推定外,运用证据裁判进行刑事推论,是实践中认定违法性认识问题的另一路径。"陈某国非法出售珍贵、濒危野生动物案"②

---

① 广东省高级人民法院〔2019〕粤刑再 2 号刑事判决书。
② 广东省广州市中级人民法院〔2019〕粤 01 刑终 1204 号刑事裁定书。需注意的是,根据 2021 年最高人民法院、最高人民检察院《关于执行〈中华人民共和国刑法〉确定罪名的补充规定(七)》(以下简称 2021 年《罪名补充规定(七)》),非法出售珍贵、濒危野生动物罪罪名已被修改为危害珍贵、濒危野生动物罪。

中被告人陈某国违法性认识的认定,即是运用推论进行证据裁判的典型适例。该案中,陈某国自2018年3月受何某雇佣,在广州市荔湾区海水渔友水族店工作,主要负责档口的销售、管理,其中包括养殖"石某"并出售。经司法鉴定,2018年4月24日至7月18日,陈某国销售"石某"共计金额为人民币8450元。检方以陈某国犯非法出售珍贵、濒危野生动物罪提起公诉,一审判决支持。陈某国上诉称,"石某"种群繁多庞杂,哪些是保护的,哪些不是保护的,其没有专业识别能力,主观上不具有应知的故意,一审认定其是学水产专业的,推断其有这方面的专业知识,与事实不符,应宣告其无罪。

从现有证据来看,似乎确实无法直接证明陈某国明知"石某"为禁止出售的珍贵、濒危野生动物。但其实,经庭审质证的证据充分表明,被告人陈某国在该案中具备违法性认识。一是陈某国的供述。陈某国在侦查期间供述,其中专时学的是海水养殖专业,懂得海鱼和珊瑚的维护和检疫。正因如此,陈某国对档口销售的珊瑚种类了如指掌,包括"公主海葵""菠萝丁"等品种,且清楚硬骨珊瑚属于国家禁止销售对象。虽然陈某国否认对"石某"这一珊瑚品种的了解,但缺乏可信度,且未提出相应证据证明。相反,根据陈某国对珊瑚的丰富知识,至少可以推论其主观上对非法出售"石某"具有"放任"故意。二是有关野生动植物销售、存放知识的宣传已经覆盖陈某国所经营的场所。广州市越和花地市场经营管理有限公司、广州市越和富地市场经营管理有限公司派发的通知及通知签收表,证实经营管理者向各商铺派发了严禁违法经营以及禁止商户销售和存放国家保护野生动植物等通知和宣传材料,其中包括涉案店铺。按照证据裁判规则,上述事实足以排除合理怀疑地证明,被告人陈某国在该案中存在违法性认识。所以,与"魏某琳案"不同的是,该案违法性认识的证明,是运用证据裁判进行推论的产物。而这,也是审判机关所持的立场。

无独有偶,在司某豹非法运输珍贵、濒危野生动物一案①中,被告人司某豹在陇川县公路边,接收了一男子交付的多筐鹦鹉,后将鹦鹉运输到保山腾冲市腾越镇田心村一出租房中饲养。2018年4月7日上午,被告人司某豹驾车将分装为3个塑料筐的鹦鹉运输到腾冲驼峰机场货运部,使用陈某1的相关证照并向托运部门提交司某2的身份证明办理了鹦鹉托运手续,把3个塑料筐鹦鹉由腾冲经昆明发往成都。次日,该批鹦鹉在昆明长水国际机场被公安民警查获。经现场清点,被告人司某豹托运的3个塑料筐鹦鹉共计146只。经云南濒科委司法鉴定中心鉴定,该146只鹦鹉为亚历山大鹦鹉,系国家二级重点保护动物,列入《濒危野生动植物种国际贸易公约》(CITES)附录,价值1460000元人民币。法院判决认定,公诉机关指控被告人犯运输珍贵、濒危野生动物罪成立。该案中,被告人提出其主观上没有认识到运输非法,且已咨询相关人员,在获得相关告知后才开始运输,故其主观上缺乏违法性认识,不构成犯罪。有证据证明,被告人在托运鹦鹉前,确实曾经到驼峰机场托运部门咨询托运事项。托运部门工作人员告知,若鹦鹉来源合法,相关证件、执照齐全可以办理托运。随后,被告人司某豹使用司某2的身份证与陈某1的相关证照,并以司某2的名义办理了托运。当机场管理工作人员要求提交陈某1的托运委托书时,司某豹声称随后补交。由此可见,司某豹询问托运事宜恰恰证明其明知运输鹦鹉必须取得相应合法手续,而机场托运工作人员

---

① 云南省昆明市中级人民法院〔2019〕云01刑终1047号刑事裁定书。需注意的是,根据2021年《罪名补充规定(七)》,非法运输珍贵、濒危野生动物罪罪名已被修改为危害珍贵、濒危野生动物罪。

对司某豹的答复，进一步印证了其对运输鹦鹉需持合法手续应为明知，故其咨询行为非但不能支持其抗辩，相反，成为推论其具有违法性认识的有力证据。

最后，还应指出的是，民事犯的违法性认识并非不证自明的问题，而是同样需要另行进行刑事推定或者运用证据裁判规则进行推论证明。如"许某霆案"中，许某霆及其辩护人提出，许某霆据为己有的17万余元是自动柜员机出了故障自动出钞之故，许某霆并不知将这些钱拿走是犯罪。申言之，许某霆并没有违法性认识，自不存在盗窃的故意。但是，盗窃罪的前置法是有关财产权调整保护的民商法，无论国家立法机关制定的民商事法律，还是立法机关和社会公众普遍认同的与民商事活动调整有关的公序良俗，皆是其有机组成部分，而不得将他人财产不当据为己有，正是我国千百年来代代相传的良好习俗。而该案证据材料充分证明，许某霆对于自己账户中的存款不足200元完全明知，当然亦明知超过此数额的钱款非自己所有，更深知自己未经许可，将他人财产据为己有为公序良俗所不允许，故其不仅在深夜抓紧连续实施，而且第二天就携款逃走。所以，许某霆虽然不知前置民事制定法更不知刑法的相关规定，但却明知自己的行为有违公序良俗，因而对于自己的行为其实具有违法性认识，不能阻却盗窃故意的成立。对其以盗窃罪论处，是适用证据裁判规则的证明结论，而不是民事犯的违法性认识无需证明的适例，更不是民事犯之犯罪故意成立无需违法性认识的明证。

第四节 结语：走向现代刑法

经多年努力发掘并在实践中不断检验、发展，笔者提出，宪法价值秩序下的前置法和刑事法之间的规范关系以及由此决定的犯罪规制和刑事归责的规范机理，乃在于"前置法定性与刑事法定量相统一"①，进而决定了前置法的法益调整和规范评价，不仅是法益侵害本质和犯罪违法实质的决定性力量，而且是客观构成要件之规范要素的核心。与之相应，对客观行为之前置法不法性的认识及其认识的可能性，应分别是构成要件故意和构成要件过失不可缺少的要素。因而前置法不法性的认识错误，自应阻却犯罪故意的成立，从而属于事实错误范畴；传统的刑事违法性认识错误，则属于责任要素，虽然不能阻却犯罪故意的成立，但可作为责任减轻事由考虑，从而属于法律错误范畴。是故，违法性认识错误其实存在广义和狭义两个层面。狭义的违法性认识错误系事实错误，仅限前置法不法性认识错误；广义的违法性认识错误系法律错误，专指刑事违法性认识错误。前者影响故意的成立，后者影响责任的轻重。

而从古罗马"不知法不免责"到现代社会"不知法无故意"，从前现代法律"刑民不分"到现代法律"刑民有别"，从乱花渐欲迷人眼的学说纷争到法社会学视野下的理论反正，以及诉讼实践中的推定证明和推论适用，所有这一系列问题，既非单一的刑法学知识所能应对，更非封闭的刑法学理论所能解决，正所谓"不识庐山真面目，只缘身在此山中"。因之，从"非常刑法"到"跳出刑法"进而回归"更加刑法"，既是刑法现代化的推进和刑法现代性的发掘对刑法学人的知识转型和刑法理论的学术创新发出的呼唤，更是刑法学研究在国家治理体系和治理能力现代化建设中应当担负的使命。

毕竟，尊重刑法并超越刑法，既是刑法教义学有别于刑法注释学

---

① 田宏杰：《行政犯的法律属性及其责任——兼及定罪机制的重构》，《法学家》2013年第3期。

的根本所在，又是刑法教义学分道于刑事政策学和刑法哲学的界碑。因为这种超越，并非漫无边际，更不是让刑法文本随"我"所欲，相反，其有不可逾越的规范边界，只能"我"随法律文本所欲。这一不可逾越的规范边界，在笔者看来，就是前置法。因此，只有秉持"前置法定性与刑事法定量相统一"，才能探得宪法指引下的刑法教义学的真谛，从而在刑事立法规制和刑事司法适用中实现刑法的形式正义、实质正义和分配正义，进而推动刑法与前置法一起，共建、共治现代刑事法治秩序。

第八章　开放性与罪状分类的教义学反思

　　司法实践中的疑难案件，70%左右疑在事实的认定，30%左右难在法律的适用。而无论是70%的事实认定疑难还是30%的法律适用困惑，无不均源自同一个核心问题：罪状的理解与适用。正是对这一核心问题的努力求索，不仅引发了形式解释论与实质解释论、结果无价值说与行为无价值说等学术思潮的中外争议，而且导致了机械司法与能动司法、司法扩张与司法限缩等实践探索的莫衷一是，更产生了立法明确性与立法模糊性、解构立法与信仰规范的聚讼纷纭，其中，尤以对空白罪状的立法批判和口袋罪的理论挞伐最为激烈。而基本概念的辨析和分析工具的选择是理论研究的基石，笔者以为，厘清这些纷争的关键，在于以下两个问题的解决：一是作为罪刑法定原则的立法实践产物，罪状究竟具有怎样的结构性特征才能实现制度预期？二是传统理论对于罪状的类型化和对空白罪状的批判，究竟是对这一结构性特征的揭示和遵循，还是存在理论误区？为此，笔者拟以"前置法定性与刑事法定量相统一"的中国特色部门法规范关系为理论工具，以宪法价值秩序下的规范体系化为研究路径，反思并提出对这两个问题的思考，以进一步挖掘罪状的规范结构和体系内涵，完善刑民行合力共治的罪状解释进路，助推中国刑事治理现代化建设。

第一节 空白罪状的误读与刑法规范的开放

刑法理论通说认为，根据描述方式的不同，可以将刑法分则中的基本罪状分为叙明罪状、简单罪状、引证罪状和空白罪状4种。混合罪状虽然存在，但属于少数情形。[①] 而与其他类型的罪状相比，空白罪状对司法实践的意义和影响明显更高。比如，被称为"口袋罪"的非法经营罪，因"大口袋"里套着两个"小口袋"，即1997年《刑法》第225条第1项中的"其他限制买卖的物品"和第4项"其他严重扰乱市场秩序的非法经营行为"两个空白罪状的规定，致使非法经营罪的解释限度极具弹性，从而为非法经营罪的扩张适用提供了规范突破口和形式合法性。是故，取消空白罪状、废除口袋罪的呼声不绝于耳，并几已成为理论界共识。然在笔者看来，空白罪状之所以未能实现预期的制度目标，不在空白罪状自身，恐在理论界对其认识有偏，定位不准。而这种认识偏差，又滋生了两个弊端：一是将空白罪状片面理解为一种局部现象，视为罪状的一种类型，而忽略了犯罪规制的"前置法定性与刑事法定量相统一"的部门法分工与规范合作，以及由此形成的罪状的结构性特征——开放性及其存在于所有罪状中的普遍性；二是围绕空白罪状与罪刑法定原则之间的关系，产生了不必要的理论争议。

[①] 高铭暄、马克昌主编：《刑法学》，北京大学出版社2022年第10版，第316~318页。

一 空白罪状的定义及其存在的普遍性

按照通说，空白罪状是指刑法条文不直接地具体规定某一犯罪构成的特征，只指明该罪构成特征需要参照的其他法律、法规的规定。[1] 据此，空白罪状的特征，也即传统理论坚持的空白罪状的判断标准在于：一是不直接具体说明某一犯罪的成立条件；二是指明犯罪成立必须参照的其他法律。然而，在实际操作中，这两条标准的重要性并不一致。前一条标准并不具有决定性的意义，学者们在判断某一罪状是否属于空白罪状时，主要依据的还是后一条标准，即立法者是否使用了"违反规定""违反国家规定""违反……法规"之类的表述。[2] 事实也确实如此，许多被广为认可的空白罪状，其实也在一定程度上说明了犯罪的成立条件。例如，1997年《刑法》第286条规定的破坏计算机信息系统罪，其罪状是"违反国家规定，对计算机信息系统功能进行删除、修改、增加、干扰，造成计算机信息系统不能正常运行，后果严重"的，即便不考虑"违反国家规定"这一表述，罪状的其余部分也已经对该罪成立条件进行了较为具体的描述。故有学者坦陈，我国刑法分则中被称为空白罪状的条文，在指明参照法规的同时，其实也描述了部分构成要件要素，而之所以采用空白罪状，是因为这些犯罪的成立首先以触犯其他法规为前提，行为内容在其他法规中已有规定，刑法条文又难以作简短表述。[3] 可见，判断某一罪状是否属于空白罪状，核心不在于该罪状有没有具体描述构成要件，而在于该罪的成立是否以行为触犯其他法律为前提。

---

[1] 高铭暄、马克昌主编：《刑法学》，北京大学出版社2022年第10版，第317页。
[2] 罗翔：《空白罪状中刑事不法与行政不法的规范关联》，《国家检察官学院学报》2021年第4期。
[3] 张明楷：《刑法学》，法律出版社2021年第6版，第855页。

然而，这样一来意味着，空白罪状不应作为与叙明罪状、简单罪状、引证罪状相并列的罪状类型而出现。这是因为，宪法价值秩序下的刑法与其前置法的规范关系和刑事犯罪的治理机制，乃在于"前置法定性与刑事法定量相统一"①。其中，"前置法定性"是指在中国特色社会主义法律体系中，刑法所保护的法益的内涵与实质，即作为犯罪客体内容的权利义务关系及其实质，并非由刑法独立规定，而是由刑法分则条文致力于保障的前置法予以确立调整和法律体系的首次保护。例如，重婚罪所侵犯的婚姻家庭关系的内涵，乃是由婚姻法而不是刑法调整确立。因而犯罪的不法实质或罪质，其实取决于前置法尤其是前置法之调整性规范的规定，形式上符合刑法分则条文的字面含义，实际上并未侵犯该刑法分则条文保障的前置法所确立并保护的法益的行为，绝无成为刑法上的犯罪行为的可能。在这个意义上，行为之前置法不法性的具备，是行为之刑事违法性产生的必要条件。质言之，犯罪必须首先违法。

而"刑事法定量"，则强调违法并不必然构成犯罪，行为之前置法不法性的具备，并非行为之刑事违法性产生的充分条件，更不是行为之刑事违法性产生的充要条件。相反，前置法上的不法行为，只有通过了刑法的两次定量筛选，才能进入刑法规制的视野：一是犯罪行为的定型，即刑事立法从前置法归责的不法行为类型中选取出法益侵害严重者，依据主客观相统一的刑事归责原则，确立为犯罪行为类型，从而形成罪状；二是刑事追诉标准的确立，即刑事司法依据1997年《刑法》第13条但书的规定，确立犯罪行为的刑事可罚性门槛。其中，刑法的第一次定量即罪状的确立由刑事立法承担，刑法的第二次定量

---

① 田宏杰：《规范关系与刑事治理现代化的道德使命》，人民法院出版社2020年版，第216页。

即罪量的确立由刑事司法完成。① 这样，前置法决定罪质，刑事法决定罪状和罪量，不仅是对刑法在中国特色社会主义法律体系中的保障法地位的坚守，从而确保了刑法谦抑性的实现，而且是对宪法价值秩序指引下的法益保护原则和比例原则的践行，进而捍卫了中国特色社会主义法治建设中的法秩序统一。

因而从部门法的规范分工来看，只有前置法不能有效调整的特定社会失范行为，才有将其纳入刑法、追究刑事责任的必要性与正当性。而从操作层面来看，对于罪状中的核心术语的解释同样离不开前置法，这使得在罪状中无论是否使用"违反国家规定"之类表述，刑法的保护范围都与前置法的调整和保护有着紧密的关系。例如，1997年《刑法》第120条至第120条之六规定的一系列恐怖活动犯罪，立法者虽未在其罪状中使用"违反国家规定"之类表述，但显然，对于"恐怖主义""极端主义"这些核心术语，仅仅依靠刑法并不能作出体系化的妥当解释，而必须以2018年《中华人民共和国反恐怖主义法》的相关规定为指引。即便是对传统的民事犯而言，这一规范关系原理仍然成立。例如，故意杀人罪中的"人"始于出生终于死亡，但何谓"出生"，何谓"死亡"，都在前置法中规定有专门的技术性标准，以为刑法规制奠定基石。又如，理论界和实务界对于盗窃加密财产的定性存在巨大争议，一方面源于对加密财产民法属性的认识分歧，另一方面，经济行政法律、法规对加密财产的规制也同样影响着刑事裁判的尺度。②

正是基于此，2020年《刑法修正案（十一）》增设第336条之一非法植入基因编辑、克隆胚胎罪的意义，笔者以为，不仅仅在于其一

---

① 田宏杰：《虚假诉讼罪的认定：罪质、罪状与罪量》，《新华文摘》2021年第17期。
② 朱英子：《北京一法院以盗窃罪判决虚拟货币被盗案：是数据还是财产？虚拟货币法律属性仍存争议》，《21世纪经济报道》2022年5月12日第8版。

举解决了非法基因编辑入刑难的歧见纷纭,从而使我国成为世界上为数不多的对非法基因编辑行为进行刑事规制的国家之一,更为值得称道的,是正式颁行的第 336 条之一对于该罪的罪状,删除了草案中的"违反国家有关规定"。究其实,是因为该罪罪状的规范构造,需要参照规制人类基因编辑的前置民商法和行政法加以认定,而前置法对此类行为的规制很多,无法在刑法条文中一一列举,只能在办案时按照"前置法定性与刑事法定量相统一"的原则进行法律适用解释。不仅如此,我国直接规制基因编辑的规范性文件目前主要还是原卫生部发布的 2001 年《人类辅助生殖技术管理办法》(以下简称 2001 年《办法》)和 2003 年《人类辅助生殖技术规范》(以下简称 2003 年《规范》),均属于部门行政规章,在规范体系中的位阶较低、处罚力度太弱。"贺某奎案"发生后,国务院在 2019 年出台的《人类遗传资源管理条例》第 8 条、第 9 条中专门规定,采集、保藏、利用、对外提供我国人类遗传资源,不得危害我国公众健康、国家安全和社会公共利益,并在第 39 条中加大了"利用人类遗传资源"的规制力度。[1] 2020 年《中华人民共和国生物安全法》(以下简称 2020 年《生物安全法》)第 55 条则重申和强调了这一精神。[2] 虽然基因编辑行为属于"利用我国人类遗传资源"活动,但这样的间接规制,无疑针对性不强。故 1997《刑法》第 336 条之一在其前置法依据上的"留白",较好地缓解了前置行政法在基因编辑规制上的不足,既确保了刑法适用有前置法可依,又为前置法完善留出了时间和空间。故笔者以为,所有的罪状归

---

[1] 2019 年《人类遗传资源管理条例》第 39 条规定:"责令停止开展相关活动,没收违法采集、保藏的人类遗传资源和违法所得,处 50 万元以上 100 万元以下罚款,违法所得在 100 万元以上的,处违法所得 5 倍以上 10 倍以下罚款"。

[2] 2020 年《生物安全法》第 55 条规定:"采集、保藏、利用、对外提供我国人类遗传资源,应当符合伦理原则,不得危害公众健康、国家安全和社会公共利益。"

根结底，其实都是空白罪状，都有着空白罪状的特质。

二 空白罪状与罪刑法定原则的关系

关于空白罪状与罪刑法定原则之间的关系，理论界一直有着不小的争议。有学者认为，空白罪状的使用违反了民主法治原则、法律专属性原则和法律明确性原则，因而涉嫌违反罪刑法定原则；[①] 或者在一定程度上存在着弱化罪刑法定原则的倾向。[②] 另有学者认为，空白罪状的存在具有不可避免性与合理性，本质上并不与罪刑法定原则形成对立。[③] 还有学者认为，空白罪状虽然并不必然违反罪刑法定原则，但其中的补充规范必须达到一定的效力位阶，才能满足1997年《刑法》第96条的要求，而部门规章或地方性法规显然不能作为补充规范。[④]

笔者以为，上述看法虽不乏一定合理性，但其实，只要注意到罪状结构的开放性和空白罪状存在的普遍性，争论也就迎刃而解。既然所有犯罪的成立都需以违反前置法为前提，那么，空白罪状是否符合罪刑法定原则的问题，也就变成了罪状是否符合罪刑法定原则的问题。诚然，刑法分则中有部分罪状不够明确，距离罪刑法定原则的明确性要求还有距离，但这一问题应当具体分析、具体判断，而不能不加区别地均归咎于法条中的"违反国家规定"。例如，1997年《刑法》第295条规定的传授犯罪方法罪，虽然没有"违反国家规定"之类表述，但却堪称整部刑法典中明确性最低的罪名。至于非法经营罪在司法适用中的泛化，并非缘于立法者在1997年《刑法》第225条中使用了

---

① 刘树德：《罪刑法定原则中空白罪状的追问》，《法学研究》2001年第2期。
② 江溯：《罪刑法定原则的现代挑战及其应对》，《政法论丛》2021年第3期。
③ 肖中华：《空白刑法规范的特性及其解释》，《法学家》2010年第3期。
④ 罗翔：《空白罪状中刑事不法与行政不法的规范关联》，《国家检察官学院学报》2021年第4期。

"违反国家规定"的表述之故,而是因为部分司法适用未能准确把握该罪法益的"前置法定性"实质并遵循同类解释的基本规则,将并不符合刑法规定的违法经营行为一概认定为"其他严重扰乱市场秩序的非法经营行为"所致。换言之,不是非法经营罪这一立法规定之"经"出了问题,而是有些司法适用把"经"念歪了。

不仅如此,"违反国家规定"作为中文语法中的状语,在语义上起到的是修饰和限定作用,在规范结构上强调的是法益保护的部门法合力和违法制裁的比例配置,其效果只可能是限缩刑事制裁的范围而不是正好相反。因而一个罪状的主体结构如果满足罪刑法定原则的明确性要求,则不可能因为增加了"违反国家规定"而丧失其明确性。例如,1997年《刑法》第338条规定的污染环境罪的罪状,仅凭"排放、倾倒或者处置有放射性的废物、含传染病病原体的废物、有毒物质或者其他有害物质,严重污染环境"这一表述,就足以满足罪刑法定原则的明确性要求,立法在此基础上特别增加"违反国家规定",不但无损罪状的明确性,而且只会使该罪成立范围进一步限缩。所以,即便"违反国家规定"之类表述存在所谓的模糊性,也不可能导致整个罪状丧失明确性。

而学界之所以对空白罪状产生这样的认识误区,实与厌恶风险、渴望确定的人类天性有关,以致把法律的明确性等同于法律的确定性,甚至把模糊性视为明确性的对立面。人们以为"我们所生活的世界只具备有限的特征,而且我们能够知道这些特征的所有组合模式",因而"我们能够制定出,在特定个案的适用上,绝不需我们再做进一步选择的规则"①。但其实,这不是我们的真实世界。我们对于未来的认知具

---

① [英]哈特:《法律的概念》,许家馨、李冠宜译,法律出版社2018年第3版,第192页。

有纵向不确定性，我们对于社会中的人和自然资源的认知存在横向不确定性，这是人类无法摆脱的识别负担。更何况，科学技术的快速迭代和社会关系的飞速发展，使得犯罪治理愈益面临诸多新挑战新问题，不仅新型支付方式、交易方式正在悄然改变人们的财产关系，而且数字时代的社会治理变革也必然引发社会道德、伦理观念的变化，进而使得即便是财产权益、人身权益等传统自然法益的刑法保护，也越来越多地进入到模糊地带：行为对象是模糊的，行为给社会带来或者可能带来的危害是模糊的，行为规制的有效手段及其妥当程度更是不可能仅凭概念和理念就能准确预估的。可以说，在风险无处不在、无时不在的现代社会，我们唯一能够确定的，就是一定会面对不确定。而"前置法定性与刑事法定量相统一"的中国特色法律体系中的部门法规范关系，不仅赋予罪状结构上的开放性，而且通过罪状的开放性结构，实现了刑法的规范稳定性和适用的与时俱进性之间的有机协调，进而在为不确定的应对和风险治理提供刑民行规制合力的同时，为社会治理创新和人类文明的螺旋式上升开放了规范空间，预留了多种可能。故笔者以为，空白罪状与其说是刑事立法的"空白"缺陷，勿宁说是刑事立法的"留白"技术和所有罪状的普遍特征——开放性。而正是对罪状开放性结构的认识不足，不仅导致了罪状类型化的理论误区，而且使得罪状的适用长期固步于封闭的刑法内部展开，以致叙明罪状难以叙明、简单罪状实不简单、引证罪状引而不证，罪状的制度预期实现有限。

第二节 叙明罪状的尴尬与刑法规范的超越

一般认为，叙明罪状的特点是"在罪刑规范中对具体犯罪的构成特征作了详细的描述"，而立法者之所以选择这种模式，是因为这些犯罪的特征不为一般人所知，因而需要加以详细规定。① 实际上，只要无视罪状的开放性，只要坚持将刑法视为绝对独立于前置法的孤立部门法，叙明罪状"要件明确、避免歧义"的价值目标，就难以实现。

一　叙明罪状的传统定义存在缺陷

如果将"详细"作为叙明罪状定义的核心词，随之而来的问题便是：要多"详细"，才能谓之"详细"？遗憾的是，学界至今未给出必要的释明。而若以罪状描述是否详细为标准来区分叙明罪状与简单罪状，则势必产生大量的模糊地带。

例如，对于非法拘禁罪，1997 年《刑法》第 238 条规定的罪状是"非法拘禁他人或者以其他方法非法剥夺他人人身自由的"，此究属简单罪状还是叙明罪状？如果是简单罪状，其毕竟有"以其他方法非法剥夺他人人身自由"的叙述，但如果说它是叙明罪状，其罪状表述恐又难以称得上"详细"。

又如，1997 年《刑法》第 114 条的罪状表述是"放火、决水、爆炸以及投放毒害性、放射性、传染病病原体等物质或者以其他危险方法危害公共安全，尚未造成严重后果的"，共囊括了放火罪、决水罪、爆炸罪、投放危险物质罪和以危险方法危害公共安全罪 5 个罪名。从表述来看，这 5 个罪名似都是简单罪状，但理论界却几乎没有争议地认为，在解释以危险方法危害公共安全罪中的"其他危险方法"时，需要遵守同类解释的基本规则，确保"其他危险方法"的危险性与放火、决水、爆炸、投放危险物质的危险性相当，具备导致多数人重伤或者死亡的直接性与盖然性。② 这样一来，"放火、决水、爆炸、投放

---

① 张明楷：《刑法学》，法律出版社 2021 年第 6 版，第 854 页。
② 劳东燕：《以危险方法危害公共安全罪的解释学研究》，《政治与法律》2013 年第 3 期。

危险物质"就起到了对"其他危险方法"的限定作用,按照传统理论的类型化标准,似又可把以危险方法危害公共安全罪的罪状归入叙明罪状,而不是传统公认的简单罪状。

再如,强制猥亵、侮辱罪的罪状,在1997年《刑法》第237条第1款中表述为"以暴力、胁迫或者其他方法强制猥亵他人或者侮辱妇女的",而对猥亵儿童罪的罪状,则在第3款中表述为"猥亵儿童的"。如果单看猥亵儿童罪的规定,其罪状系简单罪状当无疑问,然而,如果将其与强制猥亵、侮辱罪的罪状进行对照,则不难看出,立法者正是通过舍去"以暴力、胁迫或者其他方法"这一表述,在表明猥亵儿童罪的成立不以行为人使用暴力、胁迫或者其他方法为必要的同时,实现了对于儿童性权利的更为全面的保护。申言之,猥亵儿童罪的罪状表述从形式上看是简单罪状,但其"详细"程度以及传递出的信息量和作为叙明罪状的强制猥亵、侮辱罪不相上下,那么,究应将其视为简单罪状还是叙明罪状呢?

所以,传统类型化理论中的"详细与否",其实并不存在一个明确的判断标准。故有学者主张,添加"超出罪名范围"这一要素,将叙明罪状定义为"在刑法分则罪刑式条文中,超出罪名范围,对具体犯罪特定构成要件独立进行的相对详细描述"。[①] 但这一主张,同样有可商之处。

首先,从时间上来看。所有罪状虽都由立法确定,但除极个别特殊情形外,[②] 立法一般并不规定罪名,而是将其交由司法解释确定。而从根本上来说,罪状其实是一种立法技术,立法者为了实现预期的规制目的,会选择其所认为的最合适的表述方式。在立法者做出此种选

---

① 赵宁:《刑法分则罪刑式条文中叙明罪状解释原理研究》,《犯罪研究》2015年第1期。
② 例如,1997年《刑法》第385条第1款规定:"国家工作人员利用职务上的便利,索取他人财物的,或者非法收受他人财物,为他人谋取利益的,是受贿罪。"需要指出的是,这种在刑法条文中直接确定罪名的做法,在我国实属少见。

择之时，与罪名相关的司法解释尚不存在，立法者又怎么可能通过比较罪状表述与罪名范围的大小，来决定采用何种罪状呢？

其次，从逻辑上来看。罪名虽然由司法解释确定，但是最高司法机关在制定司法解释时，其主观意愿当然是希望罪名能够尽可能简练而精准地反映罪状内容，而不是刻意地去追求罪名与罪状的割裂。换言之，虽然从事实层面来看，罪名与罪状并不完全一致，但这并非立法和司法主动追求的结果，而是人类认知的有限性所致。因此，罪名与罪状范围即便存在差异，这种差异的产生也不具有目的性，而是具有随机性。对于这种随机产生的差异，专门研讨的必要显然不大。

最后，从效果上来看。以"是否超出罪名范围"作为区分简单罪状与叙明罪状的标准，会得出不合理的解释结论。从逻辑上来讲，罪名应当是对罪状的精练概括，但知有限而情无穷，罪名与罪状的匹配往往难以达到百分之百的"严丝合缝"，而是相反，常常会存在一些偏差，罪名所界定的范围有时会小于罪状的范围，有时会大于罪状的范围。而当罪名所确定的范围大于罪状时，依据前述观点则可能得出不尽合理的结论。例如，非法经营是一个字面含义极为宽泛的概念，几乎可将所有违法经营行为囊括在内，但是，1997 年《刑法》第 225 条规定的罪状范围其实比这小得多，即便考虑到兜底条款，也应当被限定在违反行政许可的经营行为之内。而按前述观点，非法经营罪的罪状并未超出罪名的范围，应属简单罪状，这样的结论显然不妥。类似地，1997 年《刑法》第 287 条之一的罪名是"非法利用信息网络罪"，而其罪状却只包括 3 类非法利用信息网络的特定行为样态，[①] 其范围要

---

① 即1997 年《刑法》第287 条之一第1 款所规定的3 种行为形式："（一）设立用于实施诈骗、传授犯罪方法、制作或者销售违禁物品、管制物品等违法犯罪活动的网站、通讯群组的；（二）发布有关制作或者销售毒品、枪支、淫秽物品等违禁物品、管制物品或者其他违法犯罪信息的；（三）为实施诈骗等违法犯罪活动发布信息的。"

比罪名小得多，按照前述观点，同样会得出该罪罪状系简单罪状而非叙明罪状的结论。

二 叙明罪状的目标难以实现

叙明罪状的另一尴尬是，虽然立法者设置叙明罪状的目的在于明确犯罪成立的各个要件，以免司法适用发生混淆，但较之于办案的现实需求，刑法文本的规定是远远不够的。对于"明确叙述"的价值预期，叙明罪状其实有些"心有余而力不足"，尤以以下三个方面最为凸显。

（一）刑法调整对象的专业化

叙明罪状难以实现预期目标的第一个重要原因，是刑法调整对象的越发专业化，这使得罪状无论设置多么详细，都难以在刑法中完成对犯罪构成核心概念的界定，这在行政犯中体现得尤为明显。例如，对于1997年《刑法》分则第3章第7节侵犯知识产权罪，立法者虽然没有使用"违反国家规定"之类表述，但并不意味着，仅仅凭借刑法条文自身的规定就能够描述清楚"商标""专利""著作权"等核心概念。相反，要弄清楚什么是"商标""专利""著作权"，就必须诉诸于知识产权刑法所致力于保障的前置法。又如，1997年《刑法》第277条规定的妨害公务罪，形式上同样采用了叙明罪状的立法模式，但作为构成要件核心内容的"依法执行职务"，仍需在具体案件中依据相关行政法律、法规进行判断。[①] 再如，1997年《刑法》第355条之一妨害兴奋剂管理罪的核心概念是"兴奋剂"，而要在刑法中准确阐明

---

① 田宏杰：《妨害公务罪的司法适用》，《国家检察官学院学报》2010年第5期。

"兴奋剂"的具体范围是几乎不可能的。那些被归类为"兴奋剂"的物质，除了能够提升运动员的赛场表现外，可以说是毫无共同之处，① 而要确定究竟什么是"兴奋剂"，则必须借助于国家体育总局等 5 部门每年更新的《兴奋剂目录》。

随着人类社会逐步迈入后工业化时代，社会治理各专业的细分领域如雨后春笋般出现，刑法要实现对这些领域的有效调整，不仅必须使用大量的专业性术语，而且这些专业术语难以在刑法中用一两句话阐明，而科技创新的突飞猛进，只会使这一现象愈发显明。特别是近年来，大数据、云计算、人工智能、区块链的发展势头迅猛，也得到了法学界的密切关注。可以推断，在不远的将来，这些领域也合成为刑法的规制保护范围，而它们的专业性较之过去只会有增无减。是故，立法者即便在刑法中竭尽所能地详细规定，但如果不以前置法为基石，叙明罪状"难以叙明"的问题仍会继续存在。

（二）社会问题的复杂化

叙明罪状难以实现预期目标的第二个原因，是社会问题的复杂化。叙明罪状"难以叙明"的问题不仅存在于新兴的、专业性较强的社会治理领域，而且即便是人身犯罪、财产犯罪这样的传统民事犯罪，囿于相关罪名调整的社会问题日益复杂，刑法条文的表述也会变得相对不那么明确。例如，1997 年《刑法》第 260 条规定的虐待罪有 3 个核心构成要素，分别是虐待、家庭成员、情节严重。在传统家庭模式中，

---

① 普通大众往往将兴奋剂想象成某种能够在短期内提升运动成绩但会严重损害人体健康的药物，但事实上，许多食品中常见的物质也属于兴奋剂。例如，胡椒、花椒中含有去甲乌药碱，属于兴奋剂清单中的 β2－受体激动剂，因而北京冬奥会的菜单中没有含胡椒、花椒的菜品。参见赵天宇《胡椒：请叫我"食源性兴奋剂"》，《北京科技报》2021 年 12 月 6 日第 18 版。

人们对于"虐待"和"家庭成员"都有着相对稳定的认知，因而该罪适用的重点在于"情节严重"。① 然而，随着社会的发展，"虐待"和"家庭成员"这两个概念也出现了越来越多的争议。

一方面，人们传统上倾向于从残酷性和经常性这两个角度来界定虐待行为，如打骂、冻饿、有病不给治、强迫从事过重的体力劳动等。② 但随着市场经济的不断深入发展，经济基础在日常生活中的重要性迅速提升，"经济控制"是否属于虐待就成为了一个新的问题。有不少学者对此持肯定态度，③ 最高人民法院中国应用法学研究所在 2008 年发布的《涉及家庭暴力婚姻案件审理指南》第 3 条中也明确将经济控制列为家庭暴力的类型之一。④ 虽然 2015 年《中华人民共和国反家庭暴力法》（以下简称 2015 年《反家庭暴力法》）未采纳这一定义，但这足以说明，经济控制是否属于虐待的表现形式之一，已经成为了一个值得讨论的疑难争议问题，这使得"虐待"的含义也开始变得不那么明确清晰。

另一方面，传统观点倾向于将"家庭成员"理解为具有亲属关系的人，⑤ 2020 年《中华人民共和国民法典》（以下简称 2020 年《民法典》）第 1045 条第 3 款也通过列举的方式将家庭成员限定为配偶、父母、子女和其他共同生活的近亲属。但是，非婚同居情况的大量出现同样使这一认知发生了动摇，不少学者主张将由非血亲赡养、非婚同

---

① 佚名：《如何认定虐待罪》，《广西政法报》2003 年 1 月 28 日第 5 版。
② 高铭暄主编：《新编中国刑法学》，中国人民大学出版社 1998 年版，第 751 页。
③ See Laurel Wheeler, "Mandatory Family Mediation and Domestic Violence", *Southern Illinois University Law Journal*, No. 26, 2002, pp. 559 – 561.
④ 需要指出的是，"家庭暴力"和"虐待"虽系两个不同的概念，但一般认为，持续性、经常性的家庭暴力构成虐待，所以，"家庭暴力"的含义发生变化会直接导致"虐待"的含义随之改变。
⑤ 高铭暄主编：《新编中国刑法学》，中国人民大学出版社 1998 年版，第 751 页。

居等形成的"实然家庭"也解释为虐待罪中的"家庭关系"。① 2015 年《反家庭暴力法》虽未更改家庭的定义，但却在第 37 条中规定，"家庭成员以外共同生活的人之间实施的暴力行为，参照本法规定执行"，从而在事实上将非血亲赡养、非婚同居而形成的共同生活关系纳入了调整范围。虽然 2015 年《关于依法办理家庭暴力犯罪案件的意见》（法发〔2015〕4 号）明确将同居关系纳入虐待罪的调整范围，从而使上述争议暂告一段落，但这一争议的存在本身就表明，像"家庭成员"这种一度被认为十分明确的概念，也已随着社会发展而变得相对模糊。

（三）刑事立法的相对滞后性

叙明罪状难以实现预期目标的第三个原因，是刑事立法的相对滞后性。这一因素不会独立导致叙明罪状的"难以叙明"，但却会加剧这一问题的严重性，并使其解决变得更为困难。前文所提及的问题，本质上乃系社会发展与法律滞后性之间的结构性矛盾使然。如果立法者能够像企业更新软件那样，不停地为过去的立法发布"新版本""新补丁"，对罪状中的核心概念做出界定，那么，叙明罪状"难以叙明"的问题即便不能得到彻底解决，也会得以大幅缓解。但显然，刑事立法的稳定性不会允许以这样的频率进行修改，而我国兼职代表制的制度设计也决定了高频率的法律修改在客观上难以为继。

在此，还需特别指出的是，虽然有不少学者批评我国立法修改过于频繁，甚至认为我国立法修改的频率"不但在古今中国刑法立法史上绝无仅有，而且在世界刑法立法史上，恐也无出其右"②，实与事实

---

① 高仕银：《传统与现代之间：虐待罪"家庭成员"概念新论》，《浙江工商大学学报》2011 年第 4 期。
② 何荣功：《社会治理"过度刑法化"的法哲学批判》，《中外法学》2015 年第 2 期。

有所出入。1997 年以来，我国只出台了 1 个单行刑法和 11 个刑法修正案，刑法修改的频率大约每两年一次。而据统计，在 1969 年到 2019 年间，德国立法机关通过各种形式对其《刑法典》进行的修订达 202 次，如果将附属刑法一并纳入考虑，修改的次数更是难以估量。① 也就是说，在不考虑附属刑法的情况下，《德国刑法典》平均每年修订 4 次，大约是我国刑法修订频率的 8 倍，而若将附属刑法考虑在内，这一比值势必更为悬殊。所以，相较于欧美国家，我国的刑法修改频率其实明显偏低，从而在一定程度上导致立法的滞后或疏漏往往难以得到及时修正，② 进而加剧了叙明罪状"难以叙明"的问题。

第三节　简单罪状的表象和刑法规范的填充

从定义上来说，简单罪状与叙明罪状是相对应的概念。通说认为，在简单罪状中，刑法条文只是简单地规定罪名或者简单地描述犯罪的基本构成特征。由于简单罪状具有简单概括、避免繁琐的特点，③ 故而简单罪状的使用，一般是因为立法者认为这些犯罪的特征易于被人理解和把握，无需具体描述。④ 其实，较之于叙明罪状，简单罪状也面临着同样的问题：一是定义模糊；二是解释困难。而这两方面因素的叠加，导致立法者设置简单罪状的目标本是为了简洁明了，避免繁琐，

---

① 王钢：《德国近五十年刑事立法述评》，《政治与法律》2020 年第 3 期。
② 例如，2001 年《中华人民共和国刑法修正案（三）》将 1997 年《刑法》第 114 条、第 115 条的投毒罪改为投放危险物质罪，但是 1997 年《刑法》第 17 条第 2 款关于已满 14 周岁不满 16 周岁的人应当负刑事责任的犯罪范围并未同步修改，仍然保留了"投毒"的表述。这样一来，当已满 14 周岁不满 16 周岁的人实施了投放放射性物质、传染病病原体的行为，是否应当负刑事责任，就成了一个不大不小的问题。直到 2020 年《刑法修正案（十一）》对 1997 年《刑法》第 17 条第 2 款进行修改，这一问题才算得到了相对圆满的解决。
③ 张明楷：《刑法学》，法律出版社 2021 年第 6 版，第 854 页。
④ 高铭暄、马克昌主编：《刑法学》，北京大学出版社 2022 年第 10 版，第 317 页。

但却事与愿违,简单罪状实则并不简单,其在司法实践中的适用疑难与困惑,完全不遑多让其他类型的罪状。

一 简单罪状的定义模糊

在传统通说中,简单罪状与叙明罪状的区分,是以刑法条文对罪状表述的详细与否为标准的。但正如前文指出,"详细"是一个非常模糊的概念,难以完成对叙明罪状的界定。而由于简单罪状与叙明罪状在逻辑上属于互斥关系,基于同样的逻辑,以"详细与否"为标准,同样无法准确界定简单罪状。为此,学界提出了很多新的标准,以期解决这一问题。其中,第一种观点主要通过罪名与罪状的关系来区分简单罪状与空白罪状,认为简单罪状是立法者对能被罪名加以概括的具体犯罪构成要件的类型化表述;[1] 第二种观点则将描述的对象作为区分简单罪状与叙明罪状的标准,认为简单罪状对犯罪的特征不予描述,而仅仅是描述犯罪的名称。[2] 笔者以为,上述学术努力在推动我国罪状理论不断丰富和发展的同时,亦有值得斟酌之处。

首先,上述两种观点存在一个共同的缺陷,那就是没有注意到罪名和罪状的先后顺序。如前所述,罪状在时间和逻辑上都先于罪名。因此,只能认为罪名是对罪状的归纳,而不能认为罪名是对罪状的描述。[3]

其次,这两种观点在各自的理论逻辑上均有不能自洽之处。其中,第一种观点的问题在于,立法者使用简单罪状的制度初衷是追求一种"一言以蔽之"的效果,而如果立法者在其中使用某种类型化的表述,

---

[1] 刘树德:《罪状建构论》,中国方正出版社2002年版,第243页。
[2] 周振想编:《刑法学教程》,中国人民大学出版社1997年版,第310页。
[3] 陈明、赵宁:《简单罪状的司法认定和解释规则研究——以盗窃罪的司法认定为例》,《政治与法律》2013年第4期。

便会大幅度提升表述的复杂度,从而使其难以被归类为简单罪状。例如,在1997年《刑法》第264条规定的盗窃罪中,立法者使用了类型化的表述方法,列举了"盗窃公私财物,数额较大的""多次盗窃""入户盗窃""携带凶器盗窃""扒窃"这5种类型,将如此复杂的罪状描述归为简单罪状,显然不符合学界的一般认知。对此,有学者提出,添加这些术语后的罪状所包涵的实质含义并没有超出罪名本身的概括,只是反映了犯罪行为的情节或者法益侵害的程度,因而即便盗窃罪包括5种行为类型,仍然属于简单罪状。① 但笔者以为,这种观点难以成立,因为按此逻辑,几乎所有的罪状都可以被界定为简单罪状。而前述第二种观点的问题在于,"对犯罪的特征不予描述"与"描述犯罪的名称"在逻辑上存在内在矛盾。正所谓"循名责实",罪名不是凭空产生的,而是对犯罪构成尽可能精练的概括,其必须具有对犯罪构成具体内容的提示功能。故若描述了犯罪的名称,则必然在一定程度上描述了犯罪的特征,论者所谓"对犯罪的特征不予描述,而仅仅是描述犯罪的名称"这一情况,在现实中并不存在。

二 简单罪状的解释困难

和定义的模糊性相比,简单罪状的最大问题在于其解释的困难性。本来,立法者使用简单罪状,是因为立法者在主观上认为这些罪名已经为公众所熟知,不需要详细描述其构成要件。然事与愿违的是,简单罪状的运用不仅没有简化相关法条的适用过程,反而大幅度增加了刑法适用的复杂性。诚如格言"免费的才是最贵的",我们同样可以认为"最简单的才是最复杂的"。法律条文终究要为解决社会问题服务,

---

① 陈明、赵宁:《简单罪状的司法认定和解释规则研究——以盗窃罪的司法认定为例》,《政治与法律》2013年第4期。

简单罪状虽然简化了刑法条文的表述，但社会问题总是现实存在的，不会也不可能因为法条的简化而亦随之被简化。

一般而言，那些被简单罪状的表述所省略的部分，仍然需要通过刑法解释加以填充。这意味着简单罪状其实是"简单而不明了"，增加了司法实务的负担。例如，诈骗罪是公认的简单罪状，但实践中的涉诈行为类型是如此纷繁多样，民事欺诈和刑事诈骗之间的区分是如此困惑疑难，相关问题远非"诈骗公私财物，数额较大的"几个字可以解决，相关现实需求会迫使法律适用者必须将其恢复为相对完整的规范结构。事实上，司法实践中真正发挥作用的罪状与其说是"诈骗公私财物，数额较大"，不如说是"虚构事实或者隐瞒真相，使他人陷入错误认识，并且基于错误认识实施了财产处分行为，进而使被害人遭受了经济损失，数额较大"。对于这一规范结构，学界虽有争议，但总体上仍然达成了基本共识，因而立法规定的粗疏对于司法实务的不利影响尚在可以接受的范围之内。

而在另一些情况下，立法者对简单罪状的运用则会损害刑法对罪状表述的准确性，从而引发不必要的争论。例如，故意杀人罪和故意伤害罪虽然均为简单罪状，但是故意伤害罪明确要求伤害的对象是"他人"，而故意杀人罪并未限定犯罪对象，仅只规定"故意杀人的"，有学者便以此为据，主张自杀行为也符合故意杀人罪的构成要件。[1] 又如，1997年《刑法》第216条假冒专利罪同样使用了简单罪状的表述方式，然而，什么是"专利"，何种行为属于"假冒他人专利"，远非一目了然，立法者在此使用简单罪状，不仅不能起到简单概括、避免烦琐的作用，反而给司法适用造成了不小的困惑。有学者将非法实施

---

[1] 黎宏：《刑法学》，法律出版社2012年版，第635页。

他人专利的行为解释为"假冒他人专利";① 有学者认为假冒他人专利是指在自己的产品上添加与他人产品相同或相近的专利标记或专利号;② 还有学者认为"假冒他人专利"仅包括采取欺骗手段,在专利机关登记,冒名骗取专利权的行为。③ 时至今日,人们仍然不得不在形式合理性与实质合理性之间进行痛苦的抉择,要么为了维护"假冒他人专利"的文字表述,将未经许可而实施他人专利的行为排除在该罪成立范围之外,其代价是造成专利权刑法保护的漏洞;要么突破"假冒他人专利"的文字表述,将未经许可而实施他人专利的行为解释为该罪,但要面临来自罪刑法定原则的拷问。而只要立法稍微规定得详细一些,④ 前述问题原本是可以避免的。

更有少数情况下,简单罪状的使用已经严重损害了构成要件的明确性,使之达不到罪刑法定原则的底线要求。例如,1997 年《刑法》第 295 条对于传授犯罪方法罪的规定使用了简单罪状的表述方式,然而,传授犯罪方法的行为何其多样,仅仅在刑法条文中规定"传授犯罪方法"这一罪状,既难以为公民提供行动指引,又无法满足罪刑法定原则的明确性要求。如果我们承认,罪刑法定原则对构成要件的明确性有着最低限度的要求,这一原则无法容忍"若犯罪,则处以刑罚"这样的法律规定,那么,该罪的罪状设置同样无法达到罪刑法定原则的要求。因为假设犯罪的行为类型有 m 种,传授方法的行为类型有 n 种(m,$n>1$),传授犯罪方法在客观上的行为则应当有 $m \times n$ 种。质言之,该罪在构成要件上的明确程度甚至还不如"若犯罪"。与此同

---

① 高铭暄主编:《新编中国刑法学》,中国人民大学出版社 1998 年版,第 658 页。
② 胡康生、郎胜主编:《中华人民共和国刑法释义》,法律出版社 2006 年版,第 354 页。
③ 马克昌等主编:《刑法学全书》,上海科学技术文献出版社 1993 年版,第 295 页。
④ 相关条文的完善建议,参见田宏杰《侵犯专利权犯罪刑事立法之比较研究——兼及我国专利权刑法保护的完善》,《政法论坛》2003 年第 3 期。

时，在行为类型没有发生变化的情况下，该罪的法定刑却配置了从管制到无期徒刑在内的所有刑种，这种过于宽泛的量刑幅度让人无所适从，和"则处以刑罚"这样的规定已经几无二致了。

第四节 引证罪状的不足和刑法规范的完善

一般认为，引证罪状是指引用同一法律中的其他条款来说明和确定某一具体犯罪构成特征的罪状。① 我国刑法中的引证罪状大体可以分为两类：第一类是引证的内容乃该条文的前款，以"犯前款罪""有前款行为"或类似表述为提示语；第二类是引证的对象乃1997年《刑法》中的其他条文，例如，1997年《刑法》第113条第2款中"犯本章之罪的……"和第390条第1款"对犯行贿罪的，处……"。其中，第一类引证罪状占绝大部分，第二类引证罪状则实为极少数。由于使用引证罪状的制度初衷仅仅是在形式上简化罪状表述，并不期待以此实质性决定罪状的内容，因而不存在叙明罪状、简单罪状所面临的制度目标落空的问题。与之相应，学界对于引证罪状的研究也相对较少。但如果仔细推敲，仍能发现我国刑法中的引证罪状设置还是存在不少缺陷与不足，特别是在引证中只是简单地将被引条文与罪状补充部分组合在一起，而对两者的整合性重视不足，以致出现"引而不证"的问题。

一 引证罪状的表述不清晰

我国刑法条文在使用引证罪状这一立法技术时，虽然有时会援引

---

① 高铭暄、马克昌主编：《刑法学》，北京大学出版社2022年第10版，第317页。

其他条款所记载的全部构成要件，但更多时候仅仅是援引部分构成要件，再辅之以一定的修改补充，从而形成新的构成要件。例如，1997年《刑法》第168条第3款规定的"国有公司、企业、事业单位的工作人员，徇私舞弊，犯前两款罪的，依照第一款的规定从重处罚"，虽然通过"犯前两款罪的"这一表述援引了1997年《刑法》第168条第1款、第2款，但同时添加了"徇私舞弊"这一重要的客观构成要件，从而融合形成了新的罪状。又如，1997年《刑法》第219条第2款规定的"明知前款所列行为，获取、披露、使用或者允许他人使用该商业秘密的，以侵犯商业秘密论"，同样仅仅援引了同条第1款列举的行为类型，同时在此基础上补充了"明知而获取、披露、使用或者允许他人使用"的规范结构，进而融合成新的罪状。

当被援引的法律条文较为简单、清晰时，这种做法并无大的问题，但如果被援引的法律条文本身就比较复杂，特别是包括多种情形时，这种做法就有可能产生不必要的混淆。例如，1997年《刑法》第124条第2款规定"过失犯前款罪的，处三年以上七年以下有期徒刑；情节较轻的，处三年以下有期徒刑或者拘役"，但该条款援引的同条第1款[1]包括基本犯和结果加重犯两种情形，是故，这里的"过失犯前款罪"究竟指的是哪一种情形呢？从文义上来看，似乎可以认为只要满足了前款基本犯的构成要件即可，无需该行为"造成严重后果"。而若采取体系解释的方法，将1997年《刑法》第124条第2款与第369条第2款[2]、

---

[1] 1997年《刑法》第124条第1款规定："破坏广播电视设施、公用电信设施，危害公共安全的，处三年以上七年以下有期徒刑；造成严重后果的，处七年以上有期徒刑。"

[2] 1997年《刑法》第369条规定："破坏武器装备、军事设施、军事通信的，处三年以下有期徒刑、拘役或者管制；破坏重要武器装备、军事设施、军事通信的，处三年以上十年以下有期徒刑；情节特别严重的，处十年以上有期徒刑、无期徒刑或者死刑。过失犯前款罪，造成严重后果的，处三年以下有期徒刑或者拘役；造成特别严重后果的，处三年以上七年以下有期徒刑。战时犯前两款罪的，从重处罚。"

第 370 条第 2 款①进行比较，则会倾向于认为，如果该罪成立需以"造成严重后果"为前提，那么，立法者完全可以毫不费力地在罪状中加上这一表述，就像 1997 年《刑法》第 369 条第 2 款、第 370 条第 2 款那样。既然 1997 年《刑法》第 124 条第 2 款并无这样的表述，就说明该罪的成立并不需以"造成严重后果"为必要。但是，如果立足于 1997 年《刑法》第 124 条第 1 款和第 2 款的关系不难发现，第 1 款中的基本犯规定的是故意犯罪，第 2 款的规定却针对的是过失犯罪，对过失犯罪的处罚原则上应当轻于故意犯罪，然而，两者的法定刑都是"三年以上七年以下有期徒刑"，如果在客观要件上不加以区分，就意味着对过失犯罪的处罚等同于相应的故意犯罪，必然造成量刑上的不均衡。而要消除这种不均衡，就必须在解释论层面补充"造成严重后果"这一要素，即将此处的"过失犯前款罪"解释为 1997 年《刑法》第 124 条第 1 款后段的结果加重犯。其实，只要在立法过程中稍加注意，在 1997 年《刑法》第 124 条第 2 款中采用和第 369 条第 2 款、第 370 条第 2 款相似的表述，前述混淆本来是可以避免的。

二 引证罪状的逻辑不通顺

如前所述，我国刑法中的引证罪状大多是在部分援引其他条文的基础上添加新的构成要件。然而，被援引的法律条文其实是多个构成要件的集合，在引证罪状中被"打包"成"前款"等表述，而立法者又无法对"前款"等"压缩包"的具体内容进行针对性调整，只能在

---

① 1997 年《刑法》第 370 条规定："明知是不合格的武器装备、军事设施而提供给武装部队的，处五年以下有期徒刑或者拘役；情节严重的，处五年以上十年以下有期徒刑；情节特别严重的，处十年以上有期徒刑、无期徒刑或者死刑。过失犯前款罪，造成严重后果的，处三年以下有期徒刑或者拘役；造成特别严重后果的，处三年以上七年以下有期徒刑。单位犯第一款罪的，对单位判处罚金，并对其直接负责的主管人员和其他直接责任人员，依照第一款的规定处罚。"

"前款"等"压缩包"之外打上若干"补丁"。这样一来，就容易导致"补丁"的内容和"压缩包"的内容发生逻辑矛盾。

例如，1997年《刑法》第115条第2款规定："过失犯前款罪的，处三年以上七年以下有期徒刑；情节较轻的，处三年以下有期徒刑或者拘役。"其中，"过失犯前款罪"这一表述就存在内在的逻辑矛盾，因为同条第1款规定的放火罪、决水罪、爆炸罪、投放危险物质罪、以危险方法危害公共安全罪都是故意犯罪，"过失犯前款罪"就变成了过失实施故意犯罪，而这在逻辑上是难以自洽的。

类似的，当被援引的条款规定的是纯正身份犯，而引证罪状在补充了新的身份类型时，同样会造成逻辑矛盾。例如，1997年《刑法》第398条第2款规定："非国家机关工作人员犯前款罪的，依照前款的规定酌情处罚。"由于同条第1款规定的故意泄露国家秘密罪和过失泄露国家秘密罪都是纯正身份犯，法条明文规定犯罪主体只能是国家机关工作人员，故而非国家机关工作人员不可能满足此两罪的构成要件。然而，1997年《刑法》第398条第2款的成立，却以非国家机关工作人员实施了只能由国家机关工作人员才能构成的纯正身份犯行为为前提，这同样存在内在的逻辑矛盾。

三 引证罪状的表达不简练

在另一些情况下，立法者对于引证罪状的使用虽然不会造成理解上的混淆或者逻辑上的矛盾，但是从表达效果来看，不使用引证罪状，而是将相关内容直接整合到被援引的条文中，反而能使法律条文的表意更加简洁连贯。基于"如无必要，则应删减"原理，应当认为，在特定条款中使用引证罪状，不仅没有起到简化表达的效果，反而造成了刑法表达的冗余。

例如，1997 年《刑法》第 113 条[①]为分则第 1 章中的所有危害国家安全犯罪增设了没收财产，并为其中部分犯罪设置了死刑。虽然该条款的表达清晰，不会引起混淆或误解，但却缺乏独立存在的必要性。将财产刑和死刑分别规定于危害国家安全罪中的相应各罪条文，使刑罚与罪状直接对应，从而满足完全法条的"假定+处理"结构要求，更为适宜。而目前这样的立法模式，相当于将一个完全法条的"处理"部分强拆成两半，人为地增加了普通公民和司法工作人员理解和适用法律条文的难度。

类似的问题同样出现在了 1997 年《刑法》第 386 条之中。1997 年《刑法》第 385 条规定了受贿罪的罪状，却未规定其法定刑，第 386 条遂以引证罪状的方式，通过援引第 385 条的规定，完成了受贿罪法定刑的配置。[②] 但问题在于，为什么要将这些内容分别规定在两个条文中呢？直接在第 385 条里完整规定受贿罪的构成要件和法定刑，不是更符合刑法分则通常的立法模式吗？虽然这些问题并非引证罪状所固有的、必然会产生的问题，但不可否认，其确实有损引证罪状适用的实际效果。

第五节　结语：罪状的开放性及其解释进路

无论是从宪法价值秩序下的规范关系角度，还是从司法实践中的实际适用效果层面，均可以认为，所有的罪状都属于空白罪状，因而

[①] 1997 年《刑法》第 113 条规定："本章上述危害国家安全罪行中，除第一百零三条第二款、第一百零五条、第一百零七条、第一百零九条外，对国家和人民危害特别严重、情节特别恶劣的，可以判处死刑。犯本章之罪的，可以并处没收财产。"

[②] 需要指出的是，受贿罪和贪污罪的本质并不相同，立法却对这两个罪名适用同一条文量刑，其合理性值得研究。不过，限于本章主题，此处不过多展开。

空白罪状其实不是罪状分类的一个子类别，而是所有犯罪在规范构造上均普遍具有的特征——犯罪构成的开放性。而"前置法定性与刑事法定量相统一"的犯罪治理机制，则为这一开放性结构的填补，提供了法秩序统一的规范解决之道，即对刑法罪状，必须在尊重刑法文本的基础上，进行超越刑法文本的解释。但是，这种超越不是随解释者所欲的漫无边际，相反，中国特色社会主义法律体系已为其筑就了不可逾越的规范边界：不得逾越前置法。这，既是法益保护原则的要求，又是制裁比例配置的结果，更是刑法谦抑性的教义学精义所在。

是故，罪状适用的解释规则其实在于，坚守法秩序统一的宪法基本价值要求和部门法之间的结构性、功能性、比例性规范关系，遵循以下进路渐次展开：[①] 首先，按照刑法自身的基本原理，立足于刑法规范条文用语的文义进行行为定性的形式解释，从而实现罪状适用解释的形式正义。其次，延伸至该刑法条文致力于保障的前置民商法或前置行政法所确立的调整性法益和第一保护性法益的本质、前置法之法体系第一保护性规范即"法律责任"规制的不法行为类型、配置的法律制裁方式及其制裁强度综合考量，对行为的法益侵害实质进行法体系的实质解释，以消除因对刑法文本意义的孤立解释而将不具有法益侵害实质的行为认定为刑法上的违法行为，从而实现罪状适用解释的实质正义。最后，按照行为的法益侵害程度和刑事制裁必要性，根据1997年《刑法》第13条但书和分则具体条文的罪量要求，进行行为定量解释，确定行为入罪的追诉标准，从而实现罪状适用解释的分配正义。

而由"前置法定性与刑事法定量相统一"的部门法规范关系决定，开放性不仅是罪状的结构性特征，其实也是刑法规范的普遍性特征，

[①] 田宏杰：《规范关系与刑事治理现代化的道德使命》，人民法院出版社2020年版，第202~203页。

并为刑民交叉、行刑衔接问题的解决提供了规范指引。以防卫限度的"刑民冲突"为例。对照2020年《民法典》第181条第2款和1997年《刑法》第20条第2款,刑法学者普遍认为,防卫限度的刑民规定存在着规范冲突:一是在防卫行为的限度上,民法的规定是"正当防卫超过必要的限度",而刑法的规定是"正当防卫明显超过必要限度";二是在防卫过当的损害程度上,民法只要求"造成不应有的损害"即为已足,而刑法却要求"造成重大损害"。为此,学者们提出了多种协调解决这一刑民冲突的方案。但其实,运用"前置法定性与刑事法定量相统一"的部门法规范关系原理和刑法规范的开放性理论不难发现,对于仅仅超过必要限度造成不应有损害的一般防卫过当行为,刑法不予介入,而只由民法救济处置,而对于"明显"超过必要限度造成"重大损害"的严重防卫过当行为,刑法及时施以援手与民法共同规制,笔者以为,这非但不是刑法与民法冲突的适例,相反,实乃刑法秉持法益保护原则和制裁比例原则对民法予以有力保障的典范,更是"前置法定性与刑事法定量相统一"的理论价值和实践理性的生动诠释。由是观之,"前置法定性与刑事法定量相统一"下的刑法规范的开放性,要求的不是刑法与其前置法在规范用语上的全然一致,而实是法益保护原则和制裁比例原则在刑法与其前置法中的一体遵循,是刑法与其前置法在违法犯罪治理上的和而不同,而非规范用语上的同而不和。

第九章　信息披露犯罪：罪质、罪状与罪量

　　作为现代公司、企业法人治理制度的核心，真实、准确、完整、公平地披露重大信息，不仅对维护公司、企业正常经营管理秩序至关重要，更是全面推进注册制改革的关键一环，是资本市场全面深化改革的"牛鼻子工程"，对于提高市场定价效率、优化资源配置、保障投资者权益、强化社会公众监督、提振市场信心有着重要而深远的意义。因为信息就是财富，信息就是权力，在此意义上可以说，信息披露制度的建构是否系统、完备、科学、有效，不仅决定着多层次资本市场建设的成败，而且关涉到有效市场和有为政府共建共治的科学重塑与健康运行。而近年来频频爆出的ST博元、ST锐电、万福生科、绿大地、雅百特、金亚科技、康美药业、康得新等上市公司违规披露、不披露重要信息案，既暴露出违规披露、不披露重要信息案件查处难、认定难、定罪量刑标准不统一、违法成本低等问题，又凸显了作为信息披露治理最后法律防线的刑法的诸多不足。对此，习近平总书记曾在中共中央政治局第十三次集体学习时强调，必须着力解决金融领域特别是资本市场违法违规成本过低的问题。那么，如何解决好我国现

代企业制度建设中的这一难题,回应资本市场发展的时代之问? 笔者以为,立足于宪法价值秩序指引下的刑法与前置法之间的规范关系,适度修法与科学司法并举,实现信息披露治理的行刑联动,乃是中国刑法助力发行注册制改革行稳致远,保障资本市场高质量发展的应有使命。

第一节 修法背景:信息披露犯罪的治理困境

近年来,与监管执法部门对信息披露违规行为打击力度的不断加大形成鲜明对比的是,信息披露违规案件数量总体呈上升趋势。据统计,从2018年到2022年,证监会办理的信息披露违规案件数量分别为80件、85件[1]、84件[2]、163件[3]、203件[4],如图9-1所示。其中2021年,证监会行政处罚委员会对信息披露违规案件作出行政处罚28件,数量较2020年有所上升,罚没金额共计6.28亿元,较2020年0.7亿元有显著上升;各派出机构对信息披露违规案件作出行政处罚72件,罚没金额共计1.80亿元,较2020年增加0.92亿元。[5]

---

[1] 2018年、2019年数据参见《2019年度证券期货稽查执法投资者保护评价报告》,中国证券投资者保护基金有限责任公司网站,2020年5月19日(链接日期),http://www.sipf.com.cn/sy/ttzyxw/2020/05/13015.shtml,2023年7月11日(引用日期)。

[2] 参见《证监会通报2020年案件办理情况》,中国证监会官网,2021年2月5日(链接日期),http://www.csrc.gov.cn/csrc/c100200/cde2e163c393c4d69a384b228dc0fe2af/content.shtml,2023年7月11日(引用日期)。

[3] 参见《证监会通报2021年案件办理情况》,中国证监会官网,2022年2月18日(链接日期),http://www.csrc.gov.cn/csrc/c100028/c1921138/content.shtml,2023年7月11日(引用日期)。

[4] 参见《证监会通报2022年案件办理情况》,中国证监会官网,2023年2月10日(链接日期),http://www.csrc.gov.cn/csrc/c100028/c7088291/content.shtml,2023年7月11日(引用日期)。

[5] 参见《证券期货稽查执法投资者保护评价报告(2022)》,中国证券投资者保护基金有限责任公司网站,2022年5月15日(链接日期),https://www.sipf.com.cn/dcpj/tbzkpj/2022/05/14259.shtml,2023年7月11日(引用日期)。

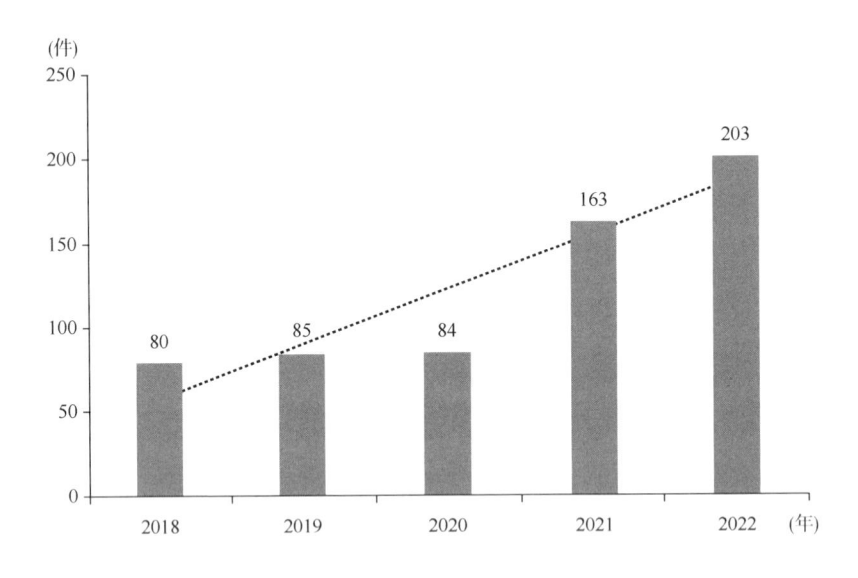

图 9-1　2018~2022 年证监会办理信息披露违规案件数量

除信息披露违规案件外,市场上还不时爆出与信息披露违规相关的欺诈发行案件、中介机构违规等案件。与之相应,信息披露违规案件的涉案金额、给投资者造成的损失,和对市场信心、市场秩序造成的冲击,也越来越大。由此可以看出,信息披露违规案件非但没有因为行政处罚力度的加大而得以缓解,相反,还有愈演愈烈之势。这充分说明,在对信息披露违规行为的治理中,作为保障法的刑法存在功能缺位。

一　以罚代刑较为普遍

司法大数据表明,虽然信息披露违规案件不断增多,社会危害性不断加大,但刑事追诉的案件数量并未相应上升,"以罚代刑"现象愈益突出。

（一）刑事责任追究比例很低

根据证监会公布的数据，2016~2018年，证监会共处罚上市公司信息披露违规案件170件（不包括各地证监局处罚案件数量），共计追责董事、监事、高级管理人员、控股股东、实际控制人达1200余人次，而同期向公安机关移送的涉嫌信息披露犯罪案件仅有19起，如图9-2所示。① 至于违规披露、不披露重要信息罪的生效判决，截至2020年5月1日，在"法律智能操作系统"② 上能搜索到的只有9件，至于与上市公司信息披露违规案件紧密相关的中介机构违规案件的刑事处罚则更少。仅在2017年和2018年，证监会对中介机构违法案件予以行政处罚的就分别有17件和13件，但截至目前，以提供虚假证

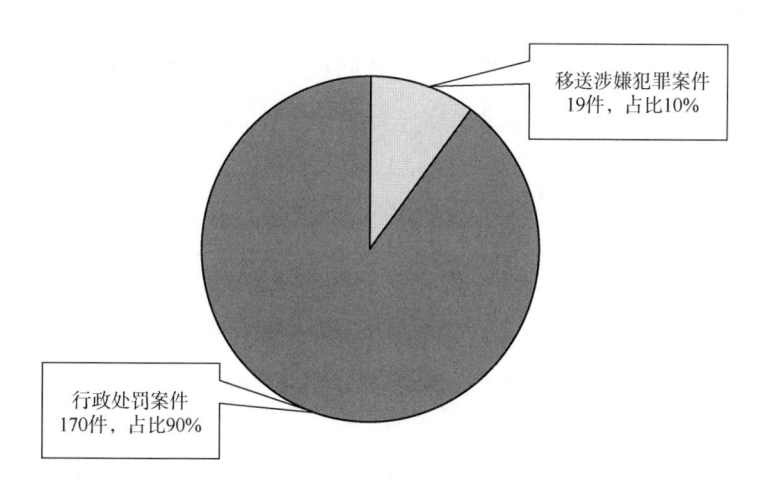

图 9-2 2016~2018 年证监会处罚信息披露违规案件与移送涉嫌犯罪案件数量

---

① 《证监会严惩上市公司信息披露违法行为 着力改善证券市场生态环境》，中国证监会官网，2019年6月5日（链接日期），http://www.csrc.gov.cn/csrc/c100028/c1000998/content.shtml，2022年12月1日（引用日期）。

② 如无特别说明，本章所有刑事统计数据的案例均来自"法律智能操作系统"案例库，搜索时间均截至2020年5月1日，为行文方便，以下均表述为"截至目前"。

明文件罪和出具证明文件重大失实罪被判处刑罚,且直接与上市公司信息披露违规直接相关的案件却分别是 0 件和 1 件。① 可见,因上市公司信息披露违规而承担刑事责任的比例实在太低。

(二) 追究刑事责任数量较少

经检索,涉及欺诈发行股票、债券罪②的生效判决,目前共有 10 件,提供虚假证明文件罪和出具证明文件重大失实罪的生效判决均为 21 件。其中,涉及上市公司发行股票的欺诈发行案仅"欣泰电气"③和"万福生科"④ 2 例,其余 8 件涉及的均是欺诈发行债券犯罪。在涉及提供虚假证明文件罪的生效判决中,没有一个案件与证券市场信息披露违规有关。⑤ 在出具证明文件重大失实罪的裁判中,与证券市场相关的案例只有 3 件,⑥ 其他的主要是因过失为企业贷款出具评估、审计等意见而被判刑。由此可见,与其他同种性质的信息披露违规行为相比,证券市场中的信息披露违规行为被追究刑事责任的数量更少。

(三) 刑事责任追诉标准过高

从证监会的行政处罚决定书和法院的生效裁判文书中可以发现,

---

① 唯一因上市公司信息披露违法而被判处"出具证明文件重大失实罪"的是"董博、李有强、丁功民、阎金岱提供虚假财会报告,刘加荣、徐林文出具证明文件重大失实案",即"银广夏财务造假案"。
② 需说明的是,2020 年《刑法修正案(十一)》已对 1997 年《刑法》第 160 条欺诈发行股票、债券罪的规定进行了修正。据此,2021 年《罪名补充规定(七)》已将该罪名修改为欺诈发行证券罪,容后不赘。
③ 辽宁省丹东市中级人民法院〔2017〕辽 06 刑初 11 号刑事判决书。
④ 湖南省长沙市中级人民法院〔2016〕湘 01 刑更 1305 号刑事裁定书;湖南省长沙市中级人民法院〔2015〕长中刑执字第 03555 号刑事裁定书。"万福生科"案件相关人员刑事判决书没有公布,但其判决结果可以从这两份裁定书中找到。
⑤ "提供虚假证明文件罪"主要适用于中介机构及其个人公司向银行骗取贷款类案件。
⑥ 除"银广夏财务造假案"外,还有 2 件因欺诈发行中小企业私募债存在重大过失而被判刑。

刑事责任的追诉门槛过高，导致信息披露犯罪认定更难，从而使信息披露违规案件大多只能止步于行政处罚。以中介机构出具证明文件重大失实类案件为例。如果是发生在骗取银行贷款的案件中，只要出现未按照审计程序与规定进行审计，且有严重后果发生，审判机关就会以严重不负责任为由，认定审计人员构成犯罪。如在王某出具证明文件重大失实案中，王某在未按照审计程序和规定核实被审计企业财务账目的情况下，为锦州隆迈钛业有限公司出具审计报告用于办理保理业务贷款，被法院判决构成出具证明文件重大失实罪。① 而在与证券市场信息披露违规有关的案件中，不论是欣泰电气②、金亚科技③等欺诈发行案件，还是华泽钴镍④、雅百特⑤等信息披露违规案件，均存在中介机构执行审计程序和规定具有明显过错，且已达到了入罪门槛，但却均未予以刑事制裁的情形。

二 部分罪责不相适应

通过对比分析信息披露违规案件的行为与处罚结果可以发现，信

---

① 辽宁省大连市中级人民法院〔2018〕辽02刑初116号刑事判决书。

② 中国证监会行政处罚决定书（丹东欣泰电气股份有限公司、温德乙、刘明胜等18名责任人员）〔2016〕84号；中国证监会行政处罚决定书（兴业证券股份有限公司、兰翔、伍文祥）〔2016〕91号；中国证监会行政处罚决定书（北京兴华会计师事务所、王全洲、杨轶辉等4名责任人员）〔2016〕92号。

③ 中国证监会行政处罚决定书（金亚科技股份有限公司、周旭辉、张法德等17名责任人员）〔2018〕10号；中国证监会行政处罚决定书（立信会计师事务所、邹军梅、程进）〔2018〕78号。

④ 中国证监会行政处罚决定书（成都华泽钴镍材料股份有限公司、王涛、王应虎等18名责任人员）〔2018〕8号；中国证监会行政处罚决定书（国信证券股份有限公司、龙飞虎、王晓娟等5名责任人员）〔2018〕46号；中国证监会行政处罚决定书（瑞华会计师事务所、王晓江、刘少锋、张富平）〔2018〕126号。

⑤ 中国证监会行政处罚决定书（江苏雅百特科技股份有限公司、陆永、顾彤莉等21名责任人员）〔2017〕102号；中国证监会行政处罚决定书（众华会计师事务所、孙勇、顾洁）〔2019〕37号。

息披露违规案件的刑法处罚太轻,行为与责任严重不相适应。

(一) 刑事法律责任普遍太轻

信息披露违规所涉罪名相关案例揭示了此类行为刑事法律制裁普遍畸轻的现象。截至2021年3月,在能搜索到的9件违规披露、不披露重要信息罪案中,共有19人被定罪,其中,判处拘役4人,占21.1%;定罪免刑2人,占10.5%;判处缓刑11人,占57.9%;平均每人刑期为7.3个月,罚金平均为6.5万元。10件欺诈发行股票、债券罪案中,8件欺诈发行债券共计刑事处罚17人,其中,缓刑4人,占23.5%;单处罚金2人,占11.8%。"欣泰电气"欺诈发行案中,两名被告人分别因犯欺诈发行股票罪和违规披露重要信息罪,被决定执行有期徒刑3年和2年。[①] 被判处提供虚假证明文件罪的共计21件34人,其中,判处缓刑18人,占52.9%;判处拘役2人,占5.9%;单处罚金1人,占2.9%;免予刑事处罚4人,占11.8%;实际被执行主刑11人,仅占32.4%;平均每人刑期16个月,人均罚金2.03万元。被判处出具证明文件重大失实罪共计21件35人,其中,判处缓刑18人,占51.4%;判处拘役2人,占5.7%;单处罚金10人,占28.6%;免予刑事处罚2人,占5.7%;实际执行主刑仅4人,占11.4%;平均每人刑期10.2个月,人均罚款4.5万元。较之于信息披露犯罪行为的社会危害性,上述案件的刑事处罚明

---

① "欣泰电气"董事长、实际控制人温某因犯欺诈发行股票罪及违规披露重要信息罪,被判处有期徒刑3年6个月,决定执行有期徒刑3年;总会计师刘某因犯欺诈发行股票罪以及违规披露重要信息罪,被判处有期徒刑2年6个月,决定执行有期徒刑2年。由于该案裁判文书未公开,无法查到2名被告人欺诈发行股票罪和违规披露重要信息罪被分别判处的刑期。参见《欣泰电气刑责:实控人判3年 会计师判2年 公司启动重整》,新浪财经,2019年5月22日(链接日期),https://finance.sina.cn/2019-05-22/detail-ihvhiqay0618377.d.html,2022年12月1日(引用日期)。

显太轻，刑事违法成本太低。

（二）同案多种行为择轻处罚

在证券市场信息披露违规相关刑事案例中，上市公司实际控制人、控股股东等除了涉嫌实施信息披露违法行为以外，往往还涉嫌虚开增值税专用发票、利用虚假交易抽逃资金、背信损害上市公司利益等多种违法犯罪行为，但这些案件往往仅以违规披露、不披露重要信息罪论处，而未适用刑罚更重的其他罪名；在已构成数罪的情况下，也鲜有以数罪进行并罚处理的情形。① 不仅如此，在适用刑罚时，无论是一罪还是数罪，即使犯罪情节特别严重，往往适用较为低档的量刑幅度，从而导致实际承担的刑事责任较轻。比如，在"雅百特案"中，2015年至2016年9月，雅百特共虚增营业收入58312.41万元，虚增利润25650.11万元。② 案发后，该案惊动外交部，股市曾出现27个一字跌停，给市场秩序带来了极大破坏，严重损害了投资者合法权益。但最终，公司实际控制人陆某永、财务总监李某松仅分别以违规披露重要信息罪被判处有期徒刑9个月，缓刑1年，罚金15万元，以及有期徒刑6个月，缓刑1年，罚金10万元。

---

① "ST博元案"中，珠海博元投资股份有限公司的原法定代表人、董事长余蒂妮等人通过伪造银行承兑汇票并进行虚假背书，虚构购入、置换、贴现银行承兑汇票的交易，虚构以银行承兑汇票支付合同预付款等方式进行财务造假，未真实披露公司部分股改业绩承诺履行情况，未按规定披露公司实际控制人。公诉机关对余蒂妮等人以违规披露、不披露重要信息，背信损害上市公司利益罪进行起诉，但法院最终只认定余蒂妮等人犯违规披露、不披露重要信息罪。参见中国证监会行政处罚决定书（广东省珠海市博元投资股份有限公司、车学东、蒋根福等15名责任人员）〔2017〕73号；广东省珠海市中级人民法院〔2016〕粤04刑初131号刑事判决书。

② 中国证监会行政处罚决定书（江苏雅百特科技股份有限公司、陆永、顾彤莉等21名责任人员）〔2017〕102号。

(三) 同类案件相比处罚较轻

通过对比分析证券市场信息披露违规案件与其他同种性质犯罪案件的行刑制裁，不难发现证券市场相关案件的处罚相对更轻。以提供虚假证明文件罪和出具证明文件重大失实罪为例。除 2003 年的"银广夏案件"[①] 判处实刑外，其他案件均以判处缓刑结案。此外，在为骗取贷款提供虚假证明文件案件中，审判机关通常将未按照审计程序函证、未保持谨慎性等均作为认定中介机构及其人员犯罪的客观要件，但证监会的行政处罚决定书却显示，在上市公司信息披露违规案件中，中介机构几乎都涉及这些违法行为，而证监会却很少将其移送公安机关追究刑事责任，导致难以追究具有同样甚至更为严重社会危害性行为的刑事责任。

三 违规行为肆无忌惮

信息披露违规行为往往涉及多方主体，既有公司内部董事、监事、高级管理人员或其他人员，也有为公司提供服务的中介机构及其工作人员，还有其他相关单位或个人。从对既有行政处罚决定和刑事判决的分析来看，这些主体对信息披露违规和相应财务造假，往往是有意漠视甚至积极推动。

(一) 公司内部多部门多主体积极参与

信息披露违法不仅仅表现为披露形式违法，往往还涉及财务报告造假、虚开增值税专用发票等其他不法行为。事实上，就对投资者合

---

① 宁夏回族自治区银川市中级人民法院〔2019〕刑初 183 号刑事判决书。

法权益的损害和对市场秩序的破坏程度而言，涉及财务报告造假的信息披露违法行为往往最为严重。虽然信息披露义务人是发行人、上市公司或其他负有信息披露义务的公司、企业，但涉及财务造假的信息披露违法行为，往往都是在公司、企业的控股股东、实际控制人的授意甚至主导下进行的。是故，此类违法行为往往牵涉公司、企业多部门、多人员的参与。比如，在"中毅达"违规披露信息案中，参与财务造假的除时任上海中毅达公司副董事长、总经理任某，公司副总经理、财务总监林某等以外，还包括厦门子公司及其相关责任人。[①]

（二）中介机构及其工作人员有意漠视

纵观已予行政处罚的财务造假型违规披露信息案件，不仅为发行人或上市公司提供审计、保荐等服务的中介机构的身影往往时隐时现，而且会计师事务所在提供审计服务时，几乎都存在函证程序不当、未对函证异常情况予以关注、未对异常财务情况保持合理职业怀疑等不当或轻率履职行为，甚至存在对明显不符合审计准则要求的证据直接予以采用的情形。比如，在"华泽钴镍"案中，会计师事务所居然直接使用复印的票据作为审计证据;[②] 而在"振隆特产"案中，证券公司则对被审计公司会计师函证的真实性、准确性不予审慎核查就径直引用。[③] 事实上，作为一名专业人员，中介机构从业者一般不会发生上述低级错误，从而不难发现，中介机构及其人员有意为之的故意心态十分明显。

[①] 上海市第三中级人民法院〔2020〕沪03刑初4号刑事判决书；中国证监会行政复议决定书（盛燕）〔2018〕138号。

[②] 中国证监会行政处罚决定书（瑞华会计师事务所、王晓江、刘少锋、张富平）〔2018〕126号。

[③] 中国证监会行政处罚决定书（信达证券股份有限公司、寻源、李文涛）〔2016〕109号。

(三) 其他外部机构人员积极推动配合

除了要求公司内部人员配合造假外，发行人或上市公司往往还会寻求外部机构或人员配合造假，以规避中介机构尽职调查。如"万福生科"案中，万福生科就与客户串通造假，导致平安证券走访客户的调查笔录所记载的交易金额与实际不符；① 在"金亚科技"案中，其实际控制人周某则通过朋友为公司财务造假提供帮助；② 甚至有的还与银行工作人员串通，提供虚假材料，比如在"天丰节能IPO造假案"中，公司就与银行串通提供虚假银行对账单虚增收入。③ 除寻求外部人员配合以外，公司财务造假有时也会被外部力量裹挟、推动。比如万福生科董事长龚某就称，其上市有"政府推动"，财务作假有"高人指点"，乃至感慨"外界的推力太强了"④。

(四) 小结

虽然信息披露违规案件频发的原因是多方面的，治理路径也应是多元的，但是，作为维护市场法治秩序最后一道防线的刑法，在面对信息披露违规案件时，却往往"力不从心"，不仅削弱了对信息披露违规行为的打击力度和震慑效果，而且与保障法的地位和作用相去甚远。究其原因，主要在于我国证券市场信息披露刑事治理存在立

---

① 中国证监会行政处罚决定书（平安证券有限责任公司、吴文浩、何涛等7名责任人）〔2013〕48号。

② 中国证监会行政处罚决定书（金亚科技股份有限公司、周旭辉、张法德等17名责任人员）〔2018〕10号。

③ 中国证监会行政处罚决定书（利安达会计师事务所、黄程、温京辉等4名责任人）〔2014〕21号；中国证监会市场禁入决定书（黄程、温京辉）〔2014〕6号。

④ 《万福生科董事：造假有高人指点 政府推动上市》，经济网，2013年3月27日(链接日期)，http://www.ceweekly.cn/2013/0327/64433.shtml，2022年12月1日（引用日期）。

法理念滞后、行刑衔接不一、违法主体与行为限定过窄、法律后果较轻且不平衡等问题,从而导致执法、司法部门即使用足用够现有法律规定,也面临处罚不能、处罚不力的困境,更遑论满足发行注册制改革对信息披露制度完善的现实需求。因此,无论在学界还是业界,加大信息披露违规刑事治理的呼声不断高涨,中央高层更是多次强调,"对资本市场造假行为'零容忍'"[1],"坚决打击各种造假和欺诈行为"[2],"对造假、欺诈等行为从重处理",以"打造一个规范、透明、开放、有活力、有韧性的资本市场"[3],彻底"解决金融领域特别是资本市场违法违规成本过低问题"[4]。

正是基于此,立法机关在2006年《中华人民共和国刑法修正案(六)》(以下简称2006年《刑法修正案(六)》)的基础上,再次将违规披露、不披露重要信息罪纳入修订视野,在2020年《刑法修正案(十一)》第9条中,对该罪的罪状和法定刑进行了重大修改。一是扩大犯罪主体的范围,将依法负有信息披露义务的公司、企业的控股股东、实际控制人纳入该罪主体范围,并视其为自然人还是单位,分别增设两款即修订后刑法第161条第2款、第3款予以规制;二是大幅提升该罪法定刑,包括将定额罚金制修改为不定额罚金制,将基本量刑

---

[1] 《刘鹤主持召开国务院金融稳定发展委员会第二十八次会议》,中华人民共和国中央人民政府网,2020年5月4日(链接日期),http://www.gov.cn/guowuyuan/2020-05/04/content_5508730.htm,2022年12月1日(引用日期)。

[2] 《国务院金融稳定发展委员会召开第二十五次会议》,中华人民共和国中央人民政府网,2020年4月8日(链接日期),http://www.gov.cn/guowuyuan/2020-04/08/content_5500373.htm,2022年12月1日(引用日期)。

[3] 《中央经济工作会议举行 习近平李克强作重要讲话》,中华人民共和国中央人民政府网,2018年12月21日(链接日期),http://www.gov.cn/xinwen/2018-12/21/content_5350934.htm,2022年12月1日(引用日期)。

[4] 《习近平主持中共中央政治局第十三次集体学习并讲话》,中华人民共和国中央人民政府网,2019年2月23日(链接日期),http://www.gov.cn/xinwen/2019-02/23/content_5367953.htm,2022年12月1日(引用日期)。

幅度的主刑由"三年以下有期徒刑或者拘役"提高为"五年以下有期徒刑或者拘役",而且增设情节加重犯,并将加重量刑幅度设置为"五年以上十年以下有期徒刑,并处罚金",从而将该罪的法定最高刑从3年有期徒刑提高为10年有期徒刑,以更好地实现该罪治理的罪责刑均衡和行刑紧密衔接。

与刑事立法机关对不断完善刑事法规范供给的持续热忱和行政执法部门对充分发挥刑事法保障作用的翘首以盼形成强烈反差的是,违规披露、不披露重要信息罪不仅在司法实践中适用不多,相关司法案例寥寥无几,而且有关该罪的研究在刑事法学界也几乎是"被遗忘的角落"。因而如何在中国特色社会主义法律体系中,尊重刑法并超越刑法地发掘、把握违规披露、不披露重要信息罪的不法侵害本质,并在此基础上构建合理性与操作性兼备的解释适用规则,就成为刑法修订后科学治理该罪的关键所在。

第二节　不法本质:信息披露制度和披露义务

有学者以"医院停电引发医疗事故"进行搜索,找到相关结果约43万条,进而以1999年《中华人民共和国合同法》(以下简称1999年《合同法》)第180条和2005年《电力监管条例》第34条的规定为据,[①]

[①] 1999年《合同法》第180条已被2020年《民法典》第652条所吸纳,具体规定如下:"供电人因供电设施计划检修、临时检修、依法限电或者用电人违法用电等原因,需要中断供电时,应当按照国家有关规定事先通知用电人;未事先通知用电人中断供电,造成用电人损失的,应当承担赔偿责任。"2005年《电力监管条例》第34条规定:"电力企业、电力调度交易机构有下列情形之一的,由电力监管机构责令改正;拒不改正的,处5万元以上50万元以下的罚款,对直接负责的主管人员和其他直接责任人员,依法给予处分;构成犯罪的,依法追究刑事责任:(一)拒绝或者阻碍电力监管机构及其从事监管工作的人员依法履行监管职责的;(二)提供虚假或者隐瞒重要事实的文件、资料的;(三)未按照国家有关电力监管规章、规则的规定披露有关信息的。"

主张"若因供电人未事先告知停电信息，造成医院等用电人重大损失的，应当以违规披露、不披露重要信息罪追究供电人的刑事责任"。并进一步推定，刑法中规定的"重要信息"的范围不限定于财务会计报告等投资性信息，重要的非投资性信息亦应包括在内。[①]

其实，这是将刑法作为一个孤立的或者绝对独立的部门法而得出的结论。笔者经多年努力发掘研究提出，"刑法并非完全独立的部门法，相反，刑法作为所有部门法的后盾与保障，无论是犯罪圈的划定还是刑事责任的追究，既要在形式上受制于其保障的第一保护性规范的规定，更要在实质上受制于其与第一保护性规范所共同保障的调整性规范的规定及其确立的调整性法律关系的内容。对于前者，刑法是补充法、救济法；对于后者，刑法是从属法、次生法"[②]。由此决定，包括民事犯和行政犯在内的所有刑事犯罪的规制机制在于"前置法定性与刑事法定量相统一"，至于刑事法律适用的关键，则在于找准前置法，以科学厘定作为保障法的刑事法所致力于保障的刑法法益的实质。而由违规披露、不披露重要信息罪规定在1997年《刑法》分则第3章"破坏社会主义市场经济秩序罪"第3节"妨害对公司、企业的管理秩序罪"中第161条不难看出，该罪刑法条文所致力于保障的前置法规范，既不是规制生产作业安全等公共安全法律、法规，也不是调整合同管理关系的市场管理法律、法规，而是规制公司、企业法人治理中的信息披露法律、法规，包括《证券法》《公司法》《商业银行法》等。而2020年《刑法修正案（十一）》之所以对违规披露、不披露重要信息罪进行大幅修订，根本上固然是囿于信息披露犯罪治理的前述

[①] 王晓东：《违规披露、不披露重要信息罪法律问题略论》，《江西警察学院学报》2018年第2期。

[②] 田宏杰：《规范关系与刑事治理现代化的道德使命》，人民法院出版社2020年版，第214~215页。

困境,但在直接动因上,却是为了保障2019年《证券法》的有效实施,尤其是证券发行从审核制到注册制的资本市场重大改革的落地运行。

这是因为,市场经济是信用经济,诚信更是公司、企业法人治理的立命之本。监管者因其诚信而引导市场的发展方向,并确保市场在有序、规范中运转;公司、企业和中介机构因诚信而赢得投资者和社会公众的青睐,使市场有了稳健运行的基础;投资者和社会公众则因为处在可充分信赖的监管体系和市场环境中,才拥有了评判市场行为价值高低的基石,从而在分享有效市场自律和有为政府监管所带来的收益的同时,建立起对市场的信任和信心。反之,监管诚信的丧失和法人治理信用的缺失,不仅使市场发展举步维艰,而且往往成为引发经济危机的导火索和催化剂。1997年7月泰国金融风暴的迅速升级、蔓延,终于在东南亚地区演变成灾难深重的金融危机,就是信用危机引发经济危机的惨烈例证。

可以说,经济危机在很多情况下实质上就是一种信任危机。[①] 而防范化解经济危机之道,就在于信息披露制度的科学建立和有效运行。在这个意义上,公司法、企业法的发展史,包括公司、企业的规制监管史乃至于有效市场和有为政府共建、共治的历史,其实就是信息披露制度不断发展演进的历史。在传统的证券发行审核制下,有关证券发行的信息披露既经过了证券发行审核监管机构的严格审查和过滤,又得到了证券发行审核机构的监管背书,而这,才是投资者热衷于"打新股"的根本原因,因为投资者进行投资决策的基石——披露的证券发行信息质量高,据此进行的"打新股"基本稳赚不赔。所以,在

---

① 林平:《银行危机监管论》,中国金融出版社2002年版,第49页。

证券发行审核制下，投资者与其说是信赖发行人所披露的信息，毋宁说是信赖证券发行审核机构的信息披露"过滤"和发行审核监管。而在注册制下，证券发行只需向证券交易所申请即可注册发行，原来的证券发行审核机构及其审核监管不复存在，发行人所披露的证券发行信息质量的高低，就完全取决于其对信息披露义务的履行。由于信息披露是有成本的，因而如何防止趋利避害的人性本能而引发的发行道德危机和信息披露逆向选择，就成为信息披露制度完善和多层次资本市场建设乃至于二十大报告和 2035 年远景目标中的经济高质量发展的重要决定因素。历史表明，凡注册制成功实施的国家，无一不是信息披露制度发达完善的国家。而注册制下完善信息披露制度以切实保护投资者合法权益的关键，就在于"重信息披露，轻实质审核；多市场参与，少价值判断；强责任约束，弱数量控制"[1]。

所以，作为违规披露、不披露重要信息罪的法益侵害载体或者说犯罪对象，亦即 1997 年《刑法》第 161 条所规定的"重要信息"，应当是与投资者作出价值判断和投资决策有关的信息，既包括招股说明书、募集说明书、上市公告书等证券发行文件形式所披露的投资性信息，又包括年度报告、中期报告、季度报告等财务报告形式所载明的公司、企业财务信息和法人治理信息，还包括以临时报告等形式所披露的公司、企业发生的可能对其资产价值和投资交易价格产生较大影响的重大事件，包括公司、企业经营方针和经营范围的重大变化，公司、企业的重大投资行为、担保行为，公司、企业订立重要合同，或者从事可能对公司、企业的资产、负债、权益和经营成果产生重要影响的关联交易，公司、企业发生重大债务、严重违约、大额赔偿责任、

---

[1] 郭雳：《注册制改革应把握重点、有序推进》，载黄红元、徐明、桂敏杰主编《证券法苑》第 12 卷，法律出版社 2014 年版，第 185 页。

重大亏损或者重大损失情况，以及公司、企业生产经营外部条件的重大变化，公司、企业的董事、监事或者高级管理人员变动，董事长或者高级管理人员无法履职情况，等等。

除信息披露的对象即信息外，信息披露制度的科学建立，还涉及信息披露责任人的设定。由于信息披露是公司、企业的义务，故对于违规披露、不披露重要信息罪的犯罪主体，2020年修订前的1997年《刑法》第161条仅规定为"依法负有信息披露义务的公司、企业"。由于公司、企业的信息披露，只能由内部"直接负责"的人员实施，因而采取单罚制，最终处罚主体是公司、企业内部负责信息披露事务的直接负责的主管人员和其他直接责任人员即公司内部人员，至于对公司、企业具有控制力的外部人员违规干预信息披露的行为，则不在该罪刑事追诉的范围。

但实践中，违规披露、不披露重要信息的幕后操纵者，往往并不限于公司内部人员，相反，在我国现行"同股同权"[①] 法律制度下，控股股东、实际控制人作为违法披露信息的最大受益者，不仅有着组织、操控公司、企业不依法履行信息披露义务的强烈动机，而且也有这样的"实力"和能力。即使将来相关法律修改，不再强制要求公司、企业实行同股同权，法律不可能限制公司、企业实行同股同权。是故，无论实行何种股权制度，都势必存在对公司、企业具有实际控制权，却并不担任公司、企业董事、监事、高级管理人员职务的控股股东和实际控制人。只要存在这样的情形，就不可能根除拥有实际控制权的人对公司、企业的信息披露行为进行不当乃至违法干预。事实

---

① 2018年《中华人民共和国公司法》第126条规定："股份的发行，实行公平、公正的原则，同种类的每一股份应当具有同等权利。""同次发行的同种类股票，每股的发行条件和价格应当相同；任何单位或者个人所认购的股份，每股应当支付相同价额。"

上，在已有的信息披露违规案件中，参与实施违规披露信息行为的，除了公司、企业的董事、监事和高级管理人员外，公司、企业控股股东、实际控制人的身影不仅常常出现，而且往往在其中起着组织、操控的主要作用，甚至威胁、强迫公司、企业的董事、监事、高级管理人员实施违法披露信息的案件也并不鲜见。更为重要的是，一旦控股股东、实际控制人指使甚至主导违法披露信息，公司、企业的董事、监事、高级管理人员实难以阻止该行为的发生。

为此，不少国家和地区均将控股股东、实际控制人等纳入违规披露信息犯罪的主体之列。比如，美国《1933年证券法》第15条，将以任何形式实现对公司控制的人作为公司违法行为的责任人，[①]并在第24条规定了包括控制人在内的所有违规披露信息行为人的刑事责任。[②]这些规定在美国《1934年证券交易法》第32条第（a）项中得到了进一步强化。[③]我国2019年《证券法》亦将控股股东、实际控制人组织、指使在公司公告的证券发行文件中隐瞒重要事实或编造重大虚假内容

[①] 美国《1933年证券法》第15条规定："任何人利用或通过股权、代理权或其他方式，或根据利用、通过股权、代理权或其他方式与一个或其他更多人达成协议或谅解，控制本法第11条、第12条下的责任人，应当与被控制人在同样程度和范围内，对被控制人承担连带责任。"

[②] 美国《1933年证券法》第24条规定："任何故意违反本节任何条款，或委员会按本节授权颁布的规则和规章的人，或在根据本节提交的注册声明书中，故意不真实地陈述某个重要事实或疏忽陈述任何被要求或为使声明不被误解而需要陈述的重要事实的任何人，在证明有罪后，应被处以不超过1万美元的罚金或不超过5年的监禁，或者二者并罚。"

[③] 美国《1934年证券交易法》第32（a）项规定："任何个人故意违反本法（第三十条第一部分除外）或其下的任何规则和规章的任何规定，违反上述规定是违法的，遵守上述规定是根据本章条款所要求的，或者任何个人在根据本章或其下的任何规则和规章需要提交的任何申请、报告或文件中作出或使得作出任何陈述，或者任何自动规章组织关于申请该组织成员资格或参加该组织或与其成员联系而在本法第十五条第四款规定的申请陈述中作出任何承诺，以上的陈述关于任何重要的事实是虚假的和骗人的。一经定罪，应处以不超过500万美元的罚款或不超过20年的监禁，或两者兼有，但如该人是自然人以外的人，可处不超过250万美元的罚款；但任何人如证明他不知道任何规则或规例，则不得因违反任何规则或规例而根据本条被监禁。"

的行为,① 组织、指使违规披露或不披露信息的行为,以及隐瞒相关事项导致违规披露或不披露信息的,明确规定为证券违法并予以行政制裁。②

那么,在中国刑法上可否将控股股东、实际控制人解释为"直接负责的主管人员和其他直接责任人员",从而实现对其违规披露信息行为的规制呢?笔者以为不能。道理很简单,无论在形式上还是实质上,直接负责的主管人员和其他直接责任人员都只能是公司、企业的内部人员,而不可能扩大至不在公司、企业任职,与公司、企业仅有外部投资关系,并无内部隶属关系的控股股东和实际控制人。正因如此,《信息披露违法行为行政责任认定规则(证监会公告〔2011〕11号)》(以下简称2011年《认定规则》)第18条明确规定,控股股东、实际控制人指使、授意、指挥实施违规披露信息的,

---

① 2019年《证券法》第181条规定:"发行人在其公告的证券发行文件中隐瞒重要事实或者编造重大虚假内容,尚未发行证券的,处以二百万元以上二千万元以下的罚款;已经发行证券的,处以非法所募资金金额百分之十以上一倍以下的罚款。对直接负责的主管人员和其他直接责任人员,处以一百万元以上一千万元以下的罚款。""发行人的控股股东、实际控制人组织指使从事前款违法行为的,没收违法所得,并处以违法所得百分之十以上一倍以下的罚款;没有违法所得或者违法所得不足二千万元的,处以二百万元以上二千万元以下的罚款。对直接负责的主管人员和其他直接责任人员,处以一百万元以上一千万元以下的罚款。"

② 2019年《证券法》第197条规定:"信息披露义务人未按照本法规定报送有关报告或者履行信息披露义务的,责令改正,给予警告,并处以五十万元以上五百万元以下的罚款;对直接负责的主管人员和其他直接责任人员给予警告,并处以二十万元以上二百万元以下的罚款。发行人的控股股东、实际控制人组织、指使从事上述违法行为,或者隐瞒相关事项导致发生上述情形的,处以五十万元以上五百万元以下的罚款;对直接负责的主管人员和其他直接责任人员,处以二十万元以上二百万元以下的罚款。""信息披露义务人报送的报告或者披露的信息有虚假记载,误导性陈述或者重大遗漏的,责令改正,给予警告,并处以一百万元以上一千万元以下的罚款;对直接负责的主管人员和其他直接责任人员给予警告,并处以五十万元以上五百万元以下的罚款。发行人的控股股东、实际控制人组织、指使从事上述违法行为,或者隐瞒相关事项导致发生上述情形的,处以一百万元以上一千万元以下的罚款;对直接负责的主管人员和其他直接责任人员,处以五十万元以上五百万元以下的罚款。"

只能认定控股股东、实际控制人具有信息披露违法的责任,而不能认定其为直接负责的主管人员和其他直接责任人员,而这亦为2019年《证券法》第197条进一步重申和强调。因此,将不参与公司、企业管理的控股股东、实际控制人,解释为"直接负责的主管人员和其他直接责任人员"从而论之以该罪的做法,显然与罪刑法定原则相悖。

是故,解决上述难题的路径只有一条——修改刑法。而2020年《刑法修正案(十一)》不仅顺应发行注册制改革和信息披露制度完善的现实需要,在1997年《刑法》第161条中专门增设两款,将公司、企业的控股股东、实际控制人纳入违规披露、不披露重要信息罪的犯罪主体范围,而且对控股股东、实际控制人是单位的,实行双罚制,要求司法适用时既"对单位判处罚金",又"对其直接负责的主管人员和其他直接责任人员,依照第一款的规定处罚",从而较之于依法负有信息披露义务的公司、企业所构成的违规披露、不披露重要信息罪所采取的单罚制,刑事制裁更重,进而保障了公司、法人治理中权—责—利配置的均衡,实现了宪法比例原则所致力于追求的分配正义。

第三节 构成要素:不法披露行为、罪过和罪量

一 客观要素:不法信息披露的行为类型和样态

违规披露、不披露重要信息的行为,究系作为还是不作为?对此,学界和实务部门聚讼纷纭。有观点认为,违规披露重要信息的行为乃积极实施,故系作为;而不披露重要信息的行为乃消极不为,实乃不作为。但问题在于,何为积极实施,何为消极不为,区分两者的理论

标准在实践中如何具体操作判断，本就是中外刑事法学研究中莫衷一是的难题。对此，笔者以为，秉持"前置法定性与刑事法定量相统一"的刑法规范关系及其规制适用原则，结合信息披露的有关前置法规定，依法负有信息披露义务的公司、企业，无论其实施的是违规披露重要信息行为，还是不披露重要信息行为，无论是其前置法法律责任的产生还是其刑事法律责任的承担，都建立在其"依法负有信息披露义务"的基础之上，都是对其依法所负的信息披露义务的放弃或者违背，其行为构造的本质均系当为、能为而不为，故都属于刑法上的不作为。但对于2020年《刑法修正案（十一）》新增的犯罪主体即公司、企业的控股股东、实际控制人而言，其并非前置法上的信息披露义务人，并无"当为"之不作为的作为义务，因而其实施的无论是修订后的1997年《刑法》第161条第2款所规定的实施或者组织、指使负有信息披露义务的公司、企业实施违规披露、不披露重要信息行为，还是隐瞒相关事项导致负有信息披露义务的公司、企业在客观上未能合规履行其信息披露义务，均在本质上属于刑法上的作为。

由于《证券法》《公司法》等前置法要求信息披露应当做到真实、准确、完整、及时、持续，因而对于重要信息的披露只要没有达到上述要求，在客观上就是违规披露、不披露重要信息的行为。具体说来，实践中的违规披露、不披露重要信息行为，主要有以下几种类型。

（一）信息披露虚假

信息披露内容虚假，亦即信息披露虚假记载行为，通常表现为在披露报告中记载不存在的事实、做夸大或缩小记载等，具体包括以下几种：一是上市公司通过虚增收入、少计费用、利用8项计提等方式虚报公司利润；二是对资金往来或占用情况进行虚假披露；三是对关联交易资产收购等做虚假披露；四是对重大担保等相关行为做虚假披露。

根据中国证监会公布的资料，1997年以来，在上海、深圳证券交易所挂牌上市的深发展、琼民源、东方锅炉、康赛集团、石劝业、红光实业、郑州百文、猴王股份、闽福发、活力28、蓝田股份等80多家上市公司，包括轰动证券市场的动用数以亿计的资金实施造假工程的"银广夏"、侵吞上市公司25亿的"三九药业"、涉嫌重大财务造假的ST"黎明股份"，都因其虚假陈述、披露虚假信息而受到证监会处罚。

其中，2018年，康美药业股份有限公司（以下简称康美药业）因涉嫌信息披露违规被广东证监局立案调查发现，2016~2018年，康美药业通过仿造、变造增值税专用发票等方式虚增营业收入，通过伪造、变造大额定期存单等方式虚增货币资金，将不满足会计确认和计量条件的工程项目纳入报表，虚增固定资产，从而在《2016年年度报告》中虚增营业收入89.99亿元，多计利息收入1.51亿元，虚增营业利润6.56亿元，占合并利润表当期披露利润总额的16.44%；《2017年年度报告》虚增营业收入100.32亿元，多计利息收入2.28亿元，虚增营业利润12.51亿元，占合并利润表当期披露利润总额的25.91%；《2018年半年度报告》虚增营业收入84.84亿元，多计利息收入1.31亿元，虚增营业利润20.29亿元，占合并利润表当期披露利润总额的65.52%；《2018年年度报告》虚增营业收入16.13亿元，虚增营业利润1.65亿元，占合并利润表当期披露利润总额的12.11%。[①] 同时，康美药业涉嫌未在相关年度报告中披露控股股东及关联方非经营性占用资金情况。上述行为致使康美药业披露的相关年度报告存在严重虚假

---

① 中国证监会行政处罚决定书（康美药业股份有限公司马兴田、许冬瑾等22名责任人员）〔2020〕24号。

记载和重大遗漏。

至于一心想做成世界第一的"银广夏",为了每年能够保住10%的净资产收益率的配股权资格,为了在2001年度能够顺利实现以每股20元至30元的高价再次配股圈钱的目标,在中介机构的"配合"下,炮制出一个"神话"般的绩优上市公司,每年的业绩以100%以上的速度递增,妄想以此为诱饵,套取更多投资者的资金。经过调查,中国证监会新闻发言人2001年9月5日披露,"银广夏公司通过伪造购销合同、伪造出口报关单、虚开增值税专用发票、伪造免税文件和伪造金融票据等手段,虚构主营业务收入,虚构巨额利润7.45亿元,其中,1999年为1.78亿元,2000年为5.67亿元"[①]。

而与银广夏、郑州百文等造假上市公司相比,蓝田股份堪称最精致的假货,并成为我国证券市场上首个造假惯犯。以蓝田股份为核心的"大蓝田"不但套牢银行贷款十几亿元,而且其在二期市场上流通市值"蒸发"超过25亿元,商业银行和中小投资者成为蓝田案的最大受害者。[②]

(二) 信息披露存在误导性陈述

信息披露应力求简明,而非越多越好、越细越好,过多过细的信息披露只能使投资者和社会公众陷入"信息超载"的精神焦虑和判断抉择的犹疑痛苦,进而成为投资者和社会公众进行投资判断的障碍。良好的信息披露制度要求信息披露应力求条文简洁、表述准确、意义明晰、通俗易懂,尽量避免海量无效信息的重复,以使投资者和社会公众能够免于信息噪声的干扰和理解歧义,以达到既有利于信息披露

---

① 《中国证券监督管理委员会公告》2001年第9期。
② 张炜:《反思蓝田造假》,《中国经济时报》2002年1月28日第3版。

的有效实施又方便投资者和社会公众的理解。而信息披露的误导性陈述则表现为，公司、企业在信息披露文件中或者通过媒体，做出使投资者对其投资行为发生错误判断并产生重大影响的陈述，或者选择性地发布其认为对公司有利、能够吸引更多投资的信息，但对投资有不利影响或者重大风险的信息则避而不谈。

（三）信息披露不充分

信息披露不充分，又称为"信息披露存在重大遗漏"，通常表现为在信息披露文件中，虽然公布了部分真实信息，但没有将应当记载的事项记载完全，由于信息的不完整而导致信息接收主体产生错误判断，并作出错误投资决策。2019年，江苏证监局对康得新复合材料集团股份有限公司（以下简称康得新）经立案调查发现，康得新披露的《2014年年度报告》存在重大遗漏，《2015年年度报告》《2016年年度报告》《2017年年度报告》《2018年年度报告》存在虚假记载和重大遗漏以及未及时披露重大事件等诸多违规披露信息行为。再如，华纺股份在2001年7月底刊登的招股说明书和同年8月27日刊登的上市公告中，均未披露上海市第二中级人民法院已于1999年5月28日判决该公司第一大股东华诚投资与中国华诚集团财务有限责任公司清偿所欠宝钢集团财务有限公司逾期债务2000余万元人民币和150余万元美元债务且尚未执行判决等重大事宜。[①]

至于世界各国证券监管机构严格要求的关联交易信息的充分披露，在我国，更是存在着严重的信息披露不充分。有的上市公司利用会计准则或其他政策法规的不完善，掩饰非正常关联交易；有的在关联交

[①] 《中国证券监督管理委员会公告》2001年第9期。

易信息披露中，重形式、轻实质；有的上市公司则在关联交易内容的披露上，一般仅披露关联企业与上市公司的关系，而对有关交易要素，如交易金额或相应比例、未结算项目的金额或相应比例、交易价格定价的详细依据等往往不予披露，即使披露，也常常不说明有关资产是否经过审计、评估，是否按照独立企业的交易原则予以定价等，致使投资者很难了解到关联交易的实际情况。

（四）信息披露不及时

信息披露制度要求上市公司将对投资者决策有重大影响的信息，及时地向投资者和社会公众公开。信息披露的及时性能保证信息披露的公开、公平、透明，减少内幕交易，保护在获取信息方面处于不利地位的中小投资者的利益。但是，一些公司、企业信息披露往往滞后，主要表现为以下几种形式。

一是上市公司没有在法律规定的期限内披露定期报告，违反了信息披露制度的基本要求。2006年8月20日，*ST磁卡控股股东天津环球磁卡集团有限公司与中信文化传媒集团已经签署重组协议，但直至同年9月5日，股份公司才在获悉此事后披露上述投资重组重大事宜。为此，上海证券交易所于2006年9月28日公开谴责天津环球磁卡集团有限公司，并将惩戒计入*ST磁卡诚信记录。[①]

二是上市公司没有及时公布依法应当公布的临时报告，这主要涉及披露公司重大事项，包括不及时披露关联关系、关联交易、重大对外投资、重大诉讼和仲裁、重要合同、重大担保等违规行为。例如，

---

① 黄婷：《上证所公开谴责*ST磁卡大股东》，新浪财经，2006年9月28日（链接日期），http://finance.sina.com.cn/stock/t/20060928/0421952733.shtml? from = wap，2023年2月23日（引用日期）。

2000年6月，猴王股份有限公司（以下简称猴王股份）因重大事项信息披露不及时，受到深交所的公开谴责。猴王股份董事会公告显示，该公司自1994年以来，长期借款给大股东使用，金额达8.91亿元；1998年以来，为大股东提供巨额担保，金额达2.44亿元；公司涉及重大诉讼事项32项，金额达3.5亿元，但公司董事会一直未对上述严重影响公司正常经营的行为及时予以披露。①

（五）信息披露不持续

信息披露应保持相对稳定性，不能朝令夕改，令投资者和社会公众无所适从。制度经济学认为，人类在与他人的交往中受制于两种知识的不足：一是关于未来人们只有不确定的知识；二是人们在了解资源、潜在交易伙伴及他们的精确特征上具有"横向不确定性"。制度恰恰具有减少世界的复杂性、简化"识别负担"（cognition task）的关键功能，使复杂的人际交往过程变得更易理解和更可预见，从而减少交易成本、提高效益。但是，如果制度不稳定、缺少可信赖性，那么，制度的执行成本就会大大提高。② 因此，信息披露的持续和稳定对于市场行为的理性和政府监管的有效有着不可或缺的重要价值和作用。目前证券市场上常见的现象是，先有市场传言引起某公司股票发生异常波动，该公司董事会先是发布辟谣公告，对传言矢口否认，投资者遂不再理会"谣言"，转而相信上市公司的正常披露。但令人啼笑皆非的是，时隔不久（通常仅为几个工作日或几个星期），上市公司又正式发布与前述市场"谣言"几无二致的信息公告。这种荒

---

① 李若山、徐志翰、陈朝晖：《透视上市公司业绩荒漠化》，《中国经济时报》2000年9月25日第5版。

② 徐孟洲、侯作前：《市场经济、诚信政府与经济法》，《江海学刊》2003年第4期。

唐却在证券市场不断上演的闹剧，能否认定为"所披露的信息有虚假记载、误导性陈述或者有重大遗漏"，从而追究上市公司违规披露、不披露重要信息的责任呢？表面上，2019年《证券法》以及其他证券监管规则似未予以明确规定，但从信息披露的持续性要求来看，笔者以为，将此类行为以违规披露、不披露重要信息行为论，在教义学上当无疑问。

二 主观罪过：犯罪故意还是犯罪过失

违规披露、不披露重要信息罪的罪过形式是故意还是过失？从2019年《证券法》关于违规披露信息的规定可知，作为行政处罚的行政违法行为，违规披露信息在主观上既可出于故意，也可出于过失，2011年《认定规则》第13条第2项和第14条第1款第1项也明确规定，违规信息披露的主观违法形式包含过失。① 但在证券发行注册制的背景下，发行人处于证券发行信息披露的强势地位，投资者和社会公众则成为证券发行信息披露的弱势群体。而没有无权利的义务，也没有无义务的权利，由此决定，无过错责任原则即严格责任原则愈益成为注册制下证券发行人信息披露之前置法归责即行政归责和民事归责的特殊原则。只要发行人对于证券发行信息的披露违反了信息披露的"三性"即真实性、准确性、完整性，不管违法理由如何、违法状况怎样，依法均不得免责。

然而，刑事犯罪则不然。由"前置法定性与刑事法定量相统一"

---

① 2011年《认定规则》第13条规定："认定信息披露义务人信息披露违法主观方面通常要考虑以下情形：……（二）信息披露义务人的主观状态，信息披露违法是否是故意的欺诈行为，是否是不够谨慎、疏忽大意的过失行为；……"第14条规定："其他违法行为引起信息披露义务人信息披露违法的，通常综合考虑以下情形认定责任：（一）信息披露义务人是否存在过错，有无实施信息披露违法行为的故意，是否存在信息披露违法的过失；……"

的中国特色社会主义法律体系中的部门法规范关系所决定，不具有前置法不法性的行为不可能具有刑事违法性，但是，具有前置法不法性的行为也并不必然都是刑法上的犯罪，只有符合法益保护原则和制裁比例原则要求的行为，才可能成为刑法上的犯罪。这是因为，前置法以客观归责为基石，至于不法行为是否基于主观过错，以及主观过错的形式如何，于前置法责任的有无判断并不生影响，而只是对前置法责任的大小评判发生作用。所以，作为前置法法益保护之二次保护法的刑法，不仅以主客观相统一为归责的基本原则，而且以处罚故意犯罪为原则，以处罚过失犯罪为例外。究其根源，乃系前置法与刑事法在宪法价值秩序指引下的中国特色社会主义法律体系中的规范分工使然。唯有如此，才能形成不法行为归责和社会治理的部门法合力，从而实现违法犯罪治理的形式正义、实质正义和分配正义。

具体而言，前置法上的不法行为能否成为刑法上的犯罪，不仅需要前置法定性的考量，从而确定不法行为的法益侵害本质即罪质，而且需要刑事法定量的评判，才能最终"入选"为刑法上的犯罪。至于刑事法定量，则由以下两个层面组成：一是罪状的确立，即从前置法不法行为类型中选取并经调整形成刑法上的犯罪行为类型，包括客观行为样态和主观罪过形式；二是罪量的确立，即对具有罪质、符合罪状的行为，确立刑事追诉标准和入罪门槛。而从刑法对于违规披露、不披露重要信息罪的定量来看，该罪的主观罪过显然只能是犯罪故意，而不可能包括犯罪过失。主要理由在于：一是"隐瞒"和"编造"本身就蕴含着行为人对披露虚假信息的主观追求，只能故意为之，而不可能过失实施。二是从立法上看，修订后的1997年《刑法》第161条将"提供虚假"与"隐瞒"并列规定，说明两者在主观形式上相同。提供"隐瞒"重要事实的财务会计报告行为的主观罪过只能是故意，"提供虚假的"财务会计报告的行为在主观上也只能是出于故意。三是在需要披露的重要信息中，财务会计报告应当是最为重要的，也正因如此，刑法才对其特别予以明示规定。对于需要披露的最为重要的信息，刑法尚且将其主观罪过限定为故意，对于违规披露其他重要信息的行为，即"对依法应当披露的其他重要信息不按照规定披露"的行为，在主观罪过上无疑也只能限定为故意。四是从结果犯与情节犯并存的立法模式来看。违规披露、不披露重要信息罪的成立，并不以危害结果的实际发生为必要，而是"严重损害股东或者其他人利益"或者"有其他严重情节的"即为已足，由此排除了该罪系过失犯罪的可能，因为过失犯罪是狭义的结果犯，法定危害结果的发生是过失犯罪成立不可缺少的必备要素。五是从法定刑配置来看。修订后的该罪法定刑分为两档，即"五年以下有期徒刑或者拘役，并处或者单处罚金"的基本量刑幅度和"五年以上十年以下有期徒刑，并处罚金"的加重量刑幅度。综观刑法分则第 3 章规定的经济犯罪，具有相同法定刑配置的，无不都是故意犯罪。

　　至于违规披露、不披露重要信息罪的犯罪故意，只限于直接故意，还是间接故意亦可包括在内？笔者以为，由该罪结果犯与情节犯并存的立法模式可知，该罪在主观上既可出于直接故意，也可基于间接故意，出于直接故意的该罪是情节犯，基于间接故意的该罪是结果犯，法定危害结果即"严重损害股东或者其他人利益"的发生与否，在前者即直接故意犯罪中是区分该罪之完成形态与未完成形态的标准，而在间接故意犯罪里则是区分该罪之罪与非罪的界限。

　　当然，将违规披露、不披露重要信息罪的主观罪过限定为故意，势必会面临认定难的问题。既有案例中，行为人也经常以对公司、企业的财务数据造假并不明知，主观上不具有披露虚假信息的故意等作为抗辩理由。例如，在华锐风电科技（集团）股份有限公司（以下简称华锐风电）违规披露信息一案中，原法定代表人、董事长、总裁韩俊良和原副总裁、财务总监陶刚均提出对数据造假一事并非明知，仅是怀疑而已。[①] 笔者以为，此类案件的主观认定，需要结合行为人的职务、职务管辖范围以及履职过程中所涉事项等与违规披露之间的关联性来判断。如果行为人是直接主管人员，只要所涉事项属于行为人职责管辖范围，且行为人经手过相关事项，或有其他证据证明行为人知道造假等相关事项，就可以认定行为人具有犯罪故意。如果行为人只是其他直接责任人员，则要求行为人直接参与了造假行为，否则不能以属于职责范围为由，认定其具有犯罪故意。因为不负有主管责任的其他直接责任人员并不决定违规披露信息行为的发生，如果不履职，只是违反公司内部管理的行为，则不宜认定其具有犯罪故意。

此外，信息披露违法行为发生后，信息披露义务人或者其控股股东、实际控制人的态度，以及其在违规披露信息调查中的配合程度，也是在刑事上推定或推论行为人主观罪过应当考虑的因素。例如，信息披露义务人或其控股股东、实际控制人得悉或者发现信息披露违法后，是继续掩饰还是采取适当措施进行补救，是否向证监会报告，是否在调查中积极配合，是否对调查机关欺诈或隐瞒，是否有干扰、阻碍调查情况，等等。

三 罪量要素：刑法适用与司法认定

违规披露、不披露重要信息行为，必须"严重损害股东或者其他

[①] 北京市高级人民法院〔2017〕京刑终88号刑事判决书。

人利益，或者有其他严重情节的"，方有入罪的可能。实践中，对于情节严重的判断，通常需要考虑以下因素：第一，违法披露信息包括重大差错更正信息中虚增或者虚减资产、营业收入及净利润的数额及其占当期所披露数的比重，是否因此资不抵债，是否因此发生盈亏变化，是否因此满足证券发行、股权激励计划实施、利润承诺条件，是否因此避免被特别处理，是否因此满足取消特别处理要求，是否因此满足恢复上市交易条件，等等；第二，未按照规定披露的重大担保、诉讼、仲裁、关联交易以及其他重大事项所涉及的数额及其占公司最近一期经审计总资产、净资产、营业收入的比重，未按照规定及时披露信息时间长短，等等；第三，信息披露违法所涉及事项对投资者投资判断的影响大小；第四，信息披露违法后果，包括是否导致欺诈发行、欺诈上市、骗取重大资产重组许可、收购要约豁免、暂停上市、终止上市，给上市公司、股东、债权人或者其他人造成直接损失数额大小，以及未按照规定披露信息造成该公司证券交易的异动程度，等等；第五，信息披露违法的次数，是否多次提供虚假或者隐瞒重要事实的财务会计报告，或者多次对依法应当披露的其他重要信息不按照规定披露；第六，社会影响的恶劣程度；等等。

据此，2022年4月6日最高人民检察院、公安部《关于公安机关管辖的刑事案件立案追诉标准的规定（二）》（以下简称2022年《立案追诉标准的规定（二）》）第6条规定，违规披露、不披露重要信息，涉嫌下列情形之一的，应予立案追诉：第一，造成股东、债权人或者其他人直接经济损失数额累计在100万元以上的；第二，虚增或者虚减资产达到当期披露的资产总额30%以上的；第三，虚增或者虚减营业收入达到当期披露的营业收入总额30%以上的；第四，虚增或者虚减利润达到当期披露的利润总额30%以上的；第五，未按照规定披露的重大诉讼、仲裁、担保、关联交易或者其他重大事项所涉及的数额或者连续 12 个月的累计数额达到最近一期披露的净资产 50% 以上的；第六，致使不符合发行条件的公司、企业骗取发行核准或者注册并且上市交易的；第七，致使公司发行的股票或者公司、企业债券、存托凭证或者国务院依法认定的其他证券被终止上市交易的；第八，在公司、企业财务会计报告中将亏损披露为盈利，或者将盈利披露为亏损的；第九，多次提供虚假的或者隐瞒重要事实的财务会计报告，或者多次对依法应当披露的其他重要信息不按照规定披露的；第十，其他严重损害股东、债权人或者其他人利益，或者有其他严重情节的情形。

例如，在顾雏军一案中，对于违规披露、不披露重要信息罪，广东省佛山市人民检察院指控：2002～2004 年，被告人顾雏军为了夸大上市公司科龙电器的经营业绩，指使被告人姜宝军等人以加大 2001 年的亏损额、压货销售、本年费用延后入账、作假废料销售等方式虚增利润，然后向社会提供含有虚增利润的虚假财务会计报告，剥夺了社会公众和股东对上市公司真实财务状况的知情权，对社会作出了错误的诱导，给股东和社会造成了严重损失。据此，佛山市中级人民法院经一审审理，判决上述指控成立。被告人顾雏军不服，提起上诉；广东省高级人民法院二审驳回上诉，维持原判。顾雏军刑满释放后，提出申诉。

最高人民法院经审查，于 2017 年 12 月 27 日作出再审决定，并经提审查明，科龙电器在 2002～2004 年确实实施了虚增利润并将其编入财务会计报告予以披露的行为，违反了信息披露制度的真实性要求。但由于顾雏军案应适用 2006 年《刑法修正案（六）》修订以前的第 161 条提供虚假财会报告罪的罪名，却适用了 2006 年《刑法修正案（六）》修订后的违规披露、不披露重要信息罪的罪名，确属不当。根据刑法关于提供虚假财会报告罪的规定，必须有证据证实提供虚假财务会计报告的行为造成了"严重损害股东或者其他人利益"的危害后果，才能追究相关人员的刑事责任。参照最高人民检察院、公安部2001年《关于经济犯罪案件追诉标准的规定》，"严重损害股东或者其他人利益"是指"造成股东或者其他人直接经济损失数额在五十万元以上的"，或者"致使股票被取消上市资格或者交易被迫停牌的"情形。但是，在案证据不足以证实本案已达到上述标准。因而最高人民法院判决，撤销原一、二审判决对顾雏军犯违规披露、不披露重要信息罪的定罪量刑部分。

第四节 刑事责任：法定刑调整和适用

安然事件后，美国非常重视对上市公司信息披露违法犯罪行为的打击，对自然人犯罪的最高刑规定为20年有期徒刑和500万美元罚金；对法人的最高罚金刑规定为2500万美元；日本则将信息披露犯罪的最高刑设置为10年以下有期徒刑并处1000万日元以下罚金；在我国台湾地区，对信息披露的刑事处罚最高可达10年有期徒刑，并处5亿元以下台币的罚金；至于我国香港地区，则对信息披露的最高刑事制裁规定为10年有期徒刑并处1000万港币以下罚金。

但在我国内地，2020年刑法修订以前，违规披露、不披露重要信息罪的法定刑配置较低，致使实践中刑事制裁普遍很轻，且犯罪情节较轻的行为人大多被判处缓刑。例如，在珠海博元投资有限公司案中[①]，余蒂妮等人虚构华信泰有限公司已代付股改业绩承诺款3.84亿元

---

① 广东省珠海市中级人民法院〔2016〕粤04刑初131号刑事判决书。

等信息，由博元公司在履行股改业绩承诺的公告、2011年半年报及年报中进行披露，虚增资产达到当期披露资产总额的30%以上。但除余蒂妮被判处有期徒刑1年7个月，并处罚金10万元外，其他相关责任人员不仅只被判处拘役3个月至有期徒刑8个月不等的刑罚，而且都处以缓刑。又如，在福建昌源投资股份有限公司案①中，被告人陈克根等人虚增2004年度税前利润约4800万元，以配合年报作假，达到"保壳"目的。但陈克根等责任人员仅被判处1年至2年不等有期徒刑，且除陈克根外，其他责任人员还都同时适用缓刑。

上述违规披露、不披露重要信息的行为违法情节严重、社会反映强烈，极大地破坏了资本市场公开信息的可信度，对资本市场秩序和投资者合法权益造成了严重损害，而所处刑罚明显偏轻，主要原因是修订前刑法对该罪法定刑配置较轻，不仅有期徒刑上限只有3年，罚金刑上限也只有20万元，即便顶格处罚，也与犯罪造成的危害后果不相适应，故2020年《刑法修正案（十一）》将其修改为："……严重损害股东或者其他人利益，或者有其他严重情节的，对其直接负责的主管人员和其他直接责任人员，处五年以下有期徒刑或者拘役，并处或者单处罚金；情节特别严重的，处五年以上十年以下有期徒刑，并处罚金。"

这样一来，依照修订后的1997年《刑法》第161条的规定，违规披露、不披露重要信息行为发生后，刑事责任人有两类。一类是信息披露义务人的直接负责的主管人员和其他直接责任人员，另一类是信息披露义务人的控股股东、实际控制人。那么，办案中如何具体确定这两类人的刑事责任呢？

---

① 福建省福州市鼓楼区人民法院〔2009〕鼓刑初字第266号刑事判决书。

对于第一类人，笔者以为，原则上限于信息披露义务公司、企业中负有保证信息披露真实、准确、完整、及时和公平义务的董事、监事和高级管理人员。但是，有证据如公司章程、载明职责分工和职责履行情况的材料、相关会议纪要或者会议记录等证明董事、监事和高级管理人员已尽忠实、勤勉义务，从而对违规披露信息行为不存在过错，或者虽有过错，但并不存在犯罪故意的，则不负刑事责任。至于上述人员以外的其他人，如果确有证据证明其行为与信息披露违法行为之间具有直接因果关系，包括实际承担或者履行董事、监事或者高级管理人员的职责，组织、参与、实施公司信息披露违法行为或者直接导致信息披露违法的，应视情形认定为直接负责的主管人员或者其他直接责任人员。

对于第二类人，则必须有证据证明，信息披露义务人的违规信息披露行为系受控股股东、实际控制人指使，才能依据修订后的 1997 年《刑法》第 161 条第 2 款、第 3 款追究其违规披露信息的刑事责任。信息披露义务人的控股股东、实际控制人是法人的，其负责人应当认定为直接负责的主管人员。控股股东、实际控制人直接授意、指挥从事信息披露违法行为，或者隐瞒应当披露的重要信息、不告知应当披露的重要信息的，应当认定控股股东、实际控制人从事信息披露违法行为。

至于信息披露违法责任人员的责任大小，则应结合以下几个方面，综合考虑责任人员与案件中认定的信息披露违法的事实、性质、情节、社会危害后果的关系予以认定。第一，在信息披露违法行为发生过程中所起的作用，包括对于认定的信息披露违法事项是起主要作用还是次要作用，是否组织、策划、参与、实施信息披露违法行为，是积极参加还是被动参加等。第二，知情程度和态度，包括对于信息披露违法所涉事项及其内容是否知情,是否反映、报告,是否采取措施有效避免或者减少损害后果,是否放任违法行为发生,等等。第三,职务、具体职责及履行职责情况,包括认定的信息披露违法事项是否与责任人员的职务、具体职责存在直接关系,责任人员是否忠实、勤勉履行职责,有无懈怠、放弃履行职责,是否履行职责预防、发现和阻止信息披露违法行为发生。第四,专业背景,包括是否存在责任人员有专业背景,对于信息披露中与其专业背景有关违法事项应当发现而未予指出的情况,如专业会计人士对于会计问题、专业技术人员对于技术问题未予指出等。

第十章　虚开增值税专用发票罪：本质、构造与认定

2022年3月21日，国务院常务会议确定实施当年《政府工作报告》提出的1.5万亿增值税留抵退税政策安排，① 退税资金全部直达企业，既雪中送炭，对后疫情时代的各类市场主体直接高效纾困解危；又放水养鱼，大力推进增值税制度改革、涵养税源；同时也织密法网，坚决打击偷税、骗税、骗补等各种税务违法犯罪，严惩不贷，真正做到坚持"两个毫不动摇"。同年6月30日，国家税务总局公布，在大规模留抵退税第一阶段即4月1日到6月29日期间，全国税务稽查部门已查实的骗取留抵退税企业就达1645户，共计骗取留抵退税款20.34亿元、其他税款损失14.33亿元。② 而自2021年10月国家税务总局等六部委开展常态化打击虚开骗税违法犯罪专项行动以来，全国各地累计查处的涉嫌虚开骗税企业更是高达4万余户。其中，四川泸州"7·15"案涉嫌虚开

---

① 《李克强主持召开国务院常务会议 确定实施大规模增值税留抵退税的政策安排等》，中华人民共和国中央人民政府网，2022年3月21日（链接日期），http：//www.gov.cn/premier/2022-03/21/content_ 5680311. htm，2022年12月1日（引用日期）。

② 赵建华：《三个月内中国查实骗取留抵退税企业1645户》，中国新闻网，2022年6月30日（链接日期），https：//www.chinanews.com.cn/cj/2022/06-30/9792490. shtml，2022年12月1日（引用日期）。

发票8284份，价税合计金额12.07亿元，骗取出口退税1.61亿元；福建团伙虚开骗税案涉及上游空壳企业28户，不法货代公司6户，涉嫌虚开发票6800余份，价税合计金额7.24亿元，骗取出口退税8300余万元；河南、湖南34户企业通过虚假购进皮革、香菇等农产品，虚构生产和货物流，虚假外汇结算，短时间内"出口"金额就达18.74亿元，骗取出口退税1.86亿元；广东深圳"9·27"案因涉嫌利用虚开增值税电子专用发票骗取出口退税，① 在重创电子专用发票成功阻击虚开增值税专用发票犯罪制度预期的同时，进一步凸显了虚开增值税专用发票犯罪的高发、频发态势和犯罪手段的不断升级。

与上述严峻形势形成鲜明反差的是，各界质疑虚开增值税专用发票罪刑事治理正当性的声音，近年来呈愈益响亮之势。但是，随着公法治理横向扩张与纵向减弱并行的凸显，尤其是恢复性司法等柔性治理方式的不断涌现，虚开增值税专用发票罪的本质究竟如何，犯罪构造怎样，乃至于虚开概念本身，不但学界众说纷纭，而且实务态度不明，特别是对那些不断增多的、难以危及国家税收利益的虚开行为，如有货代开、为虚增业绩而环开等的定性。最高人民法院在2002年答复湖北省高级人民法院请示的湖北汽车商场虚开增值税专用发票案，② 福建省高级人民法院请示的泉州市松苑锦涤实业有限公司等虚开增值税专用发票案，③ 以及2018年发布的张某强虚开增值税专用发

---

① 《国家税务总局、公安部、最高人民检察院、海关总署、中国人民银行、国家外汇管理局六部门联合查处5起税收违法案件》，中华人民共和国最高人民检察院官网，2022年3月31日（链接日期），https://www.spp.gov.cn/spp/zdgz/202203/t20220331_553079.shtml，2022年12月1日（引用日期）。

② 2002年4月16日最高人民法院《关于湖北汽车商场虚开增值税专用发票一案的批复》（行他字〔2001〕36号期）。

③ 牛克乾：《虚开增值税专用发票罪与非罪之认定》，《人民司法·案例》2008年第22期。

票案①典型案例中，均主张不宜按犯罪处理，理由是主观上不具有偷骗税款的目的，客观上亦未实际造成国家税收损失；检察机关也以此为据，对一些虚开增值税专用发票犯罪作不起诉处理。然而，该标准虽亦不时出现在司法机关的"会议纪要""参考观点"等内部指导文件②中，却始终未能成为司法解释、立法解释或刑法修订的立场。③ 是故，我国大部分地区仍循传统做法对虚开增值税专用发票行为予以严厉打击，另有部分地方法院则对不具有骗税目的的虚开增值税专用发票行为做无罪化处理，"同案不同判""同判不同理"的现象十分突出。而从2021年10月以来查处的案件来看，虚开行为不仅多与骗税、逃税行为交织，而且往往是骗税、逃税行为的源头，"目的犯说"似为实证所支持。

但是，今年的留抵退税实践表明，不具有骗税目的而虚开增值税专用发票的，亦有可能造成国家税款流失。所以，以目的犯限制虚开增值税专用发票罪的成立是否合理，以及由此带来的与逃税、骗税等违法犯罪的关系等一系列问题，已不仅仅是决定税收征管秩序刑事保护方向的法律专业问题，而是事关我国税制改革成败乃至国计民生的

---

① 中华人民共和国最高人民法院〔2016〕最高法刑核51732773号刑事裁定书；《人民法院充分发挥审判职能作用保护产权和企业家合法权益典型案例（第二批）》，中华人民共和国最高人民法院官网，2018年12月4日（链接日期），https://www.court.gov.cn/zixun-xiangqing-133721.html，2022年12月1日（引用日期）。

② 比如，最高人民法院2004年11月24日至27日在苏州召开的《全国部分法院"经济犯罪案件审判工作座谈会"综述》。

③ 司法解释包括2018年最高人民法院《关于虚开增值税专用发票定罪量刑标准有关问题的通知》（以下简称2018年《通知》）、2022年《立案追诉标准的规定（二）》等；立法解释则是2005年全国人大常委会《关于〈中华人民共和国刑法〉有关出口退税、抵扣税款的其他发票规定的解释》。至于刑法修订，2011年《刑法修正案（八）》第32条删除了1997年《刑法》第205条原第2款"有前款行为骗取国家税款，数额特别巨大，情节特别严重，给国家利益造成特别重大损失的，处无期徒刑或者死刑，并处没收财产"的规定。

"国之大者"课题。这也正是税务犯罪司法解释立项多年数易其稿,至今仍未出台的根本症结,也是《增值税法》的制定需要破解的最大难题。而无论是虚开目的之争,还是虚开行为构造之辩,抑或虚开数额之惑,笔者以为,破解之道乃在于对1997年《刑法》第205条与其前置税法的法益保护本质及其保护比例分配的教义发掘。为此,笔者拟以中国特色社会主义法律体系中的刑法与其前置法的规范关系为理论工具,展开对虚开增值税专用发票罪的不法本质、规范构造和司法适用的规范分析,以期对涉税犯罪的司法解释制定和税务立法完善有所助益,从而推进营商环境建设法治化、现代化。

第一节 虚开增值税专用发票罪的不法本质

无论虚开目的有无之争,还是虚开行为构造之辩,抑或虚开数额认定之惑,其实均与1997年《刑法》第205条与其前置税法的法益保护本质及其保护比例分配的教义发掘有着紧密关系。而正是对这一问题的聚讼纷纭,使得虚开增值税专用发票罪的认定成为了难题。

一 不法本质的争议检视

传统理论认为,刑法法益是刑法保护的、客观上可能受到侵害或者威胁的人的生活利益,在经济犯罪中指向保护社会成员生存与发展的整体社会秩序。[1] 据此,虚开增值税专用发票罪的法益常被概括为"国家的税收征管制度"或"增值税发票的管理秩序"。[2] 因而只要实

---

[1] 张明楷:《法益初论》上册,商务印书馆2021年增订版,第204~205页。
[2] 高铭暄、马克昌主编:《刑法学》,北京大学出版社2022年第10版,第434页;王作富、黄京平主编:《刑法》,中国人民大学出版社2021年第7版,第365页;周道鸾、张军主编:《刑法罪名精释》,人民法院出版社2013年第4版,第417页。

施虚开增值税专用发票行为,就会破坏国家税收制度从而构成本罪,至于增值税是否认证申报或已经抵退,则只是本罪量刑需要考虑的情节。①

此即"行为犯说"的主张,也是虚开增值税专用发票罪在 1995 年 10 月 30 日全国人民代表大会常务委员会《关于惩治虚开、伪造和非法出售增值税专用发票犯罪的决定》中增设以来的刑法理论通说。随着发票用途的日益广泛,增值税专用发票不仅成为以票控税的税收征管依据,而且成了纳税人经营业绩的重要评价指标,从而与注册制下的 IPO 发行上市审核、信用等级评定和银行贷款审批等挂钩,不以骗、逃税为目的的虚开增值税专用发票行为遂日渐增多,而虚开增值税专用发票罪又因其法定刑配置重、传统的"行为犯说"定罪门槛低而广为社会诟病,不仅致力于限缩该罪成立范围的各种主张纷至沓来,而且在发票电子化的数字时代,质问该罪存在的必要性和正当性,乃至要求取消该罪的呼吁也不时与闻。"目的犯说"和"抽象危险犯说"就是这一努力当中最有影响力的两种见解。其中,"目的犯说"提出,本罪的保护法益是"国家税收利益",只有侵害国家税收利益的虚开行为才具有刑事可罚性,至于其他的虚开行为,即使具有严重的社会危害性,也不应包含在该罪的处罚范围之内。② 而"抽象危险犯说"则主张,司法机关应以一般的经济运行方式为根据,以虚开行为在客观上有无导致逃税或骗税的抽象危险,作为判断该罪是

---

① 姜明:《虚开增值税专用发票实务问题研究》,《黑龙江社会科学》2014 年第 6 期;金庆磊:《浅议虚开增值税专用发票罪》,《法制与经济》2014 年第 1 期。
② 陈兴良:《虚开增值税专用发票罪:性质与界定》,《政法论坛》2021 年第 4 期;张旭:《虚开增值税专用发票罪的限缩适用立场——"目的+结果"标准的澄清与改进》,《中国人民公安大学学报(社会科学版)》2021 年第 2 期。

否成立的标准。①

确实，笔者也认为，"行为犯说"所持的"税收征管秩序侵害说"太过宽泛了。由于1997年《刑法》分则第3章第7节规定的所有犯罪都是侵犯税收征管秩序的犯罪，以此作为虚开增值税专用发票罪的不法实质，显然不能将虚开增值税专用发票罪和虚开发票罪以及其他税务犯罪区分开来，不仅无法发挥刑法法益的限制解释机能，而且使得司法打击面过宽，以致常将形式上虚开但实质上并未侵害增值税抵退计征机制的行为，如虚开无抵扣联的增值税专用发票行为，也一并纳入该罪处罚范围，从而既有违刑法的谦抑性，又使刑事规制因背离其规范根基——前置法规制而成了无源之水、无本之木，进而有失法益保护的规范正当性。不仅如此，"行为犯说"以虚开行为实施与否作为本罪成立的标准，还存在着误用概念之虞。众所周知，中国刑法语境中的"行为犯"，是以法定危害行为的实行终了作为既遂标准的既遂犯的类型之一，并不是"行为犯说"所主张的犯罪成立与否的必备要素，与其相对应的是"结果犯""危险犯"和"举动犯"等其他犯罪既遂类型，而不是"目的犯"和"抽象危险犯"等犯罪成立类型。

在此意义上，"目的犯说"和"抽象危险犯说"为弥补"行为犯说"的缺陷而做的努力，无疑值得肯定。然而遗憾的是，这样的努力，因对1997年《刑法》第205条与其前置税法之间规范关系的忽略，致对虚开增值税专用发票罪不法本质的发掘和规范构造的分析，不是基于行刑一体共治的法秩序统一的立场，而是限于刑法体系内部的孤立展

---

① 张明楷：《刑法学》，法律出版社2016年第5版，第816页；马春晓：《虚开增值税专用发票罪的抽象危险判断》，《政治与法律》2019年第6期；陈金林：《虚开增值税专用发票罪的困境与出路——以法益关联性为切入点》，《中国刑事法杂志》2020年第2期。其中，陈金林博士主张对传统的"抽象危险犯说"进行优化，可谓"改良的抽象危险犯说"；而张明楷教授近年来似已转为"认为本罪是实害犯而不是危险犯，才可能有利于本罪的认定"。参见张明楷《刑法学》，法律出版社2021年第6版，第1059页。

开。这不仅未能从根本上克服"行为犯说"与前置法规制相脱节的体系性不足,而且对于虚开增值税专用发票罪的教义分析,亦有可商之处。

首先,在刑法理论层面,只有认真对待秩序的法益属性和本质,才能满足共建共治共享的良法善治需要。现代自由的核心在于社会自由,现代人权的关键在于发展权,而社会自由的享有和发展权的行使,均有赖于人与人之间的合作、社会之间的沟通和国家之间的交往以及由此而建构的秩序。① 人类正是通过不断构建并扩展出广泛的秩序,文明才得以建立并螺旋式上升。而这,正是党的二十大开启全面建设中国式现代化新征程的根本出发点和核心目标,即:通过以共建共治共享为核心的良法善治秩序的构建,不断"满足人民群众对美好生活的向往",进而实现人的自由和全面发展。因而新型秩序的不断涌现,在笔者看来,非但不是对公民自由的蚕食和侵夺,相反,其既是公民享有社会自由、参与社会共治的必然产物,又是公民发展权的内涵得以丰富、疆域得以扩展的根本前提。在此意义上,与其说现代社会善治秩序的建构与公民社会自由和发展权的行使已经有机共融为一体,毋宁说现代社会善治秩序的建构本身,就是公民享有社会自由和发展权的应有之义。而正是秩序法益的发展,不仅实现了个人法益的社会化,发展了公民参与社会治理的自由,而且推动了刑事治理主战场从民事犯向行政犯的转移,进而成为现代刑法与近代刑法即启蒙运动时期以来建构的传统刑法的重要分水岭。正是对秩序法益这一关涉公民社会自由的现代法益的否定,不仅使"目的犯说"和"抽象危险犯说"走向了国库主义,将关注的目光聚焦于虚开行为对国家税收利益的侵害,忽略了税收法定原则下的增值税纳税人的抵退权和税收公平秩序中的

---

① 田宏杰:《行政犯治理与现代刑法的政治使命》,《中国人民大学学报》2022年第1期。

其他市场主体的合法权益。这其实才是增值税制度设计的灵魂和"营改增"优化营商环境的深远意义。"改良的抽象危险犯说"虽然努力在"目的犯说"和"抽象危险犯说"之间寻求平衡，但仍未能把握增值税制度的本质，以致滑向了法益的空心化，认为本罪"出生时即被埋下了法益关联性不足的病根"[①]。

其次，在刑事立法层面，难以避免虚开增值税专用发票罪与其他税务犯罪在罪刑配置上的失衡和犯罪构造上的体系割裂。无论"目的犯说"还是"抽象危险犯说"，秉持的其实都是预备行为正犯化的立场，将虚开增值税专用发票视为逃、骗税等危害国家税收利益犯罪的预备行为。虽然刑法修正案废除了虚开增值税专用发票罪的死刑，但其法定最高刑为无期徒刑的刑罚配置，一是仍然远高于给国家税收利益造成实害，而不仅仅是抽象危险的逃税罪等其他侵犯税收利益犯罪的法定刑；二是即便与骗取出口退税罪的法定最高刑基本相当，也无法对正犯化的预备行为何以与造成实害的正犯之法定刑相当这一罪刑失衡做出合理解释；三是从 1997 年《刑法》第 205 条之一到第 209 条规定的其他发票犯罪，不仅规范构造与虚开增值税专用发票罪完全相同，而且第 206 条伪造、出售伪造的增值税专用发票罪和第 207 条非法出售增值税专用发票罪的刑罚配置，亦与虚开增值税专用发票罪几无二致。那么，"目的犯说"和"抽象危险说"的限缩主张，是仅仅适用于虚开增值税专用发票罪一罪呢，还是也适用于所有的发票犯罪认定？如果只适用于虚开增值税专用发票罪一罪，不仅导致其他发票犯罪尤其是其他的增值税专用发票犯罪与虚开增值税专用发票罪在犯罪构成上的规范标准不一，而且将在虚开增值税专用发票罪与其他发票

[①] 陈金林：《虚开增值税专用发票罪的困境与出路——以法益关联性为切入点》，《中国刑事法杂志》2020 年第 2 期。

犯罪之间造成新的罪刑失衡；如果适用于所有的发票犯罪，则不仅加剧了预备行为的正犯化重于正犯的罪刑失衡问题，从而引发新的正当性追问，而且必然导致税务刑法体系内部的规范割裂。无论哪种情形，都从根本上否定了"目的犯说"和"抽象危险犯说"作为刑法教义的普遍价值。

不仅如此，无论现行立法还是司法解释，对于逃税罪和骗取出口退税罪等造成国家税收利益实害的犯罪，在数额认定上均明确以国家税款损失为标准。例如，1997年《刑法》第201条规定，成立逃税罪必须是"逃避缴纳税款数额较大并且占应纳税额百分之十以上的"①；构成骗取出口退税罪，则必须符合1997年《刑法》第204条"骗取国家出口退税款，数额较大的"②。而对于虚开增值税专用发票的入罪，

---

① 2022年《立案追诉标准的规定（二）》第52条规定："逃避缴纳税款，涉嫌下列情形之一的，应予立案追诉：（一）纳税人采取欺骗、隐瞒手段进行虚假纳税申报或者不申报，逃避缴纳税款，数额在十万元以上并且占各税种应纳税总额百分之十以上，经税务机关依法下达追缴通知后，不补缴应纳税款、不缴纳滞纳金或者不接受行政处罚的；（二）纳税人五年内因逃避缴纳税款受过刑事处罚或者被税务机关给予二次以上行政处罚，又逃避缴纳税款，数额在十万元以上并且占各税种应纳税总额百分之十以上的；（三）扣缴义务人采取欺骗、隐瞒手段，不缴或者少缴已扣、已收税款，数额在十万元以上的。纳税人在公安机关立案后再补缴应纳税款、缴纳滞纳金或者接受行政处罚的，不影响刑事责任的追究。"2002年最高人民法院《关于审理偷税抗税刑事案件具体应用法律若干问题的解释》（法释〔2022〕33号）第1条规定："纳税人实施下列行为之一，不缴或者少缴应纳税款，偷税数额占应纳税额的百分之十以上且偷税数额在一万元以上的，依照刑法第二百零一条第一款的规定定罪处罚；……扣缴义务人实施前款行为之一，不缴或者少缴已扣、已收税款，数额在一万元以上且占应缴税额百分之十以上的，依照刑法第二百零一条第一款的规定定罪处罚。……实施本条第一款、第二款规定的行为，偷税数额在五万元以下，纳税人或者扣缴义务人在公安机关立案侦查以前已经足额补缴应纳税款和滞纳金，犯罪情节轻微，不需要判处刑罚的，可以免予刑事处罚。"

② 2022年《立案追诉标准的规定（二）》第55条规定："以假报出口或者其他欺骗手段，骗取国家出口退税款，数额在十万元以上的，应予立案追诉。"2002年最高人民法院《关于审理骗取出口退税刑事案件具体应用法律若干问题的解释》（以下简称2002年《解释》）第3条规定："骗取国家出口退税款5万元以上的，为刑法第二百零四条规定的'数额较大'；骗取国家出口退税款50万元以上的，为刑法第二百零四条规定的'数额巨大'；骗取国家出口退税款250万元以上的，为刑法第二百零四条规定的'数额特别巨大'。"

1997年《刑法》第205条并没有税款损失数额的要求，2002年《解释》第3条、2018年《通知》等司法解释和办案实践一直是以"虚开的税款数额在5万元以上"作为认定的标准，直至2022年《立案追诉标准的规定（二）》才将国家税款损失数额增补为该罪的选择性入罪标准之一，在第56条中规定为"虚开的税款数额在10万元以上或者造成国家税款损失数额在5万元以上的"。① 这些入罪标准规定上的差异无疑进一步表明，刑法对于虚开增值税专用发票罪的规制，既无需以"目的犯说"所主张的骗税目的为基本犯成立之必要，也不是如"抽象危险犯说"所提出的只要有抽象危险即可构成。

最后，在刑事司法层面，难以摆脱虚开增值税专用发票罪的认定困境。对于虚开增值税专用发票罪的成立，"目的犯说"侧重于主观目的的限制，但主观目的的证明本就是司法适用中的难题，不仅很大程度上依赖于行为人的口供，而且大多还得借助客观事实进行推定，从而加剧了案件判断的恣意。更为重要的是，囿于主客观相统一的刑法原则，目的犯的构造要求骗税目的必须同步产生于虚开行为实施之时，从而使行为人能够以虚开时没有骗税或逃税目的，在后实施的非法抵退不过是出于过失等为由进行辩解，导致对其既无法以虚开增值税专用发票罪定罪处罚，也无法论之以逃税罪等其他税务犯罪，从而产生刑事处罚漏洞。而即便有证据证明虚开后的非法抵退出于逃税故意，行为人也可以通过事后补税、接受行政处罚，进而依据1997年《刑

---

① 2018年《通知》规定："……在新的司法解释颁行前，对虚开增值税专用发票刑事案件定罪量刑的数额标准，可以参照《最高人民法院关于审理骗取出口退税刑事案件具体应用法律若干问题的解释》（法释〔2002〕30号）第三条的规定执行，即虚开的税款数额在5万元以上的，以虚开增值税专用罪处3年以下有期徒刑或者拘役，并处2万元以上20万元以上罚金；虚开的税款数额在50万元以上的，认定为刑法第二百零五条规定的'数额较大'；虚开的税款数额在250万元以上的，认定为刑法第二百零五条规定的'数额巨大'。"

法》第 201 条第 4 款的"首罚不刑"规定,"合法地"规避逃税罪的刑事责任。至于"抽象危险犯说",虽然注重从客观构成要素上进行限缩,但同样需要司法人员依据"通常的经济运行方式去判断一个具体的代开或者虚开增值税专用发票的行为是否具有骗取国家税款、造成国家税款损失的危险,如果不具有这种危险,则不宜认为构成本罪。"① 这种需要根据具体案情具体判断"抽象危险"有无的危险犯,既与抽象危险犯的概念不合,又加剧了司法实务中的操作难度和认定恣意。因而两种主张所追求的限缩目的,因司法人员经验、能力、水平的不同,难免执法标准不一、裁判尺度不同的尴尬而难以实现,无法从根本上解决"同案不同判"抑或"同判不同理"的实践难题。虚开增值税专用发票罪的法益侵害本质及其规范构造的教义挖掘,必须另辟蹊径。

二 不法本质的体系重塑

"行为犯说""目的犯说""抽象危险犯说"的分道争驰,表面上围绕着虚开增值税专用发票罪的犯罪构造尤其是主、客观构成要素展开,根本上还是源自对虚开增值税专用发票罪的规制教义及其法益侵害实质的规范分析有异。实际上,刑法法益并非由刑法独立设置保护,相反,笔者以为,其既是刑法与其前置法对于承载宪法价值秩序之社会经验事实进行逐级规范承认的产物,又是刑法与其前置法按照宪法比例原则进行制裁比例配置,进而予以规范层级保护的结果。所以,一项社会生活中的"利益"要上升成为法律规范体系调整保护的"法益",必须符合宪法的两项原则或指令:一是宪法的基本价值;二是宪

---

① 黄荣坚:《基础刑法学》下,台北:元照出版公司 2006 年版,第 620 页。

法的比例要求。只有符合宪法基本价值的社会生活利益,才能由部门法承认确立为法益从而受规范保护;而法益保护则必须遵循宪法的比例要求,在前置法和刑事法中进行规范分工和比例分配。承担法益确立之职的是民商法、行政法等前置法中的调整性规范,负担法益保护之责的是第一保护性规范——前置法中的法律责任规范,以及第二保护性规范——刑法。这样,法益的确立,其实是宪法基本价值秩序在前置法中的具体展开和呈现;而法益的保护,其实是宪法比例原则要求在前置法责任和刑法责任配置中的结构展开和实现。前者旨在倡扬法益确立的实质正义和价值正当性,后者旨在彰显法益保护的分配正义和制裁比例性。两者的有机结合,既共同完成了宪法指引下的统一法秩序建构,又决定了犯罪的立法生成机理和司法适用机制,乃在于"前置法定性与刑事法定量相统一"。这种统一,不仅使宪法关于法益调整的抽象要求得以在部门法规范中具体实现,而且乃是遵循宪法价值秩序的刑法教义学的精义所在,更是虚开增值税专用发票罪之法益发掘的教义学指引。故笔者以为,虚开增值税专用发票罪的罪质即虚开行为的刑事"不法"实质,主要取决于规制增值税征管的前置法之规范教义;而虚开增值税专用发票罪的罪状和罪量,即虚开行为的刑事"不法"类型及其刑事可罚程度,则取决于以保护增值税征管前置法所设立的法益为己任的1997年《刑法》第205条的规范设定。因而只有立足于增值税专用发票在行政法上的功能定位,才能科学审视虚开增值税专用发票罪在中国特色社会主义法律体系中的刑事立法精神及其规范教义。

由1997年《刑法》第205条可知,规制虚开增值税专用发票的前置法共有两类:一类是规制增值税征管制度的前置法,以2017年《中华人民共和国增值税暂行条例》(以下简称2017年《增值税暂行条例》）为主；另一类是规制发票印制、领取等增值税凭证管理的前置法，以 2019 年《发票管理办法》为主。细按不难发现，增值税本质上属于消费税，其最大特点就是允许纳税人在缴纳销项税时将其从前一环节购入货物或劳务时垫付的进项税予以抵退，通过前垫后抵的税负层层传导，实现只对终端消费课税的目的。因而决定增值税制度功能得以实现的关键，在于抵退计征机制在以下两个层面的正常运转和抵退计征秩序的不被破坏：一是在实体上，纳税人依法享有抵退权，即纳税人为应税销售而采购商品、劳务时垫付了进项税；二是在程序上，纳税人依法履行了凭证义务，即增值税法律规范课予纳税人的"开具、使用、取得发票"等合法使用抵退凭证的义务和"使用税控系统""对凭证进行认证或者确认"① 等证实发票合规性和真实性的义务。实体层面乃纳税人主张抵退权的实质要件，从而确保增值税中性的实现，即：税负不随经营环节而累积，纳税人通过抵退免于承担采购中的进项税，而是将税负转嫁给下一环节直至最终消费者，从而使增值税的征缴不会影响纳税人的定价或其经营决策。程序层面系纳税人行使抵退权的形式要件，旨在实现增值税征缴的自我核定，即：纳税人通过主动提供合规的抵退凭证而主动申报、计算并缴纳增值税款，从而使税务机关得以掌握纳税人进项交易的涉税信息并精准确定其纳税义务。② 因此，程序层面的凭证义务不仅具有协助实体层面抵退权行使的功能，而且使得生产经营中的上下游相互牵制、相互监督，确保了课税公平和国民财富二次分配中分配正义的实现。

---

① 2015 年《税收征收管理法》第 21、23、24 条，2017 年《增值税暂行条例》第 21 条和 2018 年《增值税防伪税控系统管理办法》第 20 条。
② 任宛立：《论增值税纳税人抵扣凭证协力义务》，《法学》2021 年第 4 期。

可见，增值税制度运行的关键，在于抵退链条的科学、通畅、完整。这也正是虚开增值税专用发票罪的不法实质所在，即通过增值税专用发票的虚开，虚构抵退权，从而破坏上下游环环课税、层层抵扣的抵退计征机制的正常运转，进而使增值税的制度功能丧失殆尽。所以，虚开增值税专用发票行为不仅仅像虚开普通发票一样，只是形式上对凭证义务的破坏，而是主要在于对以抵退权为核心的抵退计征机制的破坏，使得税务机关无法凭借抵退凭证还原交易实质、无法对纳税人的纳税能力作出准确评估，导致纳税人承担与其纳税能力不相称的税负，既破坏了正当竞争秩序，又违背了税收公平原则，还导致税务统计数据失真和税收政策工具失灵，这也是刑事立法对本罪的刑罚配置远远高于虚开普通发票的虚开发票罪以及对国家税收利益造成实害的逃税罪、逃避追缴欠税罪的根本原因。也正因如此，虚开增值税专用发票并不必然都会造成国家税收利益损失，有的情况下甚至还会多缴纳增值税为国库增收"做贡献"，比如，为下游虚假高开进项税，而上游也如数多缴增值税等案件在实践中并不鲜见。是故，以"国家税收利益"是否减损或有减损危险作为虚开增值税专用发票罪不法侵害实质的"目的犯说"和"抽象危险犯说"，恐有放纵犯罪之虞。而立足于"前置法定性与刑事法定量相统一"的规范关系和体系教义，以"抵退计征机制"或"抵退计征秩序"而不是宽泛的"税收征管秩序"作为1997年《刑法》第205条的保护法益，既能矫正"行为犯说"的刑法过度规制倾向，将"票、货、款"三流不一致但并未虚构抵退权的如实代开排除在本罪之外，又使增值税专用发票在具有抵退权的凭证功能之外，还能保有普通发票的证明功能，进而克服"目的犯说"和"抽象危险犯说"因未能体系化地把握增值税制度的本质，而将本罪视为骗、逃税犯罪之预备犯的教义误区。基于此，笔者以为，虚开增值税专用发票罪与 1997 年《刑法》第 205 条之一针对普通发票规定的虚开发票罪并非互斥关系，对于既不具有抵退计征机制实质侵害性，又未使虚开的增值税专用发票丧失普通发票证明功能的形式虚开，可以按虚开发票罪定罪处罚。[①] 这样，既实现了虚开增值税专用发票罪和虚开发票罪立法规制的罪责均衡和有序衔接，又避免了仅仅形式虚开增值税专用发票行为可能面临的既不能论之以虚开增值税专用发票罪，又无法以虚开发票罪认定的刑事规制漏洞。

第二节　虚开增值税专用发票罪的规范构造

由"前置法定性与刑事法定量相统一"的刑法与其前置法之间的规范关系所决定，不具有抵退计征机制侵害性的虚开增值税专用发票行为，因其并非税法意义上的虚开增值税专用发票行为，自然亦非刑法意义上的虚开增值税专用发票行为，而只能以虚开普通发票论处。但这并不意味着，税法上的虚开增值税专用发票行为就必然都能成为刑法中的虚开增值税专用发票犯罪。虚开增值税专用发票行为的刑事法评价固然要以前置税法的不法实质评价为基石，不具备前置税法之虚开增值税专用发票不法实质的行为，就不可能成为刑法规制的虚开增值税专用发票犯罪。但前置税法的不法实质评价只是刑事违法评价的必要条件，而非刑事违法评价的充分条件，更非刑事违法评价的充要条件。相反，在前置税法不法评价的基础上，刑法因其在法律体系中的保障法定位和谦抑性要求，还要对税法上的不法行为进行两次相对独立的"定量"筛选，才能确定该不法行为是否具有刑事违法性：

[①] 田宏杰：《刑法法益：现代刑法的正当根基和规制边界》，《法商研究》2020 年第 6 期。

一是刑事立法的罪状筛选；二是刑事司法的罪量筛选。第一次定量的关键在于符合罪状，即具备刑事立法从税法规制的虚开增值税专用发票行为类型中筛选出法益侵害严重者，依据刑法基本原则尤其是主客观相统一的刑事归责原则，而形成的虚开增值税专用发票罪的规范构造；第二次定量的关键在于符合罪量，即达到刑事司法所确立的刑事追诉标准，以排除1997年《刑法》总则第13条但书规定的"情节显著轻微危害不大的"情形。[①] 因而具有抵退计征机制侵害性的虚开增值税专用发票，在客观上需契合1997年《刑法》第205条规定的行为样态，主观上须出于破坏抵退计征机制的故意，方有论之以虚开增值税专用发票罪的可能。其中前者，即具备抵退计征机制侵害性的法定行为样态，是实质虚开增值税专用发票行为与形式虚开增值税专用发票行为的分水岭；而后者，即出于破坏抵退计征机制的虚开故意，则是"被动受票"与虚开增值税专用发票行为的界分标准。两者的有机结合，既形成了虚开增值税专用发票罪的刑法构造，又决定了虚开增值税专用发票罪的表现形式。

一 虚开的客观样态

按照1997年《刑法》第205条第3款，虚开增值税专用发票罪的行为样态有四，即"为他人虚开、为自己虚开、让他人为自己虚开、介绍他人虚开"。不过，这种列举式的规定并未明晰虚开增值税专用发票行为的内涵，以致司法实务中多以行为人购销货物、劳务或服务的

[①] 学界通说认为，中国刑法中的犯罪确定乃是"立法定性又定量"，其实不然。无论是刑法总则第13条但书中的"情节显著轻微危害不大"，还是刑法分则对于非法经营罪等情节犯、诈骗犯等数额犯成立所必需的"情节严重""数额较大"的规定，具体的定量标准从来就不是由刑事立法明文规定的，而是均由司法机关通过以下两种途径予以具体明确的：一是由最高司法机关出台解释，明确"数额较大""数额巨大""数额特别巨大"等罪量标准；二是在没有司法解释的情况下，由各级司法机关在具体个案的法律适用中加以确定。

物流、发票流、资金流相一致的"三流一致",作为判断是否虚开增值税专用发票行为的客观标准。立足于抵退计证机制侵害性的虚开增值税专用发票罪的不法实质,笔者以为,虚开增值税专用发票行为的客观认定,需要注意以下两点。

1. 对于实质虚开与形式虚开增值税专用发票行为的规范界分

实质虚开增值税专用发票行为认定的关键,在于虚开行为对抵退计征机制的实体要件——抵退权的虚构,而非仅仅对抵退计征机制的程序要件——抵退凭证的虚开。由于抵退权的行使必须同时具备抵退主体适格、抵退交易适格、抵退凭证适格三个条件,所以,仅仅开具不适格增值税专用发票等抵退凭证,并未虚构抵退主体或抵退交易等抵退权实质要素的虚开,只是形式虚开增值税专用发票行为,即 1997 年《刑法》第 205 条之一及其前置行政法 2019 年《发票管理办法》等一体规制的虚开普通发票行为。只有不仅形式上开具不适格增值税专用发票,而且同时还具有下列两种情形之一的,才是 1997 年《刑法》第 205 条及其前置税法 2017 年《增值税暂行条例》等一体规制的、虚构抵退权的实质虚开增值税专用发票行为:其一,抵退权主体不适格。即虚开的抵退权主体不是增值税纳税人,或者虽然是增值税纳税人,但并未实际承担进项税的,比如,进项采购的商品或服务系免税项目或者不在增值税征纳范围的。其二,抵退权进项交易不适格。即进项采购不符合应税销售的经营目的,包括无真实进项采购的,或者虽然有真实进项采购,但不是用于应税销售的。据此,"改良的抽象危险犯说"关于有真实交易的"虚开","也仅构成行政违法"的主张[①],不能成立。

---

① 陈金林:《虚开增值税专用发票罪的困境与出路——以法益关联性为切入点》,《中国刑事法杂志》2020 年第 2 期。

2. 对于是否存在造成国家税款损失加重情节的准确把握

通过课加纳税人凭证协力义务，防范通过虚假抵退凭证等造成国家财政损失，始终是税务犯罪规制的主要目的，因而是否造成国家税款流失，乃是能否适用1997年《刑法》第205条加重量刑幅度的重要情节之一。而国家税收利益是否受损，则需分别以下情形进行判断：（1）开票方多开增值税专用发票，即开出的实际金额大于其应开数额的。具体包括：一是开票方自行"减免"其因虚开而产生的多余纳税义务，如在虚开后走逃、有多余进项票虚开以及增值税专用发票电子化管理后篡改信息等情形下，受票方完全可能凭借虚开的增值税专用发票进行抵退，从而使国家税收利益受损，对此以虚开增值税专用发票论当无疑问。二是开票方为了与受票方搞好业务关系而虚开并履行了纳税义务，即其实际缴纳的税款超过了其依法应纳税额，有学者主张不应被刑法归责为虚开行为①。但笔者以为，超出真实交易数额的虚开仍然虚构了抵退权，而受票人进行增值税抵退的权限只能建立在真实的进项交易基础之上。因此，这样的行为不能正当化受票人的非法抵退，不足以排除其"为他人虚开"这一典型的帮助行为的责任，只是量刑时可以帮助犯从轻处罚，至于非法抵退的受票人，则应按主犯处理。（2）开票方少开增值税专用发票，即开出的实际金额小于其应开的数额。表面上，开票方没有如实承担纳税义务，导致销项税额和应纳税额减少，似已造成国家税款损失。然而，增值税是链条税，开票方少开相应的发票金额致其销项税减少的同时，亦使受票方垫付的进项税相应减少，如果受票方按照真实的货物流在下一流转环节计算销项税额，就会因进项税额的减少而多缴增值

---

① 马春晓：《虚开增值税专用发票罪的抽象危险判断》，《政治与法律》2019年第6期。

税，从而填补了开票方少缴的增值税，国家的增值税税收利益并不因此而必然遭受损失。[①] 而受票人原本就有抵退权，其因开票人的少开而放弃或部分放弃抵退权的行使，是为法律允许的。只不过，增值税是所得税的税基，如果少开增值税专用发票，开票人亦会因此而少交其应纳的所得税。所以，少开型虚开所侵害的法益不是抵退计征机制，而是纳税义务的履行，故对少开型虚开应以逃税罪论处。

可见，只有秉持"前置法定性与刑事法定量相统一"的刑法适用规则，才能使虚开行为的客观认定契合虚开增值税专用发票罪的法益侵害实质。由此决定，实践中的虚开行为，至少有以下几种表现形式：无真实交易开具增值税专用发票的；对不能抵退的业务开具增值税专用发票的；有实际业务但开具超过实际应抵退税额的增值税专用发票的；以及明知他人用于非法抵退而介绍他人虚开的。

二 虚开的主观犯意

在主观上，行为人只要明知为自己或他人，或介绍他人虚开增值税专用发票的行为会侵害抵退计征机制，却希望或者放任其发生的，即为虚开故意，没有虚开故意的虚开增值税专用发票行为不能论之以本罪。至于行为人主观上是否具有骗、逃税的目的，于本罪成立不生影响。但是，如果虚开后确又实施非法抵退行为的，无论非法抵退由虚开行为人本人还是其他人实施，均应在相应的加重量刑幅度内处刑。对此，有两个问题值得研究。

[①] 张王南、杭程：《虚开增值税专用发票罪中"虚开"的认定研究》，《财务与金融》2021年第2期。

（一）骗税心态并非本罪基本犯的主观构成要件要素

我国刑法中的主观目的，须是行为人主观上积极追求且客观上具有现实性的目的。该目的既不可能是与认识要素无关、独立于故意之外的主观构成要件要素，更不是抽象的主观内心倾向。具体就为他人虚开、介绍他人虚开而言，行为人对于受票人受票后是否进行非法抵退进而造成国家税款损失，客观上并不能支配掌控，主观上至多出于放任或容忍，是难以具有刑法意义上的犯罪目的的。否则，不仅与办案实际不合，而且与立法规定相悖——虚开增值税专用发票罪是立法上的独立犯罪，而不是依附于逃税罪、骗取出口退税罪才能成立的从属犯罪。正是基于此，无论理论上还是实务中，对于规范构造和刑罚配置与虚开增值税专用发票罪相同的1997年《刑法》第206条伪造、出售伪造的增值税专用发票罪，从未有学者主张以"骗税目的"限缩其成立范围的。而对于确以骗税目的为主观构成要件要素的虚开型骗取出口退税罪，[1] 1997年《刑法》第204条规定的基本刑是"五年以下有期徒刑或者拘役，并处骗取税款一倍以上五倍以下罚金"，远高于1997年《刑法》第205条规定的不以骗税目的为必要的虚开增值税专用发票罪的基本刑，即"三年以下有期徒刑或者拘役，并处二万元以上二十万元以下罚金"。

---

[1] 1997年《刑法》第204条规定："以假报出口或者其他欺骗手段，骗取国家出口退税款，数额较大的，处五年以下有期徒刑或者拘役，并处骗取税款一倍以上五倍以下罚金；数额巨大或者有其他严重情节的，处五年以上十年以下有期徒刑，并处骗取税款一倍以上五倍以下罚金；数额特别巨大或者有其他特别严重情节的，处十年以上有期徒刑或者无期徒刑，并处骗取税款一倍以上五倍以下罚金或者没收财产。"其中，何为"假报出口"？2002年《解释》第1条规定，是指以虚构已税货物出口事实为目的，具有下列情形之一的行为："（三）虚开、伪造、非法购买增值税专用发票或者其他可以用于出口退税的发票……"

不仅如此，如果将骗税目的纳入虚开增值税专用罪基本犯的主观构成要件中，还有破坏虚开增值税专用发票罪与虚开发票罪之间刑法规制的逻辑自洽和责任均衡之虞。具体而言，对于没有骗、逃税目的，但严重违反凭证义务规范的虚开普通发票行为，尚且可以虚开发票罪论处，反倒对法益侵害更严重、社会危害性更大的破坏抵退计征机制（包括违反凭证义务）的虚开增值税专用发票行为，却因骗、逃税目的的不具备或难以证明，既无法以虚开增值税专用发票罪定罪，又因1997年《刑法》第205条之一对于实质虚开增值税专用发票的明文排除，也不能以虚开发票罪论处，恐有失法律适用的平等和罪责刑的相适应。所以，虚开增值税专用发票罪的成立，在主观上具有破坏抵退计征机制的故意即为已足。该主观故意在行为人实施为他人虚开、为自己虚开、让他人为自己虚开或者介绍他人虚开等4种法定样态之一的客观行为时已经不证自明。当然，主观上是否具有骗税目的，客观上是否造成税款损失，是本罪情节加重犯成立的重要依据，司法中亦需查明。

(二) 注意区分"被动受票"下的善意取得和瑕疵取得

有学者指出，如果受票人已尽注意义务，且无证据证明其对所受发票系虚开或非法取得知晓或者应当知晓的，应以税法上的"善意受票人"视之；如果受票人不仅明知专用发票系虚开，而且对由此可能造成的国家税款流失抱持希望，应以恶意取得论；若受票人受票时虽未尽其应尽的注意义务，但因发票形式存在瑕疵而不会造成国家税款流失的，则属瑕疵取得。[①] 2000年国家税务总局《关于纳税人善意取

---

① 王佩芬：《真实交易中被动接受虚开增值税专用发票行为是否构成犯罪》，《政治与法律》2013年第9期。

得虚开的增值税专用发票处理问题的通知》明确规定对善意受票者不以偷税和骗取出口退税论处,从而在税法上设立了虚开增值税专用发票的善意取得,可谓我国增值税制度的一大进步。但遗憾的是,对抵退权行使的限制过严,要求受票方只有从销售方重新获取合法发票后才能抵退税款。这种过分依赖抵退凭证的形式课征制度,既对交易活动的经济实质重视不足,又不利于税务机关职权调查主动性的发挥,更有违反责任主义原则之虞。毕竟,纳税人的凭证义务在税法上只是证明协力义务,稽核抵退凭证的真假和查明抵退权的有无及其实质内容是税务机关的职责,是故,证明不能的后果不能令纳税人承担而使其丧失抵退权。只不过,抵退凭证瑕疵可能影响增值税的自我核定功能发挥,在税务机关尽职调查仍然无法查清的情况下,只能采取推计课税的方式。

故笔者建议,应当允许纳税人就善意所受抵退凭证予以抵退,以保障纳税人抵退权益的实现,从而充分保护纳税人基于税法的信赖利益,实现纳税人权利和税收征管效率的均衡,进而确保抵退计征机制的正常运转。但对于瑕疵取得的抵退凭证,因受票人毕竟未尽其法定注意义务,如与善意取得人同等对待,恐有失公平,故现行增值税制度对于纳税人履行凭证协力义务存在瑕疵造成抵退凭证不合规,不予抵退进项税的规定是妥适的。至于恶意受票人,无论其是否可以补开到真实规范的增值税专用发票,都不应予以进项税抵退;已经抵退的,应当追缴。

在此应当注意的是,不能把恶意受票人使用虚开的增值税专用发票进行抵退认定为"让他人为自己虚开",因其在真实交易背景下理应享有抵退权,在被动受票的情形下,虽然对其取得的增值税专用发票是否真实、是否规范有所认识或应当认识,然囿于各种主客观原因而未能准确识别或者听之任之，这并非积极追求对抵退计征机制的破坏，不能将其使用虚开的增值税专用发票进行抵退的行为论之以 1997 年《刑法》第 205 条规制的虚开行为。

三 虚开的类型形式

随着我国税务机关征管手段、能力的逐步完善和提高，一方面，发票在控制税源、堵塞税收漏洞等方面的作用开始下降，另一方面，利用"金税工程"征管数据以及第三方提供的纳税人涉税信息进行信息控税初见成效。与之相应，虚开增值税专用发票的手法也不断升级换代，从而表现出以下几种不同于以往的类型。①

1. 只虚构销项

常见的只虚构销项的情形有：(1) 走逃式虚开，即根本没有进项，行为人通过注册空壳公司，利用短暂的存续期间领票、开票，尔后走逃注销。这种销项税未缴、进项税却被抵退的做法，是当前最典型、最主要的虚开增值税专用发票形式，往往涉案金额巨大。(2) 政策式虚开，即对享有税收减免优惠政策的进项，利用政策票虚开。本来，理想的增值税模式要求尽量采用单一税率，而基于公平原则和缓解增值税的累退性需要，又应当设置优惠税率，或者对基本生活消费品予以免税等。② 开票方遂利用其对交易享有的增值税税收优惠政策，为受票方虚开增值税专用发票骗取优惠补贴。此种虚开不仅破坏了抵退计征机制，而且可能导致国家财产损失。(3) 进项真实型虚开，即进项真实，只是因为客观经营情况而产生了富余票，行为人利用富余

---

① 关于该问题的讨论，亦可参见傅忆文《虚开增值税专用发票罪的保护法益及其运用》，《中国检察官》2021 年第 6 期。

② 全国人大常委会预算工作委员会编：《增值税法律制度比较研究》，中国民主法制出版社 2010 年版，第 4 页。

票虚开给他人牟利,受票企业则用该专票抵退税款。对此,认定的关键在于,是否会对抵退计征机制构成实质性侵害即虚构抵退权。例如,在为他人如实代开的场合,交易是真实的,受票方的抵退权也是存在的,只是因形式不符而让他人如实代开,就不能以本罪认定。至于是否构成逃税罪或虚开发票罪等其他犯罪,则应按"前置法定性与刑事法定量相统一"的犯罪认定机制,进行罪质、罪状与罪量的具体研判。

2. 只虚构进项

只虚构进项一般发生在让他人为自己虚开或自己为自己虚开的场合,往往是因进项不足,行为人遂采取从专业开票公司或有富余票的公司买票、或者自己虚开农产品收购票等手法取得进项增值税专用发票,以少缴企业增值税和所得税,如前述的如实代开等。但实际上,很多虚构进项并不具备"如实"的要素,而是以直接向专业开票公司买票,或者自己给自己虚开农产品收购发票等方式,开具超过依法应抵退税额的增值税专用发票,对抵退计征机制造成实质性的破坏。

3. 既虚构进项又虚构销项

比较典型的情形有:(1)以空壳公司为平台,无实际经营业务,既让他人为自己虚开,同时又对外为他人虚开。此与走逃式虚开无异,是典型的虚开增值税专用发票犯罪。(2)因"变票""洗票"的虚开。由"变票""洗票"公司在取得增值税专用发票后,将增值税专用发票通过拉长流转链条或变更商品品名,中间环节的进项发票或销项发票往往并没有真实的经营活动,而只是借发票的层层流转,以达到变票或洗票的目的,或者将变票后的增值税专用发票贩卖获利或偷逃特殊税款等。此时,虚开行为同时构成虚开增值税专用发票罪和逃税罪等其他税务犯罪,系法条竞合,应从一重罪处断。(3)对开、环开等特殊虚开。企业为虚增业绩等各种目的，在相关主体间对开、环开，其中各方均如实缴纳相应税额，因对开、环开的专票数额一致，缴纳或抵退的税额也都相等。此种行为同"变票""洗票"类似，即便受票人不予申报抵退，也同样破坏了抵退链条的完整性和科学性，虚构了抵退权，从而实质性侵害了抵退计征机制，此已为留抵退税实践生动阐明，应以虚开增值税专用发票罪论处。

第三节　虚开增值税专用发票罪的司法适用

对于虚开增值税专用发票罪的认定，除其不法本质和规范构造外，实践中还有两个难题：一是犯罪数额的认定；二是与逃税罪等其他犯罪的关系，尤其是让他人为自己虚开、为他人虚开以及介绍他人虚开型的认定与其他税务犯罪之共同犯罪的关系。

一　数额认定

作为行为人主观恶性大小及其行为社会危害程度的外在表征，犯罪数额对于行为人的定罪量刑有着十分重要的影响，经济行政犯罪尤其如此。虚开增值税专用发票罪既涉及销售额和销项税额，又涉及进项额和进项税额，因而数额认定更加疑难复杂。其中，虚开数额和国家税款损失的认定最为重要，而税款损失数额又主要以虚开数额为认定基础，是故，狭义的虚开增值税专用发票罪的犯罪数额，就是指虚开数额，而其在实践中的困惑和理论纷争，则主要集中于既为他人虚开又让他人为自己虚开的情形。

对此，各界持论不一。第一种观点即"虚开的销项税额说"提出，对于那些既为自己虚开或者让他人为自己虚开，又为他人虚开增值税专用发票的开票公司,其虚开的进项税发票由于没有课税对象,没有向国家交纳税款的义务,但其为他人虚开销项税发票,含有让他人进行抵退的目的,所以对其犯罪数额应以虚开的销项税额计算。① 显然,论者没有看到虚开进项税发票也会对抵退计征机制造成破坏,尤其当进项税大于销项税时,其富余的进项税发票随时都有被用于抵退的可能。

第二种观点即"虚开的进项税额和销项税额之和说",则是2015年最高人民法院、最高人民检察院《关于办理危害税收征管刑事案件适用法律若干问题的解释(征求意见稿)》所持的主张,其理由如下:首先,虚开销项税和进项税,从税收征管的角度都危害了增值税专用发票管理制度,行为人的两个行为都应当认定为刑法上的危害行为,才能更加完整、准确地评价行为人的主观恶性;其次,无论在犯罪的过程中是否涉及真实交易,由于涉案金额往往记录在一张发票上不能分割,所以犯罪数额也应当整体看待合并认定。② 不难看出,此主张有利于办案工作的简化,因而在司法实务中较为盛行,黄某富虚开增值税专用发票二审刑事裁定书③就持此立场。但是,该观点忽视了行为人一般虚开进项的目的是虚开销项,最终环环抵退形成对抵退计征机制的实质性破坏,在销项税额和进项税额相等的情况下,犯罪数额应只计算用于抵退的销项税额,不应再计入进项税额,否则,就有违禁止重复评价的原则。

第三种观点即"实际抵扣的虚开进项税额说",秉持虚开行为

---

① 武广彪:《从犯罪客体角度认定虚开增值税专用发票罪的虚开数额》,《江苏警官学院学报》2016年第1期;裴建忠:《虚开增值税专用发票罪基本问题研究》,硕士学位论文,郑州大学2005年印行。

② 冯丽君:《虚开增值税专用发票案裁判观点比较与分析》,《人民检察》2021年第16期;胡庭瑞:《虚开增值税专用发票罪的数额认定研析》,《法制与经济》2013年第1期。

③ 江西省高级人民法院〔2020〕赣刑终85号刑事裁定书。

的危害本质在于造成国家税款流失的立场,① 在看到虚开增值税专用发票罪往往伴随着侵害国家税收债权的同时,而将严重侵害抵退计征机制但未侵害税收债权的情形排除在外,既有悖于虚开增值税专用发票罪的不法实质,又不符合司法实务的长期共识和经验做法。

至于第四种观点即"择数额大者说"② 提出,在"双项虚开"且无真实交易的情况下,行为人本来没有向国家缴纳增值税的义务,行为人让他人为自己虚开增值税进项发票后,向税务机关申报抵扣不会造成国家税款的流失。但若只计算销项发票的税额,完全不考虑进项发票的税额,则未对行为人让他人为自己虚开的行为作出评价,故还应对接受或开具行为之间是否存在吸收与被吸收关系进行判断,对于具有吸收与被吸收关系的,虚开数额只应以销项或进项中的较大数额为准。

笔者以为,"虚开数额"的认定,必须紧密结合虚开行为对法益的侵害才能作出准确判断,因而首先必须判断虚开行为是否实质性侵害了抵退计征机制。由于破坏的抵退计征机制不仅有实体部分,包括规定在《增值税暂行条例》等增值税法律、法规中的征税对象、税基、税率等税法要素,还包括《税收征收管理法》《发票管理办法》中如实办理纳税申报等程序要求,故不仅要把实际侵害国家税收债权的数额,而且应把可能侵害增值税抵退计征程序部分的数额,一并计入虚开数额。所以,应当分别以下几种情形具体认定。

---

① 李营、张云瑞:《论虚开增值税专用发票罪的结果犯属性》,《中国检察官》2021年第13期;孙立平、吴秀尧:《几种新型虚开增值税专用发票行为的法律探讨》,《税务研究》2014年第9期。

② 刘兵等编著:《虚开增值税专用发票案例司法观点与案例解析》,法律出版社2021年版,第142页。

(一) 无真实交易的情形

对于无真实交易的虚开，应该根据具体情形进行虚开数额的认定：(1) 只有虚开的销项税票或只有虚开的进项税票。此时，虚开数额就是销项税票或进项税票上记载的金额。(2) 既为他人虚开销项税票，同时又自己或让他人为自己虚开进项税票。具体包括：第一，销项税额和进项税额相等的，以销项税额认定虚开数额。这是因为，行为人虚开销项税票的目的在于为他人虚开以从中获利，而虚开进项税票既可弥补自己在前一阶段因虚开销项税票而所受的损失，又可掩盖因销项税票的虚开而形成的进、销项不平衡问题。① 而虚开销项税票一旦完成，抵退金额即已确定，若再将虚开的同等进项金额计入，则有违重复评价原则。第二，虚开的销项税额大于进项税额的，犯罪数额就是销项税额，虚开的进项税额同样不再重复评价。第三，虚开的进项税额大于销项税额的，以虚开的进项税额确定虚开数额。道理很简单，与销项税额等额的部分系实体上对抵退计征机制的侵害，超出销项税额的部分则是从程序上对抵退计征机制的破坏。应当指出的是，上述认定的前提是基于有对应关系的虚开进项和虚开销项。对于不能区分是否基于同一业务既虚开进项又虚开销项发票的，虚开数额由两部分构成：一是实体侵害抵退计征机制的销项数额，扣除进项中能够与销项相对应的数额后的余额；二是与销项无法对应的虚开进项的数额，亦即危及增值税抵退计征机制的数额。

(二) 有真实交易的情形

有货物购销或应税劳务发生时，对于开具的增值税专用发票少于

---

① 胡庭瑞：《虚开增值税专用发票罪的数额认定研析》，《法制与经济》2013 年第 1 期。

真实交易的数量、金额的，前已述及，不能以本罪论处。对于超过真实交易数量、金额开具增值税专用发票的，因行为人正常交易享有的抵退权不能无故被剥夺，故应以多开具的税款数额为虚开数额。虽然真实的和虚增的税额在同一张发票上不能分割，但发票上的产品数量或劳务数量及其相应金额都是可以分割的，应当借助金税系统逐笔稽核，准确认定虚开金额，以免打击过度。当然，在以真实交易为掩护的虚开增值税专用发票犯罪中，行为人如在虚开进项的同时又虚开销项税额的，则参照无真实交易的情形予以认定。

与虚开数额认定紧密相关，又对本罪量刑有着重要影响的，则是国家税款的损失。一般而言，税务机关实际予以抵退的税款就是国家的税款损失，既包括行为人本应缴纳而尚未缴纳的税款，也包括其因虚开而非法抵退所骗取的应纳税款以外的国家财产。具体地，一是在无真实交易的情况下，行为人只有虚开的销项税票或只有虚开的进项税票，如果受票人已经申报进项税抵退，则以实际抵退数额为被骗数额进而认定税款损失数额；若尚未抵退，则只有虚开税款数额，并无税款损失数额。而在行为人既虚开进项又虚开销项发票的情形下，只能以其虚开的销项发票被受票方用于进项抵退的实际税款数额为据计算国家税款损失。二是在有真实交易的情况下。如果虚开的销项税额大于虚开的进项税额，国家税款损失应是受票方实际抵退的进项税额减去行为人虚开的销项税额和虚开的进项税额后的差额，即行为人多交的税款应予扣除；如果虚开的销项税额小于虚开的进项税额，则国家税款损失不仅有受票方实际抵退的税额，还有开票方实际抵退的税额，即行为人利用虚开的超额进项税额抵退的应纳税额，连同因此而少交的所得税等应纳税额，一并计算在内。

二 罪数认定

现代经济的分工合作机制使得虚开增值税专用发票罪的实施完成，往往需要双方或多方之间行为相互配合，前后无缝衔接，从而使虚开与骗税、逃税行为可能产生对合关系。例如，在上海警方2022年7月8日披露的上海市首例利用"加计抵减"税收优惠政策虚开增值税专用发票系列案中，400余家空壳公司、10个开票窝点、3个职业犯罪团伙、50余名犯罪嫌疑人，层层"接力式"虚开，骗取国家留抵退税，涉案价税合计60余亿元。[①] 因而是否构成共同犯罪，是构成一个税务犯罪还是数个税务犯罪，既是虚开增值税专用发票罪司法认定中的争议焦点，也是骗、逃税犯罪刑法评价上的一个难题。

（一） 为他人虚开与让他人为自己虚开中的罪数认定

实践中，"为他人虚开"的增值税专用发票，多被用于实施逃税或骗税，故此类虚开与逃税或骗税行为往往紧密相关，尤其是出于逃税或骗税目的而"为他人虚开"时，虚开行为人与发票使用人之间或者有协议达成，或者受后者教唆而为，致使"为他人虚开"在符合虚开增值税专用发票罪的犯罪构成的同时，又构成逃税、骗税犯罪的手段行为，从而形成虚开增值税专用发票一行为同时触犯数罪名的情形，对此应当如何论处？

笔者以为，首先应排除成立牵连犯的可能，因为牵连犯的本质是处断的一罪，以数行为而非一行为触犯数罪名为前提；其次应排除数

[①] 薛宁薇：《上海警方披露一起重大骗取留抵退税案侦破细节：涉案金超60亿元》，光明网，2022年7月8日（链接日期），https://m.gmw.cn/2022-07/08/content_1303035205.htm，2022年12月1日（引用日期）。

罪并罚的可能，因为对同一行为不能作刑法上的重复评价。由于虚开增值税专用发票后又逃税、骗税的，系虚开增值税专用发票罪的加重情节，加之1997年《刑法》第201条规定的"欺骗、隐瞒手段"和第204条规定的"假报出口或者其他欺骗手段"亦包括了虚开增值税专用发票方式，① 是故，虚开增值税专用发票罪与逃税罪、骗取出口退税罪之间其实是交叉的法条竞合关系，应从一重罪处断。

至于"让他人为自己虚开"，一般是受票方实施骗、逃税的前奏，与开票人"为他人虚开"系对合行为，属于刑法理论上必要的共犯中的对向犯，即以相对方行为的实施作为犯罪成立必备要件的犯罪，因可罚性程度不同而在立法上规制有异：一是对向双方行为均可罚，适用同一罪名。例如，1997年《刑法》第125条规定的买卖枪支、弹药、爆炸物罪。二是对向双方行为均可罚，适用不同的罪名和法定刑。例如，1997年《刑法》第207条规定的非法出售增值税专用发票罪和第208条规定的非法购买增值税专用发票罪。三是只规定处罚一方，而没有明确规定处罚对向方。例如，1997年《刑法》第347条规定了贩卖毒品罪，但对购买毒品没有设置相应罪名。就虚开增值税专用发票罪而言，1997年《刑法》第205条第3款规定，"为他人虚开"和"让他人为自己虚开"均以虚开增值税专用发票罪论处，显属第一种情形。是故，行为人利用让他人虚开或自己虚开的增值税专用发票抵退税款，从而实施逃税或骗税行为的，应以法条竞合犯，从一重罪论处。而如有证据证明真实交易确已发生，受票人只是被动接受虚开的增值税专用发票，并未主动参与到虚开行为之中，则不属于"让他人虚开"，其

---

① 2002年《解释》第1条："刑法第二百零四条规定的'假报出口'，是指以虚构已税货物出口事实为目的，具有下列情形之一的行为：……（三）虚开、伪造、非法购买增值税专用发票或者其他可以用于出口退税的发票……"

受票后用于逃税或骗税的,只能单独论之以逃税罪或骗取出口退税罪。

(二) 介绍他人虚开中的罪数认定

本来,"介绍他人虚开"是"虚开"的帮助行为,但1997年《刑法》第205条将其与"虚开"并列规定为实行行为,从而实现了共犯行为的实行行为化,无需再按共犯论处。然而,这种处理方式与我国依据作用、分工等不同而划分共犯的刑法理论似有抵牾,也与介绍行为自身的特征、性质和在犯罪流程中所处的地位、作用不符,极易导致量刑失衡。

首先,从主观来看,介绍他人虚开的行为人明知自己的介绍行为和被介绍双方的行为会对抵退计征机制造成破坏乃至造成国家税款损失,却仍然希望通过自己的介绍行为和被介绍双方的行为发生相应后果。其次,从客观来看,介绍人实施了为对合犯罪的双方提供信息、沟通撮合等促使双方犯意实现的介绍行为。但是,介绍行为人的作用与作为主行为人的被介绍双方的作用实不可同日而语。没有开票方和受票方的合意达成进而虚开,对合犯罪不可能发生,因而起着主要作用的始终是被介绍双方,介绍行为人在其间至多起着次要的、辅助性的帮助作用。故为防止罪刑失当,应根据介绍人在虚开增值税专用发票犯罪中的作用大小,包括是积极主动介绍还是被动委托介绍抑或单纯引荐,是否从中获利以及获利多少等具体情形,对介绍人比照被介绍的主犯从轻、减轻或者免除处罚。①

不过,由于介绍他人虚开的行为人在虚开的开票方与实施逃、骗税的受票方之间建立起关联,促成了虚开增值税专用发票的实施和逃、

---

① 闻志强:《共犯、从犯与介绍行为》,《法治研究》2018年第2期。

骗税等的实现，介绍人是否存在构成逃税罪、骗取出口退税罪等共犯的可能呢？笔者以为，确有这种可能，对此，应按法条竞合，从一重罪处断。

第四节 结语：税务犯罪行刑一体共治的完善

近年来不时爆出的网红明星偷逃巨额税款案，因2009年《刑法修正案（七）》在第201条逃税罪中增设了第4款"首罚不刑"而免于刑事制裁，引发舆论争议，认为"首罚不刑"实际上消解了刑法对逃税行为的一般预防功能，产生"花钱免罪"的不公现象，[①] 可能导致个别人形成"先逃税，抓住了再全额补缴，反正不判刑"等不正当想法，[②] 进而主张对于情节严重的逃税行为，即便行为人是初次实施，也应当由刑法进行规制，而不可免责，[③] 或以逃税者自首为行刑转化的前置条件，且限定行刑转化的具体逃税数额。[④] 不难发现，与质疑虚开增值税专用发票罪的立法规制过严正好相反，社会各界大多认为逃税罪的刑罚处罚太轻，行刑转化的步子有些过大。

显然，厘清上述纷争，既需追问税务犯罪立法规制的正当性，又要考虑税务犯罪行刑共治的科学性。而无论是立法的正当性及其驰骋的疆域划定，还是司法的正当性及其适用的范围确立，都必须秉持法益保护原则和比例原则要求，理性把握税务刑法与其保障的税务行政

[①] 郭昌盛：《逃税罪的解构与重构——基于税收制度的整体考量和技术性规范》，《政治与法律》2018年第8期。
[②] 熊亚文：《逃税罪初犯免责：价值、困境与出路》，《税务与经济》2019年第2期。
[③] 刘湘廉、孙茜：《逃税罪初犯免责条款存在的问题与完善对策》，《广西社会主义学院学报》2020年第4期。
[④] 张圣曼：《刑法第201条行刑转化条款立法完善研究——以明星片酬的税收法律制度为例》，《宁夏大学学报（人文社会科学版）》2019年第3期。

法之间的层级保护结构和比例制裁配置，从而形成法秩序统一下的税务刑法与税务行政法之间的部门法合力，科学组织对税务犯罪的反应。唯有如此，才能在践行"前置法定性与刑事法定量相统一"的刑法与其前置法的规范关系和体系教义的同时，推进以行刑一体共治为核心的税务犯罪治理体系的现代化。因而完善税务犯罪治理的立法体系和制定相应的司法解释，笔者以为，应始终坚持如下原则。

第一，在犯罪认定上坚持法益保护原则。本来，增值税制度的核心在于通过"上征下抵"的抵退计征机制，最终实现终端课税由消费者负担，从而确保增值税课征对市场资源配置影响的中性，维护市场竞争的公平。囿于我国增值税制度实施伊始的征管能力和水平，增值税制度的前置法规制和刑法保护秉持密切监控抵退凭证形式源头，一旦严重违反凭证义务就予以严厉打击的总体思路，无疑是必要的，也是有效的。但在我国征管能力和征管水平显著提升，已从以票控税向以信息控税转型后，仍然过分依赖抵退凭证的传统征管制度，则会因对经营活动经济实质的重视不足，而既降低税务机关职权调查的主动性，又使得增值税制度被赋予过度的税收调控职能以至偏离其应有的中性。因而重塑纳税人抵退权和税收征管效率之间的平衡，确保抵退计征机制的正常运转，实现增值税的消费税本质，成为我国税制改革努力的目标和方向。与之相应，刑法的保护法益亦应进行动态调整，即放弃传统的"行为犯说"，立足于"前置法定性"所决定的虚开增值税专用发票的法益侵害实质，将1997年《刑法》第205条及其保障的前置法所规制的虚开增值税专用发票行为限制在实质性破坏抵退计征机制即虚构抵退权，而不仅仅是虚开抵退凭证的范围内，才是科学的做法。

第二，在责任追究上坚持制裁比例原则。实践表明，对于逃税罪的规制，行政犯中的"首罚不刑"充分发挥了刑法在推动行为人补缴税款、确保行政处罚等行政责任及时实现的保障法作用，既从根本上解决了追税难、处罚难的税务犯罪治理顽疾，又大力彰显了"立法备而司法不用或少用"的刑法谦抑精义，更为以"行政先理为原则与刑事先理为特殊相统一"的行刑衔接治理机制的构建提供了规范依据和有力证成。但是，将初犯的前提界定为 5 年内首次应予刑事处罚或者应被税务机关给予 2 次以上行政处罚，形式上要求"经税务机关依法下达追缴通知"，悔罪表现是"补缴应纳税款、缴纳滞纳金、已受行政处罚的"，就有些过于简单化了，既没有区分逃税数额大小、持续时间长短、次数多少等情节严重程度，也未考量行为人是否有真诚合作、降低税务机关调查成本等主观悔罪态度。而罪责刑相适应原则的核心在于，轻罪轻罚，重罪重罚，即使是罪质相同的犯罪行为，如果罪量存在明显差异，也应区别对待。在此意义上，对于逃税行为不加区别地一律"首罚不刑"，无疑"谦抑性"有余而制约性不足，实有完善的必要。建议将 1997 年《刑法》第 201 条第 4 款后段的但书修改如下："……；但是，具有下列情形之一的除外：（一）逃避缴纳税款数额特别巨大的；（二）五年内因逃避缴纳税款受过刑事处罚或者被税务机关给予二次以上行政处罚的；（三）逃避缴纳税款数额巨大并有其他严重情节的。"同样，虚开增值税专用发票罪的法定刑，亦应根据行为的法益侵害程度，即破坏抵退计征机制的程度，进一步完善基本犯和加重犯的刑罚配置。鉴于逃税是对纳税义务的违反，骗税是对出口退税秩序的侵害，两者危害程度不一样，笔者建议，对以逃税为目的的虚开增值税专用发票行为，其加重量刑幅度的法定最高刑以不超过 7 年为宜，从而与逃税罪的法定最高刑持平；而对以骗税为目的的虚开增值税专用发票行为，其加重量刑幅度的法定最高刑则应与骗取出口退税罪的法定最高刑相当。

第三，在治理程序上坚持行政先理原则。行政权的价值追求在于效率与秩序，司法权的核心在于救济与保护。规范分工不同，价值目标有异，决定了行政权的行使必须主动，司法权的行使必须谨慎。更何况，经济行政管理领域中分工的细化和深化，使得行政专业问题必须依赖专业人士的专业知识和实践经验才能得以高效合理的解决，故而行政犯的治理，在行刑衔接程序上应以行政先理为基本原则。当然，此不能绝对化，在行政犯的行政不法事实未被行政执法机关及时发现，而侦查机关已先刑事立案甚至刑事判决已经确定的情况下，行政处理就不是司法认定的必经前置程序。① 而行政先理的前提在于前置行政法律、法规的完善，涉税犯罪的治理不能只靠刑法，税收关系的调整应首先强化的是行政法的调整职能。而正是由于行政立法对于虚开增值税专用发票未像逃税行为一样，明确纳入《税收征收管理法》予以规制，导致了虚开增值税专用发票在行政处罚上轻于逃税，刑事制裁上重于逃税的"责任错配"。众所周知，虚开增值税专用发票这一概念在我国法律上首见于1995年且配置有相应刑罚，但直至2010年，才在《发票管理办法》中首次出现规制虚开的行政立法。而该《办法》仅仅是对虚开发票行政处罚的一般规定，既未区分虚开增值税专用发票和普通发票从而设置不同的行政处罚，更未专门针对虚开增值税专用发票而创设独立的行政责任，这些做法在2019年修订时却仍然得以沿袭保留。笔者建议，在未来的《增值税法》中明确上述问题，为税务犯罪行刑衔接机制的科学构建和顺畅运行奠定坚实的前置法基础，从而确保刑法规制的正当之源和规范之基，以从根本上维护刑法的保障法定位，实现刑法的谦抑性要求。

---

① 田宏杰：《规范关系与刑事治理现代化的道德使命》，人民法院出版社2020年版，第250页。

第十一章　污染环境罪：罪过的教义学分析

2011年《刑法修正案（八）》将1997年《刑法》第338条原罪状中的"造成重大环境污染事故，致使公私财产遭受重大损失或者人身伤亡的严重后果"，修改为"严重污染环境"，大幅下调了入罪门槛。随后，2011年最高人民法院、最高人民检察院出台的司法解释将本条罪名由"重大环境污染事故罪"调整为"污染环境罪"，[①] 由此引发了理论界与实务部门对该罪罪过形式的激烈争议。而科学把握污染环境罪的罪过形式，无论于污染环境罪的行政犯本质理解，还是复合罪过等新型罪过理论研究，乃至法益保护原则的践行，均有着十分重要的意义。为此，笔者以宪法价值秩序下的刑法与前置法之间的规范结构关系和制裁比例分配为切入，结合司法实践中的典型案例展开这一问题的研究，以为各界共识之达成尽绵薄之力。

第一节　污染环境罪的制度变迁与罪过争议

1997年《刑法》第338条规定的污染环境罪，源自2011年《刑法

[①] 2011年《罪名补充规定（五）》。

修正案（八）》修订前的重大环境污染事故罪。至于重大环境污染事故罪，在新中国刑法中首见于1997年3月14日颁行的刑法典，其雏形初现于1996年8月8日的刑法分则修改草稿。根据该草稿，土地污染、大气污染和水体污染不仅拟分别规定于不同条文，而且犯罪构成亦不尽一致。具体而言，水体污染犯罪拟设置为实害犯，大气污染犯罪拟按危险犯规制，而土地污染犯罪则以行为犯规定之。①

此后，历经1996年8月31日刑法修改草稿、1996年10月10日刑法修订草案（征求意见稿）、1996年12月中旬刑法修订草案、1997年3月1日刑法修订草案调整完善，最终形成了1997年公布施行的第338条。② 同年12月，最高人民法院发布有关罪名的司法解释，将该条犯罪的罪名确定为"重大环境污染事故罪"③。

虽然1997年《刑法》典施行不久就发生了全国首例重大环境污染事故刑事案件，④ 但"据统计，1998～2006年，全国每年审理的重大环境污染刑事案件均未超过10件"⑤。为此，最高人民法院2006年6月26

---

① 高铭暄：《中华人民共和国刑法的孕育诞生和发展完善》，北京大学出版社2012年版，第561～562页。

② 1997年颁行时的《刑法》第338条规定："违反国家规定，向土地、水体、大气排放、倾倒或者处置有放射性的废物、含传染病病原体的废物、有毒物质或者其他危险废物，造成重大环境污染事故，致使公私财产遭受重大损失或者人身伤亡的严重后果的，处三年以下有期徒刑或者拘役，并处或者单处罚金；后果特别严重的，处三年以上七年以下有期徒刑，并处罚金。"

③ 即1997年最高人民法院《关于执行〈中华人民共和国刑法〉确定罪名的规定》（法释〔1997〕9号）。

④ 1997年10月14日，山西省运城市天马文化用纸厂（以下简称天马纸厂）因违法排放污染物，致使41万立方米饮用水体污染，北城供水公司中断供水3天，造成直接经济损失42.9095万元。1998年9月17日，运城市中级人民法院作出一审判决，天马纸厂厂长杨军武因触犯1997年《刑法》第338条构成重大环境污染事故罪，被判处有期徒刑2年，并处罚金50000元，判令赔偿经济损失358815元。其间，因涉及1997年《刑法》第338条关于"有毒物质"的界定，当时的国家环保总局（现环境保护部）应运城市公安局要求，于1998年4月9日复函该局，认定天马纸厂排放的挥发酚属于"有毒物质"。参见国家环境保护总局《关于山西省运城市天马文化用纸厂环境犯罪案有关情况的通报》（环发〔1998〕350号期）。

⑤ 喻海松：《环境资源犯罪实务精释》，法律出版社2017年版，第23页。

日通过了《关于审理环境污染刑事案件具体应用法律若干问题的解释》（以下简称2006年《环境污染刑事解释》），以期加大重大环境污染事故犯罪的刑法规制力度。

应当说，2006年《环境污染刑事解释》的出台，确实在一定程度上激活了空置多年的环境刑法条文，促使其从静态的立法文本渐变为鲜活的司法现实。但是，这种推动作用并不尽如人意。从数量上来看，2007~2012年，全国法院每年审理的重大环境污染刑事案件均超过了10件，例如，2011年有24件，2012年达32件，[①] 但与每年动辄上千件的环境污染行政处罚案件相比，显然严重失衡。而图11-1对于在此期间全国重大环境污染事故刑事案件数量的情况统计，则更为直观地体现了重大环境污染事故罪刑法适用之稀缺乃至尴尬困境。

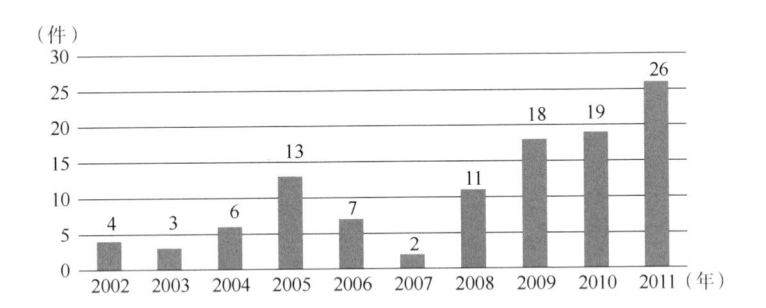

图11-1　2002~2011年全国法院审理环境案件数量

数据来源：袁春湘《2002~2011年全国法院审理环境案件的情况分析》，《法制资讯》2012年第12期。

上述司法困境的持续存在，不仅引发了相关部门的广泛关注与深入研究，而且表明环境污染刑事案件的稀少，并非完全源于相关司法解释的阙如以及由此引发的司法人员主观能动性的丧失，而其实可能

[①] 喻海松：《环境资源犯罪实务精释》，法律出版社2017年版，第24页。

在于环境污染刑事立法规制包括实体、证据以及程序等方面规定的科学性尚有待提升,从而促成了 2011 年《刑法修正案(八)》对第 338 条的重大修改。在此基础上,2020 年《刑法修正案(十一)》进一步将第 1 款第 2 档法定刑适用的"后果特别严重"修改为"情节严重",同时增设了第 3 档法定刑及其适用的 4 项情形,并增设了第 2 款罪数的处理规定。

而自 2011 年立法修订以来,有关污染环境罪罪过的理论争议和实务困惑日趋激烈,各种观点纷至沓来、分驰争锋。其中,"过失说"认为,污染环境罪的危害性并不亚于故意危害公共安全犯罪,但法定最高刑却只有 7 年(2020 年再修后的法定最高刑为 15 年有期徒刑,并处罚金——笔者注)。如将该罪罪过定位为故意,显将导致罪刑失衡,故本罪罪过应为过失。此类案件中,行为人对其污染环境行为虽不排除在主观上系有意为之,但就严重后果而言,行为人如果不仅明知,而且希望或者放任其发生,则已超出本罪范围,应按故意危害公共安全犯罪论处。[①]"故意说"主张,此次修订取消了犯罪构成对于侵害结果的要求,已使该罪从结果犯变成了危险犯,罪过形式应为故意无疑。[②]反之,如将本罪确定为过失犯罪,不但在法条的文理层面缺乏明确依据,还会同时否认污染环境罪的共犯形态,而实践中污染环境罪的共犯形态并不少见。[③] 而在"双重罪过说"看来,为严密刑事法网、提高刑事追诉效率,复杂罪过或模糊罪过才是污染环境罪的罪过形式,不管故意排放还是过失泄漏,不管对环境污染结果出于故意还是过失,均应

---

① 马克昌主编:《百罪通论》,北京大学出版社 2014 年版,第 1073~1074 页。
② 王勇:《环境犯罪立法:理念转换与趋势前瞻》,《当代法学》2014 年第 3 期。
③ 陈兴良:《规范刑法学》下,中国人民大学出版社 2017 年第 4 版,第 1072 页;张明楷:《刑法学》下,法律出版社 2021 年第 6 版,第 1486~1487 页。

成立污染环境罪。① "双重罪过说"又称"复杂罪过说"或"复合罪过说"②，因具体理由的不同，具体有"模糊罪过说"③"故意和过失例外说"④ 等各种分支，不一而足。

虽然"文本是一个开放的宇宙，在文本中诠释者可以发现无穷无尽的相互联系"⑤，以致"任何法律体制的参与者都不能就基本原则达成一致"⑥，这是"无论何时，我们想要预先明确规范某个领域的行为"时，必须直面的人类困境和必须付出的代价⑦。但是，法律是公意的正式表示，⑧ 面对过失说、故意说尤其是复合罪过说的异彩纷呈，作为法律遵守者、执行者和研习者的我们，究竟应当相信谁？

第二节　罪过纷争的教义反思与体系阐释

其实，文本尤其是法律文本被创造出来的目的是"产生其'标准读者'（the Model Reader）"，文本诠释的使命则"旨在发现一种策略，

---

① 田国宝：《我国污染环境罪立法检讨》，《法学评论》2019 年第 1 期；汪维才：《污染环境罪主客观要件问题研究——以〈中华人民共和国刑法修正案（八）〉为视角》，《法学杂志》2011 年第 8 期。

② 付立庆：《中国〈刑法〉中的环境犯罪：梳理、评价与展望》，《法学杂志》2018 年第 4 期。

③ 陈洪兵：《模糊罪过说之提倡——以污染环境罪为切入点》，《法律科学（西北政法大学学报）》2017 年第 6 期。

④ 苏永生：《污染环境罪的罪过形式研究——兼论罪过形式的判断基准及区分故意与过失的例外》，《法商研究》2016 年第 2 期。

⑤ ［意］安贝托·艾柯：《诠释与历史》，载［意］安贝托·艾柯等《诠释与过度诠释》，王宇根译，生活·读书·新知三联书店 2005 年版，第 41 页。

⑥ ［美］凯斯·R. 孙斯坦：《法律推理与政治冲突》，金朝武、胡爱平、高建勋译，法律出版社 2004 年版，第 229 页。

⑦ ［英］哈特：《法律的概念》，许家馨、李冠宜译，法律出版社 2018 年第 3 版，第 200 页。

⑧ ［法］卢梭：《社会契约论》，何兆武译，商务印书馆 1980 年版，第 39 页。

以产生一个'标准的读者'"①,而"在神秘的创作过程与难以驾驭的诠释过程之间,作品'文本'的存在无异于一支舒心剂,它使我们的诠释活动不是漫无目的到处漂泊,而是有所归依"②。所以,我们必须尊重法律文本,尊重法律文本创制者的意图即立法意图。而正是 1997 年《刑法》第 338 条的制度变迁及其文本修订,尤其是从"造成重大环境污染事故"到"严重污染事故"的立法演变,其实早已为我们提供了厘清污染环境罪之罪过纷争乃至罪刑构造的清晰指引。

一 罪过纷争厘清:过失说还是复合罪过说

(一) 关于过失说的检讨

刑法的使命在于保护法益,但法益却并非由刑法确立并率先以保护。相反,其实是按照宪法价值秩序的指引,先由刑法致力于保障的前置法中的调整性规范将契合宪法价值秩序的基本或核心社会生活利益承认确立为法律保护的利益即"法益",后由前置法中的第一保护性规范即前置法之"法律责任"条文予以法体系的第一次保护,再由刑法秉持法益衡量原则,将前置法所确立保护的重大优位法益遴选确立为刑法保护的法益即刑法法益,③ 从而在给予法益第二次法律保护的同时,确立了刑法在法体系中的"二次保护法"地位,并使其进而成为所有前置部门法的坚强后盾和社会治理的最后法律防线。

---

① [意] 安贝托·艾柯:《过度诠释文本》,载 [意] 安贝托·艾柯等《诠释与过度诠释》,王宇根译,生活·读书·新知三联书店 2005 年版,第 68、69 页。
② [意] 安贝托·艾柯:《在作者与文本之间》,载 [意] 安贝托·艾柯等《诠释与过度诠释》,王宇根译,生活·读书·新知三联书店 2005 年版,第 95 页。
③ 田宏杰:《行政犯的法律属性及其责任——兼及定罪机制的重构》,《法学家》2013 年第 3 期。

至于刑法对于前置法所确立保护的法益衡量亦即刑法法益的选择确立，则须同时遵循两项宪法要求：一是相对法益间的价值衡量，只有宪法价值秩序中的优势位阶法益，才有成为刑法法益的可能；二是刑法保护的最后手段性，只有前置法之第一保护性规范对于法益的保护或制裁力量不足，确有济之以刑法增援保护的必要，才有成为刑法法益的必要。其中，前者乃是刑法法益形成的充分条件，后者则为刑法法益形成的必要条件。

而众所周知，有侵权必有民事救济，有违规必有行政制裁，因而前置部门法的归责目标旨在恢复被不法行为所侵害的前置法法益，归责要件重在客观方面的考察；而刑法作为"不得已的恶"，归责目标旨在预防，归责要件强调主客观的统一和责任主义的坚守。由此决定，凡侵犯法益的行为，无论主观上出于故意还是过失，必为前置法规制并被前置法归责，却并不必然进入刑事立法规制的视野和刑事司法归责的范围。其中，对于故意侵犯法益的不法行为，或者为前置部门法单独规制，或者为前置部门法和刑法共同制裁，不同规制路径的选择取决于法益侵害程度的大小；而对于过失侵犯法益的不法行为，则以前置法单独规制为原则，以刑事法规制为特殊，过失较轻者，由前置法单独规制，只有过失严重者，才由前置法与刑事法共同规制。正是基于此，我国1997年《刑法》第15条明确规定："过失犯罪，法律有规定的才负刑事责任。"

具体就污染环境行为而言，对于过失污染环境较轻者，由环境法和民商法分别予以行政处理和民事侵权责任追究即为已足；而对过失污染环境严重者，除前置部门法予以制裁外，在刑法上，如学界共识，已为过失危害公共安全犯罪包容、涵摄而足可依凭规制。在这个意义上，过失污染环境的犯罪其实已为前置法和过失危害公共安全犯罪的

第十一章 污染环境罪：罪过的教义学分析　317

刑法条文架空，从而不仅丧失了独立存在的意义和价值，以致几近成为刑法上的虚置条文，而这才是1997年《刑法》第338条修订以前设置的重大环境污染事故罪在实践中的刑事案件数量始终徘徊在个位数的根本症结所在，亦是2011年、2020年刑法两度修订所致力解决的问题和修法意图指向的目标。

　　不仅如此，对于"法律有规定"方能成立的过失犯罪，"法律有规定"绝非简单的立法提示性用语，实乃过失犯罪成立不可缺少的客观处罚条件。而围绕"法律有规定"，学者们基于各自的解释论立场，又存在以下3种不同见解：其一，"明文规定说"提出，将"法律有规定"解释为"法律有明文的规定"，即只有当法律条文使用了"过失""疏忽""失火"等过失犯罪的用语时，才能认为该犯罪属于"法律有规定"的过失犯罪。其二，"实质规定说"认为，"法律有规定"是"法律有实质的规定"，即基于保护法益的刑法目的，但凡有处罚必要性的，虽然没有"明文规定"，也应该认为属于"法律有规定"。其三，"文理规定说"主张，"法律有规定"应当理解为"法律有文理的规定"，即法律条文在用语上虽然并没有使用"过失""疏忽""失火"等过失犯罪的用语，但根据特定条文的文理，能够合理地认为法律规定了过失犯的构成要件时，就属于"法律有规定"，从而可以据此处罚过失犯。[①]

　　诚然，"明文规定说"是一种理想的选择，可以杜绝不必要的争议，但法有限而情无穷，所以，如果"当年，语词的精确是至高无上的法宝，每一次失足都可能丧命，而如今，法律已经走过了它形式

────────

[①] 张明楷：《罪过形式的确定——刑法第15条第2款"法律有规定"的含义》，《法学研究》2006年第3期。

主义的初级阶段"①。也正因如此，交通肇事罪、重大劳动安全事故罪、医疗事故罪等犯罪，虽系典型的过失犯罪，但立法文本并没有明确使用过失的表述用语，因而过失必须有法律明文字面规定方能认定，无疑会使过失犯罪的成立范围失之过窄。而"实质规定说"主张只要出于法益保护的正当目的，可以超越文理的基本含义认定过失犯罪，既与罪刑法定原则的精神难以丝榫合缝，又易致过失犯罪的认定失之过宽。故笔者以为，现实可行的立场只能是"文理规定说"，因为有公认的文理依据，一般不会产生背离罪刑法定原则的问题，同时又能妥适兼顾语言文字自身的张力尤其是刑法用语丰富多样的实际情形。

遍览我国刑法分则对于过失犯罪的表述，无外以下两种方式：一是以"过失犯前款罪的""过失致人死亡""过失致人重伤""过失损毁国家保护的珍贵文物或者被确定为全国重点文物保护单位、省级文物保护单位的文物""过失泄露国家秘密"等明确使用"过失"描述罪状的，属于明文规定的过失犯罪。二是签订、履行合同失职被骗罪及出具证明文件重大失实罪、医疗事故罪、传染病防治失职罪、重大飞行事故罪、交通肇事罪、危险物品肇事罪等罪状，既规定有"严重不负责任"或者"违反……规定"，又要求"造成"法定严重后果或发生"……事故"，从文理上理解，也都属于法律规定的过失犯罪。

对于2011年修订后的污染环境罪，立法者正是将"造成重大环境污染事故，致使公私财产遭受重大损失或者人身伤亡的严重后果"等依文理规定，应认定为过失的重大环境污染事故罪的法定结果要素删

---

① Wood V. Duff Gordon，222 N. Y. 88，转引自［美］本杰明·卡多佐《司法过程的性质》，苏力译，商务印书馆1998年版，第59页。

除，代之以"严重污染环境"的法定情节描述，因而对于修订后的污染环境罪，如果沿袭修订前的重大环境污染事故罪的罪过形式，仍以过失犯罪视之，笔者以为，不仅在形式上欠缺文理依据，从而与罪刑法定原则不相契合，而且在实质上与前置法和刑法之间的环境法益保护与保护比例分配乃至立法修订意图存在抵牾。

(二) 关于复合罪过说的追问

本来，"复合罪过说"由于主张该罪罪过既可是故意，也可是过失，故而本章关于"过失说"的上述反思及其自身难以克服的不足，亦是"复合罪过说"必须面对的质疑。但是，"复合罪过说"并非现今才出现的观点，实际上渊源于储槐植先生为了解读类似于英美刑法那样的"轻率"犯罪心态模式，以及法国刑法理论中的所谓"中间类型"和德国刑法学界的"第三种罪过形式"的法律现象，而首创提出"复合罪过形式"这一全新术语，以与通行的一个罪名只能有一种罪过形式的"单一罪过形式"相对应。[①] 由于复合罪过说强调，行政犯的故意与过失之间的伦理谴责性差异不大，严格区分故意与过失的传统观点已经不能适应行政犯时代的治理要求，对其赞同支持的声音愈益响亮，故实有深入研析的必要。

首先，从罪过的刑事实体法规定来看。虽然在构造上，心理学上的主观心态由知、情、意3层结构组成，但"法不容情"，法律上的主观心态，无论故意还是过失，均只由"知"和"意"组成。虽然在"知"上，直接故意和间接故意均与过于自信的过失存在交集，即行为人对其危害行为及其造成的危害结果存在"明知"或"已经预见"，

[①] 储槐植、杨书文：《复合罪过形式探析——刑法理论对现行刑法内含的新法律现象之解读》，《法学研究》1999年第1期。

但在"意"上，且不说直接故意与过于自信的过失形如冰火两重天，前者是"希望"，后者为"轻信能够避免"，而实不能共存于一罪之中。即便是间接故意和过于自信的过失之间，表面上对于危害结果发生的"意"似乎都有一定的侥幸、轻率成分，但实则有着天壤之别。这是因为，间接故意之"意"虽然并不"希望"危害结果的发生，但也并不排斥、拒绝、反对危害结果的发生；而过于自信的过失则不然，行为人"轻信能够避免"方实施危害行为足以表明，其对危害结果发生之"意"实为排斥、拒绝、反对。同一罪名之下，同一罪状之中，怎么能够同时安放得下不排斥、不拒绝、不反对的间接故意和排斥、拒绝、反对的过于自信的过失呢？

诚然，1997年《刑法》第408条之一食品、药品监管渎职罪的规定，似乎实现了基于故意的滥用食品、药品监管职权和出于过失的食品、药品监管玩忽职守在同一罪名下的和谐共处，但是，我们并不是依据司法解释确定的罪名来认定犯罪，而是依据刑法总则规定的罪刑原理和刑法分则规定的具体罪状来认定犯罪，此乃罪刑法定原则的要求。更何况实际上，1997年《刑法》第408条之一照搬的是第397条的立法模式，即在同一条文中规定了两种不同的犯罪行为类型——滥用职权和玩忽职守。只是在罪名确定的司法解释中，"两高"先是将第397条的规定解释为滥用职权罪和玩忽职守罪两个罪名，后又将情形相同的第408条之一的规定解释为食品、药品监管渎职罪一项罪名，从而面对相同的立法规定模式作出了截然不同的司法适用解释，前后司法解释的自相矛盾可见一斑。"复合罪过说"或"模糊罪过说"以此为据，进而举一反三地主张污染环境罪的罪过也可因此以模糊罪过论之，恐有失妥当。

其次，从罪过的刑事诉讼展开来看。刑事犯罪的认定，在证明标

第十一章 污染环境罪：罪过的教义学分析 321

准上必须达到排除合理怀疑的程度，因而存疑有利于被告，虽然不是适用刑法必须人人平等的刑法解释应当遵循的规则，却是刑事诉讼事实证明认定必须秉持的铁则。众所周知，过失犯罪是狭义的结果犯，犯罪的成立不仅必须有法定危害结果的发生，而且必须有法律规定才能处罚，因而在过失犯罪中，因果关系亦是犯罪成立不可缺少的客观构成要件要素。由是，过失犯罪的事实证明较之故意犯罪的事实证明，一是需要证明的犯罪构成事实更多，不仅要证明危害行为和危害结果的具备，而且要证明实施的危害行为和发生的危害结果之间存在刑法上的因果关系；二是达到证明标准的难度系数更高。在污染环境罪如"复合罪过说""复杂罪过说""模糊罪过说""故意和过失例外说"所主张，既可由故意、又可由过失构成，但无论故意还是过失，在法定刑都相同的情况下，刑事案件的公诉人是迎难而上地以过失污染环境罪提起指控，还是知难而退地选择故意污染环境罪予以检控，应是无需激烈论争和丰富想象即可得出的结论，当然是故意污染环境罪。这样一来，过失污染环境罪即便因"复合罪过说""模糊罪过说"等学说的理论坚持而可以形式地存在于理论解释的象牙塔里，但实际已消亡在基于人性及尊重常识、常情、常理的司法实践中，让人徒生"理想很丰满，现实很骨感"之叹。

需要注意的是，"复合罪过说"的分支"模糊罪过说"为力证其观点的成立，引述了大量司法判决作为支撑，其中，既有判决将污染环境罪认定为过失犯罪的，也有判决将污染环境罪认定为故意犯罪的，还有判决在认定污染环境罪时既不讨论故意，也不讨论过失，而是进行模糊处理的。[①] 笔者以为，虽然在表面上，个案的认定和问题

[①] 陈洪兵：《模糊罪过说之提倡——以污染环境罪为切入点》，《法律科学（西北政法大学学报）》2017 年第 6 期。

的解决，端赖法官"在成文法开放出来的方案间做选择"才得以完成，但正如意大利学者艾柯强调："不能随心所欲地使用敞开的文本（use the text as you want），而只能随文本所欲（as the text wants you to use it）；敞开的文本无论有多么'敞开'，也不可能任意读解。"① 即便在法官造法的英美法系，法院不但"经常否认任何像这样的创造性功能，并且坚持成文法之解释和判决先例之使用的适当任务分别在于寻找'立法者的意图'（intention of the legislature）和已经存在的法律"②。毕竟，法官只是规则的适用者，而不是规则的创制者，污染环境罪的罪过究系故意还是过失抑或复合罪过，司法判例固然是发掘立法文本意蕴的宝贵素材，但"司法判决的，就是立法规定的"态度，亦不可取。因为法治的精神恰恰在于，"借由意义确定的规则，作为官员与私领域之个人的指引"③。由是，司法判决在污染环境罪罪过认定上的不统一乃至于混乱，与其说是"复合罪过说"的有力论据，毋宁说是污染环境罪之罪过研究的重大理论意义和重要实践价值的彰显。

二 "严重污染环境"地位：结果犯还是行为犯

如前所述，污染环境罪的罪过论争缘起于刑法修订时"严重污染事故"对"造成重大环境污染事故"的取代。因之，准确把握"严重污染环境"在污染环境罪犯罪构成中的地位，至为关键。

作为法益保护原则在犯罪构成中的体现，没有法益侵害结果的发生，就没有行为之法益侵害性和刑事违法性的存在，自不应以犯罪

---

① 转引自杨慧林《意义——当代神学的公共性问题》，中国人民大学出版社2013年版，第139页。
② ［英］哈特：《法律的概念》，许家馨、李冠宜译，法律出版社2018年第3版，第201页。
③ ［英］哈特：《法律的概念》，许家馨、李冠宜译，法律出版社2018年第3版，第200页。

论处。在这个意义上，笔者以为，法益侵害结果乃法益侵害性的表征，正如法益侵害性有大小之分，法益侵害结果亦有程度之别。故由刑法的谦抑性及作为其体现之一的犯罪成立的罪量要求所决定，法益侵害结果的外延远较1997年《刑法》第14条故意犯罪和第15条过失犯罪规定中的"危害社会的结果"即学界通称的"危害结果"宽泛，其既包括刑法法益侵害的征表结果，又包括刑法法益侵害的特定结果。前者乃纯粹的前置法不法行为与双重违法性兼具的刑法上的犯罪行为的区别界限，即犯罪成立所必须具备的法益侵害结果；后者则是1997年《刑法》第14条和第15条规定的危害结果即法定危害结果，具体表现为刑法分则规定的法益侵害结果。由于刑法分则规定的基本犯罪构成以直接故意犯罪的既遂犯罪构成为蓝本，以间接故意犯罪和过失犯罪的定罪犯罪构成为特殊，故对于直接故意犯罪而言，分则规定的刑法法益侵害之特定结果只是成立犯罪既遂而非构成犯罪所必须具备的客观构成要件要素；对于间接故意犯罪和过失犯罪来说，则是成立犯罪所不可缺少的客观构成要件要素。正因如此，直接故意犯罪在刑法理论上被称为广义结果犯，成立犯罪仅需刑法法益侵害之征表结果发生即为已足，但构成既遂，则必须有刑法法益侵害之特定结果即分则的法定危害结果的产生；而间接故意犯罪和过失犯罪则被称为狭义结果犯，成立犯罪必须有刑法法益侵害之特定结果即分则的法定危害结果的发生。

以1997年《刑法》第232条故意杀人罪为例。其分则的法定危害结果即刑法法益侵害之特定结果是"人之死亡"，该结果的发生与否，虽然只是直接故意杀人犯罪既遂与否的认定标准，却是间接故意杀人犯罪成立与否的决定性要素。而故意杀人预备、故意杀人未遂、故意杀人中止所产生的诸如轻伤等结果，虽然意味着故意杀人罪之分则法定危害结果即刑法法益侵害之特定结果没有发生，却表明了刑法法益侵害之征表结果的存在，因而在直接故意杀人案件中，仍需成立故意杀人罪而不是单纯的民法上的人身侵权行为，只是构成的是未完成之罪；而在间接故意杀人案件中，由于分则法定危害结果即刑法法益侵害之特定结果未能发生，则无成立犯罪的可能。

而 2011 年《刑法修正案（八）》对 1997 年《刑法》第 338 条所作的修订，表面上是该罪构成要件的调整，其实昭示的是该罪保护法益的变化，即从重大环境污染事故罪的人类中心主义法益观[①]，转变为污染环境罪的生态学的人类中心法益观[②]，从仅将造成人身伤亡、公私财产重大损失等传统个人法益严重实害结果的污染环境行为规定为犯罪，转变为法益保护虽仍以个人法益为核心，但个人法益的外延已不仅限于人身权、财产权等狭义的传统个人法益范围，而是有机延展至与公民生活和人类发展紧密相关的、不可或缺的环境法益。正如奶粉的质量在于牛奶的品质，而挤出牛奶的奶牛所食之青草和青草生长的土壤等环境要素，表面上与人身伤亡、财产损失相距遥远，但一旦土壤被有毒有害物质严重污染，随之而来的必定是青草、奶牛、牛奶、奶粉等生物链条的渐进严重污染乃至人类的食品安全。这一污染链条及其渐进过程也许十分漫长，最终的人身伤亡、财产损失等传统个人法益

[①] 人类中心主义法益观，又称为纯粹人类中心的法益观，起源于 1990 年，由德国学者 Rudolf Rengier 提出，其认为应当在纯粹人类中心主义理论的基础上得出环境刑法保护法益的范畴。Winfried Hassemer 进一步发展该理论指出，环境刑法所保护的法益，仅指作为人类健康与生存之必要条件的环境。参见马卫军《论污染环境罪的保护法益》，《时代法学》2017 年第 4 期。

[②] 生态学的人类中心法益观是德国刑法学界的通说，主张水、空气、土壤、植物、动物作为独立的生态学的法益，应当得到认可，但值得刑法保护的仅仅是作为人的基本生活基础的环境法益。参见张明楷《污染环境罪的争议问题》，《法学评论》2018 年第 2 期。

侵害的实际结果发生也许十分滞后，多年前的污染行为与多年后的人身伤亡、财产损失结果之间因果关系的证明也许十分困难，但是，基于现代自然科学的基本常识，这一因果进程是必然而合乎规律的存在的。

正是基于此，污染环境罪之分则法定危害后果，亦即笔者所说的刑法法益侵害之特别结果，立法修订时不再将其局限于人身伤亡、财产损失等狭义的传统个人法益实害结果，而是科学修订延伸为包括但不限于人身伤亡、财产损失的"严重污染环境"要素，从而在立法明确转向生态学的人类中心主义法益观的同时，清晰传递出立法者对于污染环境罪的规制意图和"严重污染环境"在该罪犯罪构成中的地位，即"严重污染环境"既不是污染环境罪的客观的超过要素①，也不是污染环境罪之抽象危险犯的立法叙事，而是污染环境罪之刑法法益侵害的特定结果或者说分则法定的危害后果，是客观构成要件的要素。2016年《关于办理环境污染刑事案件适用法律若干问题的解释》（以下简称2016年《环境污染刑事解释》）第1条的规定，无疑充分体现了立法的这一旨趣。其中，除第18项兜底条款"其他严重污染环境的情形"外，第1项至第8项所列举的情形，表面上似乎只要行为人实施了严重污染环境的行为即为已足，实际上，这些严重污染环境的行为已经内蕴并必然发生严重污染环境的结果，虽然这些结果并不必然表现为人身伤亡、财产损失等狭义的传统个人法益损害；至于第9项至第17项规定的情形，则系严重污染环境结果的典型适例，当无疑问。因之，修订后的污染环境罪，其实仍是结果犯。

---

① 客观的超过要素系张明楷教授首倡，指某些客观构成要件要素虽然仍属犯罪构成的内容，但不需要存在与之相应的主观内容，因而客观的超过要素不是故意的认识与意志要素。参见张明楷《"客观的超过要素"概念之提倡》，《法学研究》1999年第3期。

第三节 故意说的理论证成与实践展开

既然污染环境罪是结果犯,岂不意味着,其罪过形式与重大环境污染事故罪一样,还是应为过失?非也。基于法秩序统一下的环境刑法演进和法益保护之现代刑法使命,笔者以为,污染环境罪故意说的倡导,才是坚守刑法的保障法地位和谦抑性品格、认真对待污染环境罪之行政犯本质的应有之义。

一 罪刑法定与行政犯的本质

确实,污染环境罪的法定刑与一般过失犯罪基本相同,是故,如将其认定为故意犯罪,又要求必须"严重污染环境"方能入罪,在过失说看来,可能会导致罪刑的不均衡。笔者以为,恰恰相反,由污染环境罪的法益保护实质和行为构造所决定,只有将污染环境罪的主观罪过限定为故意,才能不仅得以避免过失说关于罪刑失衡的担忧成为现实,而且方能契合行政犯在刑事治理现代化进程中的应有面向和固有特征。

这是因为,由中国特色社会主义法律体系中的前置法与刑事法之间的规范结构和制裁分配关系所决定,一方面,刑事犯罪的违法实质,乃在于其对刑法致力于保障的前置法所确立并保护的法益之侵害,因而不具有前置法之违法性的行为,绝无构成刑事犯罪的可能,此即笔者凝练的"前置法定性"之意;另一方面,具有前置法之违法性的行为,并不当然就具有刑事违法性进而构成刑法上的犯罪。只有当其不仅具有法益侵害实质,而且符合刑法为保护法益而禁止的犯罪行为之定型即犯罪构成,并且达到刑事犯罪的追诉标准,才能论之以刑法上的犯罪，此即笔者概括的"刑事法定量"之蕴。而前置法定性与刑事法定量的有机统一，既为刑事立法的规制划定了规范边界，又为刑事司法的适用提供了解释指引，更揭示了刑事法之于前置法的相对独立性及其在法秩序一体化视野下的地位。

具体地，由"前置法定性"所决定，刑法并非完全脱离于包括前置民商法和前置行政法在内的前置部门法而自在自为存在发展的绝对独立的部门法，前置法上的合法行为绝无成为保障前置法所确立之法益和前置法之规范有效性的刑法所规制和制裁的对象。行为不是因其构成了前置民商法上的违约行为或侵权行为或者前置行政法中的违规行为，从而与刑事犯罪无涉。相反，行为正是因其成为前置民商法上的违约行为或侵权行为或者前置行政法中的违规行为，才有构成刑事犯罪的可能。但是，"可能"并不等于"必然"。"刑事法定量"表明，前置法上的不法行为只有通过刑事法的两次定量，才能最终入选为刑法规制的犯罪行为。其中，第一次定量乃刑法在宪法的价值秩序指引下，以前置法的不法行为类型为前提，依据刑法的基本原则和基本原理，经对法益的宪法价值衡量和行为的法益侵害程度比较，从前置法的不法行为中遴选出严重侵害法益的行为，定型为刑事立法上的犯罪行为类型即犯罪构成，从而不仅决定了犯罪之刑法法益侵害的"质"的完整内涵，而且划定了刑事立法规制的规范疆域；第二次定量即刑事犯罪追诉标准的具体确立，即刑法总则第13条但书和刑法分则基本犯罪构成中的"数额较大""情节严重"等罪量要素的具体确定，不仅决定了犯罪之刑法法益侵害的"量"的具体标准，而且构筑了刑事司法规制的适用樊篱。两者的有机统一，不仅是前置法单独规制的前置法不法行为与前置法和刑法共同规制的严重违法行为或者说双重违法的刑事犯罪行为分道扬镳的分水岭，而且清晰地表明了，行为之前置法违法性仅仅是行为之刑事违法性产生的必备前提和必要条件，却并非刑事违法性产生的充分条件。刑事违法性的具备和判断，尚需满足刑法自身的独立标准，符合刑法固有的理论逻辑。

这一独立标准和固有逻辑就在于，刑法规制的只能是严重侵害法益的行为。至于"严重"的标准，笔者以为，在于以下3个具体条件的同时满足：一是在法益价值上，如前所述，刑法只保护优势位阶的法益即重要法益。二是在主观罪过形式上，由于故意表明行为人对其行为侵害的法规范所承认保护之法益的态度，或者出于敌视的追求，或者基于漠视的放任，而过失表明行为人对其行为侵犯的法规范所承认保护之法益的态度，无论基于忽视，还是出于轻率，均始终是排斥、反对、拒绝的。所以，刑法以制裁故意犯罪为原则，以制裁"法律有规定"的过失犯罪为特殊。三是在客观处罚条件上，刑法只处罚满足刑法罪量要求的法益侵害行为。由此决定，过失侵害法益之不法行为的归责路径有三：一是未达"严重"标准者，包括基于轻微过失的法益侵害行为，以及虽出于重大过失，但并未造成法益侵害之严重实害者，仅由前置法单独归责惩处；二是达到"严重"标准但"法律没有规定"的情况下，仍仅由前置法单独归责惩处；三是达到"严重"标准且"法律有规定"的情况下，由前置法和刑事法共同归责，分别制裁。综观"法律有规定"的刑法分则中的所有具体过失犯罪，无一例外地均是满足"严重侵害法益"上述标准和要求的行为。

由于行政法确立维护行政管理秩序的目的，在于对民商法所承认保护之个人法益的保障。因此，每个人必须不断努力达到的，特别是那些旨在影响同胞的政府官员必须总是关注的目标，是公民个人法益的实现和发展，尤其是公民个性的解放和能力的发展以及人类文明的整体提升。质言之，保护个人法益的实现，促进个人法益的不断丰富和发展，其实才是行政法设立并维护行政管理秩序的基本出发点和最终归宿，更是行政犯治理的精义和价值所在，并进而鲜明地形塑了行政犯的罪刑构造特征——严而不厉。

具体而言，首先，在犯罪构造上，对于单纯违反前置民商法、侵犯纯粹个人法益的民事犯，无论人身犯罪还是财产犯罪，刑法以处罚故意犯罪为原则，以处罚过失犯罪为特殊；但对于单纯违反前置行政法、侵犯行政管理秩序的行政犯，刑法虽仍以处罚故意犯罪为原则，却以处罚过失犯罪为例外。已为学界共识的是，除事故类行政犯包括玩忽职守类犯罪为过失犯罪以外，行政犯不仅基本上都是故意犯罪，而且对于侵犯重大法益如公共安全的行政犯，各国立法愈益以抽象危险犯为蓝本构造基本犯罪构成。其次，在刑罚配置上，行政犯配置的法定刑普遍轻于民事犯的法定刑。而这正是行政犯在 1997 年《刑法》中的大量增设，使得在民事犯的法定刑配置基本保持不变的情况下，总体刑罚配置日益呈轻刑化、非监禁刑化的根本缘由所在。

随着社会治理的变迁尤其是公法私法化和私法公法化演进趋势的加剧，致力于法益确立保护的前置民商法和前置行政法之间愈益出现交叉融合之势。例如，有关公民个人信息权之承认保护的前置法，既有 2020 年《民法典》第 111 条的规定，亦有 2016 年《中华人民共和国网络安全法》的规制。因而即便是以行政违法性的具备作为刑事违法性之必要前提的行政犯，也存在纯正行政犯（或真正行政犯）和不纯正行政犯（或不真正行政犯）之分。前者仅以行政违法性的具备作为刑事违法性产生的前提；后者则以民事违法性和行政违法性的同时兼具，作为刑事违法性产生的基石。污染环境罪显系后者，即不纯正行政犯（或不真正行政犯）。而在其所属的我国刑法分则第 6 章 "妨害社会管理秩序罪" 中，从第 277 条至第 367 条共 9 节 108 个条文，一共规定了 146 个犯罪，全部是典型的行政犯。其中，暂且搁置尚存争议的污染环境罪不论，除第 324 条第 3 款过失损毁文物罪和第 335 条医疗事故罪是过失犯罪以外，其余犯罪，无论纯正行政犯还是不纯正行政犯，皆系故意犯罪。而过失损毁文物罪和医疗事故罪之所以在立法上专设为过失犯罪，① 笔者以为，是因这两个过失犯罪均属严重侵害法益的过失犯罪，理应由前置行政法和刑法共同惩治，但在刑法上却没有合适的过失犯罪可资司法适用，故立法有专门例外设置的必要。而污染环境罪则不然。其前生虽系刑法修订前的重大环境污染事故罪，属于事故类行政犯，故其罪过形式为过失，但一则修订后的该罪已修改为非事故类的不纯正行政犯；二则对于过失污染环境行为，轻者由前置法单独制裁，重者即有人身伤亡、财产损失等传统个人法益侵害之严重后果发生者，则有过失投放危险物质罪、重大责任事故罪、重大劳动安全事故罪、危险物品肇事罪等过失危害公共安全犯罪的刑法条文与前置行政法和前置民商法共同制裁，实无叠床架屋地在环境犯罪体系中重复设置过失污染环境罪的必要。所以，2011 年刑法修订时，废除作为过失犯罪的重大环境污染事故罪，代之以将罪过形式限定为故意的污染环境罪，既不会造成放纵过失污染环境行为的处罚漏洞，又坚守了罪刑法定原则对文理解释的基本要求。所以，笔者以为，修订后的 1997 年《刑法》第 338 条规定的污染环境罪的罪过，不能简单因循解释为过失，而只能限定适用为故意。

此外，从罪刑均衡的比例性来看。1997 年《刑法》分则第 6 章第 6 节"破坏环境资源保护罪"共 11 个条文 16 个罪名，除污染环境罪

---

① 1997 年《刑法》第 324 条第 3 款规定："过失损毁国家保护的珍贵文物或者被确定为全国重点文物保护单位、省级文物保护单位的文物，造成严重后果的，处三年以下有期徒刑或者拘役。"第 335 条规定："医务人员由于严重不负责任，造成就诊人死亡或者严重损害就诊人身体健康的，处三年以下有期徒刑或者拘役。"

外，对于其余各罪的罪过，学界和实务部门均一致认为必须出于故意。综观这些环境资源犯罪，基本量刑幅度的法定最高刑或者为3年有期徒刑，如第340条非法捕获水产品罪、第343条第1款非法采矿罪等；或者为5年有期徒刑，如第339条第1款非法处置进口的固体废物罪、第2款擅自进口固体废物罪和第342条非法占用农用地罪等。至于加重量刑幅度的法定最高刑，则或者为7年有期徒刑，如第343条第1款非法采矿罪、第345条第2款滥伐林木罪，或者为10年有期徒刑，如第339条第2款擅自进口固体废物罪，或者为15年有期徒刑，如第339条第1款非法处置进口的固体废物罪、第345条第1款盗伐林木罪。相较之下，污染环境罪的基本量刑幅度"三年以下有期徒刑或者拘役，并处或者单处罚金"，以及加重量刑幅度"三年以上七年以下有期徒刑，并处罚金"和"七年以上有期徒刑，并处罚金"，完全落在上述故意破坏环境资源保护犯罪的量刑幅度区间内，并未旁逸斜出环境资源犯罪的法定刑整体架构。故此，如果将污染环境罪的罪过适用解释为过失，不仅于立法规定无据，而且显与罪刑均衡的比例性、公平性精神相悖。

由此决定，将污染环境罪的罪过形式限定为故意，既是遵从立法修订意图和坚持文理解释的必然结论，又是对污染环境罪的行政犯本质及其体系性地位的恪守尊重，还是遵循罪刑均衡的比例性要求进而实现制裁配置的分配正义的理性自觉，更是中国刑事立法和刑事司法愈趋科学性和现代性的有力明证。

二　刑法谦抑与教义学的诠释

基于对社会风险的细致观察以及对人类未来命运的忧虑，德国学者乌尔里希·贝克提出了"风险社会"理论。受其启发，德国刑法学者发展出"风险刑法"理论,并逐渐为西方国家所接受。我国当前正处于社会转型的关键时期,各类风险显著增多。有学者提出,风险刑法是对风险社会的制度性回应,运用刑罚对抗具有典型危险的违法行为这一趋势不可逆转。风险社会下,为了一般预防目的并且为了弥补民事手段与行政手段在遏制风险方面的无效,有必要扩大法益保护范围、增设普遍法益,简单地以最后手段性与谦抑性为根据否定法益扩张并不可取。如若并没有侵犯到个人的自由,通过适当的方式设立抽象危险犯以保护公民的安全感与信赖感也确有必要。①

但是,更多学者仍对"风险刑法"理论保持了足够的警惕,认为风险社会特征在当下的日渐凸显,其实暗含的是单纯以国家为中心的治理理念的捉襟见肘与传统刚性法治模式的胶柱鼓瑟,风险社会问题的解决"不符合启蒙运动开列的知识越多控制越强的药方"②。因此,治理决策的民主化、治理主体的多元化、治理方式的柔性化、治理空间的社会化,才是现代社会治理体系和治理能力建设的核心。作为现代国家社会治理核心方式的法治,特别是作为法体系最后防线的刑法,在风险社会所积极追求的,不是刑罚权发动的过分前置和对刑法社会保护功能的片面主张,相反,实是对刑法谦抑理念的科学解读和坚定捍卫。③ 诚然,面对"风险社会"无动于衷、毫无作为的刑法固不可取,而为化解"风险社会"的风险而过于扩张甚至突破罪刑法定主义、责任主义等法治底线的刑法,同样亦应否弃。因此,必须合理地处理

---

① 吕英杰:《风险刑法下的法益保护》,《吉林大学社会科学学报》2013年第4期。
② [英]安东尼·吉登斯:《超越左与右》,李惠斌、杨雪冬译,社会科学文献出版社2001年版,第27页。
③ 田宏杰:《中国刑法学研究40年的方法论思考——从视野、路径、使命切入》,《法商研究》2018年第6期。

第十一章 污染环境罪：罪过的教义学分析 333

"风险刑法"与刑法风险的关系。①

其中，环境问题可以说是风险社会时代面临的最严峻问题之一。一方面，不同于以往的风险，环境风险具有不可感知性、不确定性以及累积性，一般表现为一些完全超出人体物理、生理感知能力的放射性物质、毒素或污染物等。② 因而严重的环境污染如雾霾，不仅直接危害公民的人身健康、财产安全以及这一份份纯粹个人法益的集合——环境法益，而且严重威胁着"民以食为天"的食品安全。毕竟，即便在工业发达的现代社会，食物原材料的绝大多数仍然来自自然环境的天然产出或人类加工。另一方面，我国正处于转型发展的关键时期，经济发展既需要转型升级，实现绿色创新发展，又需要保持较高速度持续发展，逐步实现经济的转型和环境的改善。所以，既要加大对污染环境行为的刑法规制力度，又不能过度超越社会发展阶段，更不可将刑法这一社会治理的最后法律防线改弦更张为社会治理法律体系中的首发上场队员。

不仅如此，刑起于兵，用兵之策实亦用刑之道。正如不战而屈人之兵乃用兵的上策，同样，刑法的备而不用或少用，即"刑事立法备"而"刑事司法不用或少用"两者的相得益彰，刑罚权能用而不用或者少用，就能实现用刑追求的法益保护和预防犯罪效果，笔者以为，才是刑法用刑应当致力追求的最高艺术和努力达致的最高境界。③ 所谓"圣人之设防，贵其不犯也；制五刑而不用，所以为至治也"④。如果说，面对社会转型时期各种失范行为的涌现，面对前置行政法和前置民商法中的不法行为类型不断增多，刑事立法的犯罪化扩张乃是

---

① 陈兴良：《"风险刑法"与刑法风险：双重视角的考察》，《法商研究》2011年第4期。
② 黎宏：《对风险刑法观的反思》，《人民检察》2011年第3期。
③ 田宏杰：《侵犯知识产权犯罪的几个疑难问题探究》，《法商研究》2010年第2期。
④ 《孔子家语·五刑解》。

刑事立法为尽刑法作为前置部门法的保障法之职而应尽的谦抑之道，那么，通过刑法解释以实现犯罪认定上的司法限缩，才是刑事司法应守的谦抑之责。在过失污染环境一般可以通过环境行政责任的追究和民事赔偿责任的承担，① 既实现对被害人所遭受的侵权之救济，又能恢复被侵害的环境法益的情况下，"刑期于无刑，民协于中，时乃功，懋哉"②！

因之，刑事立法的犯罪化扩张与刑事司法的适用性限缩的并行不悖，张弛有度，笔者以为，这才是刑法谦抑的精义所在。③ 对于刑法这一"不得已的恶"，我们也只有在不得已的情况下才能使用。在刑法分则对于其他过失犯罪的成立，均有造成人身伤亡或者财产严重损失等后果的明确要求下，在刑事立法对于污染环境罪的成立明确删除了"造成环境污染的严重事故"的情况下，如果对仅仅过失实施了排放污染物的行为，却并未造成重大财产损失或人身伤亡的严重后果，就要以污染环境罪追究行为人的刑事责任，不仅会导致罪刑的严重失衡，而且势必与刑法的谦抑性背道而驰。所以，将污染环境罪确定为故意犯罪，既实现了对刑事司法处罚范围的适当限缩，又不会导致法体系上的处罚漏洞，无疑是坚守谦抑性的现代刑法所应秉持的教义。

三　双重模式与故意说的认定

正如故意杀人罪的罪状"故意杀人的"所揭示，直接故意杀人犯罪虽属广义的结果犯，但从犯罪成立的角度而言，直接故意杀人犯罪

---

① 至于过失导致严重污染环境事故发生的案件的处理，容后文另述，此处不赘。
② 《尚书·大禹谟》。
③ 田宏杰：《侵犯知识产权犯罪的几个疑难问题探究》，《法商研究》2010年第2期。

并不以分则之法定危害后果即法益侵害之特别结果的发生为必要，可谓是狭义的行为犯，① 间接故意杀人犯罪才是狭义的结果犯。因而故意杀人罪其实是狭义行为犯与狭义结果犯两种模式共存的犯罪。反之，兼具狭义行为犯与狭义结果犯双重犯罪成立模式的犯罪，其罪过形式只能出于故意。

仔细研究不难发现，污染环境罪正是具有这种双重犯罪成立模式的又一典型。其中，狭义行为犯针对的其实是直接故意污染环境犯罪，狭义结果犯指向的实乃间接故意污染环境犯罪。在直接故意污染环境犯罪中，表现为排污行为已致具有严重毒害性的污染物渗透耕地土壤或排放于人畜等饮用的水源等法益侵害之征表结果发生即为已足，至于人员伤亡或财产损失的法益侵害之特别结果，不仅发生尚需时日，而且于直接故意污染环境犯罪的成立不产生影响。但对于间接故意污染环境犯罪的成立，则必须有法益侵害之特别结果即分则之法定危害结果发生。

（一）污染环境罪之行为犯的直接故意认定

需要注意的是，污染环境罪之行为犯，并非学界传统观点所认为的仅有法定危害行为，无需发生危害结果，即可成立犯罪的所谓行为犯，而是指危害行为与法益侵害之征表结果同时发生，且无须证明危害行为与法益侵害征表结果之间的因果关系即可成立的犯罪。这是因为，污染环境罪的法益侵害征表结果本就蕴含于污染环境的危害行为之中，只要能证明危害行为发生，就自然证明了法

---

① 中国刑法理论通说中的行为犯，与结果犯、危险犯、举动犯一样，是作为齐备分则构成要件的既遂犯的类型之一。故而笔者以狭义行为犯指称以法定危害行为的实施作为犯罪成立条件的犯罪，以区别于以法定危害行为的实施作为犯罪既遂标准之广义行为犯。因之，狭义行为犯与广义行为犯，对应于狭义结果犯与广义结果犯。

益侵害征表结果的存在。当然，如果适用修订后的 1997 年《刑法》第 338 条后果特别严重①的加重量刑幅度，根据该法第 16 条的规定，则须排除合理怀疑地证明行为人的污染环境行为与特别严重后果之间的因果关系存在，否则，仅适用基本量刑幅度予以刑事制裁。

2016 年《环境污染刑事解释》第 1 条第 1 项至第 7 项②所列举的情形，即属于此类行为犯，故从客观角度判断，只要行为人实施了各项规定的行为本身，污染环境的后果亦随之自然发生。其中，第 5～7 项的犯罪故意，可谓不言自明，只要能认定行为人实施了符合此 3 项规定的行为，就可推定行为人主观上具有直接故意，因为通过暗管、渗井、渗坑等非正常方式排放污染物，受过行政处罚又实施排放污染物行为，重点排污企业实施篡改排污数据行为等，或是掩盖行迹，或是明知故犯，或是故意造假，都直接充分地表明行为人明知自己实施了排污行为，不仅证明行为人实施了排污行为本身，而且证明了环境污染危害结果已经发生，更同时表明行为人对污染行为所必然造成的环境污染危害的后果在主观上出于直接故意。

至于第 1～4 项，则分别从排放污染物的地点、数量、超标程度

---

① 即同条第 1 款第 3 项、第 4 项规定的"致使大量永久基本农田基本功能丧失或者遭受永久性破坏的""致使多人重伤、严重疾病，或者致人严重残疾、死亡的"。
② 2016 年《环境污染刑事解释》第 1 条第 1 项至第 7 项规定："（一）在饮用水水源一级保护区、自然保护区核心区排放、倾倒、处置有放射性的废物、含传染病病原体的废物、有毒物质的；（二）非法排放、倾倒、处置危险废物三吨以上的；（三）排放、倾倒、处置含铅、汞、镉、铬、砷、铊、锑的污染物，超过国家或者地方污染物排放标准三倍以上的；（四）排放、倾倒、处置含镍、铜、锌、银、钒、锰、钴的污染物，超过国家或者地方污染物排放标准十倍以上的；（五）通过暗管、渗井、渗坑、裂隙、溶洞、灌注等逃避监管的方式排放、倾倒、处置有放射性的废物、含传染病病原体的废物、有毒物质的；（六）二年内曾因违反国家规定，排放、倾倒、处置有放射性的废物、含传染病病原体的废物、有毒物质受过两次以上行政处罚，又实施前列行为的；（七）重点排污单位篡改、伪造自动监测数据或者干扰自动监测设施，排放化学需氧量、氨氮、二氧化硫、氮氧化物等污染物的……"

等不同角度确定具体标准,认定排污行为导致"严重污染环境"。行为人实施上述4项行为,环境污染危害结果亦同步发生,从客观上判断符合"严重污染环境"的法定要求,当无异议。但是,从各项条文规定的行为方式本身来说,难以直接推定行为人实施排污行为时在主观上一定出于直接故意,因而需要结合具体犯罪事实来认定。实务中认定行为人实施上述4项之一行为时是出自故意还是过失,多数情况下其实并不困难。具体地,就第一类情况[①]而言,由于在水源一级保护区、自然资源保护核心区,对污染源的管控十分严格,行为人在这些区域实施1997年《刑法》第338条规定的构成要件行为,从其秘密运输、处置的具体方式即容易认定其主观上具有犯罪故意。至于第二类、第三类、第四类情况,行为人一般均为经营相关排污企业者,对污染物性质有着清晰的认知,只是没有资质或资质不全而故意实施排污行为。

【案例1】王某青污染环境罪案[②]中,被告人王某青私自设立电镀加工作坊,在未经注册审批及没有污水处理设备条件下,对外承揽电镀加工作业,并将产生的废水直接排放到胆溪中。经检测,废水中的六价铬浓度、铜浓度分别超过《电镀污染物排放标准》256.5倍、61.46倍,严重污染环境。据此,一审、二审法院均认定王某青的行为构成污染环境罪。

就此类案件而言,从行为人自身从事相关行业的具体经验出发,结合其排污的具体方式,其实比较容易认定其对排污行为具有故意,

[①] 即"在饮用水水源一级保护区、自然保护区核心区排放、倾倒、处置有放射性的废物、含传染病病原体的废物、有毒物质的"。

[②] 福建省宁德市中级人民法院刑事裁定书〔2015〕宁刑终字第88号。

由于无须造成严重侵害人身伤亡或公私财产损失即可成立犯罪,认定行为人故意实施了排污行为并不困难。

但是,若有证据表明,行为人确系过失而实施了上述行为,则不应认定行为人构成污染环境罪。

【案例2】赵某、王某某、谢某某污染环境罪案。[①] 2017年1月17日上午,遵义精星公司环保负责人赵某安排公司杂工王某某、谢某某将公司应急池中沉淀后的生产废水排放至二级沉淀池。赵某待王某某、谢某某将钢丝软管一端放入应急池,一端放入应急池外暗沟后离开。后王某某、谢某某按公司其他人员安排去卸货,未在现场值守。3名被告人均未返回现场检查。其间,钢丝软管从暗沟内迸脱至水泥地上,导致应急池中的废水及污泥从水泥地板上流至公司围墙外,其中一部分蓄积在围墙外的水泥沟内,现场发现围墙外水泥沟内有约20米长的蓝色排污痕迹。环保部门对污染物进行了检测,显示镍超标54倍,铜超标169倍。法院认为,3名被告人工作严重不负责任,造成严重污染环境的后果,构成污染环境罪,分别判处有期徒刑6个月至1年并缓期执行。[②]

此案中,3名被告人均因疏忽大意,导致污染物被排放到工厂外的水沟,并未实施故意排放污染物的行为。而法官因将该罪罪过理解为过失,对其以污染环境罪定罪量刑,无论与该罪刑事立法还是相关刑事司法解释的规定精神均不无抵牾而令人难以认同。

总之,对于污染环境罪中的行为犯,即2016年《环境污染刑事解

---

① 贵州省遵义市汇川区人民法院〔2017〕黔0303刑初284号刑事判决书。
② 上海市第二中级人民法院〔2009〕沪二中刑终字第461号刑事裁定书。

释》第 1 条第 1 项至第 7 项所列举的行为，行为人只要实施了其中之一，严重污染环境结果的发生就不证自明。尽管如此，司法机关仍须举证证明的是，行为人对于上述 7 类行为的实施，主观上出于直接故意，即认识到自己实施的是污染环境行为，并且希望污染环境后果的发生。而若有证据证明行为人实施上述 7 类行为时，主观上并不具有犯罪故意，即使造成严重污染环境的后果，也不成立污染环境罪。当然，虽不构成污染环境罪，但如果构成过失投放危险物质罪等其他过失犯罪，则以其他犯罪追究行为人的刑事责任。

（二）污染环境罪之结果犯的间接故意认定

所谓污染环境罪中的狭义结果犯，是指从危害行为实施终了到法益侵害之特别结果即分则之法定危害结果的发生，中间存在一定时间间隔的犯罪。对于此类犯罪，如要将分则之法定危害结果归责于行为人，则必须根据案件事实，进行刑法上的因果关系是否成立的证明与判断即归因，而不能简单地以行为人实施了某种污染环境的危害行为为据，就认为该行为符合相应的犯罪构成从而归责于行为人。按照 2016 年《环境污染刑事解释》的规定，此类狭义结果犯具体指第 1 条第 9 项至第 17 项所列行为，即行为人实施了该解释第 1 条第 1 项至第 7 项所列举的行为以外的其他行为，或者行为人虽然实施了第 1 条第 1 项至第 7 项所列举的行为，但未达到各项规定的具体数量、倍数标准的，必须造成该解释第 1 条第 9 项至第 17 项所规定的危害结果，才能构成污染环境罪。这 9 项所列行为，实际上是 2011 年《刑法修正案（八）》出台以前，成立重大环境污染事故罪所要求的法定危害结果的延续，其具体内容基本上沿袭了 2006 年《环境污染刑事解释》的相关规定。笔者以为，这 9 类行为的构造，其实是典型的间接故意犯罪适例,即不仅行为人对其污染环境行为在主观上出于间接故意,而且客观上以危害结果的发生作为犯罪成立必要条件的狭义结果犯,因而这9种情形不存在污染环境罪之未完成形态的认定,而只涉及污染环境罪之基本犯罪是否成立,以及综合案件量刑情节确定基本量刑幅度和加重量刑幅度的适用问题。

贯彻上述观点,是否会在理论上产生不当限缩污染环境罪的处罚范围,从而导致处罚漏洞的产生?笔者以为,当然不会。这是因为,在实践中,依据2006年《环境污染刑事解释》的规定,认定行为人成立污染环境罪的案件本就十分少见,[1] 这也是2011年修法的主要原因,而为数不多的重大环境污染事故罪判决表明,行为人实施污染环境行为基本上出于故意,即便对污染环境危害结果,其实也往往出于间接故意。

兹举三例进一步说明。

【案例3】被告人李甲雇用他人将工业废水倾倒入污水池内,该工业废水通过下水道管道流入河中,造成河流与周边鱼塘、农田大面积污染,各类财产损失总计数十万元。[2]

【案例4】被告人杨某在开办纸厂的过程中,将含有有毒有害物质的污水通过干渠排入当地水库中,致使城市供水系统被污染,断水3天。[3]

【案例5】被告人林某兴建化工厂后,在还没有进行环保验收的情况下,就投入试生产运行。在这一过程中,该工厂排放了大

---

[1] 截至2023年7月13日,在中国裁判文书网上以"重大环境污染事故罪"为案由,仅检索到16份法律文书。
[2] 上海市第二中级人民法院〔2009〕沪二中刑终字第461号刑事裁定书。
[3] 《最高人民法院公报》1999年第2期。

量污水，造成沿途的农田、河沟遭受氟化物污染，多人饮用该被污染的水后出现中毒症状。①

上述3个案例中，行为人均是相关污染企业的经营者，在并未建立任何设施的情况下就从事生产经营，基本可推定行为人对于排污行为的实施，不仅主观上均出于故意，而且对污染行为造成的后果其实亦有预见，在既未采取任何措施阻止污染环境后果发生，又没有任何历史经验法则使其轻信污染环境后果最终不会发生的情况下，行为人对于污染环境后果的发生至少存在侥幸心理的放任，而非排斥、拒绝、反对污染环境后果发生的过于自信的过失。因此，即便依据2011年修正前的第338条的规定，认定构成重大环境污染事故罪，法理上其实也十分牵强而难谓合理。而这既是刑法修正之前的重大环境污染事故罪每年判决数基本保持在个位数的主要缘由，也是2011年修法时立法者努力打破的瓶颈。刑法修正之后，在将污染环境罪确定为故意犯罪的情况下，对于间接故意导致严重污染环境结果发生的，固可依法论之以污染环境罪；对于间接故意实施污染环境行为，但过失造成特别严重后果发生的，也仍可以污染环境罪的结果加重犯处理；而对于可能存在的过失实施污染环境行为，又对尚未达到"后果特别严重"程度的重大污染环境后果的发生出于过失而非基于故意的，则可依据具体案件事实，或者以相应的过失危害公共安全犯罪如安全事故类犯罪进行刑事和行政双重制裁，或者仅按环境法等前置行政法和侵权法等前置民商法进行行政处理和民事侵权归责。

行文至此，还需指出的是，2016年《环境污染刑事解释》第1条第8项"违法减少防治污染设施运行支出100万元以上的"，以及第9

---

① 四川省雅安地区中级人民法院〔1999〕雅刑终字第59号刑事判决书。

项规定的"违法所得……30万元以上的",规定的既不是污染环境行为,也不是污染环境行为所导致的结果,而更多是对可以作为推定行为人故意实施污染环境行为的线索的规定。如将其直接作为认定污染环境罪的依据,无疑存在理论上的障碍,实应在司法适用中注意避免。换言之,司法机关可以据此推定行为人具有污染环境的间接故意,但一般不宜直接以此为据认定行为人的行为构成污染环境罪。

第十二章　代孕治理：时代之问与中国抉择

作为现代生物技术发展的产物，代孕是近几十年来出现的新兴产业。根据布莱克法律词典的定义，"代孕"是指"为他人怀孕并生产的过程"，是人类辅助生殖技术的一种。一方面，代孕产业出现的根本原因，源于人类刻在DNA中的繁衍本能；另一方面，其对传统伦理产生的巨大冲击，与女性平权运动的尖锐矛盾以及可能带来的诸多法律问题，则使其从诞生之初就饱受争议。2021年初，某女明星代孕并疑似弃养的新闻，更是将"代孕"问题推上风口浪尖，瞬间成为全民热议的话题。随着事件的发酵，除代孕本身的问题外，"弃养"等隐藏的深层次问题也引起了全社会的广泛关注。

实际上，我国对"代孕"问题的相关讨论由来已久，2011年轰动全国的广州八胞胎事件，以及屡见不鲜的关于代孕地下产业的新闻报道，使得代孕引发的伦理和法律问题一直是学界研究的热点。尤其是近年来，受环境污染、过早婚前性行为、性传播疾病感染、人流药流次数增加、工作压力大、生育年龄延迟等因素影响，不孕不育发病率呈现一定上升趋势。据2018年中国人口协会、国家卫健委发布的数据，中国育龄夫妇不孕不育率从20年前2.5%~3%攀升到12%~15%

左右，患者总数达5000万人。因此，代孕成为不孕不育者"病急乱投医"的一条路径。① 然而，辅助生殖技术（包括人类辅助生殖技术和人类精子库）属于限制性应用的特殊临床诊疗技术，其应用除医学问题外，还涉及社会、伦理、法律等诸多问题，我国早在2001年《办法》中就明确规定，"医疗机构和医务人员不得实施任何形式的代孕技术"。一边是强烈的市场需求，一边是规范的禁止要求，在巨额非法利润诱惑下，"灰色"甚至"黑色"的地下"代孕"遂"应运而生"，并日益猖獗。尤其在新冠疫情影响下，以往的出国代孕不再方便，国内"代孕"黑市愈加畸形"繁荣"。这些非法"代孕"，承诺"零风险"，提供供卵、移植、性别选择、代孕、亲子鉴定等"一条龙"服务，因代孕引发的诈骗犯罪、抚养权争议、继承权纷争、监护权争端等，在频频见诸媒体报端的同时，凸显了因代孕而潜滋暗长的一系列法律、伦理、社会、医疗等风险，乃至成为我国人口政策重大调整所亟须解决的重大时代课题。笔者以为，让自然孕育"客观不能"的夫妻"有路可走"，合理合法地实现生育权，同时对具有刑事不法性的非法组织代孕等保持高压态势，行刑联动科学共治，从而实现代孕治理的天理、国法、人情的统一，既是中国特色社会主义法治建设对代孕这一时代之问的应有回应，又是刑法对我国人口政策施行提供有力保障的应有抉择。

第一节 代孕行为：合法化争议与规制现状

代孕行为从出现之初，就因其巨大的伦理争议，一直处于应否合

---

① 黄筱、帅才、董小红：《隐患重重：代孕市场成猖獗黑市》，经济参考报网，2021年1月27日（链接日期），http://www.jjckb.cn/2021-01/27/c_139700380.htm，2022年12月1日（引用日期）。

法化的论争旋涡，不仅否定论者与肯定论者各执一端，而且各国立法态度也迥然有异。

一 代孕合法化的理论争议

对于代孕行为的合法化，否定论者主要是从维护生殖伦理秩序、保障人的尊严、防止对贫困妇女的剥削压榨等角度来证成其观点。在否定论者看来，法律不仅要保障人的生存、繁衍，更要保障人有人格、有尊严地活着。首先，在生物学层面。生育的实现，以生育主体具有健康的生育能力为前提，在不具备此前提的情况下，所谓的"生育权"本就不存在，客观上不存在被限制或被侵害的可能。因此，这种所谓的"权利"，根本就不应当诉诸法律予以保护，更不应当被视为人的基本权利。其次，在制度目的层面。禁止代孕所实现的维护人类尊严、保护后代利益、维护代孕母亲的身体健康等利益，远远超过肯定论者只关注委托者想要一个与自己有基因关联的孩子这样一个狭隘、自私的利益需求。最后，在价值导向层面。若允许代孕，则实际上意味着，法律允许一个母亲泯灭人性，将生育这一神圣的生命延续过程作为牟利的工具，这样的法律显然缺乏人性基础，尤其是与中华传统文化向来格外重视亲情、感情和伦理的价值导向格格不入。所以，有必要在现有禁止医疗机构和医务人员从事代孕服务的基础上，进一步扩大禁令范围，禁止普通公民和代孕机构从事代孕行为。[1]

肯定论者则主张，生育既是生命个体的自然权利，也是法定权利，不应被随意剥夺，通过代孕，代孕母亲可以获得丰厚报酬，改善生存状态，寻求代孕者可以实现获得子嗣的愿望，互利共赢，没有禁止的

---

[1] 刘长秋：《代孕的行政规制模式研究》，《行政法学研究》2013年第4期。

理由。如自然权利说者认为,中国传统的儒家生育文化观向来主张"天地之大德曰生""地有余而民不足,君子耻之""广土众民,君子欲之""诸侯之宝有三:土地、人民、政事"等等,生儿育女、延续香火、繁衍后代,是人的基本需求,是一种家庭义务,也是人性的表达方式,生育权是一种基本人权。因此,不仅要生育,还要尽可能多生,以更好地履行社会责任和国家义务。① 其中,法律权利说者主张,在国家法上,生育权也是公认的一项基本人权,"从事实层面来说,代孕是实现生育权的一种方式。要禁止代孕,特别是禁止那些不能怀孕、不宜怀孕者寻求代孕的协助,就必须要有充分的根据,必须符合法律保留原则与比例原则的要求"。② 进而认为,现行法规对代孕行为采取一律禁止的做法,违背法律保留原则与比例原则,有失妥当。1968 年国际人权大会通过的《德黑兰宣言》明确指出,"父母享有自由负责地决定子女人数及其出生间隔的基本人权"。这表明,生育权也是被国家法承认的基本人权。而功利主义者则认为,代孕母亲不仅帮助受术夫妻有了孩子,使之有机会建立完整的家庭,而且代孕母亲也通过代孕实现了代孕动机(获得巨额收入)。因此,"妊娠型代孕"是"生殖互惠"的体现,其不仅没有对代孕母亲造成剥削,而且对代孕母亲和受术夫妻有利,增加了整体的福利。"妊娠型代孕"作为解决女性不孕的一种重要方法和有效手段,其临床应用具有一定的伦理正当性与道德合理性。③

---

① 曹永福:《"代孕辅助生殖"作为一项权利的伦理论证》,《山东大学学报(哲学社会科学版)》2017 年第 4 期。
② 王贵松:《中国代孕规制的模式选择》,《法制与社会发展》2009 年第 4 期。
③ 孔德猛、刘沣娇:《从"生殖互惠"的视角对国外"妊娠型代孕"生育的研究》,《科学技术哲学研究》2020 年第 5 期。

二 代孕合法化的域外考察

与理论上的巨大争议相应，域外各国和地区对代孕行为的相关立法也存在重大差异，大陆法系主要国家大多持否定态度，在立法上完全禁止代孕；英美法系主要国家则对代孕持较为宽容的态度，在不同范围内有条件地许可代孕。根据是否以立法的形式承认代孕行为的合法性，大致可分为允许有偿（商业）代孕、仅允许无偿（非商业）代孕和明确禁止代孕3种情况。

（一）允许有偿（商业）代孕

在美国，联邦法律对代孕未作统一规定，各州关于代孕的立法亦各有别，但总体上，除极少数州明确禁止代孕外，大多数州都在不同程度上允许有偿代孕。其中，加利福尼亚、新泽西、内华达、华盛顿、哥伦比亚特区等11个州对有偿代孕最为宽容，所有父母都允许代孕，并且支持 Pre – Birth Order（即代孕委托方在代孕婴儿出生前就可以要求把其名字作为家长加在代孕婴儿的出生证明上）；佛罗里达、纽约、得克萨斯、佐治亚、犹他等31个州的法律明确允许有偿代孕，但若产生纠纷，其结果还需要由法院视具体情况而定，例如，佛罗里达州对代孕父母有限制并且不支持 Pre – Birth Order；爱达荷、田纳西、弗吉尼亚和怀俄明这4个州对待商业代孕的态度较为暧昧，没有明确允许或禁止，有关代孕纠纷案件的判决也时常不一致；印第安纳和亚利桑那州则明确规定代孕合同无效，因而在这些州进行代孕风险较大；路易斯安那、密歇根和内布拉斯加州则明确禁止商业代孕，如在路易斯安那州，无偿代孕受到严格限制，有偿代孕则将受到刑事处罚。同时，各州相关法律也在不断变化中，如纽约就在2020年通过了新的"儿童—父母安全法案（CPSA）"，从禁止代孕变为允许代孕,并于 2021 年 2 月 15 日生效。而"在各州中最具代表性的是加利福尼亚,它对代孕秉持完全开放的包容态度,其法律得到了西方寻求代孕群体的广泛认同"①。

相较美国,俄罗斯对代孕的要求则极为宽松,不仅允许商业性代孕,而且允许单身人士作为代孕主体的委托人。为了保障代孕各主体的利益,俄罗斯颁布了一系列保障措施,如《俄罗斯联邦家庭法典》规定了关于代孕子女亲子关系认定的条款;《俄罗斯联邦健康保护法》对代孕技术的限定、代孕母亲的适格条件,如年龄、健康状况、生育情况、配偶知情同意,以及委托人的医疗证明出具等,进行了明确的规定。② 近年,俄罗斯国家杜马议员小组拟定了一项与俄罗斯代孕相关的法律草案,明确禁止俄罗斯妇女为外国人提供代孕服务,拟收紧对代孕的监管,但该草案目前尚未提交审议。

而印度则因其对代孕的过度纵容被称为"世界代孕中心",给其国际形象带来很大负面影响。为此,印度内政部自 2012 年 7 月起收紧了外国公民在印度寻求代孕合同的资格标准,并从 2015 年 11 月开始进一步限制了医疗签证的分配,禁止外国国民和印度裔人士或印度海外公民持卡人在印度委托代孕。2019 年,《代孕(管理)法案》在坚持 2016 年禁止商业性代孕立场的基础上,③ 增加了采取新措施来保护代孕母亲和委托父母的内容,规定代孕仅适用于不育的代孕"近亲",并限定为印度公民,同时对双方的年龄、婚姻状况、健康和住址等进行

---

① 席欣然、张金钟:《美、英、法代孕法律规制的伦理思考》,《医学与哲学(人文社会医学版)》2017 年第 7 期。
② 陈鹤文:《域外代孕亲子关系确认规则研究》,《医学与法学》2020 年第 4 期。
③ 2016 年,印度联邦内阁通过了《代孕(管理)法案》,却因议会休会时未采取表决措施而失败。尽管如此,该法案对规范印度的代孕实践还是发挥了积极作用。受该法案影响,医疗实践中,各机构一般都会对代孕条件作出一定限定,如规定代孕母亲必须已婚且有过生育经历并征得丈夫同意等。

了限制性规定,商业性代孕则被全面禁止。该法案已于2019年8月在印度下议院获得通过。

(二) 允许无偿(非商业)代孕

加拿大2004年《辅助性人类生殖技术法》(AHRA)规定,在除魁北克省以外的其他地区,允许非商业代孕,[①] 并适用于所有家庭类型,包括单亲父母、异性伴侣和同性伴侣。这意味着妊娠代理者无法获得任何形式的经济补偿,但预期的父母需负责妊娠代理者怀孕期间发生的费用,如产前维生素、孕妇装、医疗问诊所产生的交通费、赔偿工资损失。同时对实施有偿代孕的中介机构、医疗机构等规定了监禁等刑罚,以规制商业代孕行为。

作为第一例试管婴儿的诞生地,英国极其重视生殖技术应用立法,早在1985年、1990年就先后分别颁布了《代孕协议法》《人类受精与胚胎学法》,对代孕等人工生殖和胚胎研究予以法律规制,将利他的治疗性代孕作为一种治疗不孕症的法定手段,依法保障不孕者获得治疗和拥有孩子的权利,对非商业性代孕整体上持宽容态度,并允许委托夫妻向代孕者支付报酬,但禁止商业性代孕,任何组织或个人以商业目的所进行的与代孕有关的倡议、斡旋、要约、承诺以及信息收集行为均为犯罪行为。[②]

荷兰同样禁止商业代孕,允许非商业代孕。《荷兰刑法典》第151b条规定,有偿代孕构成犯罪,但其1998年的人工授精管理声明,接受无偿代孕。[③] 与英国法律模式不同的是,在荷兰,代孕协议的合法

[①] 肖永平、张弛:《比较法视野下代孕案件的处理》,《法学杂志》2016年第4期。
[②] 潘荣华、杨芳:《英国"代孕"合法化二十年历史回顾》,《医学与哲学(人文社会医学版)》2016年第11期。
[③] 王萍:《代孕法律的比较考察与技术分析》,《法治研究》2014年第6期。

性并未得到承认；而与英国立法相同的是，《荷兰民法典》规定，代孕母亲是代孕所生子女的法定母亲，至于意向母亲，则可通过法院裁判的方式取得监护权。尽管荷兰法院对此前后态度不一，但委托代孕的夫妻为了稳定法律关系，通常会在满足法律要求的情况下进一步寻求通过收养程序取得明确的亲权。

而在泰国，由于其立法对代孕规定阙如，加之对医疗临床上的代孕尤其是商业性代孕多持纵容态度，使得泰国成为很多外国人眼中的"代孕工厂"。2014年11月27日，泰国国家立法议会通过了《保护通过辅助生殖技术出生的儿童法（草案）》。该法完全禁止商业性代孕，规定任何人付费或者基于报酬而为他人代孕均属违法行为。不仅如此，该法对利他性代孕条件和程序也进行了严格规定，并明确禁止代孕中介以及通过广告等方式宣传代孕。依据该法，任何人进行商业性代孕可以被判处最高10年监禁和不超过20万泰铢（约合6090美元）罚款。2015年7月，《保护通过辅助生殖技术出生的儿童法》正式生效，标志着泰国开始步入依法规制代孕时代。[①]

（三）禁止代孕

德国可谓严格禁止代孕的代表，无论代孕机构还是居间人，均面临严厉的刑事制裁。其规制代孕行为的禁止性规范，主要体现在《胚胎保护法》和《收养介绍法》两部法律之中。其中，1991年实施的《胚胎保护法》，禁止所有的代孕行为，并对违法实施代孕手术的人处以3年以下有期徒刑及罚金（代孕母亲愿意抚养代孕子女的情况除外）。[②]

[①] 齐湘泉、安朔：《跨境代孕法律规制研究——兼议跨境代孕产生的亲子关系认定》，《中国青年社会科学》2021年第5期。

[②] 陈鹤文：《域外代孕亲子关系确认规则研究》，《医学与法学》2020年第4期。

法国没有专门的代孕立法,相关规定分散在《生命伦理法》《民法典》及《刑法》之中。其1994年颁布的《生命伦理法》禁止任何形式的代孕技术和代孕行为,否认代孕合同的合法性,并依"分娩者为母"原则,认定代孕母亲为代孕子女的法定母亲且不得随意放弃亲权;经2004年修改,该法并入了《公共健康法》,虽然作为法律形式的该法消失了,但其所体现的内涵仍具有重要意义。此外,《法国民法典》规定,委托第三人生殖、怀孕的协议违法。至于《法国刑法典》,则禁止任何违反《公共卫生法典》的医疗辅助生育活动(包括代孕行为),并对此类行为处以5年监禁和7.5万欧元罚金。①

同样,日本目前亦无专门的代孕立法,但有规范医疗机构的行业规则。由于行业规则在日本医疗行业有着至高的地位,不遵守行业规则的医疗机构根本无法生存,因而在涉及代孕的相关事务上,日本的医疗机构已实现高度自治,国家行政介入的空间十分有限。2003年日本产科妇人科学会在其发表的《关于代理怀胎之见解》中提出,不论有无对价,该科学会的会员机构不得参与代理怀孕的辅助医疗,也不得作为代理怀孕的居间人;2003年日本繁殖辅助医疗技术专业委员会形成《关于精子、卵子、胚胎的提供繁殖辅助医疗制度整备报告书》,规定优先考虑代孕子女的利益,不得将他人作为繁殖工具;2008年形成的《以代孕为中心的人工生殖技术问题报告书》不仅明确表明禁止代孕的立场,而且对从事商业性代孕的医疗机构和医疗工作者予以惩罚。②

而在韩国,学界通说虽然否认代孕的法律效力,却无法回应现实中随着辅助生殖技术的进步而不断增长的代孕需求。代孕立法的缺失

---

① 陈鹤文:《域外代孕亲子关系确认规则研究》,《医学与法学》2020年第4期。
② 李雨涵:《日本代孕法律问题研究》,《医学与法学》2019年第4期。

使代孕法律问题只能适用现行民法,但现行民法具有局限性,难以妥善应对复杂的代孕纠纷,专门针对代孕进行立法规制的急迫性和必要性日益突出。为此,韩国近年来一直努力尝试代孕立法,从已提交国会但最终未能实施的相关立法案中可以看到韩国代孕立法的发展动态和对代孕所持的不同立法取向。[①] 一是《体外受精等相关法律案》,对代孕母亲的定义做了概括,对代孕母亲资质、实施代孕的委托条件、代孕的限制、代孕子女认领、代孕机构设立等方面,都提出了较为明确具体的立法建议。二是《医疗辅助生育相关法律案》,原则上否定了所有类型的代孕,并把代孕母亲定义为"自己怀孕生产的女性",在否定代孕协议效力的同时,主张支付代孕母亲因生产发生的实际费用的约定应当有效。三是《生命伦理法》修订案,禁止有偿代孕的中介行为,其新设的第13条之二第1项规定,"通过中介介绍达成的代孕协议无效并禁止医生为其实施代孕技术",并在第51条中规定了相应的惩戒措施,对违反者处以3年以下徒刑。四是《辅助生殖相关法律案》,第1条明确规定"辅助生殖技术一定要以确保女性健康、尊重胚胎生命尊严为基本前提";第2条对代孕母亲作了界定,具体指"受有抚养意愿的他人委托,以交付子女目的通过辅助生殖技术怀孕生产的女性"。该法案提议禁止代孕及代孕中介行为,对于违反者按法案第4条第4号规定:"处于三年以下的徒刑并同时处韩币五千万元以下的罚款。"

三 代孕合法化的中国现实

在我国,从社会道德和舆论层面来说,代孕几为"千夫所指"。在

[①] 贾一曦:《韩国代孕法律问题研究》,《北方论丛》2018年第1期。

2021年初新闻所引发的讨论中，认为代孕物化女性生育权、冲击社会基本秩序、应当被明令禁止的声音占据了绝对主流；而在法律上，尽管代孕未被明令禁止，但国务院卫计委曾先后发布多项部门规章，禁止相关医疗机构和技术人员提供相关服务，除2001年《办法》第3条外，2003年《规范》和《人类辅助生殖技术和人类精子库伦理原则》（以下简称2003年《原则》）重申，相关技术人员和医务人员不得实施代孕技术，进一步明确了代孕机构和实施相关技术行为的非法性，表明了国家禁止代孕的基本立场。但是，代孕产业在我国并没有因此销声匿迹。据《中国新闻周刊》报道，2004～2017年，仅某国内地下代孕机构就已经经手上万名代孕婴儿。[①] 而自2011年我国首例代孕子女监护权纠纷案至今，与代孕相关的民事纠纷已达上百件。可见，即使在我国全面禁止任何形式代孕服务的背景下，现实生活中已无法回避代孕衍生的法律问题。

实践中，依据代孕的具体方式，代孕大致有6种类型：一是代孕母亲提供卵子，与委托夫妻中的丈夫通过自然受孕的方式生产孩子；二是代孕母亲提供卵子，委托夫妻中的丈夫提供精子，通过体外受精的方式培育胚胎后，植入代孕母亲体内，生产孩子；三是代孕母亲提供卵子，委托夫妻提供丈夫以外的其他人的精子，通过体外受精的方式培育胚胎后，植入代孕母亲体内，生产孩子；四是代孕母亲不提供卵子，委托夫妻分别提供精子和卵子，通过体外受精的方式培育胚胎后，植入代孕母亲体内，生产孩子；五是代孕母亲不提供卵子，委托夫妻中的妻子提供卵子，通过与丈夫以外的志愿者提供的精

---

① 王珊：《子宫出租：隐秘的代孕王国》，中国新闻周刊网，2017年2月20日（链接日期），http://www.zgxwzk.chinanews.com.cn/2/2017-02-20/274.shtml，2022年12月1日（引用日期）。

子体外受精培育胚胎后，植入代孕母亲体内，生产孩子；六是代孕母亲不提供卵子，委托夫妻也均不提供精子和卵子，将其他志愿者提供的精子与卵子通过体外受精培育胚胎后，植入代孕母亲体内，生产孩子。

前述6种代孕方式，第一种是通过自然方式受孕，不属于医疗技术上所称的"代孕"，不在辅助生殖技术管理法规的调整范围，亦不在本章的讨论范围之内。其他5种代孕方式均属于医疗技术上所称的代孕，其中，通过第二、三种代孕方式生产的孩子，因使用的都是孕母的卵子，孩子与代孕母亲存在基因联系，具有血缘关系，理论上称为局部代孕。通过第四、五、六种方式生产的孩子，孕母没有提供卵子，只是出租或出借子宫，孩子与代孕母亲没有基因联系，没有血缘关系，理论上称为全部代孕。依据我国关于规制人类辅助生殖技术的管理规范，后5种代孕方式都是被禁止实施的代孕行为。但实际上，代孕技术本身并不违法，国内代孕基本采用"第三代试管婴儿"，通过在体外受精技术的基础上，对配子或胚胎进行遗传学分析，检测其是否有遗传缺陷，选择未见异常的胚胎植入子宫的技术。代孕所采用的体外受精、胚胎移植等辅助生殖技术本身，不仅被科学允许，而且广泛应用于医疗实践。

可见，在我国，可以使用人类辅助生殖医疗技术帮助的合法边界如下：第一，生育活动本身符合国家计划生育政策、伦理原则和有关法律规定。[①] 不符合再生育子女资格者、单身、同性恋者等不具备合法生育主体资格的公民，不能通过辅助生殖医疗技术帮助生育子女。第二，至少是由寻求辅助生殖技术帮助的夫妻中的女方实施生育活动。[②]

[①] 2015年《人口与计划生育法》第17条。
[②] 2003年《规范》。

这表明，所有采用将胚胎植入第三人体内的方式生育子女的行为不仅违法，而且其不法性源自技术实施的对象的法律身份不适格，而不是代孕技术本身是一种违法的技术手段。

至于违法实施代孕行为的法律责任，2001年《办法》第21条规定："违反本办法规定，未经批准擅自开展人类辅助生殖技术的非医疗机构，按照《医疗机构管理条例》第四十四条规定处罚；对有上述违法行为的医疗机构，按照《医疗机构管理条例》第四十七条和《医疗机构管理条例实施细则》第八十条的规定处罚。"第22条规定："开展人类辅助生殖技术的医疗机构违反本办法，有下列行为之一的，由省、自治区、直辖市人民政府卫生行政部门给予警告、3万元以下罚款，并给予有关责任人行政处分；构成犯罪的，依法追究刑事责任：（一）买卖配子、合子、胚胎的；（二）实施代孕技术的；（三）使用不具有《人类精子库批准证书》机构提供的精子的；（四）擅自进行性别选择的；（五）实施人类辅助生殖技术档案不健全的；（六）经指定技术评估机构检查技术质量不合格的；（七）其他违反本办法规定的行为。"前述规定，一方面规定了对于非法实施人类辅助生殖技术的医疗机构、非医疗机构及相关人员的行政处罚；另一方面也严格限制了代孕行为的处罚范围，致使非法组织代孕、寻求代孕帮助、为他人提供代孕的孕母等行为因规定阙如而处罚无据。

不仅如此，非医疗机构、医疗机构及其医务人员违法实施代孕行为，虽然要依法承担行政责任，但刑法却没有代孕构成犯罪的规定，组织他人代孕、为他人实施代孕手术、为他人代孕等行为本身也并不构成犯罪。与此具有较强关联性的规定是2020年《刑法修正案（十一）》新增的非法植入基因编辑、克隆胚胎罪，即1997年《刑法》第336条之一规定："将基因编辑、克隆的人类胚胎植入人体或者动物体内或者将基因编辑、克隆的动物胚胎植入人体体内,情节严重的,处三年以下有期徒刑或者拘役,并处罚金;情节特别严重的,处三年以下有期徒刑,并处罚金。"据此,实施非法代孕行为过程中植入的如果是经过基因编辑的胚胎,则可能以该罪论处,但由于能够实施"植入"行为的只有医疗机构和医疗人员,非法代孕中的其他人的行为,仍然无法进入刑事规制的视野。

然而,"徒法不足以自行",部门规章虽然严格禁止实施代孕行为,但无法杜绝实际大量存在的代孕需求和代孕事实,从而引发大量司法实务难题,如公民生育权的保障、代孕子女的法律地位、代孕中的亲子关系确定、代孕协议的法律效力认定等,在缺乏法律法规和司法解释为处理此类纠纷提供明确依据的背景下,只能由法官结合具体案情,依据基本法理自由裁断,而由于缺乏配套规范,生效判决并不总能得到有效执行。"全国首例人体冷冻胚胎权属纠纷案"即属此例,凸显出公民生育权的法律保障难问题。该案中,江苏宜兴一对"双独"年轻夫妻,通过人体生殖辅助技术在医院冷冻了4枚胚胎,术前双双死于车祸。成为不幸"失独"者的双方父母,为争夺4枚胚胎的处置权对簿公堂,并将拒绝交出胚胎的医院追加起诉为第三人。在我国对胚胎的法律属性尚无明确规定的情况下,二审法院基于伦理、情感和特殊利益保护等因素,依据公序良俗原则,最终确定由4位老人共同监管和处置4枚胚胎。① 然而,司法上虽然肯定了4位老人对胚胎的监管权和处置权,但在现有规章禁止医疗机构和医护人员实施代孕行为的背

---

① 曹永福:《"代孕辅助生殖"作为一项权利的伦理论证》,《山东大学学报(哲学社会科学版)》2017年第4期。二审法院认为,双方"失独"父母与涉案胚胎也具有生命伦理上的密切关联性;遗留胚胎是双方家族血脉的唯一载体,承载着精神慰藉、哀思寄托、情感抚慰等人格利益;胚胎属于介于物与人之间的过渡存在,具有孕育成人的生命的潜质,比非生命体具有更高的道德地位,应受到特殊的尊重与保护。

景下，4位老人事实上无法实现其意图通过监管和处置4枚胚胎培育后代、繁衍子嗣的期望。

一面是值得同情的合理代孕需求无法得到依法满足；另一面却是社会危害严重的非法组织代孕、严重滥用代孕技术等行为，由于缺乏法律依据而无法予以妥当处理。在"贺某奎基因编辑婴儿案"中，贺某奎等人伪造伦理审查材料，招募男方为艾滋病病毒感染者的多对夫妇实施基因编辑及辅助生殖，以冒名顶替、隐瞒真相的方式，由不知情的医生将基因编辑过的胚胎通过辅助生殖技术移植入人体，致使2人怀孕，先后生下3名基因编辑婴儿。[①] 该案虽然以非法行医罪追究了部分相关人员的刑事责任，但按罪刑法定原则，对于案件的定性本身并非不存在争议，而且在该案中还有大量其他参与组织的人员，由于缺乏法律依据，无法对其依法处理。因此，在2020年《刑法修正案（十一）》已将非法植入基因编辑、克隆胚胎行为入罪化的背景下，进一步讨论是否应将情节严重的非法组织代孕行为予以入罪，无疑有着重要的理论意义和实践价值。

第二节 非法组织代孕：失范乱象与不法实质

法律的稳定性与社会的不断发展是一对相伴而生的永恒矛盾。随着经济社会发展、价值观念变迁，一方面，如同性恋、兽奸、亲属间性行为等历史上的犯罪行为，在现代均渐渐为社会容忍而失去了犯罪性。但另一方面，为保障国家、社会、个人利益，维护社会秩序，越

[①] 《"基因编辑婴儿案"贺建奎因非法行医罪被判3年》，中国长安网，2019年12月30日（链接日期），https://baijiahao.baidu.com/s?id=1654324991234735436&wfr=spider&for=pc，2022年12月1日（引用日期）。

来越多的秩序失范行为被纳入犯罪化的行列。例如，我国现行刑法从 1997 年颁布至今，已出台 1 部单行刑法、11 个修正案，增设了大量新罪，这是刑法适应社会发展需要的当然结果。但刑法作为法律体系中的最终保障法，具有补充性与不完整性，只有在前置法不能承担法益保护重任时，刑法才应从"幕后"走到"台前"，担当起法益保护的最后一道法律防线的责任。因此，只有具有严重法益侵害性的行为才应被规定为刑法中的犯罪行为。是故，如要将一种社会"实然"的犯罪规定为规范"法定"的犯罪，则必须证成该行为具有严重的法益侵害性，否则，将其入罪就缺乏实质合理性。就非法组织代孕行为而言，其危害性主要体现在以下几个方面。

一 非法组织境外人员入境代孕

非法组织境外人员入境代孕，妨害国（边）境管理秩序，并存在引发输入性疫情传播的巨大风险。东南亚国家人力成本较低，为降低非法组织代孕活动成本，获取更高的非法利润，行为人从境外大量招募代孕"母体"，非法入境后实施非法代孕。据某省司法机关办案统计，非法"代孕""卖卵"案件近八成是跨国作案。如 2019 年 6 月底开始，被告人石勇伙同"林某""小海"等人，以成功代孕可获得高额报酬为由，先后招揽、安排 8 名越南女子到中国境内从事非法代孕活动，后被以组织他人偷越国境罪追究刑事责任，非法入境的越南女子被遣送出境。[①]有的案件中，行为人甚至采取暴力威胁、非法拘禁、诱骗、没收证件等手段，组织境外女性偷越国（边）境从事代孕。而在新冠疫情期间组织境外人员非法入境实施代孕行为，

---

① 广东省广州市花都区人民法院〔2020〕粤 0114 刑初 429 号刑事判决书。

不仅严重违反国家疫情防控管理规定,而且有引发疫情在国内传播的巨大风险。

二 诱骗学生甚至未成年女性参与"代孕"

非法生殖中介机构打着"爱心赠卵、月入过万""微创无痛采卵""无痛无害、正规操作"的幌子,通过在网络非法植入广告,或是在高校附近,寻觅颜值高、学历高的女大学生。有学生"上钩"后,中介机构常常在其不知情的情况下,安排其在黑诊所里被过量注射促排卵药,以采集尽可能多的卵子。[①] 专家指出,正规医院的取卵手术对环境要求高,必须无菌、恒温,而大部分地下代孕往往寻找非正规诊所取卵,由于缺乏监督,存在消毒不彻底、器械重复使用、操作不规范等风险,若出现过度刺激或者感染,供卵者会有生命危险;代孕母亲在妊娠和生产过程中也有可能遇到生命危险。[②] 而在敖某等人组成的犯罪集团案中,犯罪集团通过诱使签订借款合同、制造虚假给付、肆意认定违约等方式,向9名被害人(其中8名未成年人)实施"套路贷"诈骗,并采取威胁、恐吓、诱骗等方式迫使被害人"以贷还贷""卖淫卖卵"偿还债务,其中未成年被害人陈某为偿还债务先后4次卖卵,2次因卖卵导致卵巢过度刺激综合症住院治疗,对其身心造成巨大伤害。

[①] 黄筱、毛一竹、帅才:《触目惊心,"取卵黑手"伸向女大学生》,经济参考报网,2021年2月24日(链接日期),http://www.jjckb.cn/2021-02/24/c_139762914.htm,2022年12月1日(引用日期)。

[②] 黄筱、帅才、董小红:《隐患重重:代孕市场成猖獗黑市》,经济参考报网,2021年1月27日(链接日期),http://www.jjckb.cn/2021-01/27/c_139700380.htm,2022年12月1日(引用日期)。

三 衍生收受贿赂、伪造出生医学证明等犯罪

代孕中介通过与医疗机构勾结，通过使用与实际孕妇身份信息不符的资料，为代孕女子安排产检、办理入院手续、剖宫产手术等事宜，隐瞒代孕事实，使代孕女子所生婴儿顺利以客户夫妻双方或单方的身份信息办理出生医学证明（出生证），从而可以在后续环节上户口并办理身份证，其行为涉嫌伪造国家机关证件罪。在具体做法上，一种是在代孕妈妈即将分娩前，代孕公司先安排客户和另一名女子假结婚，后安排代孕妈妈前往私立或公立医院分娩，但登记、建档的信息却是和客户假结婚的女子的信息。打点关系后，院方不去核查登记信息是否和分娩女子一致，即出具相应《出生医学证明》。上户口后，客户再与假结婚的女子离婚。而更为直接的，则是用假身份证登记产妇信息，获取《出生医学证明》。多份裁判文书显示，有代孕妈妈分娩后使用假身份证等方式，用他人信息登记产妇信息、更换《出生医学证明》上的生母姓名，从而将孩子户口登记到需求方名下。而在一则刑事判决中，3名医生明知新生儿的母亲信息失实，仍开具虚假《出生医学证明》，并收受贿赂。作为婴儿父亲的客户，先与孩子做司法亲子鉴定，再到户籍所在地谎称"没结婚，但孩子母亲跑了"，从而实现随父一方上户口。这种做法在男同性恋客户中很受欢迎。甚至有代孕机构为方便给代孕婴儿上户口，会与医院打点好"关系"，长期合作。① 上述乱象，既反映出当前医疗机构在入院登记、病历建档、产妇信息管理、制发出生证过程中存在操作漏洞、监管不力的问题，更给公共医疗卫生管

---

① 秦山、卢妍、范宁静等：《地下代孕市场调查① | 疫期订单增加，88万"包成功包性别"》，澎湃新闻网，2020年9月9日（链接日期），https：//www.thepaper.cn/newsDetail_forward_9080115，2022年12月1日（引用日期）。

理和户籍管理秩序带来严重危害。

四 形成组织严密的非法代孕产业

非法代孕产业分工协作、组织严密，同时助长了倒卖医学信息的犯罪行为。目前，代孕已形成完整黑产业链，组织人员分工明确。在产业链的前端，有专人负责寻找、招募甚至诱骗女性成为代孕对象，并协助境外女性入境；在产业链中端，安排人员专门负责代孕人员的日常管理；在产业链的后端，有人专门寻找、联络代孕需求者，安排医疗机构进行代孕手术。如江某等组织多名越南籍女子从越南谅山偷渡至我国广西壮族自治区凭祥市，然后带到广州市白云区太和镇从事非法代孕，从中非法牟利。其中，江某等注册成立公司经营试管婴儿和代孕业务，公司内有多名员工负责客户接待、财务出纳等。当有客户需要找代孕时，曾某便联系越南籍人员，介绍越南女子到国内进行代孕，组织偷渡入境，并负责翻译。代孕女子入境后，曾某带她们到广州女子医院进行体检，体检合格后由江某实施代孕手术，并集中居住在曾某提供的出租屋内，由专人看管日常起居。10多名代孕女子被安排集中居住在曾某的两层出租屋内，她们没有出租屋钥匙，身份证件也被没收，不允许外出，当要外出体检及手术时，还要被蒙住双眼，由专门人员开车接送。与此同时，随着代孕市场的发展壮大，医院工作人员在"物色客户—筛选适格母体—胚胎提取和植入母体—生产—办理出生证明"的"代孕"黑产业链中扮演的角色不可忽视。有的医院工作人员出售"不孕不育"患者信息，为"代孕"中介拓展"客源"；有的下班做"兼职"，取精取卵、胚胎植入手术是代孕产业链中"最暴利"的环节，一个试管婴儿可获得6万至12万元的"好处费"；有的违法向"代孕"中介透露胎儿性别，为"代孕"中介议价提供筹码；有的向代孕中介出售其他孕妇的 B 超、胎儿性别信息和产检资料等信息，为出具盖有医院公章的出生证明提供虚假佐证，使得通过"代孕"的非婚生育孩子能够顺利办理户口。

五　挑战传统生育秩序与道德伦理

代孕市场乱象丛生侵害婴儿及多方权益，对传统生育秩序与道德伦理构成巨大挑战。代孕这一行本身就是一个"地下产业"，代孕公司很难做到100%真实和透明，"欺诈"客户的现象比比皆是，"换卵"和"隐瞒婴儿患疾"尤为突出。客户面试相中供卵者后，代孕公司会将价钱高的更换为价低的，等到孩子已经怀上甚至分娩，客户也不可能不要，"毕竟是他的儿子，只不过母亲不一样"。一些代孕公司在婴儿孕育过程中发现存在健康问题，为避免损失，会向客户隐瞒病情，或者提供一张完全健康的报告。客户得到孩子几周或者几个月后，一些疾病便会显现，但此时代孕公司既不会认账，其与客户签订的合同或协议因违法又无效，客户只能吃"哑巴亏"。此外，代孕市场还存在实验室管理混乱，导致代孕所生婴儿非亲生的荒唐现象。而在伦理层面，被曝出的绝大部分是有偿代孕，意味着女性的子宫和生出来的孩子都被商品化，故孩子如有先天缺陷、残疾，则很有可能被遗弃，或者被代孕机构当作"失败品、残次品"另行处理，或者被所谓的"客户"直接要求弃养、退货，甚至有男同性恋客户交了钱，在孩子即将出生时，因和"另一半"分手，反悔不愿再要孩子从而"人间蒸发"。这一切都极大地挑战了社会的法律、道德和伦理底线。

第三节　科学共治：应然选择与法律完善

生殖与遗传领域的前沿研究表明，代孕的实施及技术应用涉及科学、伦理、安全等多方面因素，仍然充满未知风险，必须在合法、合乎伦理的范围内谨慎开展，需要进一步加强包括代孕在内的人类辅助生殖技术管理，促进技术的规范、有序应用，这对于保护生殖健康、提高出生人口素质、促进家庭幸福与社会和谐具有重要意义。

一 代孕合法化的立场选择

社会政策的立场选择，不是精确的数量计算，而是"痛苦"的价值判断。从宽宏的历史维度评价一项社会政策，或许难言对错，但不同的价值引领，终将铸造不同的世界。很少有话题能像代孕这样触动全世界人们的敏感神经，或许是因为它与"我们从哪里来""我们终将往哪里去"的终极话题密切相关吧。今天，有代孕需求的人群仍然相对弱势，但在高离婚率、低生育率、单亲家庭剧增、婚外生育盛行、对独身、同性婚姻日渐包容等社会不断演进变迁的趋势下，代孕终究将在人类繁衍的方式中扮演何种角色，尚难定论，但需求不断增多无疑是不争的事实。"青山遮不住，毕竟东流去"，稳妥的立场无疑是有限许可、合理规制、探索前行。

一是必须正视的巨大需求。2021年，国家卫健委办公厅印发《人类辅助生殖技术应用规划指导原则》，以指导各省（区、市）推进人类辅助生殖技术及人类精子库的规范有序应用。为增强针对性，其附录部分介绍，2018年全国31个省份接受体外受精治疗周期的人数为1082192人。而据公开报道，2018年全国出生人口数量为1523万人，百万常住人口中接受体外受精治疗周期数，排名前十位的分别是上海3894人、北京2900人、广东1359人、海南1145人、广西1045人、浙江1003人、辽宁972人、天津830人、山东773人、陕西729人，全国平均数是775人。虽然前述数据统计的都是在正规医疗机构接受体外受精治疗的人口数，但仍然反映出需要接受体外受精治疗的人口数量的庞大。而这些合法需求的背后，势必存在大量无法通过合法途径满足生育需求的人群，在缺乏合法化出口的背景下，汹涌的代孕需求不可避免地催生出代孕黑市，对此，若选择"鸵鸟政策"视而不见，显然并非良方。

二是需求背后的汹涌民意。2015年，全国人大常委会在对《人口与计划生育法》进行修改时，原拟新增规定："禁止买卖精子、卵子、受精卵和胚胎，禁止以任何形式实施代孕。"国家卫健委在介绍修改缘由时指出，这主要是考虑到现有规制代孕问题的规定散见于部门规章，适用范围窄、位阶低，无法对日益猖獗的代孕"黑市"实施有效打击。因此，拟在《人口与计划生育法》新增前述规定，从法律层面对非法代孕行为予以禁止。但在法案审议过程中，许多委员提出不同意见，认为代孕问题错综复杂，是否应当全面禁止，以及全面禁止是否有效，还需要进一步研究和征求意见。同时，此次修订的中心任务是落实"全面二孩"的计划生育制度改革，禁止代孕是否和这一政策目标相抵触，需要谨慎权衡；还有委员认为，对于代孕不应一棍子打死，应改"禁止代孕"为"规范代孕"。① 虽未达成共识，但在2015年通过的《人口与计划生育法》中，这条规定还是被删除了。这无疑反映了人民群众的心声，人民群众的正当需求必须予以重视和关切，否则极易引发社会矛盾和风险。"综观其他国家和地区对代孕行为立法态度的转变历程，特别是与大陆文化根基相同的我国台湾地区"，可以说，"有限开放代孕已是大势所趋"②。

三是不宜用法律绝对禁止道德争议问题。如前所述，代孕采用的

---

① 刘碧波：《代孕的立法与司法问题》，《学术交流》2017年第7期。
② 任巍、王倩：《我国代孕的合法化及其边界研究》，《河北法学》2014年第2期。

生殖辅助医疗技术本身并不违法，都是已经在广大不孕不育患者身上使用的成熟技术，以代孕会侵害孕母的身心健康、损害婴儿健康等为由反对代孕，说服力有限。正如美国新泽西州一位法官在判决中写道："如果一个人有权以性交的方式生育，那么他就有权以人工方式生育。如果生育是受到保护的，那么生育的方式也应受到保护。本法庭认为这种受保护的方式可以扩展到用代孕生孩子。"① 当然反对者的担忧也有道理，对代孕行为若简单地一放了之，极易滋生大量次生社会问题，诱发新的社会矛盾。妥当的做法应当是规范有序地逐步放开代孕限制，如优先考虑许可大龄失独家庭、因重大自然灾害失去子女的家庭、因病失去自主孕产能力的人群等可以申请代孕。

是故，笔者以为，对以牟利为目的非法组织商业代孕的行为，应旗帜鲜明地说"不"；对于黑中介和铤而走险的医疗机构、医务人员，应依法调动执法、司法资源予以打击；但对合理的代孕需求，还是应在完善相关法律规范的基础上，逐步许可，并予以规范。

二 构建完善的前置法律规范

当前，在2001年《办法》明令禁止实施代孕行为的背景下，为及时回应民众关切，亟需尽快出台一部效力层级更高的法规，构建更加完善的制度，加强对包括代孕在内的人类辅助生殖技术管理，具体形式可以考虑适时修改《人口与计划生育法》，或由国务院出台《人类辅助生殖技术管理规定》，确立代孕行为的法律、法规依据。若仍认为时机暂不成熟，也可以考虑通过先行修改2001年《办法》进行探索，有条件地逐步放开对代孕行为的绝对禁止。具体而言，需要注意以下

---

① 周平：《有限开放代孕之法理分析与制度构建》，《甘肃社会科学》2011年第3期。

几点。

一是严格限定代孕的具体方式。为简化法律关系,避免后续亲子关系纠纷,首先应断绝孕母与代孕子女的基因关系,即只能是完全代孕。因此,应明确规定代孕使用的卵子和精子可以来自被代孕者,即委托他人代孕的夫妇,也可以来自与孕母无关的其他志愿者捐献,但不能使用孕母的卵子进行体外受精后实施代孕,使得孕母与代孕所生子女具有基因联系。因为一旦孕母与被代孕的子女具有基因联系,他们之间就是自然意义上的亲子关系,无论是代孕协议还是司法判决均无法否认这种关系,一旦孕母反悔,主张亲权,就会形成复杂的代孕纠纷,不利于代孕的有序开展。

二是合理限定许可的主体范围。原则上每个人都有生育的权利,但鉴于现有社会的伦理道德发展阶段,应积极稳妥、逐步放开许可范围。可以先考虑对不孕不育夫妻、失独家庭放开其寻求代孕帮助的限制,比如像前文提到的"全国首例人体冷冻胚胎权属纠纷案"中的当事人,以及在突发灾害中失去子女又不再具有生育能力的人群等,是最为迫切地希望获得代孕许可的群体。单身群体、同性恋群体也有很大的代孕需求,但考虑到同性恋本身尚不被主流观念认可,成长于此类家庭的孩子的身心健康往往难以得到保证,暂不放开,待条件成熟时,再予考虑。

三是严格限制商业化代孕行为。一方面,考虑到商业化代孕确实容易滋生大量关联违法犯罪行为,容易诱发对贫困妇女的剥削与压榨,对商业化代孕行为应予特别严格限制,但应允许对孕母进行适度补偿。至于"适度补偿"的具体标准,似难进行严格的一致性规定,因为既是补偿,则属双方自愿行为,公权力一般无法、也不便介入。但另一方面,若对补偿不作任何限制,过度商业化操作,否定论者的担忧则可能会成为大众不愿面对的现实，所以，鼓励利他代孕、合理确定补偿限度是需要深入探讨的技术问题。此外，原则上，代孕所使用的精子与卵子除由寻求代孕服务者自行提供以外，应均为志愿者匿名无偿捐赠，由具备资质的医疗机构提供。对非法买卖卵子、精子的行为应依法严格打击，杜绝商业交易的苗头。

四是明晰代孕行为的法律后果。在不允许孕母与代孕子女之间建立基因联系的前提下，代孕的法律后果就会相对简单明确。即孕母与其所生育的代孕子女不具有法律上的亲子关系，不享有任何亲权，也不承担任何义务，孕母主张亲权的，属于违约行为，法律不予支持。无论代孕所生子女与委托他人代孕者之间是否具有基因血缘关系，委托代孕者都不能否认其与代孕所生子女之间的亲子关系，都要承担起法定的职责与义务，拒不履行义务，造成严重后果的，依法追究其法律责任，直至追究其遗弃罪等刑事责任。

五是确立"子女利益最大化"的代孕纠纷处理原则。1984年在英国发生的一起代孕纠纷中，法官依据"子女最佳利益原则"，判决提供精子的美国夫妇，将在英国通过自然代孕方式生育的孩子带出英国。[1]我国诸多涉代孕子女法律纠纷的司法判例，也充分认同并适用这一规则。即便在现有的法律制度框架内，由于代孕行为客观存在，发生代孕纠纷时，"代孕协议也不能一概认定为无效，而应当首先区分代孕的类型，结合代孕协议的内容，从委托人身份、代孕母的身份、补偿的合理性等方面着手，来综合判断代孕协议的效力"[2]。

六是规范代孕行为的审批与监管。既要充分尊重生育障碍患者渴

---

[1] 潘荣华、杨芳：《英国"代孕"合法化二十年历史回顾》，《医学与哲学（人文社会医学版）》2016年第11期。

[2] 寇襄宜、曹文兵：《代孕协议的效力》，《人民司法·案例》2020年第23期。

望拥有下一代的心愿，又要严格规范代孕行为的实施。严格按照法律法规及医学伦理原则，加强辅助生殖技术准入和监督管理，建立审批备案制度，落实定期校验制度，实施定期检查和不定期抽查。设立违法违规辅助生殖机构和人员黑名单，定期向社会公布。监督指导辅助生殖机构按照有关法律、法规和技术规范要求，加强内部管理，依法执业，规范服务。依法查处医疗机构未经批准擅自开展辅助生殖技术和运行人类精子库的行为；医疗机构超出批准范围开展辅助生殖技术的行为；非法买卖配子、合子、胚胎的行为；实施代孕技术的行为；违规采供精、使用不具有《人类精子库批准证书》机构提供的精子的行为；在开展人类辅助生殖技术过程中擅自进行性别选择的行为；医疗机构工作人员参与非法辅助生殖技术的行为；非法销售、滥用促排卵药物的行为；等等。对违法违规开展辅助生殖技术的机构和个人，依法给予警告、罚款、没收违法所得、暂扣或吊销许可证与执照等行政处罚；构成犯罪的，依法追究刑事责任。

三 谦抑限定非法组织代孕的入罪范围

如前所述，鉴于非法组织代孕行为所具有的法益侵害性和实质犯罪性，实有在刑法中将其入罪化的必要。当然，在技术操作上，需要注意以下几点。

第一，遵循"前置法定性与刑事法定量相统一"的刑事犯罪规制机理。包括民事犯和行政犯在内的刑事犯罪的定罪机制，其实在于宪法价值秩序指引下的刑法与其前置法之间的规范关系，即"前置法定性与刑事法定量相统一"。前置法定性决定了犯罪的罪质，即不法行为的法益侵害实质；刑事法定量则须经两次定量方能完成，其中，第一次定量决定了犯罪的罪状，即从前置法不法行为类型中选取出法益侵害严重的行为类型,将其定型化为刑法中的犯罪行为类型即犯罪构成,第二次定量决定了犯罪的罪量即入罪的追诉标准。这样,罪质、罪状、罪量经由前置法和刑事法的共同建构确立,使得刑事犯罪的规制和认定不仅坚守了法益保护原则和宪法比例原则的要求,而且实现了形式正义、实质正义和分配正义的有机统一。① 具体就非法组织代孕行为而言,其一旦入罪,即属于典型的行政犯,故"前置法定性"是指通过前置的行政法律、法规,将各类非法组织代孕的具体行为予以类型化,明确非法组织代孕行为的具体行为类型。在此基础上,刑法从中选取出具有严重法益侵害性的行为类型,将其确立为非法组织代孕罪的犯罪构成即罪状。前置行政法中没有规定的,或者前置行政法不认为违法的行为,或者前置行政法虽予禁止性规制,但为其配置的行政责任并未达行政制裁之上限的组织代孕行为,虽然具有前置法上的实质法益侵害性,但刑事立法也不能将其规定为犯罪,否则,即是对刑法在中国特色社会主义法律体系中的保障法地位以及由此决定的刑法谦抑性的背离。在此,有必要特别指出的是,2001 年《办法》第 22 条规定,"开展人类辅助生殖技术的医疗机构违反本办法,构成犯罪的,依法追究刑事责任",似乎前置行政法已经将部分非法代孕行为予以入罪了。这其实是一种误解。刑法中行政犯的成立,以违反国家规定为前提,这里的国家规定,根据 1997 年《刑法》第 96 规定,是指"违反全国人民代表大会及其常务委员会制定的法律和决定,国务院制定的行政法规、规定的行政措施、发布的决定和命令"。也就是说,只有法律和国务院制定的行政法规,才属于刑法中所说的"国家规定"。而

---

① 田宏杰:《规范关系与刑事治理现代化的道德使命》,人民法院出版社 2020 年版,第 217~218 页;田宏杰:《刑法法益:现代刑法的正当根基与规制边界》,《法商研究》2020 年第 6 期。

2001年《办法》是由原卫生部制定发布的，属于部门规章，其无权成为设立刑事处罚的前置法依据，因此，即使有医疗机构违反2001年《办法》的规定实施代孕行为，也不能依据2001年《办法》将其入罪。是故，2001年《办法》中"构成犯罪的，追究刑事责任"的表述只是一种提示性规定，提示医疗机构及其医务人员在开展人类辅助生殖技术诊疗活动过程中要依法开展工作，如果有些行为在相关国家规定和刑法中是构成犯罪的行为，一旦触犯，就可能被追究刑事责任，但其本身并未创建刑事罚则，不能成为将代孕行为入罪的立法依据。因而要为非法组织代孕行为确立前置行政法之违法性依据，还应通过国务院制定行政法规才能实现。

第二，坚守谦抑原则体现刑法的最后手段性。在完备相关前置行政法的基础上，应同步考虑修改刑法，将社会危害严重的非法组织代孕行为予以入罪。具体的技术路线方案如下。一是在1997年《刑法》分则第4章"侵犯公民人身权利、民主权利罪"中，在第234条之一组织出卖人体器官罪之后，新增一条作为第234条之二，规定"非法组织他人出卖卵子、提供代孕服务，情节严重的，处三年以下有期徒刑，并处罚金；组织不满十八周岁的人提供卵子、提供代孕服务的，或者强迫、欺骗他人提供卵子、提供代孕服务的，处三年以上十年以下有期徒刑，并处罚金或者没收财产。强迫他人提供卵子、提供代孕服务，造成被害人重伤、死亡的，依照本法第二百三十四条、第二百三十二条的规定定罪处罚"。二是在1997年《刑法》分则第3章"破坏社会主义市场经济秩序罪"第8节"扰乱市场秩序罪"中，在第225条"非法经营罪"中增加一项规定："未经许可经营法律、行政法规规定的代孕服务业务的"，并将其规定为第"（四）"项，将现有的第"（四）"项调整为第"（五）"项。三是在1997年《刑法》分则第

6章"妨害社会管理秩序罪"第 5 节"危害公共卫生罪"中，在第 336 条之一后面增加一条，作为第 336 条之二，规定："违反国家有关规定，为非法代孕提供人类辅助生殖诊疗服务，情节严重的，处三年以下有期徒刑或者拘役，并处罚金；情节特别严重的，处三年以上七年以下有期徒刑，并处罚金。"

上述 3 种方案，侧重点各不相同，但却并非非此即彼的关系，实际上可以并行不悖。因为非法组织代孕行为是一个长链条、多环节的违法犯罪行为过程，涉及多方行为主体，侵害多种法益，需要从不同的角度加以规制。方案 1 侧重于对非法代孕实施中的相关代孕服务提供者的人身权利保护。从一些披露出来的案件看，有些非法组织代孕者利用、强迫、欺骗弱势女性、未成年女性参与代孕行列，为最大限度压榨利润，医疗服务水平不达标，甚至不顾卵子提供者及孕母的身体健康状况，导致发生严重的身体损害后果，新增第 234 条之二有利于打击此类犯罪，保护卵子提供者、代孕母亲的人身权益，有利于加强非法组织代孕活动过程中卵子提供者、代孕母亲服务提供者的人身权益保护。方案 2 则将非法组织代孕行为视为一种非法经营行为，将其规定为非法经营罪的一种类型，侧重点在于其违反国家规定，未经许可从事商业化代孕服务，因脱离国家有关部门的有效监管，从而严重侵害代孕业务的行政许可经营管理秩序，可能造成多方面的危害社会管理秩序的危害后果。新增本条规定，有利于有效规制提供代孕服务的中介机构的经营行为，依法合规运行，将其纳入主管部门的有效监管之下，避免严重扰乱经营管理秩序的情况出现。方案 3 则侧重于规制医疗机构及其医务人员非法参与非法代孕行为，因为代孕是一项专业技术性很强的诊疗活动，医疗机构及其医务人员是代孕行为得以开展的技术基础，新增上述"第三百三十六条之二"的规定，有利于有效规制医疗机构及其医务人员参与代孕服务的行为。

第三，充分利用现有刑法规定规制非法组织代孕行为的关联犯罪。前置行政法的完善和保障刑事法的修改都有一个较为漫长的过程，针对非法组织代孕活动猖獗、危害后果严重的现状，刑法不能缺席。按照罪刑法定原则的要求，虽然不能对非法组织代孕行为本身定罪处罚，但对行为人在非法组织代孕活动过程中的相关手段行为、过程行为、结果行为触犯刑律的，仍应依法定罪处罚。这其实也是司法实务部门目前处理相关问题的思路。如针对组织国外妇女偷渡入境提供代孕服务的，视案件具体情况，依据其在偷渡过程中的具体行为形式，可以组织他人偷越国（边）境罪、骗取出境证件罪及提供伪造、变造的出入境证件罪等妨害国（边）境管理罪定罪处罚；针对在非法组织代孕活动过程中对卵子提供者、代孕母亲等参与人实施的限制人身自由、进行人身伤害等违法犯罪行为，可以非法拘禁罪、故意伤害罪等定罪处罚；针对为保证非法代孕活动顺利进行，向有关医疗人员、公务人员行贿，伪造身份证明、出生证明等国家机关公文、证件的，可以行贿罪、伪造国家机关公文、证件、印章罪等定罪处罚；等等。当然，应特别注意的是，由于1997年《刑法》未将非法组织代孕行为本身规定为犯罪，在处罚过程中应严格恪守罪刑法定原则，在刑法修订前，不能以任何理由对非法组织代孕行为进行刑事制裁。

参考文献

一 中文文献

(一) 中文专著

《马克思恩格斯全集》第1卷,人民出版社2016年版。

白斌:《宪法教义学》,北京大学出版社2014年版。

车浩:《刑法教义的本土形塑》,法律出版社2017年版。

车浩:《阶层犯罪论的构造》,法律出版社2017年版。

陈瑞华:《刑事证据法学》,北京大学出版社2014年第2版。

陈瑞华:《刑事诉讼的中国模式》,法律出版社2018年第3版。

陈新民:《德国公法学基础理论》上、下卷,法律出版社2010年版。

陈兴良:《规范刑法学》上、下册,中国人民大学出版社2023年第5版。

陈兴良:《教义刑法学》,中国人民大学出版社2017年第3版。

陈兴良:《刑法的价值构造》,中国人民大学出版社2017年第3版。

储槐植:《美国刑法》,北京大学出版社2005年第3版。

樊崇义主编:《刑事诉讼法学》,法律出版社2020年第5版。

高铭暄主编:《新编中国刑法学》上、下册,中国人民大学出版社1998年版。

高铭暄：《中华人民共和国刑法的孕育诞生和发展完善》，北京大学出版社 2012 年版。

高铭暄、马克昌主编：《刑法学》，北京大学出版社 2022 年第 10 版。

古承宗：《刑法的象征化与规制理性》，台北：元照出版公司 2017 年版。

胡康生、郎胜主编：《中华人民共和国刑法释义》，法律出版社 2006 年第 3 版。

黄荣坚：《基础刑法学》上、下册，台北：元照出版公司 2006 年版。

贾宇：《罪与刑的思辨》，法律出版社 2002 年版。

姜明安：《行政法与行政诉讼法》，北京大学出版社 2019 年第 7 版。

蒋红珍：《论比例原则——政府规制工具选择的司法评价》，法律出版社 2010 年版。

劳东燕：《风险社会中的刑法：社会转型与刑法理论的变迁》，北京大学出版社 2015 年版。

黎宏：《刑法学》，法律出版社 2012 年版。

李晓明：《行政刑法新论》，法律出版社 2019 年第 2 版。

梁根林：《刑事法网：扩张与限缩》，法律出版社 2005 年版。

林钰雄：《新刑法总则》，台北：元照出版公司 2016 年第 5 版。

刘兵等编著：《虚开增值税专用发票案例司法观点与案例解析》，法律出版社 2021 年版。

刘树德：《罪状建构论》，中国方正出版社 2002 年版。

刘艳红：《实质刑法观》，中国人民大学出版社 2019 年第 2 版。

刘艳红、周佑勇：《行政刑法的一般理论》，北京大学出版社 2020 年第 2 版。

马克昌等主编：《刑法学全书》，上海科学技术文献出版社 1993 年版。

全国人大常委会预算工作委员会编：《增值税法律制度比较研究》，中国民主法制出版社 2010 年版。

田宏杰：《规范关系与刑事治理现代化的道德使命》，人民法院出版社 2020 年版。

田宏杰：《中国刑法现代化研究》，中国方正出版社 2000 年版。

王轶：《民法原理与民法学方法》，法律出版社 2009 年版。

王作富、黄京平主编：《刑法》，中国人民大学出版社 2021 年第 7 版。

翁岳生编：《行政法》上、下册，中国法制出版社 2009 年第 2 版。

徐凯：《抽象危险犯正当性问题研究——以德国法为视角》，中国政法大学出版社 2014 年版。

薛晓源、周战超：《全球化与风险社会》，社会科学文献出版社 2005 年版。

杨慧林：《意义——当代神学的公共性问题》，北京大学出版社 2013 年版。

应松年主编：《当代中国行政法》上、下卷，中国方正出版社 2005 年版。

应松年、袁曙宏主编：《走向法治政府：依法行政理论研究与实证调查》，法律出版社 2001 年版。

喻海松：《环境资源犯罪实务精释》，法律出版社 2017 年版。

张明楷：《刑事责任论》，中国政法大学出版社 1992 年版。

张明楷：《法益初论》上、下册，商务印书馆 2021 年增订版。

张明楷：《刑法学》上、下册，法律出版社 2021 年第 6 版。

赵秉志：《刑法完善与理论发展》上、中、下卷，中国人民大学出版社 2022 年版。

赵秉志、宋英辉等主编：《当代德国刑事法研究》第 1 卷，法律出版社

2017 年版。

赵秉志主编:《走向科学的刑事法学》,法律出版社 2015 年版。

周道鸾、张军主编:《刑法罪名精释》上、下册,人民法院出版社 2013 年第 4 版。

周光权:《刑法学的向度》,法律出版社 2014 年第 2 版。

周光权:《刑法总论》,中国人民大学出版社 2021 年第 4 版。

周振想编:《刑法学教程》,中国人民大学出版社 1997 年版。

[德] 乌尔里希·贝克:《风险社会》,何博闻译,译林出版社 2003 年版。

[德] 汉斯·海因里希·耶赛克、托马斯·魏根特:《德国刑法教科书总论》,徐久生译,中国法制出版社 2001 年版。

[德] 克劳斯·罗克辛:《德国刑法学总论》第 1 卷,王世洲译,法律出版社 2005 年版。

[法] 米歇尔·福柯:《必须保卫社会》,钱翰译,上海人民出版社 2010 年第 2 版。

[美] 本杰明·卡多佐:《司法过程的性质》,苏力译,商务印书馆 1998 年版。

[美] 哈罗德·J. 伯尔曼:《法律与革命——西方法律传统的形成》第 1 卷,贺卫方、高鸿钧、张志铭等译,法律出版社 2018 年版。

[美] 塞缪尔·P. 亨廷顿:《变化社会中的政治秩序》,王冠华、刘为等译,上海人民出版社 2008 年版。

[意] 加罗法洛:《犯罪学》,耿伟、王新译,中国大百科全书出版社 1996 年版。

[意] 切萨雷·贝卡里亚:《论犯罪与刑罚》,黄风译,北京大学出版社 2008 年版。

［英］弗里德里希·奥古斯特·冯·哈耶克：《法律、立法与自由》第1卷，邓正来、张守东、李静冰译，中国大百科全书出版社2000年版。

［英］弗里德里希·奥古斯特·冯·哈耶克：《致命的自负》，冯克利、胡晋华等译，冯克利统校，中国社会科学出版社2000年版。

［英］格里·约翰斯通、［美］丹尼尔·W.范内斯主编：《恢复性司法手册》，王平、王志亮、狄小华等译，中国人民公安大学出版社2012年版。

［英］哈特：《法律的概念》，许家馨、李冠宜译，法律出版社2018年版。

［英］鲁珀特·克罗斯、菲利普·A.琼斯：《英国刑法导论》，赵秉志、张智辉、严治等译，中国人民大学出版社1991年版。

［英］威廉·韦德：《行政法》，徐炳等译，中国大百科全书出版社1997年版。

［英］约翰·斯图亚特·密尔：《论自由》，赵伯英译，陕西人民出版社2009年版。

（二）中文论文

白建军：《法定犯正当性研究——从自然犯与法定犯比较的角度展开》，《政治与法律》2018年第6期。

蔡桂生：《违法性认识不宜作为故意的要素——兼对"故意是责任要素说"反思》，《政治与法律》2020年第6期。

曹福来：《论税务行政处罚与刑事处罚的衔接》，《江西社会科学》2006年第8期。

曹永福：《"代孕辅助生殖"作为一项权利的伦理论证》，《山东大学学报（哲学社会科学版）》2017 年第 4 期。

车浩：《体系化与功能主义：当代阶层犯罪理论的两个实践优势》，《清华法学》2017 年第 5 期。

车浩：《刑事政策的精准化：通过犯罪学抵达刑法适用——以疫期犯罪的刑法应对为中心》，《法学》2020 年第 3 期。

车浩：《法教义学与社会科学——以刑法学为例的展开》，《中国法律评论》2021 年第 5 期。

陈鹤文：《域外代孕亲子关系确认规则研究》，《医学与法学》2020 年第 4 期。

陈金林：《虚开增值税专用发票罪的困境与出路——以法益关联性为切入点》，《中国刑事法杂志》2020 年第 2 期。

陈明、赵宁：《简单罪状的司法认定和解释规则研究——以盗窃罪的司法认定为例》，《政治与法律》2013 年第 4 期。

陈瑞华：《认罪认罚从宽制度的若干争议问题》，《中国法学》2017 年第 1 期。

陈兴良：《风险刑法理论的法教义学批判》，《中外法学》2014 年第 1 期。

陈兴良：《刑法教义学的发展脉络——纪念 1997 年刑法颁布二十周年》，《政治与法律》2017 年第 3 期。

陈兴良：《刑法中的责任：以非难可能性为中心的考察》，《比较法研究》2018 年第 3 期。

陈兴良：《虚开增值税专用发票罪：性质与界定》，《政法论坛》2021 年第 4 期。

陈璇：《责任原则、预防政策与违法性认识》，《清华法学》2018 年第 5 期。

储槐植、杨书文：《复合罪过形式探析——刑法理论对现行刑法内含的新法律现象之解读》，《法学研究》1999年第1期。

储槐植：《1997年刑法二十年的前思后想》，《中国法律评论》2017年第6期。

樊崇义：《刑事诉讼模式的转型——评〈关于适用认罪认罚从宽制度的指导意见〉》，《中国法律评论》2019年第6期。

冯军：《刑法中的责任原则——兼与张明楷教授商榷》，《中外法学》2012年第1期。

冯军：《刑法教义学的规范化塑造》，《法学研究》2013年第1期。

冯丽君：《虚开增值税专用发票案裁判观点比较与分析》，《人民检察》2021年第16期。

付立庆：《中国〈刑法〉中的环境犯罪：梳理、评价与展望》，《法学杂志》2018年第4期。

傅忆文：《虚开增值税专用发票罪的保护法益及其运用》，《中国检察官》2021年第6期。

高仕银：《传统与现代之间：虐待罪"家庭成员"概念新论》，《浙江工商大学学报》2011年第4期。

高艳东：《信息时代非法经营罪的重生——组织刷单案评析》，《中国法律评论》2018年第2期。

郭昌盛：《逃税罪的解构与重构——基于税收制度的整体考量和技术性规范》，《政治与法律》2018年第8期。

郭雳：《注册制改革应把握重点、有序推进》，载黄红元、徐明、桂敏杰主编《证券法苑》第12卷，法律出版社2014年版。

何荣功：《社会治理"过度刑法化"的法哲学批判》，《中外法学》2015年第2期。

胡庭瑞：《虚开增值税专用发票罪的数额认定研析》，《法制与经济》2013 年第 1 期。

江溯：《罪刑法定原则的现代挑战及其应对》，《政法论丛》2021 年第 3 期。

姜明：《虚开增值税专用发票实务问题研究》，《黑龙江社会科学》2014 年第 6 期。

姜涛：《追寻理性的罪刑模式：把比例原则植入刑法理论》，《法律科学（西北政法大学学报）》2013 年第 1 期。

姜昕：《比例原则释义学结构构建及反思》，《法律科学（西北政法大学学报）》2008 年第 5 期。

靳高风、朱双洋、林晞楠：《中国犯罪形势分析与预测（2017—2018）》，《中国人民公安大学学报（社会科学版）》2018 年第 2 期。

劳东燕：《责任主义与违法性认识问题》，《中国法学》2008 年第 3 期。

劳东燕：《以危险方法危害公共安全罪的解释学研究》，《政治与法律》2013 年第 3 期。

黎宏：《对风险刑法观的反思》，《人民检察》2011 年第 3 期。

黎宏：《论"客观处罚条件"的若干问题》，《河南省政法管理干部学院学报》2010 年第 1 期。

李居全：《也论我国刑法中犯罪概念的定量因素—与储槐植教授和汪永乐博士商榷》，《法律科学（西北政法学院学报）》2001 年第 1 期。

李萱、张云瑞：《论虚开增值税专用发票罪的结果犯属性》，《中国检察官》2021 年第 13 期。

梁根林：《责任主义原则及其例外——立足于客观处罚条件的考察》，

《清华法学》2009年第2期。

梁根林：《刑法修正：维度、策略、评价与反思》，《法学研究》2017年第1期。

林来梵、张卓明：《论法律原则的司法适用——从规范性法学方法论角度的一个分析》，《中国法学》2006年第2期。

刘明祥：《"风险刑法"的风险及其控制》，《法商研究》2011年第4期。

刘明祥：《论片面对向犯》，《法商研究》2020年第5期。

刘权：《目的正当性与比例原则的重构》，《中国法学》2014年第4期。

刘树德：《罪刑法定原则中空白罪状的追问》，《法学研究》2001年第2期。

刘宪权：《刑事立法应力戒情绪——以〈刑法修正案（九）〉为视角》，《法学评论》2016年第1期。

刘湘廉、孙茜：《逃税罪初犯免责条款存在的问题与完善对策》，《广西社会主义学院学报》2020年第4期。

刘艳红：《当下中国刑事立法应当如何谦抑？——以恶意欠薪行为入罪为例之批判性分析》，《环球法律评论》2012年第2期。

刘艳红：《象征性立法对刑法功能的损害——二十年来中国刑事立法总评》，《政治与法律》2017年第3期。

刘艳红：《民刑共治：中国式现代犯罪治理新模式》，《中国法学》2022年第6期。

刘长秋：《代孕的行政规制模式研究》，《行政法学研究》2013年第4期。

楼伯坤：《"犯前款罪"立法与引证罪状理论的冲突与协调——以立法技术为视角》，《法治研究》2011年第6期。

卢建平：《论行政刑法的性质》，《浙江大学学报（社会科学版）》1993年第3期。

罗豪才、宋功德：《现代行政法学与制约、激励机制》，《中国法学》2000年第3期。

罗翔：《空白罪状中刑事不法与行政不法的规范关联》，《国家检察官学院学报》2021年第4期。

马春晓：《虚开增值税专用发票罪的抽象危险判断》，《政治与法律》2019年第6期。

梅传强、张永强：《我国恐怖活动犯罪的现状、特征及防控对策》，《北京师范大学学报（社会科学版）》2015年第6期。

莫洪宪、王树茂：《刑法谦抑主义论纲》，《中国刑事法杂志》2004年第1期。

牛克乾：《虚开增值税专用发票罪与非罪之认定》，《人民司法·案例》2008年第22期。

齐湘泉、安朔：《跨境代孕法律规制研究——兼议跨境代孕产生的亲子关系认定》，《中国青年社会科学》2021年第5期。

任宛立：《论增值税纳税人抵扣凭证协力义务》，《法学》2021年第4期。

石佑启：《论行政法与公共行政关系的演进》，《中国法学》2003年第3期。

时延安：《刑法的谦抑还是刑罚权的谦抑？——谦抑观念在刑法学场域内的厘清与扬弃》，载赵秉志主编《刑法论丛》第13卷，法律出版社2008年版。

田国宝：《我国污染环境罪立法检讨》，《法学评论》2019年第1期。

田宏杰：《侵犯专利权犯罪刑事立法之比较研究——兼及我国专利权刑

法保护的完善》,《政法论坛》2003年第3期。

田宏杰:《行政犯的法律属性及其责任——兼及定罪机制的重构》,《法学家》2013年第3期。

田宏杰:《行政犯罪的归责程序及其证据转化——兼及行刑衔接的程序设计》,《北京大学学报（哲学社会科学版）》2014年第2期。

田宏杰:《虚假诉讼罪的认定：罪质、罪状与罪量》,《新华文摘》2021年第17期。

王钢:《非法持有枪支罪的司法认定》,《中国法学》2017年第4期。

王钢:《德国近五十年刑事立法述评》,《政治与法律》2020年第3期。

王贵松:《中国代孕规制的模式选择》,《法制与社会发展》2009年第4期。

王佩芬:《真实交易中被动接受虚开增值税专用发票行为是否构成犯罪》,《政治与法律》2013年第9期。

王佩芬:《论虚开发票犯罪的刑事立法误区—建议取消我国刑法第205条与第205条之一》,《政治与法律》2014年第12期。

王秋杰:《国内外犯罪黑数研究综述》,《公安学刊（浙江警察学院学报）》2010年第2期。

王晓东:《违规披露、不披露重要信息罪法律问题略论》,《江西警察学院学报》2018年第2期。

王莹:《诈骗罪重构：交易信息操纵理论之提倡》,《中国法学》2019年第3期。

王勇:《环境犯罪立法：理念转换与趋势前瞻》,《当代法学》2014年第3期。

闻志强:《共犯、从犯与介绍行为》,《法治研究》2018年第2期。

翁晓斌、龙宗智:《罪错推定与举证责任倒置》,《人民检察》1999年第 4 期。

武广彪：《从犯罪客体角度认定虚开增值税专用发票罪的虚开数额》，《江苏警官学院学报》2016 年第 1 期。

肖永平、张弛：《比较法视野下代孕案件的处理》，《法学杂志》2016 年第 4 期。

肖中华：《空白刑法规范的特性及其解释》，《法学家》2010 年第 3 期。

熊亚文：《逃税罪初犯免责：价值、困境与出路》，《税务与经济》2019 年第 2 期。

徐孟洲、侯作前：《市场经济、诚信政府与经济法》，《江海学刊》2003 年第 4 期。

杨寅：《公私法的汇合与行政法演进》，《中国法学》2004 年第 2 期。

应松年：《非政府组织的若干法律问题》，《北京联合大学学报（人文社会科学版）》2003 年第 1 期。

应松年：《〈行政许可法〉与政府管理转型》，《国家行政学院学报》2004 年第 4 期。

张明楷：《司法上的犯罪化与非犯罪化》，《法学家》2008 年第 4 期。

张明楷：《责任主义与量刑原理——以点的理论为中心》，《法学研究》2010 年第 5 期。

张明楷：《避免将行政违法认定为刑事犯罪：理念、方法与路径》，《中国法学》2017 年第 4 期。

张明楷：《污染环境罪的争议问题》，《法学评论》2018 年第 2 期。

张圣曼：《刑法第 201 条行刑转化条款立法完善研究——以明星片酬的税收法律制度为例》，《宁夏大学学报（人文社会科学版）》2019 年第 3 期。

张王南、杭程：《虚开增值税专用发票罪中"虚开"的认定研究》，

《财务与金融》2021年第2期。

张旭：《虚开增值税专用发票罪的限缩适用立场——"目的+结果"标准的澄清与改进》，《中国人民公安大学学报（社会科学版）》2021年第2期。

赵秉志：《改革开放40年我国刑法立法的发展及其完善》，《法学评论》2019年第2期。

赵秉志：《法治反恐的国际视角：难点与对策》，《东南大学学报（哲学社会科学版）》2020年第2期。

赵秉志、袁彬：《刑法修正案（十一）罪名问题研究》，《法治研究》2021年第2期。

赵秉志、袁彬：《当代中国刑法立法模式的演进与选择》，《法治现代化研究》2021年第6期。

赵宁：《刑法分则罪刑式条文中叙明罪状解释原理研究》，《犯罪研究》2015年第1期。

郑晓剑：《比例原则在民法上的适用及展开》，《中国法学》2016年第2期。

周光权：《违法性认识不是故意的要素》，《中国法学》2006年第1期。

周光权：《积极刑法立法观在中国的确立》，《法学研究》2016年第4期。

周光权：《法典化时代的刑法典修订》，《中国法学》2021年第5期。

[德] 克劳斯·罗克辛：《刑法的任务不是法益保护吗？》，樊文译，载陈兴良主编《刑事法评论》第19卷，北京大学出版社2007年版。

[美] Alfred C. Aman, Jr：《面向新世纪的行政法（上）》，袁曙宏译，《行政法学研究》2000年第3期。

[日] 关哲夫：《现代社会中法益论的课题》，王充译，载赵秉志主编